KB119217

정신보건사회복지론

나남
nanam

나남신서 1909

정신보건사회복지론

2017년 2월 25일 초판 발행
2017년 2월 25일 초판 1쇄

지은이 • 이준우 · 손덕순
발행자 • 趙相浩
발행처 • (주) 나남
주소 • 10881 경기도 파주시 회동길 193
전화 • (031) 955-4601 (代)
FAX • (031) 955-4555
등록 • 제 1-71호(1979. 5. 12)
홈페이지 • http://www.nanam.net
전자우편 • post@nanam.net

ISBN 978-89-300-8909-8
ISBN 978-89-300-8001-9 (세트)

책값은 뒤표지에 있습니다.

나남사회복지학총서 106

정신보건사회복지론

이준우 · 손덕순 지음

나남
nanam

Mental Health in Social Welfare

by

Lee, Jun Woo
Son, Deok Soon

nanam

머리말

1.

오늘날 이 땅에서 살아가는 사람들이 잃어버린 것이 있다. 타인을 이해하고 공감하는 능력이다. 사랑하는 마음으로 사람과 세상을 보며 그들의 고통을 덜어주려는 사람다운 사람이 점점 줄어든다. 나태주 시인이 노래했던 〈풀꽃〉의 내용이 사무친다. "자세히 보아야 예쁘다./오래 보아야 사랑스럽다./너도 그렇다." 들에 핀 풀꽃 하나에도 정성을 다하면 사랑하게 되는데 사람이 사람을 보듬고, 사랑하고, 품지 못하는 세상이 되었다.

사람들은 상처받을까 두려워하며 방어기제를 만들어낸다. 무심하거나 냉담함으로 세상을 살아간다. 더는 세상으로부터 고통받기를 두려워하지 않겠다는 다짐의 표현을 그렇게 냉정하게 한다. 그 순간 사람들은 '자기'라는 철창 속에 확고히 갇혀버린다. 컴컴한 어두운 내면에서 욕망의 악취에 진저리를 치며 도무지 가시지 않은 목마름에 쫓겨 어딘지도 모를 곳을 향해 질주한다.

아무도 서로를 향해 걷지 않는 자코메티의 조각 〈광장〉의 사람들처럼, 그토록 무심하게 사람들은 어딘지 모를 어딘가를 향하지만 어느 특정한 누구를 향하지 않는다. 무심한 사람들 속에서 사람들은 외로워하고 힘들어한다. 그러다가 용기를 낸다. 관계를 회복해 보려고 애쓴다. 나름 사랑도 살짝 드러내 본다. 그런데 그게 마음대로 잘 안 된다. 최승호 시인은 〈오징어 3〉이라는 시에서 이렇게 말했다. "그 오징어 부부는/사랑한다고 말하면서/부둥켜안고 서로 목을 조르는 버릇이 있다." 사랑한다고 애를 쓰는데 그게 오히려 서로 힘들게 한다는 거다.

참 녹록지 않은 세상살이다.

그래서일까? 유난히 '마음 앓이'를 하는 사람들이 많아 보인다. 그들 가운데는 스스로의 힘으로는 견뎌내지 못해 아파한다. 우울함의 심연에 빠져 허우적대기도 한다. 어떤 경우는 기뻐하다가도 어느샌가 축 처져서 의욕을 잃고 위축된다. 또 다른 경우는 지금 이 세상과 전혀 다른 감각과 이해의 통로를 갖고 산다. 세상으로부터 별개의 인종으로 홀대 속에 차별받기도 한다. 격리되거나 배제되기도 한다.

때로는 가족과 친구, 이리저리 얽힌 모임, 동네 주민조차도 전혀 도움이 되지 않아 절망한다. 그러다가 정신질환자의 '묻지 마! 범죄'로 명명된 사건이라도 하나 터지면 신문과 TV방송은 말할 것도 없고 인터넷까지 모조리 도배된다. 사회적 편견과 낙인이라는 굴레를 뒤집어쓰고 사는 삶이 얼마나 버거운지 가슴에 커다란 돌덩이가 박힌다. 사는 게 사는 것이 아닌 존재로 전락한다.

그래서 정신보건사회복지가 필요하다. 마음 아픈 사람들이 자신의 삶의 터전에서 맘껏 역량을 발휘하며 행복하게 살 수 있게끔 지원하는 사회적 체계도 만들어야 하고 이들의 마음과 몸을 잘 어루만져 용기 내어 살려는 의욕도 불러일으켜야 한다. 이들의 가족과 동료, 친구, 한동네 사람 모두가 서로 소통하며 편안하게 지낼 수 있어야 한다.

정신보건사회복지를 비롯해 사회복지의 모든 영역은 사람 사는 냄새가 날 수밖에 없고 사람의 온기와 따뜻한 정이 스며든다. 사람이 사람답게 살 수 있도록 제도와 정책을 만들고 수정하며 그 내용이 실제로 사람에게 잘 전달되게 하는 일이 바로 '사회복지'이다. 그리고 마음이 아픈 사람인 정신질환 내지 정신장애를 가진 사람을 대상으로 하는 정책적·행정적·실천적 개입이 '정신보건사회복지'이다.

2.

하지만 사람을 돕는 정책과 행정 그리고 실천을 다루는 사회복지 전공 강의실에서 언제부터인가 국가고시(?)를 포석에 둔 메마른 수업이 많아졌다. 어쩔 수 없는 현실이라고 치부해 본다. 사회복지사 1급 자격 시험과목에 속하느냐 그렇지 못하느냐에 따라 각 전공과목의 운명이 결정된다. 사회복지의 가치와 철학, 지식과 임상경험 등을 체득하게끔 하기보다는 지식 위주의 주입식 교육이 더 중요하게 부각된다.

더욱이 최근 부쩍 늘어난 공공영역에서 일하는 사회복지 공무원을 선호하는 현상이 뚜렷한데 문제는 치열하면서도 진정성이 있는 올곧은 사회복지 교육을 받지 않고서도 시험에만 합격하면 사회복지 공무원이 될 수 있다는 것이다. 어디에서든 사회복지사 2급 자격을 취득한 후, 공무원 시험에 응시해서 합격하면 된다.

또한 조금 괜찮은 사회복지 기관이나 시설에 입사하기 위해서도 기본은 사회복지사 1급 자격을 취득해야 한다. 여전히 너무 열악한 사회복지 현장에서 그나마 상대적으로 처우가 나은 곳으로 가기 위해서 예비 사회복지사는 시험에 매달리게 된다.

안타깝게도 사회복지사로서 갖춰야 할 자질과 실천역량, 인성 등은 상관없어졌다. 즉, 사람에 대한 이해나 실천현장에서의 철저한 실습과 슈퍼비전, 인간의 권리와 사회정의에 대한 민감성 등을 습득하지 않아도 시험만 잘 보면 공공이든 민간이든 사회복지사로서 일할 수 있게 된 것이다. 이런 현실 앞에서 1급 시험 정규과목에도 속하지 못해 변두리 영역으로 밀려난 교과목이 '정신보건사회복지론'이다. 더욱이 서비스 개입 실천의 대상자를 만나는 일이 불편하고 두려워서 정신보건사회복지 분야를 기피하는 모습도 늘어나는 추세이다.

아울러 의사와 간호사 등과 같은 의료 전문인력과 협업해야 하기에 학부나 대학원 석사과정을 마친 뒤에도 정신보건사회복지 수련과정을 또다시 거쳐야 한다. 뿐만 아니라 그렇게 고생스럽게 준비해도 현장에서는 사회복지사가 주도적이지 못하고 오히려 보건의료 분야의 전문가와 연계해야 한다.

또한 뒷받침하는 협력적 개입실천과 클라이언트에 대한 사회적 지원 그리고 연결해야 할 사회적 자원 등을 끊임없이 발굴하고 동원해야 하는 고된 업무를 수행해야 한다. 이에 따른 부담감으로 최근 정신보건 분야에 대한 선호도 또한 크게 약화되었다. 그 결과 '정신보건사회복지론'을 수강하는 학생이 눈에 띄게 줄었다.

그러나 '정신보건사회복지론'을 담당하는 우리 두 사람에게는 몇 명이 수강하든 그건 부차적 관심사였다. 단 한 명의 학생을 가르치더라도 제대로 잘 가르쳐야겠다는 사명감이 있었다. '정신보건사회복지론'을 가르치는 교수로서 '학생에게 정말 유익한 수업을 제공하고 살아있는 교육이 되게끔 할 방법은 없을까' 하고 많이 고민했다.

결국 교재를 생각했다. 어차피 현재의 사회복지 교육의 여건을 혁신적으로 변화시킬 수 없다면 실제적이고 현실성 있으며 유익한 내용을 담은 교재를 만들어야겠다는 사명감이 생겼다. 좋은 교재야말로 진정한 전문가를 키우는 첩경이 아닐까? 훌륭한 책을 쓰는 것이 지금 상황에서 정신보건사회복지를 가르치는 교수로서 할 수 있는 최선이라 확신했다.

기존의 정신보건 관련 서적을 뛰어넘을 수 있는, 더욱 질 좋은 교재가 필요하다고 강하게 느꼈다. 사람을 만나서 돕고 제도를 다루는 전문가가 되어야 할 우리 학생에게 사람 냄새가 나며, 사람의 마음을 움직이는 교재를 만들어주고 싶었다. 그래서 그렇고 그런 책이 나올 가능성이 높음에도 만용을 부려본 결과가 바로 이 책이었다.

3.

사실 이 책은 이미 2007년 8월에 다른 출판사에서 출간되었다. 2010년 2월에 개정1판, 2016년 2월에 개정2판까지 발행되었다. 그런데 2016년 5월 19일에 기존 〈정신보건법〉의 전면 개정을 담은 〈정신보건법〉 전부개정 법률안이 국회 본회의를 통과했다. 학생을 가르치는 선생의 입장에서 법이 바뀜은 교육할 내용이 바뀜을 염두에 두어야 한다.

더욱이 2013년에 《정신장애진단분류체계 제 5판》(DSM-5)이 나왔고 이에 정신장애에 대한 진단적 개념에 대한 용어와 내용 등이 많이 바뀌었다. 당연히 《정신장애진단분류체계 제 5판》에 따라 '제 2장 정신장애에 대한 이해'는 과거의 내용을 전면적으로 수정 및 보완해야만 했다.

솔직히 우리 두 사람 모두 개인의 입장에서는 이번 《정신장애진단분류체계 제 5판》도 썩 마음에 들지 않는다. 매번 새로운 판이 나올 때마다 진단의 범위가 왜 그렇게 확장되어야 하는지에 대한 반발과 의구심으로 가슴이 터질 것 같다. 머리도 아프다. 그럼에도 이러한 정신질환의 기준은 정신장애인을 대상으로 사회복지실천을 수행해야 하는 사회복지사에게는 유용한 정보이기도 하다.

'어디에서부터 어디까지, 어떤 기준에 의해, 도대체 무엇을' 정신질환 또는 정신장애로 판단할지에 대한 각 클라이언트의 증상을 의학적으로 이해하고자 할 때 《정신장애진단분류체계 제 5판》은 크게 도움이 되는 것도 인정할 수밖에 없다. 물론 사회복지사는 이에 더해 사회문화적·직업적·개인적 측면까지도 모두 고려해야 한다. 바로 이런 맥락에서 이 책의 제 2장을 새롭게 집필해야만 했다.

이처럼 제 2장을 다시 쓰니 제 1장부터 마지막 장까지도 전체적으로 다시 점검할 수밖에 없었다. 특히, '제 9장 정신보건 현장별 서비스'의 지역사회 정신보건센터(정신건강증진센터)와 중독관리통합지원센터(알코올상담센터)에 대해서는 개정된 법에 따라 수정해야만 했다. 그러면서도 마음 같아서는 과거의 법적 용어와 내용을 개정된 내용으로 전부 새롭게 정리하고 싶었으나 일부만 바꾸거나 혼용하는 수준으로 설명했다.

왜냐하면 유사한 역할과 기능을 수행하는 기관에서 사용하는 명칭이 아직까지 혼용되어 법의 내용이 현장에 정착되기 위해서는 시간이 좀 더 필요할 것으로 보았기 때문이다. 같은 맥락에서 제 12장과 제 13장의 내용도 일부를 수정·보완했다. 이 또한 사회적 환경과 정책 및 전달체계 등의 변화에 따라 자연스레 바뀐 것을 반영했다.

하지만 이렇게 꼼꼼히 검토하다 보니 단순히 개정된 법에 맞추어 수정하는 차원만이 아니라 각 장의 내용을 처음부터 다시 쓰는 작업으로 진행할 수밖에 없는 경우도 생겼다. 결과적으로 책의 뼈대와 핵심 줄기는 남겨졌지만 상당 부분은 '리모델링'이 이루어진 셈이었다.

때마침 전 출판사와의 계약도 만료되었고 고심 끝에 '새 술은 새 부대'에 담자는 심정으로 새로운 출판사를 찾아 새 책이라는 옷을 입고 새롭게 출간하게 되었다. 저자들의 마음을 헤아려준 이전 출판사와 새롭고 멋진 책으로 출판해 준 출판사, 이 두 출판사 모두에게 크고 깊은 감사를 드린다.

4.

이 책은 크게 4개의 영역으로 구분했다. 첫 번째는 정신보건사회복지의 기초적 이해를 도모하는 데 초점을 두었다. 정신건강과 정신장애에 대한 전반적 개념을 정리했으며 나아가 임상의 기초가 되는 정신장애에 대한 의료적 이해와 진단체계를 소상하게 다루었다. 이를 기반으로 정신보건사회복지의 개념과 가치, 발달과정 등을 일목요연하게 설명했다.

두 번째는 정신보건사회복지의 이론과 실제를 개괄적으로 고찰했다. 정신보건사회복지사가 정신장애 클라이언트를 돕는 일에서 변화된 새로운 관점에서 갖추어야 할 기본 이론과 지식, 사회복지 실천개입기술 그리고 정신보건사회복지사가 뚜렷한 정체성을 가지고 다른 정신보건 전문가와 협동하는 데 필요한 사항을 정리했다. 특히, 최근 한국사회복지 교육협의회가 요구하는 사회복지학 교과목 지침서의 권장내용을 많은 부분 반영했다. 무엇보다도 개입기술과 관련해 실제 임상에서 가장 빈번하게 다루는 기술을 중심으로 이론과 절차 등을 구체적으로 다루고자 시도한 점은 이 책이 갖는 큰 장점이다.

세 번째는 정신보건사회복지의 실천영역과 서비스에 따라 실시하는 다양한 현장과 문제 대상에 따른 접근을 비교적 상세하게 제시했다. 정신보건 현장별 서비스, 정신보건 문제별 서비스, 실천대상별 서비스의 순으로 구체적 접근내용과 절차, 전략 등을 설명했다. 특히, 실천 대상별 서비스에서는 최근 크게 이슈화된 아동과 청소년 그리고 노인의 정신보건 문제를 중심으로 실천개입 활동 전반을 살펴보았다.

네 번째는 정신보건정책의 체계와 과제를 다루었다. 국내 정신보건 여건은 1995년 12월 31일 〈정신보건법〉의 시행을 계기로 국민의 정신보건 증진과 정신장애인에 대한 보호 및 관리가 개선될 수 있는 계기를 맞았다. 정신장애인의 인권보장과 사회복귀 및 사회참여를 이뤄내고 정신질환의 예방 및 치료와 재활사업의 토대를 제공할 법적·제도적 장치가 뒤늦게나마 마련된 것은 다행스러운 일이었다.

동시에 정신보건센터, 사회복귀시설, 전문상담센터 등의 증설로 정신보건사회복지 관련 현장이 확장되었고 정신보건 전문인력의 수요도 확대되었다. 아울러 정신보건사회복지사 수련제도의 정착으로 전문성 향상에 크게 이바지한다. 그러나 이러한 국내 정신보건 환경의 변화에도 불구하고 우리나라는 여전히 질병모델의 접근에서 충분히 자유롭지 못하며 동시에 병원 중심의 의료 모델에 익숙함 또한 모두가 잘 아는 사실이다.

이러한 상황에서 정신보건정책과 정신보건사회복지 인력체계에 대한 논의와 그에 따른 정신보건사회복지의 문제점과 해결과제를 정리했다. 결국 이 책은 정신보건 영역에 종사하는 정신보건사회복지사의 실천에 지침이 될 수 있는 이론과 실무를 중점적으로 다룬 책이다.

5.

원고를 다 정리하고 모든 내용을 출판사로 넘기려는 지금, 가장 우려했던 일, 마음먹은 대로 양질의 책을 만들어내지 못한 송구함과 아쉬움에 자꾸만 후회가 든다.

하지만 미흡함에도 이 책은 정신장애인을 대상으로 일할 예비 정신보건사회복지사와 정신보건사회복지론을 수강하는 사회복지 전공학생 그리고 정신장애인과 함께 실천을 담당하는 현장 실무자에게 정신장애인을 어떻게 이해하고 실천을 위해 어떻게 접근해야 할 것인가에 대한 안내서의 역할을 할 것이다. 특히, 정신질환자 또는 정신장애인과 함께하는 사회복지실천은 다른 실천 분야와는 달리 특화된 접근이 필요한데 이 책은 바로 이에 대한 고민과 해답을 주된 내용으로 담았다고 생각한다.

동시에 저자들에게도 큰 배움을 가져다주었다. 글을 쓰고 자료를 정리하며 방대한 국내외 정신보건사회복지 관련 선행연구를 탐독하면서 새삼 학자와 연구자 그리고 교육자의 길을 걷는 것에 대해 감사할 수 있었다. 나아가 부족한 저자들에게 배우는 학부 및 대학원 학생과 이 땅을 살아가는 정신장애인 그리고 이 책을 읽음으로써 저자를 알게 될 수많은 독자에게 부끄럼 없는 스승이자 전문가가 되도록 앞으로 더욱 노력해 나갈 것을 약속드린다.

끝으로 이 모든 일을 가능케 하신 하나님께 감사드린다.

2017년 1월

이준우 · 손덕순

일러두기

1. '클라이언트'라는 용어 대신 '서비스 이용자' 혹은 '서비스 대상자', 나아가 더욱 더 파격적으로 '당사자'라고 쓰고 싶었으나 정신보건사회복지가 수행되는 보건 의료 현장에서는 '클라이언트'를 일반적 용어로 사용해 부득이하게 이 책에서는 '클라이언트'로 명명했다.

2. 우리나라에서는 '노멀라이제이션'(*normalization*)을 대부분 '정상화'로 번역해 사용하는데 이 책에서는 '보편화'로 했다. '정상화'라는 말은 장애의 반대 개념인 정상과 오해될 수 있기 때문이다.

3. 정신장애에 대한 개념을 의료적 진단을 중심을 설명하다 보면 자칫 '라벨링'(*labeling*)하는 우를 범할 수 있음에도 이 책에서는 정신질환 내지 정신장애에 대한 증상과 특성을 상세하게 파악할 수 있도록 '정신건강'이 아닌 '병리적 관점'으로 기술된 진단명을 중심으로 설명할 수밖에 없었다.

4. 〈정신보건법〉의 전면 개정과 본격 시행을 앞두고 몇몇 용어의 혼용이 불가피했다. 대표적 예로 '정신보건센터'를 '정신건강증진센터' 혹은 '정신건강복지센터'로, '알코올상담센터'를 '중독관리통합지원센터'로 수정하기도 했으나 과거 자료를 인용하면서 용어 자체를 바꿀 수 없는 경우, 용어를 모두 표기하거나 혼용했다.

나남신서 1909

정신보건사회복지론

차 례

제3부 정신보건사회복지의 실천영역과 서비스

제 4 부 정신보건정책의 체계와 과제

제1부

정신보건사회복지의 기초적 이해

정신보건사회복지에 대한 기초적이며 개괄적 이해를 갖기 위해서는 무엇보다도 정신보건사회복지의 대상이 되는 사람이 가진 정신질환 또는 정신장애에 대해 살펴보아야 한다. 또한 정신보건사회복지가 추구해야 할 개념인 정신건강에 대한 개념을 구체적으로 정의하는 작업도 필요하다. 이를 기반으로 정신보건사회복지의 개념과 가치를 고찰하며 국내외 정신보건사회복지의 역사적 변천과정을 통해 오늘의 정신보건사회복지가 추구하는 실제적 내용을 검토했다.

제 1 장

정신건강과 정신장애의 이해

1. 현대사회와 정신장애

잔 다르크, 루터, 괴테, 발자크, 슈만, 콕토, 고갱, 반 고흐, 헤밍웨이, 도스토예프스키, 버지니아 울프, 이중섭 등 그리 새삼스러울 것도 없지만 이들의 공통점은 '정신질환자이거나 혹은 그럴 것'이라는 의혹을 받았던 사람들이다. 또 다른 공통점은 이들이 매우 유명하다는 점이다. 때문에 이들의 정신병적 행동이나 특성은 곧잘 위인의 비범한 행동이나 예술가의 창조적 기행으로 미화되었다. 그들이 겪었던 예외 없는 고통과 고단한 삶의 궤적은 거의 잊혔다(김창엽, 2004).

사실 정신질환은 매우 흔하다. 정신병 혹은 정신질환은 의학적으로는 매우 광범위해서 생물학적 혹은 심리적 이유로 정신기능, 즉 지능, 인지와 지각, 생각, 기억, 의식, 감정 그리고 성격 등에서 병적 현상이 나타나는 모든 질환을 포괄한다. 그리고 정신질환이 만성화되어 병적인 현상이 어느 정도 고착된 경우에는 정신장애로 판정한다.

정신병 혹은 정신질환은 분명 흔한 질병이지만 현실에서나 역사적으로나 그리고 의학적·사회적으로나 매우 독특한 위치를 차지한다. 우선 협의의 관점에서 정신질환은 의학적으로 신체적 질환과 구분된다. 주관적 인식이 중요하게 취급되고 사회적 요인이 중요하며 아울러 고차원적 정신에 대한 것이어서 복잡성의 정도가 신체를 대상으로 하는 것보다 높다(이정균, 1994).

의료와 보건 서비스 측면에서도 마찬가지이다. 경우에 따라서는 거의 평생을 지속하는 만성적 경과를 보이고 사회적 낙인이 존재하며 진단과 서비스의 효과를 측정하기 어렵고 사회복지 서비스의 필요성이 크다는 특성을 보인다(한국보건사회연구원, 1999).

그러나 의학적인 것보다 더 중요한 것은 정신질환과 정신장애를 가진 사람의 '사회성'이다. 사실 '정신질환자' 혹은 '정신장애인'이라는 말 속에 이미 정신질환이 갖는 사회적 의미의 상당 부분이 나타난다. 의학전문가든 일반인이든 신체적 질환에 대해 '신체질환자'라는 말을 일상적으로 사용하는 이는 아무도 없다.

그러나 정신질환은 조현병,1) 우울증 같은 구체적 질병의 이름이 있음에도 이들을 통틀어 정신질환자라고 지칭하는 것이 일반적이다. 즉, 우울증 환자, 조현병 환자는 고혈압 환자, 당뇨병 환자와 거의 같은 차원으로 사용되지만 정신질환자는 개별 질병의 이름과는 사뭇 다른 의미를 가진 어떤 집단을 나타내는 말로 사용된다(김창엽, 2004).

정신질환자가 단순히 신체적 질병과는 구분된 사회적 의미를 갖는 이유는 무엇 때문일까? 그것은 전통 사회학의 용어를 빌리자면 모든

---

1) 최근까지 '정신분열병'으로 지칭되었으나 현재는 '조현병'이라는 용어로 변경되었다.

질병 중에서 사회체계를 위협하는 일탈의 성격이 가장 강하고 신체질환과는 그 성격이 다른 질병이기 때문이라고 본다. 즉, 대부분의 신체질환이 파슨즈(Parsons)가 표현했듯이 '조건부로 정당화된 일탈'이라면 정신질환은 '사회적으로 정당화될 수 없는 일탈'이라는 것이다.

이는 정신질환으로 인한 일탈이 전체 인구에 일반화될 경우 사회의 다른 집단·조직·제도의 기능수행에 심각한 문제가 생기는 '거시적 일탈'로 발전할 가능성이 있기 때문이다. 다시 말해, 정신질환의 증상으로 나타나는 인지와 지각, 생각, 감정 등의 이상이 기존의 사회질서를 위협할 수 있다는 것이다(조혜인, 1993).

사회적으로 정당화하기 어려운 일탈은 편견과 낙인으로 이어진다. 일단 낙인이 찍히고 경찰, 법원, 병원 등 사회적 통제력이 개입하면 이들은 정신질환자 혹은 정신장애인으로서의 역할을 하게 되고 사회적으로는 격리된 시설에 수용되는 과정을 밟는다(조병희, 2001).

정신질환과 정신장애에 대한 낙인은 매우 일반적 현상으로 비장애인도 이에 매우 익숙하다. 그러나 정신질환에 대한 현대 의학의 설명은 점점 더 생물의학적(*biomedical*) 해석을 강화한다. 예를 들면, 조현병은 '도파민'이라는 뇌 속에 있는 신경전달 물질의 과잉활동이 주요 원인이고 우울증은 단가아민의 활동과 관계되는 것으로, 이들 물질을 조절할 수 있으면 조현병이나 우울증의 증상을 억제할 수 있다는 것이다. 또한 최근의 유전학적 연구의 성과도 생물의학적 해석을 더욱 강하게 뒷받침한다(Turner, 1997).

약물치료가 일정 부분에서 효과를 거둠에 따라 정신병원이 일부 개방되고 지역사회에서도 정신질환자와 정신장애인을 어느 정도 관리할 수 있게 되었다. 약물을 사용해 지역사회에서도 정신질환자와 정신장애인을 어느 정도 관리할 수 있다는 것은 정신질환자와 정신장애인의 치료와 사회복귀에 획기적 전기가 마련된 것이다.

즉, 정신질환자와 정신장애인의 인권과 사회적 기능이 자연스럽게 개선되었다고 볼 수 있다. 다시 말해, 정신질환을 생물학적 요인으로 설명할 수 있음은 정신질환과 정신장애에 대한 사회적 인식을 획기적으로 바꿀 수 있음을 뜻한다(김창엽, 2004).

2. 정신장애와 정신건강

정신질환자와 정신장애인을 대상으로 정신보건사회복지 서비스를 효과적으로 제공하기 위해서는 정신질환과 정신장애를 설명하는 다양한 접근에 대한 구체적 이해가 선행되어야 한다. 이러한 다양한 접근을 이해하기 위해서는 무엇보다도 먼저 정신장애와 정신건강에 대한 정의를 고찰해야 한다.

1) 정신장애의 개념

정신질환과 달리 정신장애는 질병 자체의 활발한 진행 이외에도 질병으로 인한 기타 기능의 파손까지를 포함한다. 질병의 증상이 없어진 후에 질병 이전의 상태로 복귀하지 못하는 경우도 이에 해당한다. 더욱 쉽게 구체적으로 정리하면, 정신장애란 정신질환이 사람에게 영향을 주어 제약을 초래하는 상태라고 할 수 있다(양옥경, 2006).

흔히, 정신질환과 정신병은 정신장애의 인접용어로 사용한다. 정신병 혹은 정신병증(*psychosis*)은 일반인이 가장 널리 사용하는 용어이다. 이는 정신적으로 이상하다고 생각하는 거의 모든 것을 지칭하는 것으로, 다분히 포괄적 의미로 쓰지만 사실은 특수한 증상을 가리키는 것이다. 이는 기질적(*organic*)이거나 기능적(*functional*)인 증상을 일컫는 제한적 의미를 지닌다.

조현병 환자에게서 주로 볼 수 있는 증상으로는 환청 및 망상이 대표적이다. 그래서 정신병은 우울 또는 불안이 주요 특징인 신경증(*neurosis*)과 대조적 개념으로 사용한다. 반면, 정신질환(*mental illness* 혹은 *mental disease*)은 질병의 개념을 강화한 용어로서 정신병적(*psychotic*)이고 신경증적(*neurotic*)인 것 모두를 포함한다. 따라서 정신장애(*mental disorder*)는 정신병과 정신질환의 개념을 포괄하는 용어로서, "생각, 느낌, 행동이 병리학적으로 특징되는 장애"(Bruno, 1989; 양옥경, 2006 재인용)를 일컫는다.

한편, 정신장애로 인한 실제적 증상은 '정신과적 증상'과 이로 인한 '생활기능의 저하'라는 두 측면으로 설명할 수 있다(APA, 1994; Turner, 1997). 즉, 어떤 개인이 정신장애의 증상을 보이고 이러한 증상으로 인해 일반적 생활기능상에 저해가 발생했을 때 우리는 그 개인에게 정신장애가 있다고 말한다.

정신과적 증상이란 우울증상, 불안증상, 강박증상, 정신증적 증상 등의 심리적 증상과 위축된 행동, 합리적이지 못한 행동 등의 행동적 증상 및 심리적 증상, 행동적 증상에서 올 수 있는 사회적 관계의 문제 등을 들 수 있다. 기능상의 장애란 이러한 정신과적 증상으로 인해 기존에는 잘 수행하던 개인적·사회적·직업적 역할 수행에 장애가 생기는 경우를 말한다. 즉, 일정 정도의 우울이나 불안 등의 정신과적 증상이 있다고 하더라도 이로 인해 기능상의 장애가 생기지 않을 경우에는 증상 자체만으로 정신장애가 있다고 진단하지는 않는다.

반대로, 기존에 잘 수행하던 기능을 잘 수행하지 못하는 경우, 기능장애의 원인이 신체적 장애 때문에 생길 수도 있고 개인의 능력 부족에서 생길 수도 있기 때문에 기능상의 장애 자체만으로 정신장애를 진단하는 데도 한계가 있다. 종합하면 정신장애란 정신과적 증상이 나타나는 경우 등 정신과적 증상과 기능상의 장애가 동시에 나타날 때, 정신장애라 진단할 수 있다(APA, 1994; 이용표 · 강상경 · 김이영, 2006).

2) 정신질환과 사회적 차별

정신질환은 다른 질환보다 사회적 편견과 차별이 더욱 많은 질환이다. 정신질환을 가진 개인에 대한 사회적 편견과 낙인은 사회적 기능의 저하와 나아가 정신질환자의 사회적 차별과 배제를 초래한다. 이들에 대한 배제의 범위는 의학적 치료, 주거, 취업, 교육, 언론 등 한 가지 영역에 머무르지 않고 광범위하게 퍼졌다(김상아 · 박웅섭, 2006).

1975년 5개 부문의 아카데미상을 휩쓴 켄 키지 원작, 밀로스 포먼 감독의 〈뻐꾸기 둥지 위로 날아간 새〉에서 정신병을 가장해 정신병원으로 들어온 맥머피(잭 니콜슨)는 근대 계급사회의 억압구조의 상징인 정신병원의 규칙과 지배체계 하수인의 상징인 수간호사에게 맞선다. 그러나 그에게 돌아온 것은 '교화'와 '치료'라는 미명하에 시행된 전기충격 요법이었다. 끝내 정신병원은 의학기술을 동원해 그의 뇌 일부를 잘라낸다. 같은 정신병원에서 10년 동안 갇혀 지낸 아메리카 원주민 브롬덴 추장은 이젠 더는 과거의 그가 아닌 친구 맥머피의 얼굴에 베개를 덮어 숨을 끊는다. 그리고 그는 덧문을 부수고 정신병원을 탈출한다. 그의 부족이 사는 골짜기를 찾아가기 위해서다. 하지만 분명 브롬덴 추장은 자신의 부족이 사는 골짜기로 가지 못했을 것이다.

비록 영화이지만 오늘날 우리 사회가 정신질환이나 정신장애를 가진 사람을 향한 보편화된 사회제도적 폭력의 결과를 대변한다는 점에서는 지극히 현실적인 오늘의 우리 상황을 잘 대변해 준다고 생각한다(신영전, 2002).

〈그림 1-2〉는 정신질환이나 정신장애가 발생한 이후에 초래되는 사회적 차별과 배제의 악순환을 실제적으로 설명한다. 정신질환자와 정신장애인의 문제는 개인의 문제로 보아서는 해결될 수 없으며 사회구조적으로 발생될 수밖에 없는 사회적 문제로 사회적・국가적 노력이 수반되어야만 한다.

사회는 모든 인간에게 동등하게 서비스를 제공해 잔존 능력을 최대한으로 신장시킴으로써 개인적 실현은 물론 사회적 실현까지 이룰 수 있게 한다. 이러한 사회적 가치의 실현은 모든 사람이 행복하게 살며, 인간다운 삶을 영위하도록 한다는 복지국가 실현에 기여하며 자본주의 사회에서 성취되는 경제적 유용성도 크다.

정신질환자와 정신장애인이 자신의 존엄성을 행사함에 국가는 장애를 이유로 정치적・경제적・사회적・문화적 활동의 모든 영역에서 국가와 사회의 구성원으로서 참여할 수 있도록 동등한 기회를 주어야 하며 일반 대중 역시 그들을 자연스럽고 대등한 입장에서 대하는 것이 필요하다. 따라서 국가와 사회는 정신질환자와 정신장애인에 대한 차별

〈그림 1-2〉 정신질환자와 정신장애인의 차별과 배제의 악순환

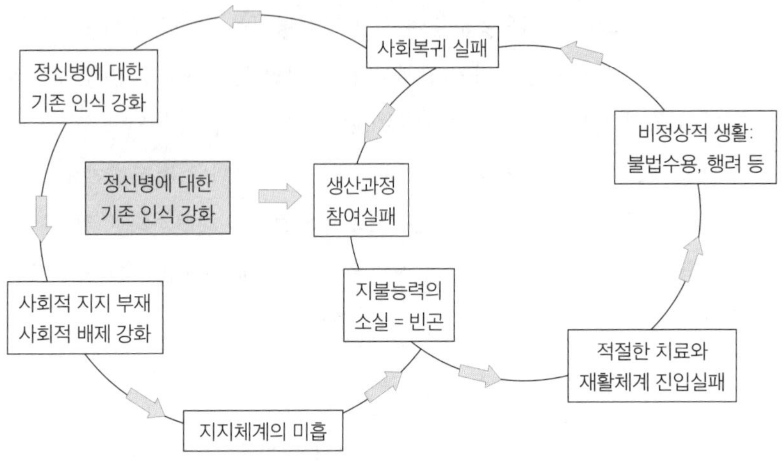

출처: 신영전(2002: 215) 수정 보완.

적 요소를 제거하고, 일반 대중은 그들에 대한 편견과 선입견을 배제해야 하며, 정신장애인 본인은 자신에 대한 피해의식과 자괴감에서 자신을 존중하고 스스로가 한 인간으로서의 존엄성과 기회평등을 갖기 위해 노력해야 한다.

3) 정신건강의 개념과 관점

(1) 정신건강의 개념

정신건강과 정신장애 혹은 정신질환은 다양한 이미지를 내포한다. 정신건강은 긍정적인 심리적 기능을 제시하는 반면, 정신질환이나 정신장애는 정신건강의 반대 상태, 즉 정신건강이 부재한 상태로 규정되기도 하고 혹은 정신활동상의 역기능을 의미하기도 한다. 이는 당연히 질병 또는 의료적 모델의 입장에서 규정되는 개념이다(김혜련 · 신혜섭, 2002).

따라서 정신적으로 건강한 개인은 정신적 장애, 즉 《정신장애진단분류체계 제5판》에 수록된 장애가 없다는 것을 의미한다. 또한 기능적 일상생활 수행수준도 기본 이상일 경우이다. 즉, 자신을 돌볼 수 있는 능력을 가지며 지역사회에 목적을 갖고 건설적으로 참여할 수 있는 능력이 있는 것이다.

결국 정신이 건강한 상태란 행복하고 만족하며 원하는 것을 성취하는 것 등이 안녕하거나 안정된 상태라고 정의할 수 있다. 이에 따라 정신건강은 다음과 같은 10가지의 측면으로 더욱 구체적으로 이해할 수 있다. ① 주체성이 뚜렷하고, ② 자립성이 있으며, ③ 스스로 판단 및 결정할 수 있고, ④ 남의 의견을 존중하며, ⑤ 책임감이 있고, ⑥ 자기 자신의 장점과 단점을 알면서도 자신이 가치 있는 한 인간이라는 것을 긍정적으로 인정하며, ⑦ 자기의 목표에 따라 나아가되 융통성이 있고, 인내할 줄 알며, ⑧ 주위 사람들과 원만한 인간관계를 맺을 수 있고, ⑨ 자기 분수에 맞게 일을 하며 일에서 만족을 느끼며, ⑩ 성숙한 이성과 결혼해 자녀를 양육하는 책임을 질 수 있다는 것이다.

반면, 정신장애는 일반적으로 다음과 같은 5가지의 측면을 갖는다. ① 개인이 자신의 주관적 고충을 호소한다. ② 비효과적 심리사회 기능을 갖는다. 즉, 자기보호(예: 목욕하기, 옷 입기, 먹기 등) 나 사회기능(예: 직장, 학교, 대인관계 등)에 문제가 있고 자기파괴적 행동을 보이며 효과적이지 않은 문제해결(예: 공격성향 등) 능력을 갖는다. ③ 기묘한 행동을 보인다. 즉, 목적 없이 사회규범에 맞지 않는 행동을 한다. ④ 감각기능에 문제가 있어 환청이나 환상을 본다. ⑤ 사고능력에 문제가 있다.

따라서 정신건강은 심리적 안녕 또는 충분한 적응상태를 의미한다.

정신건강의 특징으로는 적절한 수준의 독립, 자기의존(*self-reliance*), 자기지향(*self-direction*), 책임을 가지고 노력할 수 있는 능력, 협동, 여러 가지 어려움이 있는 가운데서도 일할 수 있는 능력, 친근감과 사랑을 표현할 수 있는 능력, 서로 의사소통을 할 수 있는 능력, 다른 사람과 자신의 불만을 관용할 수 있는 능력, 유머감각, 자신의 이기심을 넘어서는 헌신, 취미나 휴식을 찾을 수 있는 능력 등을 열거할 수 있다(Campbell, 1989).

(2) 정신건강에 대한 관점

정신보건사회복지는 정신보건 영역에서 사회복지사가 개입하는 모든 활동을 의미한다. 정신보건 영역에 심리학이나 사회학 등 사회과학의 배경지식을 접목해 가족과 지역사회를 기반으로 사회복지 관련 서비스를 제공하는 활동이다(양옥경, 2006).

정신건강 함양을 비롯해 정신장애 예방, 치료, 재활, 사회복귀 및 사회통합 등 포괄적이면서 통합적 활동 전반에 이르는 일련의 활동이다. 따라서 정신보건사회복지는 정신건강을 추구하는 과정으로서 어떤 시각과 지식을 가지고 접근할 것인가에 따라 여러 가지 측면으로 생각할 수 있다. 정신건강을 추구하는 구체적 실천은 인간의 정신기능에 영향을 미치는 요인이 어떠한 것이냐에 의해 달라진다.

따라서 현재까지 많은 학자가 주장하고 인식한 생물학적·심리학적·사회학적·통합적 관점이라는 4가지 관점을 제시하고자 한다. 이러한 관점은 상호배타적이지는 않지만 각각 서로 다른 인간의 경험상 요소를 강조한다. 따라서 관점에 따라 정신장애인에 대한 사회복지실천의 방법도 다르다.

① 정신건강에 대한 생물학적 관점

정신장애(Turner, 1997)에 대한 생물학적 관점은 그 사람의 생물학적 특성으로 인해 발생하는 것으로 이해하는 것이다. 생물학적 관점에서는 정신장애의 원인을 신경학적 이상, 신경전달물질의 이상, 뇌파나 호르몬의 이상, 유전적 요인 등에서 찾는다.

생물학적으로 보았을 때, 인간의 정신기능에서 뇌가 중심이라는 것은 고대 히포크라테스 시대부터 널리 알려졌다. 그러므로 뇌의 장애는 당연히 정신기능의 변화를 초래한다고 할 수 있다. 그렇지만 '정신기능'이라는 것이 워낙 복잡하고 미묘해서 정신기능과 뇌 사이의 분명한 관계를 아직도 확실하게 밝히지 못했다.

그렇지만 첨단 의료기기의 발달과 뇌 연구의 진전에 힘입어 뇌의 구조나 그에 따른 기능이 상당 부분 발견되었다. 뇌의 무게는 대체로 약 1,300g 정도이며 구조상으로는 대뇌, 간뇌, 중뇌, 뇌교, 소뇌, 연수 등으로 이루어졌다. 이들은 좀더 세부적 구조로 분할할 수 있으며 각 부분은 독자적 기능을 갖는다. 뇌의 영역별 기능과 아울러 이에 따르는 각 신경세포, 신경세포의 활동에서 일어나는 물질의 대사 등도 정신기능과 밀접하게 관련되었다. 즉, 이것은 뇌 기능상의 취약성이 정신질환에 직접적 원인이 된다는 것이다(김동연 · 임호찬, 2000).

신경과학자마다 의견이 다르지만 인간의 뇌는 성인기 초기에 가장 크기가 크며 이때 뇌세포(*neuron*)는 약 천억 개에 이른다. 대부분의 과학자는 하루에 만 개에서 십만 개 정도의 뇌세포가 손실된다는 점에 동의한다. 뇌세포가 노화, 질병, 손상 등으로 인해 죽으면 뇌세포에 붙은 신경교세포(*glial cell*)가 이를 빠르게 흡수해 소화한다. 아마도 이들을 뇌 속의 작고 신기한 청소부라고 불러도 될 것 같다.

〈그림 1-3〉 시상 면에서 본 뇌의 주요 구조

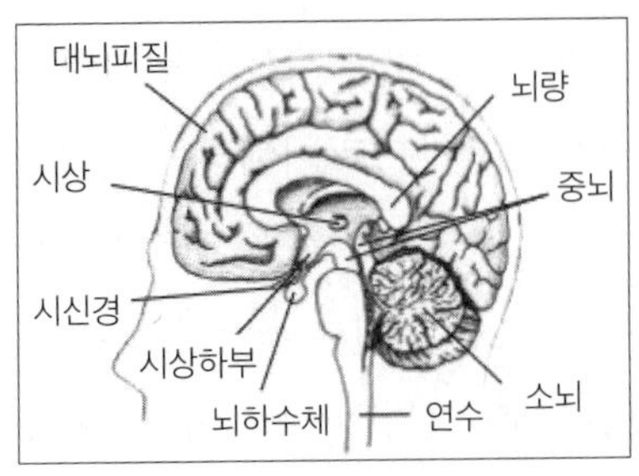

신경교세포는 청소부 역할뿐 아니라, 건강한 뇌세포에 영양분을 공급하는 역할도 담당한다(배도희, 2006). 생물학적 관점에서 뇌세포와 신경교세포 등에 이상이 생기면 신경학적 이상증세, 신경심리학적 결함, 경련성 질환 등이 나타난다(김경숙 · 민승남, 2006).

정신장애를 생물학적 관점에서 이해할 때 고려해야 할 또 다른 요소는 신경전달 물질이다. 즉, 신경전달물질에 이상이 있어 정상보다 높거나 낮을 때 정신장애를 가질 확률이 높다고 볼 수 있다. 뇌의 신경전달물질인 세로토닌(*serotonin*)과 정신장애의 예를 들면, 뇌의 세로토닌 활성이 정상보다 높을 경우 불안장애를 보일 확률이 높고 세로토닌의 활성이 정상보다 낮을 경우 공격적 행동, 적대적 행동, 자살 등의 장애를 보일 확률이 높다고 보고된다(이용표 · 강상경 · 김이영, 2006).

또한 조현병과 도파민(*dopamine*)의 관련성은 파킨슨병을 치료하는 과정에서 분명히 밝혀졌다. 파킨슨병은 노화와 더불어 가장 흔히 나타나는 대뇌신경체계의 변성질환이다. 흑질(*substantia nigra*)에서 발원하는 도파민 조율체계는 선조체(*striatum*)에 신경으로 연결된다. 하지만 노화로 인해 선조체와의 조율체계가 상실하면 파킨슨병이 발생하는 것으로 보고된다.

〈그림 1-4〉 도파민 활성화 부위

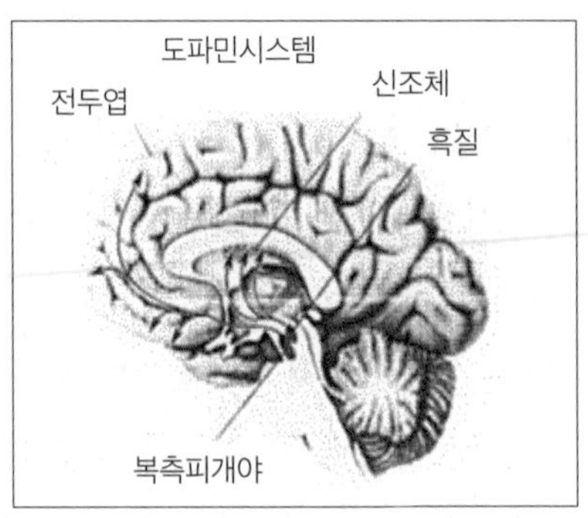

출처: 김동연 · 임호찬(2000: 6).

이 병의 주 증상으로는 무기력, 불수의적 떨림, 균형감각 이상, 운동 개시의 어려움 등이다. 파킨슨병을 치료하기 위한 목적으로 도파민 전구물질인 L-도파를 투여해 증상을 경감시킬 수 있다. 하지만 이에 대한 부작용으로 도파민이 과다하게 생성돼 조현병 증상을 보이는 경우가 많다. 대뇌 속에서 도파민 신경전달물질의 주 생산지는 〈그림 1-4〉와 같이 전두엽에 연결되는 복측피개야(*ventral tegmental area*)와 파킨슨병과 연관된 흑질 두 가지로 알려졌다(Kolb & Whishaw, 1990; 김동연 · 임호찬, 2000 재인용).

호르몬도 정신장애와 관련이 있는 것으로 확인된다. 예를 들어, 품행장애가 여자보다는 남자에게서 많이 발생하는 것을 볼 때 남성 호르몬인 테스토스테론(*testosterone*)의 양이 청소년의 난폭행동과 같은 품행장애와 연관된다고 여겨진다. 실제로 스웨덴의 학생들을 대상으로 한 연구에서 언어나 신체적으로 공격적 행동을 많이 보이는 학생의 혈중 테스토스테론 수준이 비교집단보다 높았으며, 비슷한 맥락에서 소년원의 비행청소년을 대상으로 한 연구에서도 비교집단보다 소년원의 비행청소년의 혈중 테스토스테론이 높은 것으로 보고되었다(이용표·강상경·김이영, 2006).

생물학적 관점에서 보면, 유전에 의해서도 인간의 다양한 신체적 형태나 기능 그리고 정신기능 등에서 상당한 영향을 받는 것으로 확인된다. 유전적 입장에서 볼 때 정신장애를 가진 부모에게서 출생한 자녀가 정신장애를 가지지 않은 부모에게서 태어난 자녀보다 정신장애를 가질 확률이 높다는 연구결과나 쌍생아 중 한 명에게 정신장애가 있을 때 나머지 한 명에게도 정신장애를 경험할 확률이 높다는 연구결과는 유전학적 관점을 뒷받침한다(Hoeffer & Pollin, 1970; 이용표·강상경·김이영, 2006 재인용).

물론, 대부분의 형질은 일방적으로 기계적 유전자에 의해서만 아니라 유전과 환경에 의한 상호작용의 결과라고 볼 수 있지만 그럼에도 염색체의 유전 기전에 대한 객관적 사실이 속속 밝혀지면서 유전학적 입장은 매우 설득력 있다. 특히, 정신기능 중에서도 유전이 지능에 미치는 영향은 상당히 크다고 할 수 있다.

배들리(Baddeley, 1990)의 연구에 의하면 지능은 50~70%가 유전에 의해 결정된다고 한다. 그러나 생물학적 관점의 주된 내용인 뇌의 생화학적 결함과 유전적 요인 등이 정신질환이나 정신장애의 직접적 원인이 된다고 무조건 주장하기에는 아직까지는 미흡한 단계이다. 가령, 부모가 정신장애가 있을 때도 자녀는 그렇지 않은 경우나 쌍생아 중 한 명만 정신장애를 가진 경우 등 예외적 상황을 설명하지 못한다는 한계가 있다.

또한 비슷한 수준의 신경전달 물질을 지닌 사람 모두가 정신장애를 보이지는 않는다. 그러므로 많은 연구자는 생물학적 관점만으로는 정신질환이나 정신장애의 원인을 설명할 수 없으며 개인적 특성, 환경적 요인, 기타 생물학적 원인이 정신장애의 원인으로 동시에 작용한다고 이해한다.

② 정신건강에 대한 심리학적 관점

정신건강 문제에 접근하는 두 번째 시각으로 심리학적 접근을 들 수 있다. 심리학적 관점은 정신장애가 한 개인의 비정상적인 생각이나 느낌 또는 행동으로 인한 부적응의 결과라고 정의한다(Peterson, 1999). 이는 정신건강이라고 하는 것을 적응이란 측면에서 생각해 보는 것이라고 할 수 있다.

적응이란 자기내부의 욕구나 사회로부터의 요청에 순응해 정신적으로 살아남는다는 것을 의미한다고 볼 수 있다(홍숙기, 1994). 일반적으로 적응하는 상태의 인간이란 심리적 만족감, 하는 일에서의 능률적 활동 그리고 사회에 대한 공헌 등의 요소가 있으며 달성하려는 목표를 설정하는 경우가 많다(이준우 · 임원선, 2011).

골드스타인(Goldstein), 매슬로(Maslow), 로저스(Rogers) 등은 개인이 갖는 목표나 잠재적 가능성을 사회생활 속에서 실현하고 자기능력을 충분히 발휘할 것을 강조한다. 목표가 달성되면 만족과 자신감을 느끼지만 좌절되었을 때는 상당한 불안과 스트레스를 경험한다. 이런 상황에 어떻게 대처하느냐는 적응에서 매우 중요한 문제이다.

정신건강이 목표인 정신보건사회복지 실천에서 심리학적 시각은 개인에 관한 문제를 이해하고자 할 때 불안이라는 개념을 매우 중요하게 다룬다. 일상생활에서 불안한 감정을 경험하는 경우는 수없이 많다.

근본적으로 불안을 극복하고자 하는 인간의 노력은 종교, 예술, 자연과학 등의 문화를 창조하는 원동력이 되기도 한다. 그러나 동시에 불안이라는 감정은 개인적·사회적으로 상당히 큰 장애가 되기도 한다. 전자를 정상적 불안이라고 부르고 후자를 병적 불안이라 할 수 있다.

이 두 가지 불안에는 몇 가지 차이점이 있다. 우선 병적 불안은 대다수의 사람이 불안을 느끼지 않는 일상적 상황에서 불안을 느끼는 것으로 불안이 일어나는 상황이 인식되지 않는 점이 특징이다. 또한 불안에 대해 직시하거나 극복하지 않고 피하려 한다.

그 결과 병적 불안은 쉽게 극복되지 않고 부정적 의미로 계속 누적되는 특징을 지닌다. 반면, 정상적 불안은 그것을 스스로 인식하며 인생의 각 발달시기에서 어느 정도 단기간에 극복되고 인격형성에 적극적 의미를 제공한다.

이렇게 인간의 정신기능에 미치는 불안의 생성에 대해 심리학적 관점은 주로 행동주의 이론과 정신역동 이론, 대인관계 이론에 근거한다(이준우, 2009). 행동주의 이론은 정신건강에 대한 특정한 개념은 없지만 건강한 정신(정상적 불안)이나 건강하지 못한 정신(병적 불안)은 많은 조건화된 학습에 의해 생애 동안 영향을 받을 수 있고 따라서 정신건강을 위해 학습이나 조건화 또는 행동발생 후의 수정 차원에서 행동이론이 적용될 수 있음을 시사한다.

정신역동 이론은 지그문트 프로이트(J. Freud)의 의식과 무의식의 수준과 본능, 자아, 초자아에 대한 구조적 이론 그리고 심리성적 발달단계를 설명한 발달이론을 통합해 정신건강의 측정기준인 개인의 성격에 대해 설명한다. 즉, 심리성적 발달단계를 만족스럽게 밟아나갔는지의 여부에 따라 정신건강에 영향을 미치는 불안수준과 내용이 결정된다고 주장한다.

대인관계 이론은 호나이(Horney)와 설리반(Sulivan), 프롬(Fromm)으로 대표되는 신프로이트학파의 이론으로 불안이나 신경증적 행동의 원인과 지속상태는 개인과 사회 그리고 대인관계에 대한 상호작용의 결과로 본다.

이들은 인간 자신이 지각하는 여러 가지 욕구는 타인으로부터 배척이나 소외당하는 것이 아니라 다른 사람과 적당한 관계를 통해 욕구를 충족한다. 이 과정에서 오는 여러 가지 경험을 즐기며 이에 대한 정확한 지각과 자기 자신 및 타인에 대한 확실한 신념을 가질 때 정신건강이 성취되는 것으로 설명한다.

③ 정신건강에 대한 사회학적 관점

사회학적 관점은 심리학적 관점이 정신장애의 원인을 심리학적 요인을 중심으로 이해하려는 접근과 달리 정신장애에 대해 사회적 요소나 환경적 요소를 중심으로 접근한다. 인간의 정신건강과 행동현상에 영향을 미치는 요인을 이해하고자 하는 많은 시도는 오랜 역사적 과정을 통해 이루어졌다.

정신건강에 대한 사회학적 관점 또한 의미가 있다. 인간의 행동이란 그 행동이 행해지는 환경 속에서 구체화된다. 일찍이 히포크라테스(Hippocrates)는 사회적 환경이 인간의 건강과 행동을 결정짓는 중요한 변수라는 태도를 보였다(Link & Phelan, 1995).

사회학적 관점은 열악한 사회적 계급이나 사회경제적 지위가 정신장애의 원인이 된다는 접근이다. 사회경제적 지위에 따른 정신장애 발생률의 차별성에 관한 연구는 이런 관점에서 이루어지는 대표적 접근이다. 흔히 '사회 스트레스 이론'(*social stress theory*)이라고 부르는 연구에 의하면 사회경제적 스트레스를 많이 받을 수 있는 빈곤계층에서 정신장애 발생률이 높음을 시사한다(Johnson, Cohen, Dohrenwend, Link & Brook, 1999).

그러나 사회경제적 상태와 정신장애 간의 관계는 항상 명확하지는 않다. 즉, 열악한 사회경제적 상황이 정신장애를 초래할 수도 있지만 정신장애의 발생으로 인해 사회경제적 지위가 하향 이동하는 경향도 고려해야 한다.

정신적으로 건강한 개인이 정신장애를 가지면 우울, 불안, 정신증 등의 정신과적 증상으로 기존에 수행하던 사회경제적 역할 수행에 한계를 갖게 되고 정신과적 증상으로 인한 기능상의 장애, 특히 교육적·직업적 기회에 대한 제약은 사회경제적 지위의 변동으로 연결될 수 있다. 정신장애가 있는 사람에게는 정신과적 증상으로 인한 기능상의 장애뿐 아니라 정신질환과 연관된 사회적 낙인도 사회적 지위변동의 원인으로 작용할 수 있다(이용표·강상경·김이영, 2006).

인간은 단순한 자연적 생물의 집합체가 아니라 사회와 제도 및 문화에 대한 사회적 결합의 성숙과정을 통해 외부와 반응하면서 행위능력을 증대한다. 때문에 사회제도, 경제, 법과 문화는 개인에게 그 유형에 따라 행동하게 하고 일정한 행동양식을 강제한다. 이를 낙인이론에서는 정신질환이 사람들에 의해 창출된 사회적 개념 또는 낙인 붙은 사람이 수행해야 하는 사회적 역할이라고 보았다. 즉, 사회가 사회적 반응과정을 통해 정신적으로 문제가 있는 개인을 창출한다고 보는 것이다(이윤로, 2005). 사회적 규범에 맞지 않게 행동하는 사람을 정신적 문제가 있는 사람이라고 낙인찍는다.

다시 말해, 개인이 어떤 지역사회나 집단의 규범을 어기는 행동(길

거리에서 잠을 자거나 눈을 맞추지 않고 이야기 하는 일, 폭력적으로 화를 내는 일 등)을 하면 그에게는 정신적으로 문제가 있다는 낙인이 붙고 그렇게 인식된 채 살아야 한다는 것이다. 결국, 사회학적 관점에 의하면 정신장애란 한 개인이 대처할 수 있는 한계를 넘는 사회적 환경이나 상황에 직면함으로써 발생한다.

④ 통합적 관점

통합적 관점은 정신장애가 모든 원인의 통합에 의해 발생한다는 관점이다. 매우 일반적이며 보편적 관점으로서 앞서 살펴본 생물학적·심리학적·사회학적 관점을 모두 포괄하며 어느 하나도 소홀히 하지 않는 관점이다(Davison & Neale, 1998; 양옥경, 2006 재인용). 사실 이 세 가지 관점 가운데 하나의 시각만 가지고 정신장애를 이해하는 데는 한계가 있다(APA, 1994; 이용표·강상경·김이영, 2006 재인용).

즉, 각각의 요소가 정신장애의 유병률과 상관관계가 있다는 정도는 선행연구나 기존의 문헌에서 나타나지만 비슷한 생물학적·심리학적·사회학적 요소를 지닌 사람 가운데 어떤 사람은 정신장애를 보이고 어떤 사람은 보이지 않는가에 대한 예외적 경우를 설명하지는 못한다. 이런 한계를 극복하기 위해서는 정신장애에 대한 통합적 관점이 필요하다(Ghaemi, 2003; 이용표·강상경·김이영, 2006 재인용).

따라서 정신건강에 대한 접근방법은 개인의 생물학적 요소와 심리학적 요소 그리고 사회학적 요소 모두를 포괄해야 한다. 이는 개인의 정신건강과 행동을 이해하는 방법으로 개인을 중심으로 한 미시적 차원에서 그치지 않고 개인을 둘러싼 환경적 요소, 즉 사회제도, 문화와의 관계에서 이해하는 거시적 차원의 접근을 모색하게 한다.

〈그림 1-5〉 정신장애의 통합적 관점

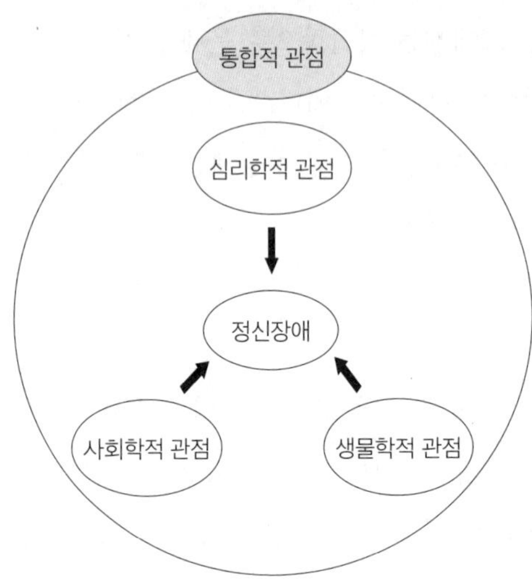

출처: 이용표 · 강상경 · 김이영(2006: 116. 재구성).

전자는 인간행동을 심리학적 차원에서 이해하는 입장이고 후자는 사회학적, 나아가 사회복지학적 입장에서 이해하는 것으로 이 두 가지 견해는 오래전부터 각각 서로 다른 입장에서 많은 이론가에 의해 연구되었으나 근래에 들어서는 인간과 함께 일하는 여러 분야(정신의학, 사회복지학, 철학, 인류학, 사회학, 심리학, 간호학 등)에서 통합적 접근이 모색된다.

인간의 정신건강 문제와 부적응을 규명하고 치료하는 데 개인체계의 실존적 차원과 생리 · 심리 · 사회 · 문화 · 경제적 환경의 영향에 관심을 가져야 한다는 입장이 힘을 얻었다. 따라서 통합적 관점은 인간을 정신적으로 통합 구성된 생물학적 단위로 이해하는 전체론적 관점을 바탕으로 한다는 점에서 체계론적 관점과 유사하다.

통합적 관점에서는 인간을 생물 · 심리 · 사회적 존재로 간주하고 인간의 행동이나 정신장애를 이해하기 위해서는 생물학적 · 심리학적 · 사회학적 지식을 복합적으로 이용해야 한다고 강조한다(Wakefield, 1992; 이용표 · 강상경 · 김이영, 2006 재인용).

또한 정신장애가 유기적이며 유전적 요소와 더불어 생물 · 심리 · 사회적 요소 간의 상호작용에 의한 복합적 요인 때문에 나타난다고 본다. 이러한 통합적 관점에서 정신장애는 생물학적 · 심리학적 · 사회학적 요소에 의해 나타나는 임상적으로 중요한 개인의 행동 혹은 심리적 증후군, 이로 인한 기능상의 저하로 정의할 수 있다(이용표 · 강상경 · 김이영, 2006).

3. 지역사회 정신건강

'지역사회 정신건강'(*community mental health*)이란 정신질환자나 정신장애인을 격리된 수용소가 아닌 우리가 사는 사회에서 치료하고 재활하는 것으로 사회적 환경 전체를 치료의 도구로 이용한다는 하나의 이념이다.

지역사회 정신보건사업은 지역사회를 기반으로 둔 서비스 실천방법을 기본개념으로 지역 내에서 행하는 정신보건에 관한 모든 활동, 정신질환이나 정신장애에 대한 치료와 재활뿐만 아니라 예방에 이르는 모든 활동을 포함한다. 즉, 지역사회 정신건강 개념은 지역사회 정신보건사회복지 서비스가 지역사회를 중심으로 제공되는 모든 서비스의 통합으로 인식된 것이다(양옥경, 1996, 2006).

1) 지역사회 정신건강의 이념

전통적으로 사회는 정신질환이나 정신장애가 있는 사람을 인간 이하로 간주하려는 경향을 보였다. 특히, 시설에 수용된 사람은 압제와 차별을 받기 마련이었다(이준우, 2012). 사회는 이들을 격리시킴으로써 그렇지 않은 대중을 보호할 수 있다고 생각했다. 그런데 이러한 인식을 바꾸는 패러다임이 제기되었다. '지역사회 정신건강'이라는 이념이자 개념이다. 지역사회 정신건강의 이념은 양옥경(1996)이 국내에 적극적으로 소개했으며 우리나라 정신보건 영역에서 보편적으로 받아들였으며 정신보건사회복지실천의 기본이념으로 정착되었다.

(1) 최소한의 규제

최소한의 규제는 치료와 서비스를 받는 데 자유, 자기결정권, 자율성, 존엄성을 보장하고 사회통합을 지향하는 다양한 서비스의 개발 및 제공을 말한다. 서비스가 대상자에게 전달되는 데 방해가 될 만한 규제를 최소화해야 한다는 가치를 의미한다.

정신질환이나 정신장애도 개별화된 한 개인의 특성으로 보면 그들에 대한 삶의 자율성을 보장하는 일은 매우 당연한 개인의 권리가 된다. 규제는 최대한 제한되어야 하고 스스로 자신의 삶을 계획하고 결정하며 실행해 나가도록 해야 한다. 지역사회라는 삶의 터전에서 자유롭게 자신이 생각하고 바라는 대로 살아가게끔 해야 한다.

(2) 보편화

보편화는 사회통합의 전제조건으로 차별 없는 동등한 기회를 보장하고 생활조건과 환경의 보편화를 통해 장애 및 사회적 불리로 인한 문제를 최소화한다. 즉, 정신장애로 인한 사회적 장벽을 적극적으로 해소해 나감으로써 '일반화'된 혹은 '보편화'된 삶의 환경을 구축하려는 '가치'이자 '철학'이다.

이러한 '보편화'의 관점에서 바라보면 정신장애는 이제 개인적 비극이 아니라 사회적 책임으로 인식된다(이준우, 2012). 당연히 정신보건사회복지는 정신질환이나 정신장애인 개인과 가족에게 힘이 되어야 할 뿐만 아니라 지역사회가 정신장애에 대한 편견과 낙인을 없앨 수 있도록 기여하는 실천개입으로 이해할 수 있다.

(3) 사회통합

사회통합은 지역사회의 물리적 통합을 전제로 사회적 상호작용을 효과적으로 달성한다. 지역사회 정신건강의 이념은 치료나 서비스를 받는 데 인간존엄성의 가치에 기반을 둔다. 서구 사회에서는 정신장애인을 대단위 수용시설에서 탈시설화하는 정책으로 시작되었고 정신장애인에게만 국한된 것이 아닌 전체 사회를 대상으로 정신건강과 관련된 모든 것을 포괄하는 광범위한 의미를 내포한다.

이는 정신장애와 관련되어 지역사회가 움직인다는 의미이며 의료를 포함한 각종 정신보건 서비스의 제공 대상은 물론이고 제공의 주체도 지역사회가 되는 것을 말한다(양옥경, 1996, 2006). 즉, 지역사회 정신건강이란 지역사회에서 행해지는 모든 정신보건 활동으로서 정신질환의 진료, 재활 및 사회복귀 그리고 예방 등의 서비스를 총칭하며 정신질환의 치료와 재활에서 사회환경 요소의 중요성을 인식하는 전인적 진료의 이념을 기본으로 한다(김규수, 1996, 2004).

2) 지역사회 정신보건사업의 목적

지역사회 정신보건사업은 정신질환이나 정신장애에 대한 '지역사회 정신건강'이라는 입장을 바탕으로 하는 일련의 활동으로 정신질환자나 정신장애인의 전인적 치료, 재활, 사회통합을 목적으로 한다. 이는 시설 중심의 치료나 재활에서, 환자가 생활하는 지역사회에서의 치료라는 치료 및 재활현장의 변화로부터 시작되며 궁극적으로는 환자 혹은 클라이언트에 대한 치료뿐만 아니라 그를 둘러싼 지역사회를 더욱 지지적 환경으로 변화시킴으로써 정신질환자나 정신장애인이 독립적 사회인으로서 기능할 수 있도록 하는 데 목적을 둔다.

3) 지역사회 정신보건사업의 특징

지역사회 정신건강은 정신장애에 대한 인식의 전환이다. 정신장애가 있는 사람에 대한 편견과 낙인으로부터 탈피해 그를 특수한 욕구가 있는 개인으로 인정하는 것이다. 또한 정신장애에 대한 지역사회의 역할에 관한 사고의 전환을 의미한다. 지역사회는 정신장애를 가진 사람에게 일상생활에 필요한 포괄적이고 광범위한 활동의 기반을 마련해 주는 환경을 제공해야 한다는 것이다.

따라서 이들에 대한 치료 및 재활도 소외된 비의료적 시설이 아닌 일반인이 생활하는 지역사회에서 당당하게 진행되어야 한다(양옥경, 1996,

2006). 이러한 지역사회 정신건강 개념에 의해 수행되는 지역사회 정신보건사업의 특징은 다음과 같다(이충순 · 한은선, 1996; 김규수, 2004; 정원철, 2007).

(1) 지속성과 포괄성

지역사회 정신건강 프로그램에서는 환자 혹은 클라이언트가 쉽게 각종 서비스 사이를 이동하며 체계적 치료를 받을 수 있어야 한다. 즉, 서비스 접근성과 이동성이 보장되어야 하는 것이다. 아울러 지역사회 정신건강 프로그램은 지역사회 정신보건 문제 전체가 포괄적으로 다루어지도록 계획된 것이어야 한다. 이는 과도하게 병리적 차원으로만 프로그램이 한정되지 않도록 주의하는 것이다. 이러한 포괄적 개념을 지향할 때 지역사회의 다양한 자원이 발굴되고 지역사회와 연계되어 각종 서비스와 체계적 치료가 동원될 수 있는 것이다.

(2) 간접적 서비스 강조

정신보건사회복지사는 대상 집단의 삶에 직접 개입하기보다는 그들에게 영향을 미칠 수 있는 교사, 종교지도자 또는 공중보건 간호사 등을 적극적으로 활용한다. 이를 위해 사회복지사는 관련 전문가집단과의 유기적 연계능력을 가져야 한다. 흔히, 간접적 서비스는 수월하다고 생각하지만 실은 직접적 서비스보다 훨씬 더 광범위한 사회자원 활용능력과 자원 간 조정기술 등을 소유하지 못하면 간접개입은 성공하기 어렵다. 그런 면에서 탁월한 간접서비스는 클라이언트의 주체적 역량을 강화할 뿐만 아니라 클라이언트에게 꼭 필요한 서비스를 제공할 수 있는 다양한 자원을 활성화하는 효과를 거둘 수 있다.

(3) 새로운 임상적 관리법

다수의 대상자를 과거의 병리적 관점에서 수행되던 관리방법보다 적절하게 효과적으로 관리하고 불필요한 입원을 줄이기 위해 단기치료와 위기개입적 접근을 실시한다. 최근 사례관리를 위기개입의 핵심적 방법으로 활용하는 사례가 늘어나는데 이는 매우 바람직한 현상이다. 사례관리는 지역사회에 기반을 두고 접근하는 실천개입 방법으로 효과적이기 때문이다.

(4) 지역특성에 적합한 프로그램

지역사회의 인구학적 분석, 충족되지 않은 정신보건 욕구의 파악, 정신질환 내지 정신장애와 관련된 지역 내 위험집단의 선별을 통해 정신보건 문제의 우선순위 설정과 정신보건 서비스의 조정이 지역별로 이루어지도록 한다. 특히, 지역사회 정신건강증진센터(혹은 정신보건센터)와의 유기적 협력은 지역특성을 고려한 개입실천을 수행하는 경우에 매우 유용하다.

(5) 가용한 인적 자원 동원

의사, 간호사, 사회복지사, 임상심리사뿐만 아니라 지역사회에서 가용한 모든 인적 자원을 동원해 팀으로 활동하도록 한다. '정신질환' 또는 '정신장애'라는 현상은 당사자 개인이나 가족, 특정한 전문가 한두 사람의 노력으로만 해결하기 어렵다. 그러므로 클라이언트 당사자의 바람직한 변화를 위해 가용할 수 있는 인적 자원을 최대한 동원해 폭넓고 심도 있는 지원과 지지가 요구된다.

(6) 지역사회의 참여

일반적으로 지역사회 조정 또는 지역사회 참여라고 부르는데 정신보건 전문가만으로는 지역사회의 정신보건 욕구를 충족할 수 없으므로 지역사회의 참여를 유도해 욕구를 파악하고 프로그램이 그러한 욕구를 어느 정도 충족했는지를 평가해 차후의 프로그램 개발에 반영한다.

여기서 중요한 사실은 지역사회 자체가 클라이언트의 변화를 이끌어낼 수 있는 대단히 중요한 '자원의 보물창고'라는 점이다. 늘 보고 경험하는 지역사회의 구성요소 '하나하나'가 실은 클라이언트에게는 요긴한 서비스 자원이 될 수 있다는 것이다. 그러므로 정신보건사회복지사는 지역사회에서 퍼진 자원을 클라이언트에게 개입하는 도구와 서비스 재료로 활용할 수 있는 안목과 능력을 가져야 한다.

(7) 지역사회를 근원으로 하는 정신병리적 원인 파악

과거에는 정신병리적 원인을 개인에서만 찾음으로써 개인의 심리 내적 원인을 변화시키는 데 중점을 두었으나 지역사회 정신보건은 지역사회에 근원을 두고 집단의식의 변화에 관심을 기울인다. 물론 그렇다고 개인 내적 차원에서의 문제를 전혀 고려하지 않는 것은 아니다. 개인적 차원의 문제가 지역사회적 요인과 상호작용할 때 발생하는 문제를 정신병리적 원인의 더욱더 중요한 요인으로 강조하는 것이다.

• 생각 다듬기 •

1. 〈뻐꾸기 둥지 위로 날아간 새〉를 감상하고, 그 속에 담긴 정신질환자의 삶과 고통을 나누어보자. 그리고 오늘날 우리 사회에서 정신질환, 정신장애인에 대해 갖는 편견과 사회적 차별은 무엇인지 토의해 보자.

2. 정신건강의 4가지 관점(생물학적 · 심리학적 · 사회학적 · 통합적 관점) 중에서 가장 실현가능성이 있는 관점을 한 가지 골라 토의해 보자. 만약 나와 다른 입장에 있는 이가 있다면 그의 의견을 잘 듣고 내 의견과 비교하고 생각해 보자.

3. 만약 자신이 속한 지역사회에 정신보건 관련시설이 들어선다면 어떠한 기분이 들지 생각해 보자. 만약 이를 거부하는 입장이라면, 이 책을 다 읽은 후에 자신의 생각과 입장이 어떻게 바뀌었는지 생각해 보자.

4. 자신이 생각하는 정신장애인에 대해서 적어보고, 정신질환자와 정신장애인의 차별과 배제의 악순환을 끊으려면 어떠한 노력과 활동 등이 필요한지 토의해 보자.

제 2 장

정신장애에 대한 이해

1. 서 론

2장은 내용이 매우 방대하고 구체적 개념과 많은 증상을 설명한다. 이 내용은 정신보건사회복지사로서 꼭 알아야 할 내용이기에 꼼꼼히 살펴봐야 한다. 정신보건사회복지사는 정신병원, 지역사회 정신건강증진센터, 사회복귀시설, 정신요양원 등에서 주로 근무하게 되는데 이 모든 기관에서 팀을 이뤄 함께 일해야 할 동료는 정신과의사, 간호사, 임상심리사 등이 대부분이기 때문이다.

이들과 막힘없이 의사소통하며 전문가적 동료관계를 스스럼없이 맺고 오히려 서비스 개입 전반을 효과적으로 수행하기 위해서는 서비스 대상자인 정신장애인 클라이언트의 장애증상과 그와 관련된 다양한 개인적 · 가족적 · 사회적 현상에 대해 분명하게 이해해야 한다.

오늘날 보편적으로 사용하는 정신장애의 진단체계는 두 가지이다. 하나는 세계보건기구(WHO)에서 질병의 체계적 분류를 위해 제정하고 국제적으로 통용되는 '국제질병분류체계'(International Classification of Diseases · ICD)의 정신장애(정신질환) 진단분류 방식이고 다른 하나는 미국정신의학회(American Psychiatric Association)에서 만든 《정신질환의 진단 및 통계편람 제 5판》(*Diagnostic and Statistical Manual of Mental Disorders*, Fifth Edition · DSM-5)이다.[1)]

DSM-5는 증후에 기초해 진단 명칭을 부여하는 포괄적 분류도식이다. DSM-5의 특징은 기존 'DSM-Ⅳ'로 표기하던 것을 'DSM-5'처럼 숫자로 표기했고 'mental disorder'를 '정신질환'으로 번역해 정신능력의 결함이 있다는 오해를 최소화하기 위해 노력했다는 점이다. 특히, DSM-5의 분류체계는 의학적 · 심리학적 · 정신의학적 · 사회복지학적 · 교육학적 전문가 간의 의사소통을 원활히 하고 치료와 재활을 위한 권장사항으로 널리 활용한다.

정신보건사회복지사가 같은 장애를 의미하는 서로 다른 용어를 사용하면 전문가 간에 이해나 개념을 명확히 하는 것은 어려워진다. 따라서 정신보건사회복지사도 정신건강 분야에서 보편화된 DSM-5의 분류체계를 익히는 것이 매우 중요하다.

---

1) 이후, 《정신질환의 진단 및 통계편람》은 약자인 DSM으로 《국제질병분류체계》는 ICD로 표기하고 개정판의 순서는 숫자로 표기했다.

2. 《국제질병분류체계》에 따른 정신장애 분류

WHO에 의해 발전된 《국제질병분류체계》는 현재 10판, 즉 ICD-10까지 이른다. 1853년 최초로 인간의 사망원인을 보고하는 국제협의 모임이 있었고 이 모임을 모태로 1893년 국제질병분류모델의 채택이 건의되었다.

그리고 마침내 1900년 ICD-1이 출간되었고 개정을 거듭해 1938년 인간의 정신적 질병을 포함한 ICD-5가 출간되었다. 미국에서 제 2차 세계대전(1939~1945) 당시 참전군인과 제대군인의 외래진료문제를 더욱 잘 운영하기 위해 폭넓은 진단분류체계가 발전할 무렵인 1948년에 WHO는 ICD-6을 출간했다.

이를 계속 수정・보완해 1955년에는 ICD-7, 1965년에는 ICD-8 그리고 1975년에는 ICD-9를 출간했다. 그러나 ICD-9는 진단기준이나 다축체계가 포함되지 않았기 때문에 미국에서는 이를 독자적으로 보완・변형해 1979년에 ICD-9-CM(*clinical modification*: 임상적 변형판)을 출간했고 이를 ICD-10이 나오기 전까지 공식적 진단부호로 사용했다.

1992년에 나온 ICD-10에서는 정신질환을 크게 기질적 정신병, 기타 정신병, 신경증적 장애와 인격장애 및 기타 비정신병적 장애, 지적장애로 구분했다(이준우・정지웅, 2014). ICD의 출간연도를 정리하면 다음과 같다.

ICD-1(1900) → ICD-2(1910) → ICD-3(1920) → ICD-4(1929) → ICD-5(1938) → ICD-6(1948) → ICD-7(1955) → ICD-8(1965) → ICD-9(1975) → ICD-10(1992)

〈표 2-1〉 ICD-10에 따른 정신질환(정신장애) 분류

코드	병명	
290	노인성, 초로성 기질적 정신병	기질적 정신병 상태
291	알코올성 정신병	
292	약물성 정신병	
293	일과성 기질적 정신병 상태	
294	기타 기질적 정신병 상태(만성)	
295	정신분열(조현)병	기타 정신병
296	정동성 정신병	
297	편집상태	
298	기타 비기질성 정신병	
299	소아에 기원한 특이성을 가진 정신병	
300	신경증성 장애	신경증성 장애, 인격장애 및 기타 비정신병적 장애
301	인격장애	
302	성도착 및 성적 장애	
303	알코올의존성 증후군	
304	약물의존	
305	비의존성 약물남용	
306	정신적 요인에서 발생하는 생리적 기능장애	
307	기타 비분류 특수증상과 증후군	
308	급성 스트레스 반응	
309	조정반응	
310	기질적 뇌손상에 따른 비정신병적 정신장애	
311	다른 곳에서 분류되지 않은 우울성 장애	
312	다른 곳에서 분류되지 않은 행동장애	
313	아동기 및 청소년기에 특이한 정서장애	
314	소아기의 운동과다성 증후군	
315	발육상 특수지연	
316	다른 곳에서 분류된 질환에 관련된 정신요인	
317	가벼운 정신지체	정신지체(지적 장애)
318	기타 명시된 정신지체	
319	상세불명의 정신지체	

출처: 민성길 외(1999, 재구성).

한편, ICD와 DSM과의 관련성을 고려할 때 가장 큰 문제점은 분류 및 진단체계의 방식이다. 특히, 1987년 DSM-Ⅲ가 나온 후 정신건강 분야에 종사하는 많은 사람은 ICD-9와의 관계에서 많은 갈등과 혼란을 겪었다. ICD-9가 DSM-Ⅲ보다는 DSM-Ⅱ에 더 가깝고 정신장애의 분류 및 진단체계가 서로 일치하지 않았기 때문이다.

이러한 여러 가지 혼선을 극복하고 분류 및 진단체계의 신뢰도와 타당도를 높이기 위해 1992년에 ICD-10, 1994년에는 DSM-Ⅳ를 출간해 둘 간의 상호체계는 어느 정도 보완되었다. 그리고 2013년에는 DSM-5를 출간하면서 ICD-10은 모든 종류의 질병을 다루며 DSM-5는 정신질환에 더욱 집중하는 특성이 강화되었다. 그러나 아직도 보완해야 할 문제가 많다. 특히, DSM-5에 있는 진단부호와 용어는 ICD-10과 많은 부분 양립되거나 다른 용어로 표기되었기 때문에 많은 혼란을 초래할 수 있다. 향후 연구가 더욱 진행되면 많은 차이점이 개선되고 두 가지 기준의 장점이 통합되어 하나의 뚜렷한 진단기준이 탄생할 것이다.

3. 《정신질환의 진단 및 통계편람 제 5판》에 따른 정신질환 분류와 해설

DSM-5의 내용을 살펴보기 위해서는 우선 진단기준과 부호[2]를 개괄적으로 살펴보는 것이 유용하다. 진단기준과 부호는 〈표 2-2〉와 같다.

---

2) 세부 질환에 대한 진단기준, 진단적 특징, 유병률 등은 DSM-5를 참고하기 바란다.

〈표 2-2〉 DSM-5의 진단기준과 부호

진단기준	내용
1. 신경발달장애	지적 장애, 의사소통장애, 자폐스펙트럼장애, 주의력결핍 과잉행동장애, 특정학습장애, 운동장애, 기타 신경발달장애
2. 조현병 스펙트럼 및 기타 정신병적 장애	망상장애, 단기 정신병적 장애, 조현양상장애, 조현정동장애, 물질/약물치료로 유발된 정신병적 장애, 다른 의학적 상태로 인한 정신병적 장애, 긴장증
3. 양극성 및 관련 장애	제 I 형 양극성 장애, 제 II 형 양극성 장애, 순환성 장애, 물질/약물치료로 유발된 양극성 장애, 다른 의학적 상태로 인한 양극성 및 관련 장애
4. 우울장애	파괴적 기분조절 부전장애, 주요 우울장애, 지속성 우울장애, 월경 전 불쾌감장애, 불안장애, 물질/약물치료로 유발된 우울장애, 다른 의학적 상태로 인한 우울장애
5. 불안장애	분리불안장애, 선택적 함구증, 특정 공포증, 사회불안장애, 공황장애, 광장공포증, 범불안 장애, 물질/약물치료로 유발된 불안장애, 다른 의학적 상태로 인한 불안장애
6. 강박 및 관련 장애	강박장애, 신체이형장애, 수집장애, 발모광(털 뽑기 장애), 피부 뜯기 장애, 물질/약물치료로 유발된 강박 및 관련 장애.
7. 외상 및 스트레스 관련 장애	반응성 애착장애, 탈억제성 사회적 유대감장애, 외상 후 스트레스장애, 급성 스트레스장애, 적응장애
8. 해리장애	해리성 정체감 장애, 해리성 기억상실, 이인성/비현실감 장애
9. 신체증상 및 관련 장애	신체증상장애, 질병불안장애, 전환장애(기능성 신경학적 증상장애), 기타 의학적 상태에 영향을 주는 심리적 요인, 인위성 장애
10. 급식 및 섭식 장애	이식증, 되새김 장애, 회피적/제한적 음식섭취장애, 신경성 식욕부진증, 신경성 폭식증, 폭식장애
11. 배설장애	유뇨증, 유분증
12. 수면-각성장애	불면장애, 과다 수면장애, 기면증, 호흡 관련 수면장애(폐쇄성 수면 무호흡 저호흡), 중추성, 수면무호흡증, 수면 관련 환기저하, 일주기 리듬 수면-각성장애), 사건수면(NREM 수면-각성장애, 악몽장애, REM수면-행동장애, 하지불안증후군, 물질/치료약물로 유발된 수면장애) 수
13. 성기능부전	사정지연, 발기장애, 여성 극치감장애, 여성 성적 관심/흥분장애, 성기-골반통증/삽입장애, 남성 성욕감퇴 장애, 조기사정, 물질/약물치료로 유발된 성기능부전
14. 성별 불쾌감	-
15. 파괴적, 충동조절 및 품행장애	적대적 반항장애, 간헐적 폭발장애, 품행장애, 병적 방화, 병적 도벽

〈표 2-2〉 계속

진단기준	내용
16. 물질 관련 및 중독장애	물질 관련 장애[물질 사용장애, 물질로 유발된 장애(알코올 관련 장애, 카페인 관련 장애, 대마 관련 장애, 환각제 관련 장애, 흡입제 관련 장애, 아편계 관련 장애, 진정제, 수면제 또는 항불안제 관련 장애, 자극제 관련 장애, 담배 관련 장애, 기타(또는 미상의) 물질 관련 장애)], 비물질 관련 장애(도박장애)
17. 신경인지장애	섬망, 주요 및 경도 신경인지장애
18. 성격장애	일반적 성격장애[A군 성격장애(편집성, 조현성, 조현형), B군(반사회성, 경계선, 연극성, 자기애성), C군(회피성, 의존성, 강박성)], 기타 성격장애
19. 변태성욕 장애	관음장애, 노출장애, 마찰도착 장애, 성적 피학장애, 소아성애 장애, 물품음란 장애
20. 기타 정신질환	-

1) 신경발달장애

신경발달장애(*neurodevelopmental disorders*)는 생애발달 시기에 시작되는 장애의 집합이며 전형적으로 초기 발달단계인 학령전기에 발현되면서 개인적·사회적·학업적 또는 직업적 기능에 손상을 야기하는 발달결함이 특징이다.

(1) 지적 장애

지적 장애(*intellectual disabilities*)는 추론, 문제해결, 계획, 추상적 사고, 판단, 학업, 경험으로부터의 학습과 같은 전반적 정신기능에 결함이 나타나는 것이 특징이다. 의사소통, 사회적 참여, 학업적 또는 직업적 기능, 가정 또는 공동체에서의 개인적 자립과 같은 한 가지 이상의 일상생활 영역에서 독립성과 사회적 책임의 기준에 도달하는 것에 실패한다. 지적 장애, 지적 발달장애(*intellectual developmental disabilities*), 전반적 발달지연(*global developmental delay*), 명시되지 않는 지적 장애(*unspecified intellectual disability*) 혹은 지적 발달장애(*intellectual developmental disorder*) 등이 있다.

(2) 의사소통장애

의사소통장애(*communication disorders*)에는 언어(*language*), 말하기(*speech*), 의사소통(*communication*)의 결함이 포함된다. 언어장애(*language disorder*), 말소리 장애(*speech sound disorder*), 아동기 발병 유창성 장애(말더듬)〔*childhood-onset fluency disorder*(*stuttering*)〕, 사회적(실용적) 의사소통장애〔*social*(*pragmatic*) *communication disorder*〕, 명시되지 않는 의사소통장애(*unspecified communication disorder*) 등이 있다.

(3) 자폐스펙트럼 장애

자폐스펙트럼 장애(*autism spectrum disorder*)의 필수적 특징은 자기 자신에게 비정상적으로 몰입해 다른 사람과의 관계를 맺고 유지하는 데 어려움을 갖는 현상이다. 대인관계에서 상호 간의 사회적 의사소통에 장애가 있고 사회적 상호작용의 지속적 손상, 제한적·반복적 양식의 행동 등이 일어난다. 이러한 증상은 아동기 초기부터 나타나며 일상기능에 제한이나 손상을 일으킨다.

사실 자폐스펙트럼 장애는 DSM-5에서 새롭게 제시하는 용어로 '자폐증'이라는 기존에 일반적으로 통용되던 용어를 대신한다. 다만 과거 DSM-Ⅳ와 ICD-10에서는 광범위성 발달장애의 범주 아래에 자폐성 장애, 아스퍼거 장애, 레트장애, 소아기 붕괴성 장애, 달리 분류되지 않은 광범위성 발달장애 등으로 구분했다면 DSM-5에서는 각기 독립된 장애가 아닌 동일한 연속선상에 두었다.

즉, 서로 다른 장애가 아닌 자폐 상태의 심각한 정도나 지능 및 심리사회적 발달의 정도 등에 따라 나타나는 임상양상에 차이가 있다고 판단한 것으로 보인다. 빛이 스펙트럼을 통과하면 다양하고 수많은 색으로 퍼져 보이듯, 가벼운 자폐 증상과 심한 자폐 증상 사이에 변화 가능한 다양한 증상[3]과 기능의 수준 차이가 있다는 의미이다.

(4) 주의력결핍 과잉행동장애

주의력결핍 과잉행동장애(*attention-deficit/hyperactivity disorder*)의 필수증상은 기능 또는 발달을 저해하는 지속적 양상의 부주의 또는 과잉행동, 즉 충동성이다.

부주의는 과제를 수행하지 않고 돌아다니기, 인내심 부족, 지속적 집중의 어려움, 무질서함과 같은 모습으로 발현되며 이는 반항이나 이해의 부족에 기인한 것이 아니다. 과잉행동은 적절하지 않은 상황에서 과도한 운동 활동이나 과도하게 꼼지락거리거나 두드리는 행동 또는 수다스러운 말과 연관된다. 충동성은 심사숙고 없이 순간적으로 일어나는 성급한 행동과 연관이 있으며 이러한 행동은 타인에게 해를 끼칠 가능성이 높다. 주의력결핍 과잉행동장애, 달리 명시된 주의력결핍 과잉행동장애(*other specified attention-deficit/hyperactivity disorder*), 명시되지

3) 징후(*sign*)를 증상(*symptom*)에 포함해 주로 증상으로 묶어서 설명하는 것이 일반적인데 DSM-5에서는 이를 구분한다. 즉, 징후는 객관적으로 관찰 가능한 문제이고 증상은 환자 내지 클라이언트가 주관적으로 호소하는 경우를 의미한다. 이를테면, DSM-5에서는 기괴한 행동으로 말할 수 있는 징후와 가령 우울감에 대한 보고를 예로 들 수 있는 증상으로 구분해 설명한다.

않는 주의력결핍 과잉행동장애 등이 있다.

(5) 특정학습장애

특정학습장애(*specific learning disorder*)는 생물학적 근원이 있는 신경발달장애이며 인지적 수준의 이상이 바로 이 장애의 행동징후와 연관이 있다. 특정학습장애의 필수적 특징은 핵심적 학업기술을 학습하는데 지속적 어려움을 경험하는 것으로, 정규 학교교육 기간 중 시작된다. 학업기술에는 단어를 정확하고 유창하게 읽기, 독해력, 쓰기와 철자, 산술적 계산, 수학적 추론이 포함된다. 또 다른 특징은 보유한 학습기술에 대한 개인의 수행이 평균연령보다 낮다는 것이다. 대부분의 경우 학습문제가 저학년 때 분명해진다는 특징이 있다.

(6) 운동장애

운동장애(*motor disorders*)에는 발달성 협응장애(*developmental coordination disorders*), 상동증적 운동장애(*stereotypic movement disorder*), 틱장애(*tic disorder*), 달리 명시된 틱장애(*other specified tic disorder*), 명시되지 않는 틱장애(*unspecified tic disorder*)가 있다.

일상생활에서 빈번하게 볼 수 있는 발달성 협응장애의 예로는 물건을 잡거나 가위나 식기 등을 사용할 때 그리고 스스로 제어하지 못하고 떨어뜨리는 경우를 말할 수 있다. 상동증적 운동장애는 거의 대부분 지적 장애와 동반한다. 지적 장애가 심할수록 자해적 행동의 위험은 더 커진다.

또한 이 장애는 심한 감각장애(시각장애, 청각장애)와 동반해 나타날 수도 있다. 예를 들면, 손 흔들기, 손장난하기, 몸 흔들기, 손가락을 무의미하게 움직이기, 머리 부딪히기, 물어뜯기, 피부 또는 몸의 구멍을 후비기, 자기 몸을 때리기 등이 있다. 한편, 틱장애의 대표적 증상은 순간적인 눈 깜박임, 목 경련, 얼굴 찌푸림, 어깨 으쓱임 등이 있다.

(7) 기타 신경발달장애

달리 명시된 신경발달장애(*other neurodevelopmental disorders*)와 명시되지 않는 신경발달장애(*unspecified neurodevelopmental disorder*) 등이 있다. 신경발달장애는 중추신경계, 즉 뇌의 발달지연 또는 뇌 손상과 관련된 것으로 알려졌다.

2) 조현병 스펙트럼 및 기타 정신병적 장애

조현병 스펙트럼 및 기타 정신병적 장애(*schizophrenia spectrum and other*

〈표 2-3〉 정신병적 장애를 정의하는 핵심적 특징

구분	핵심적 특징
망상	모순된 증거를 고려하고도 쉽게 변경되지 않는 고정된 믿음으로 피해망상, 관계망상, 과대망상, 색정망상, 허무망상, 신체망상 등이 있다.
환각	외부자극 없이 일어나는 유사 지각경험으로 정상 지각과 똑같이 생생하고 분명하고, 수의적 통제 아래에 있지 않으며, 어떤 감각 양식에서도 일어날 수 있다. 조현병 및 관련 장애에서 환청이 가장 흔하다.
와해된 사고 (언어)	와해된 사고(사고형식 장애)는 전형적으로 각 개인의 언어에서 유추되는데 하나의 화제에서 다른 화제로 옮겨가는 경우(탈선 혹은 이완연상)와 질문에 대한 대답이 모호하게 관련되거나 완전히 이탈한 경우이다.
극도로 와해된 또는 비정상적 운동 행동 (긴장증 포함)	어린애와 같은 우둔함부터 예측 불가의 초조함에 이르기까지 다양한 방식으로 나타나는데 문제가 일상생활에 어려움을 일으키는 목표지향적 행동으로 나타난다.
음성 증상	감퇴된 정서표현(얼굴표정, 눈 맞춤, 말의 억양, 정상적으로 말에 정서적 강조를 두는 손과 머리 및 얼굴 동작 등의 감소), 무의욕증(동기가 부여된, 자기주도적이며 목적의식이 있는 활동의 감소), 무언증, 무쾌감증, 무사회증 등이다.

psychotic disorders)에는 조현병, 기타 정신병적 장애, 조현형(성격) 장애 등이 있다. 이들은 망상, 환각, 와해된 사고(언어), 극도로 와해된 또는 비정상적 운동행동(긴장증 포함), 음성 증상의 다섯 범주 중 하나 이상의 증상이 있는 경우로 규정된다. 정신병적 장애를 정의하는 핵심적 특징(*key features that define the psychotic disorders*)은 〈표 2-3〉과 같다.

(1) 망상장애

망상장애(*delusional disorder*)는 최소한 1개월 동안 지속된 하나 혹은 그 이상의 망상이 존재한다. 망상적 믿음의 결과로 사회적 문제, 부부 문제 혹은 직장 문제가 발생할 수 있다. 망상장애의 아형(*subtypes*)으로는 색정형, 과대형, 질투형, 피해형, 신체형 등이 있다.

'망상장애'는 다양하고 특이한 행동으로 나타난다. '색정형'은 상대방이 자신과 사랑에 빠진 사람이라고 믿는 망상인데 보통 높은 지위에 있는 다른 사람이 자신과 사랑에 빠졌다고 믿는 경우가 가장 흔하다. '과대형'은 자신에게 있는 가치, 힘, 지식, 정체감 등을 과도하게 크다고 인식하는 망상이다. '관계형'은 신격화된 인물이나 유명인과의 특별한 관계에 대한 망상이다. '질투형'은 가령 자신의 연인이 부정하다는 망상을 들 수 있다. '피해형'은 누군가 혹은 자신과 가깝게 지내는 친한 사람이 악의적으로 행동한다는 망상이다. '신체형'은 신체적 결함이나 의학적으로 문제 상태가 있다고 생각하는 망상이다. '혼재형'은 이상의 유형 가운데 한 가지 이상의 특징을 보이지만 그렇다고 해서 딱히 어느 한 가지라고 말하기에는 나타나는 증상이 모두 뚜렷한 경우를 의미한다.

(2) 단기 정신병적 장애

단기 정신병적 장애(*brief psychotic disorder*)는 망상, 환각, 와해된 언어 혹은 긴장증 같은 극도의 비정상적 정신운동 중 최소 하나의 갑작스러운 발병이 포함된다. 갑작스러운 발병은 비정신병적 상태에서 확실히 정신병적 상태로의 변화가 별 전조 증상 없이 2주 이내에 나타난 경우이다. 전형적으로 정서적 시련이나 불가항력적 혼돈을 겪는다.

(3) 조현양상장애

조현양상장애(*schizophreniform disorder*)는 조현병과 동일하다. 조현양상의 지속기간의 차이로 구분한다. 병의 전체 지속기간은 전조기, 활성기, 잔류기를 포함해 최소 1개월, 최대 6개월이다.

(4) 조현병

조현병(*schizophrenia*)은 망상, 환각, 와해된 언어(예: 빈번한 탈선 혹은 지리멸렬), 극도로 와해된 또는 긴장성 행동, 음성증상(예: 감퇴된 감정 표현 혹은 무의욕증)이 1개월 혹은 그 이상의 기간 동안 지속적으로 나타나야 한다. 또한 이런 증상 중 최소 하나는 망상이나 환각 혹은 와해된 언어가 분명히 존재해야 한다. 극도로 와해된 또는 긴장성 행동과 음성증상이 있는 경우도 있다. 조현병은 이질적 임상증후군이므로 이러한 장애를 가진 대부분의 사람은 상당히 다른 특징이 나타난다.

(5) 조현정동장애

조현정동장애(*schizoaffective disorder*)는 조현병의 연속기간 동안 조현병의 진단기준 A(망상, 환각, 와해된 언어, 극도로 와해된 또는 긴장성 행동, 음성증상)와 동시에 주요 기분(주요 우울 또는 조증) 삽화가 있다.

(6) 물질/약물치료로 유발된 정신병적 장애

물질/약물치료로 유발된 정신병적 장애(*substance/medication induced psychotic disorder*)의 필수적 특징은 물질/약물(예: 남용약물, 치료약물 또는 독소노출)의 생리적 효과라고 여길 수 있는 뚜렷한 망상과 환각이 둘 중 하나 혹은 둘 다 존재할 때이다. 본인이 물질/약물치료로 유발된 것이라고 인식한 환각은 여기에 포함되지 않는다.

(7) 다른 의학적 상태로 인한 정신병적 장애

다른 의학적 상태로 인한 정신병적 장애(*psychotic disorder due to another medical condition*)의 주요 특징은 다른 의학적 상태의 생리적 효과 탓으로 여겨지면서 다른 정신질환으로 더 잘 설명되지 않는 뚜렷한 망상이나 환각이 있는 경우이다.

(8) 긴장증

긴장증(*catatonia*)은 신경발달 장애, 정신병적 장애, 양극성 장애, 우울 장애, 기타 의학적 상태(예: 뇌 엽산 결핍, 희귀한 자가면역 장애와 부종양성 장애) 등과 같은 몇몇 다른 장애에서 일어날 수 있다. 다른 정신질환과 연관된 긴장증과 다른 의학적 상태로 인한 긴장성 장애의 진단기준에 있는 12개의 정신운동 특징 중 3개 이상의 증상이 보이는 경우이다. 긴장증의 필수적인 특징으로는 운동활동의 감소, 문진이나 신체검진 동안의 호응도 감소, 과하고 독특한 운동활동 등을 수반하는 현저한 정신운동 장애 등이다.

다른 정신질환과 연관된 긴장증(*catatonia associated with another mental disorder*), 다른 의학적 상태로 인한 긴장성 장애, 명시되지 않는 긴장증(긴장증 명시자)〔*catatonia associated with another mental disorder*(*catatonia specifier*)〕, 다른 의학적 상태로 인한 긴장성 장애(*catatonic disorder due to another medical condition*), 명시되지 않는 긴장증(*unspecified catatonia*), 달리 명시된 조현병 스펙트럼 및 기타 정신병적 장애(*other specified schizophrenia spectrum and other psychotic disorder*), 명시되지 않는 조현병 스펙트럼 및 기타 정신병적 장애(*unspecified schizophrenia spectrum and other psychotic disorder*) 등이 있다.

3) 양극성 및 관련 장애

양극성 및 관련 장애(*bipolar and related disorders*)는 조현병 스펙트럼 및 기타 정신병적 장애와 우울장애 간의 증상, 가족력 그리고 유전적 측면을 재평가해 DSM-5에서 우울장애에서 분리되었고 조현병 스펙트럼 및 기타 정신병적 장애와 우울장애 사이에 배치되었다.

(1) 제 I 형 양극성 장애

제 I 형 양극성 장애(*bipolar I disorder*)의 핵심 양상은 비정상적으로 들뜨거나, 의기양양하거나, 과민한 기분 그리고 활동과 에너지의 증가가 적어도 일주일간(만약 입원이 필요한 정도라면 기간과 상관없이), 거의 매일, 하루 중 대부분 지속되는 분명한 기간이 있다.

또한 자존감의 증가 또는 과대감, 수면에 대한 욕구 감소, 평소보다 말이 많아지거나 끊기 어려운 정도로 계속 말을 함, 사고의 비약 또는 사고가 질주하듯 빠른 속도로 꼬리를 무는 듯한 주관적 경험, 주관적으로 보고하거나 객관적으로 관찰되는 주의산만 목표지향적 활동의 증가, 고통스러운 결과를 초래할 가능성이 높은 활동에 지나친 몰두 등의 증상 가운데 3가지 이상을 보이는 경우이다.

(2) 제 II형 양극성 장애

제 II형 양극성 장애(*bipolar II disorder*)는 현재 또는 과거의 경조증 삽화의 진단기준을 만족하는 동시에 현재 또는 과거의 주요 우울삽화의 진단기준(우울 기분이거나 흥미나 즐거움의 상실)을 만족하는 경우이다. 제 II형 양극성 장애의 특징으로는 1회 이상의 주요 우울삽화(주요우울 삽화의 진단기준 A~C)와 1회 이상의 경조증삽화(경조증삽화의 진단기준 A~F)가 있는 특징 등이 있다.

주요 우울삽화는 최소 2주 이상 지속되어야 하고 경조증삽화는 최소 4일 동안 지속되어야 한다. 이 장애는 자살시도나 물질 사용장애를 초래할 수 있는 충동성이 있다. 청소년기 후반부터 성인기 전체에 걸쳐 시작할 수 있지만 평균 발병연령은 20대 중반으로 제 I형 양극성 장애보다 약간 늦고 주요 우울장애보다는 빠르다.

(3) 순환성 장애

순환성 장애(*cyclothymic disorder*)는 기분의 변동성을 특징으로 하는 만성적 기분장애로서 서로 구분되는 다수의 경조증 기간과 우울증 기간으로 이루어진다. 보통 청소년기나 성인기 초기에 시작되며 순환성 장애는 제 I형 양극성 장애나 제 II형 양극성 장애로 진행될 위험성이 15~50%이다.

(4) 물질/약물치료로 유발된 양극성 및 관련 장애

물질/약물로 유발된 양극성 및 관련 장애(*substance/medication induced bipolar and related disorder*)의 필수적 증상은 조증, 경조증 또는 주요 우울 삽화와 유사하다. 약물사용에 대한 과거력을 확인하는 것이 중요하다.

(5) 다른 의학적 상태로 인한 양극성 및 관련 장애

다른 의학적 상태로 인한 양극성 및 관련 장애(*bipolar and related disorder due to another medical condition*)는 보통 의학적 상태가 악화된 후 첫 수주 또는 1개월 안에 급성 또는 아급성(급성과 만성의 중간)으로 발병하는 질환으로 의학적 상태가 악화되는 경과 또는 재발한 이후에 조증 또는 경조증 증상이 시작된다.

4) 우울장애

우울장애(*depressive disorders*)는 파괴적 기분조절 부전장애, 주요 우울장애, 지속성 우울장애(기분저하증), 월경 전 불쾌감장애, 물질/약물치료로 유발된 우울장애, 다른 의학적 상태로 인한 우울장애로 구분할 수 있다.

(1) 파괴적 기분조절 부전장애

파괴적 기분조절 부전장애(*disruptive mood dysregulation disorder*)는 소아정신과 환자 사이에 흔한 질환이다. 만성적 고도의 지속적 과민성이 주요 특징이다. 고도의 과민한 기분은 빈번한 분노발작과 분노발작 사이에 만성적이고 지속적으로 과민한 또는 화가 난 기분이 존재한다.

과민하고 화가 난 기분이 거의 매일, 하루의 대부분 시간 동안 나타나는 경우를 말한다.

(2) 주요 우울장애

주요 우울장애(*major depressive disorder*)는 우울 기분이 하루 중 대부분, 거의 매일 존재하는 것을 말한다. 적어도 2주 동안의 우울 기분 또는 거의 모든 활동에서 흥미나 즐거움의 상실이 있다. 증상이 사회적·직업적 또는 다른 중요한 기능 영역에서 임상적으로 현저한 고통이나 손상을 초래한다.

주요 우울장애는 높은 사망률과 연관되고 자살이 많은 경우를 차지한다. 미국에서 주요 우울장애의 1년 유병률은 약 7%이며 연령에 따라 큰 차이를 보이는데 18~29세 집단이 60세 이상 집단보다 유병률이 3배 이상 높다. 사춘기에 발병가능성이 높고 최근 발병한 경우 가까운 시일 내 회복 가능성이 높다.

(3) 지속성 우울장애

지속성 우울장애(기분저하증)〔*persistent depressive disorder*(*dysthymia*)〕 또는 기분저하증(*dysthymia*)은 DSM-Ⅳ에서 정의된 만성 주요 우울장애와 기분부전장애를 통합한 것이다. 적어도 2년 동안 하루의 대부분 우울 기분이 있고 우울 기분이 없는 날보다 있는 날이 더 많으며 주관적으로 보고하거나 객관적으로 관찰되는 경우이다. 대부분 생애 초기(아동기, 청소년기, 성인기 초기)에 서서히 발생하며 만성적 경과를 보인다.

(4) 월경 전 불쾌감장애

월경 전 불쾌감장애(*premenstrual dysphoric disorder*)는 대부분 월경 주기에서 월경 시작 1주 전에 불안정한 기분, 과민성, 불쾌감 그리고 불안증상이 나타나는 것으로 월경 직후에 사라진다. 행동 및 신체 증상이 동반되고 직업이나 사회생활에 악영향을 미친다. 월경을 하는 여성에서 12개월 동안 월경 전 불쾌감장애의 유병률은 1.8~5.8%이다.

(5) 물질/약물치료로 유발된 우울장애

물질/약물치료로 유발된 우울장애(*substance/medication induced depressive disorder*)는 물질/약물치료의 과정이나 그 결과로 인해 발생해 지속되는 우울증세를 말한다.

(6) 다른 의학적 상태로 인한 우울장애

다른 의학적 상태로 인한 우울장애(*depressive disorder due to another medical condition*)는, 가령 우울증상이 나타나기 전에 신체질환이 먼저 시작되고 신체질환이 호전되면 우울증상이 없어지거나 의미 있게 줄어든 경우이다. 즉, 우울증이 아픈 것에 대한 심리적 반응이 아니라 신체질환이 직접적으로 뇌기능에 미치는 생리적 효과에 의해서 우울증이 발생한 경우를 의미한다.

5) 불안장애

불안장애(*anxiety disorders*)에 포함되는 질환은 공포, 불안 혹은 회피행동을 일으키는 대상이나 상황 그리고 이와 관련된 인지적 관념에 따라 서로 구분된다. 그러므로 불안장애에 속하는 장애들은 함께 병발하는 경향이 높음에도 불구하고 환자가 두려워하거나 회피하는 상황 또는 이와 관련된 생각이나 믿음의 내용에 대해 자세히 관찰함으로써 서로 구분할 수 있다.

(1) 분리불안장애

분리불안장애(*separation anxiety disorder*)는 애착 대상과의 분리에 대한 공포나 불안이 발달수준에 비추어 볼 때 부적절하고 지나친 정도로 발생한 것을 말한다.

(2) 선택적 함구증

선택적 함구증(*selective mutism*)은 다른 상황에서는 말을 할 수 있지만 말을 해야 하는 사회적 상황에서는 지속적으로 말을 하지 못하는 것이 특징인 질환이다. 이것이 학업이나 직업적 영역에서의 성취에 중대한 영향을 끼치거나 사회와의 정상적 소통을 방해한다.

(3) 특정 공포증

특정 공포증(*specific phobia*)은 특정한 대상(예: 뱀, 개, 거미)이나 상황에 대한 공포를 지니는 것을 말한다.

(4) 사회불안장애

사회불안장애(*social anxiety disorder*) 또는 사회공포증(*social phobia*)은 자신이 주목받고 평가받는 사회적 관계나 상황을 회피하거나, 두려워하거나, 불안하게 여기는 것이다. 친밀하지 않은 사람과의 모임이나 다른 사람이 보는 앞에서 먹거나 마셔야 하는 상황, 다른 사람 앞에서 무슨 일인가를 수행해야 할 때 두려워하거나 불안한 증상을 말한다.

(5) 공황장애와 광장공포증 그리고 범불안 장애

공황장애(*panic disorder*)는 반복적으로 예상하지 못한 공황발작이 있는 것으로 갑작스럽게 엄습하는 강렬한 불안과 공포가 주된 증상이다. 광장공포증(*agoraphobia*)은 특정한 장소(예: 쇼핑센터, 극장, 운동장, 엘리베이터, 지하철 등)에 대해서 극심한 공포와 불안을 느끼는 것이다. 끝으로 범불안 장애(*generalized anxiety disorder*)는 직장에 다니거나 학업과 같은 수많은 일상활동에서 지나치게 불안해하거나 걱정(우려하는 예측)하는 것이다.

(6) 물질/약물치료로 유발된 불안장애

물질/약물치료로 유발된 불안장애(*substance/medication induced anxiety disorder*)는 물질/약물을 통한 치료나 치료적 과정에서 과도하게 불안해하는 증세가 발생한 경우를 말한다.

(7) 다른 의학적 상태로 인한 불안장애

다른 의학적 상태로 인한 불안장애(*anxiety disorder due to another medical condition*)는 이를테면 '갑상선 기능항진증'과 같은 의학적 상태와 연관된 불안증상 같은 것을 말할 수 있다. 극심한 불안 혹은 공황발작은 의학적 질환에 의해 직접적으로 유발될 수 있다. 한편, 다른 의학적 상태로 인한 불안장애는 불안의 증상이 의학적 상태의 성공적 치료와 함께 해소된다.

6) 강박 및 관련 장애

강박 및 관련 장애(*obsessive-compulsive and related disorders*)는 강박장애, 신체이형장애, 수집광, 발모광(털 뽑기 장애), 피부 뜯기 장애, 물질/약물치료로 유발된 강박 및 관련 장애, 다른 의학적 상태로 인한 강박 및 관련 장애로 구분된다.

(1) 강박장애

강박장애(*obsessive-compulsive disorder*)는 강박적 사고와 강박행동이 특징이다. 강박사고는 침투적이고 반복적으로 떠오르며 지속적 사고, 충동 또는 심상으로 정의한다. 강박행동은 한 개인이 강박사고에 의해 또는 완고하게 따르는 규칙에 따라 자동적으로 일어나는 반복적 행동 또는 심리 내적 행위이다.

(2) 신체이형장애, 수집광과 발모광

신체이형장애(*body dysmorphic disorder*)는 하나 혹은 그 이상의 신체적 외모의 결함을 의식하고 자신의 신체에 대해 지나치게 집착하는 것을 말한다. 수집광(*hoarding disorder*)은 실제 가치와는 상관없이 소지품을 버리거나 소지품과 분리되는 것을 지속적으로 어려워하는 것이다. 수집광 환자의 75% 정도가 기분장애나 불안장애에 동반 이환되었다. 끝으로 발모광(*trichotillomania*) 또는 털 뽑기 장애(*hair-pulling disorder*)는 반복적으로 자신의 털을 뽑는 행위가 특징이다.

(3) 피부 뜯기 장애와 물질/약물치료로 유발된 강박 및 관련 장애

피부 뜯기 장애〔*excoriation (skin-picking) disorder*〕는 자신의 피부를 반복적으로 스스로 뜯는다. 얼굴, 팔 그리고 손이 가장 흔하지만 많은 환자는 신체 여러 곳에서 피부를 뜯는다. 물질/약물치료로 유발된 강박 및 관련 장애(*substance/medication induced obsessive-compulsive and related disorder*)의 주요 특징은 물질(예: 남용물질, 치료약물)의 효과로 인해 강박 사고, 강박 행동 등이 있는 경우이다.

(4) 다른 의학적 상태로 인한 강박 및 관련 장애

다른 의학적 상태로 인한 강박 및 관련 장애(*obsessive-compulsive and related disorder due to another medical condition*)의 대표적 예를 두 가지로 들어 설명하면 다음과 같다.

첫째, '연쇄상구균 감염과 연관된 소아 자가면역성 신경정신성 질환'을 말할 수 있다. 이는 연쇄상구균(패혈증 인두염 혹은 성홍열) 감염에 따른 빠르고 심각하게 발생하는 강박증상을 말한다. 특히, 이 증상은 보통 2차 성징 전의 아이에게 나타난다. 즉각적 진료와 검사, 진단 그리고 항생제 치료 등이 강박증상을 줄이거나 치료하는 데 필수적이다.

둘째, '소아 급성-발병 신경정신성 증후군'이다. 이와 같은 경우는 첫 번째의 경우보다 더욱 광범위한 용어로 연쇄상구균 감염에 한정되지 않고 아이들 사이에서 갑작스러운 강박장애가 발병이 될 수 있는 모든 경우를 포함한다.

7) 외상 및 스트레스 관련 장애

외상 및 스트레스 관련 장애(*trauma-and stressor-related disorders*)는 반응성 애착장애, 탈억제성 사회적 유대감장애, 외상 후 스트레스장애, 급성 스트레스장애, 적응장애로 구분된다.

(1) 반응성 애착장애

영아기 또는 아동기의 반응성 애착장애(*reactive attachment disorder*)는 현저히 장애를 보이고 발달적으로 부적절한 애착행동의 양식이 특징이다. 안락, 지지, 보호 그리고 돌봄을 위해 애착대상에 의지하는 것이 거의 없거나 최소한인 것을 말한다. 아동이 보호자로 추정되는 사람과 애착이 없거나 명백히 미발달되는 것을 말한다.

(2) 탈억제성 사회적 유대감장애

탈억제성 사회적 유대감장애(*disinhibited social engagement disorder*)는 아동이 상대적으로 낯선 사람에 대해 문화적으로 부적절하고 과도하게 친숙한 행동을 보이는 것을 말한다.

(3) 외상 후 스트레스장애

외상 후 스트레스장애(*posttraumatic stress disorder*)는 외상 사건을 경험하고 나서 그러한 사건에 대한 기억의 침투 증상과 더불어 회피적 행동이 1개월 이상 나타나는 경우이다.

(4) 급성 스트레스장애와 적응장애

급성 스트레스장애(*acute stress disorder*)는 외상성 사건에 대한 어떤 형태의 재경험 또는 반응성을 포함하는 불안반응이 최소 3일 이상 존재하는 경우이며 적응장애(*adjustment disorder*)는 단일의 사건이나 다양한 스트레스 요인에 대한 반응으로 감정적 또는 행동적 증상을 보이는 경우를 말한다.

8) 해리장애

해리장애(*dissociative disorders*)는 해리성 정체감 장애, 해리성 기억상실, 이인성/비현실감 장애로 구분된다. 해리성 정체감 장애(*dissociative identity disorder*)는 둘 또는 그 이상의 별개의 성격 상태 또는 빙의 경험을 나타낸다. 해리성 기억상실(*dissociative amnesia*)은 틀림없이 기억에 성공적으로 저장되고 통상적으로는 쉽게 기억되어야 할 중요한 자전적 정보를 회상하는 능력이 상실된 것을 말한다. 마지막으로 이인성/비현실감 장애(*depersonalization/derealization disorder*)는 이인증, 비현실감 또는 2가지 모두의 지속적 또는 반복적으로 나타나는 것이다.

9) 신체증상 및 관련 장애

신체증상 및 관련 장애(*somatic symptom and related disorders*)는 신체증상장애, 질병불안장애, 전환장애, 기타 의학적 상태에 영향을 주는 심리적 요인, 인위성 장애로 구분된다.

(1) 신체증상장애와 질병불안장애

신체증상장애(*somatic symptom disorder*)는 한 개 이상의 신체적 증상에 과도하게 집착함으로써 심각한 고통과 일상생활의 부적응을 초래하는 경우이다. 질병불안장애(*illness anxiety disorder*)는 심각한 질병, 진단되지 않은 의학적 질병에 걸려 있거나 걸리는 것에 대해 몰두하는 것이다.

(2) 전환장애

전환장애(*conversion disorder*) 또는 기능성 신경학적 증상장애(*functional neurological symptom disorder*)는 신경학적 손상을 암시하는 운동기능과 감각기능의 이상을 나타내는 경우를 말한다.

(3) 기타 의학적 상태에 영향을 주는 심리적 요인

기타 의학적 상태에 영향을 주는 심리적 요인(*psychological factors affecting other medical conditions*)은 고통, 죽음 혹은 장애의 위협을 증가시킴으로써 의학적 상태에 악영향을 주는 하나 또는 그 이상의 임상적으로 심각한 심리적 또는 행동적 요인이 있는 경우를 말한다.

(4) 인위성 장애

인위성 장애(*factitious disorder*)는 분명한 속임수로 자신이나 타인의 의학적 혹은 심리학적 징후와 증상을 허위로 꾸며내는 것이다.

10) 급식 및 섭식 장애

급식 및 섭식 장애(*feeding and eating disorders*)는 이식증, 되새김 장애, 회피적/제한적 음식섭취장애, 신경성 식욕부진증, 신경성 폭식증, 폭식장애로 구분된다.

(1) 이식증과 되새김 장애

이식증(*pica*)은 아동기에 흔히 나타나는 부적응적 급식장애 중의 하나로서, 먹으면 안 되는 것(종이, 천, 머리카락, 흙, 벌레)을 먹는 것이다. 되새김 장애(*rumination disorder*)는 급식 혹은 섭식 후 나타나는 음식의 반복적 역류를 의미한다. 발병은 영유아기, 아동기, 청소년기, 성인기에 있을 수 있다.

(2) 회피적/제한적 음식섭취장애

회피적/제한적 음식섭취장애(*avoidant/restrictive food intake disorder*)는 섭식 또는 급식장애가 지속적으로 나타나 적절한 영향 또는 에너지가 부족해 심각한 수준의 체중감소, 영양부족이 나타나는 경우이다.

(3) 신경성 식욕부진증

신경성 식욕부진증(*anorexia nervosa*)은 지속적 음식물의 섭취제한, 체중의 증가 혹은 비만에 대한 극심한 두려움 혹은 체중 증가를 방해하는 행동의 지속 그리고 체중과 체형에 대한 자기인식의 장애 등으로 정상수준보다 낮은 체중을 유지하는 것을 의미한다.

(4) 신경성 폭식증

신경성 폭식증(*bulimia nervosa*)은 짧은 시간 내에 많은 양을 먹는 폭식행동과 이로 인한 체중증가를 막기 위한 구토 등의 보상행동이 반복되는 것을 말한다.

(5) 폭식장애

폭식장애(*binge-eating disorder*)는 일정기간 동안 대부분의 사람이 유사한 상황에서 동일한 시간 동안 먹는 것보다 분명하게 많은 양의 음식을 먹는 폭식삽화를 보이는 경우이다. 폭식에 대한 조절능력이 없는 경우를 말한다.

11) 배설장애

배설장애(*elimination disorders*)는 유뇨증, 유분증으로 구분된다. 유뇨증(*enuresis*)은 5세 이상의 아동이 신체적 이상이 없음에도 옷이나 침구에 반복적으로 소변을 보는 것이며 유분증(*encopresis*)은 부적절한 장소(예: 옷, 바닥)에 불수의적(자기의 마음대로 되지 않는)이든 의도적이든 반복적으로 대변을 보는 것이다.

12) 수면-각성장애

수면-각성장애(*sleep-wake disorders*)는 불면장애, 과다수면장애, 기면증, 호흡 관련 수면장애, 사건수면으로 구분된다.

(1) 불면장애, 과다수면장애와 기면증

불면장애(*insomnia disorder*)는 자고자 하는 시간에 잠을 이루지 못하거나 밤중에 자주 깨어 1개월 이상 수면부족 상태가 지속된 경우이다. 과다수면장애(*hypersomnolence disorder*)는 과도한 양의 수면과 잠에서 깨어나기 어렵거나 깨어있어야 할 때 각성을 유지하지 못하는 경우이다. 끝으로 기면증(*narcolepsy*)은 억누를 수 없는 수면 욕구, 깜박 잠이 드는 것 또는 낮잠이 반복적으로 나타나는 경우이다.

(2) 호흡 관련 수면장애

호흡 관련 수면장애(*breathing-related sleep disorders*)는 폐쇄성 수면 무호흡 저호흡과 중추성 수면무호흡증, 수면 관련 환기저하, 일주기 리듬 수면-각성장애로 구분된다. 폐쇄성 수면 무호흡 저호흡(*obstructive sleep apnea hypopnea*)은 호흡 관련 장애로 수면 도중 반복되는 상기도의 무호흡이나 저호흡 증상이 나타나는 것이다.

중추성 수면무호흡증(*central sleep apnea*)은 수면 중 호흡 노력의 변동성에 의해 발생하는 무호흡증 또는 저호흡증이 반복적으로 나타나는 것이며 수면 관련 환기저하(*sleep-related hypoventilation*)는 독립적으로 호흡저하가 되기도 하지만 흔히 신경학적 장애, 치료약물 또는 물질사용 장애와 동반 이환되어 발생한다(예: 이산화탄소).

끝으로 일주기 리듬 수면-각성장애(*circadian rhythm sleep-wake disorders*)는 일주기 리듬의 변화 또는 내인성 일주기 리듬과 개인의 물리적 환경 또는 사회적·직업적 일정에 의해 요구되는 수면-각성 일정 사이의 조정 불량으로 수면 교란이 지속되거나 반복되는 경우이다.

(3) 사건수면

사건수면(*parasomnia*)[4]은 NREM수면-각성장애, 악몽 장애, REM수면-행동장애, 하지불안증후군, 물질/치료약물로 유발된 수면 장애로 구분된다. NREM수면 각성장애(*Non-Rapid Eye Movement sleep arousal disorders*)는 반복적으로 발생하는 불완전한 각성상태이다. 수면 보행증이나 야경증이 나타나기도 한다. 악몽장애(*nightmare disorder*)는 생존, 안전, 신체적 온전함에 대한 위협을 피하고자 노력하는 광범위하고 극도로 불쾌하며 생생하게 기억나는 꿈의 반복적 발생으로 수면을 제대로 이루지 못하는 것이다.

REM수면-행동장애(*Rapid Eye Movement sleep behavior disorder*)는 REM으로부터 발생하는 발성 및 복합 운동행동을 동반하는 반복적 각성양상이다. 하지불안증후군(*restless legs syndrome*)은 다리 또는 팔을 움직이고 싶은 충동이 있는 수면장애로 근질거림, 스멀거림, 따끔거림, 타는 듯하거나 가려움으로 표현되는 불쾌한 감각을 동반한다. 끝으로 물질/치료약물로 유발된 수면장애(*substance/medication-induced sleep disorder*)는 물질/치료약물로 인해 발생된 수면장애이다.

13) 성기능부전

성기능부전(*sexual dysfunctions*)으로는 사정지연, 발기장애, 여성극치감장애, 여성 성적 관심/흥분장애, 성기-골반통증/삽입장애, 남성

---

4) 수면 중에 자기도 모르게 여러 행동이 나타나는 증세를 말한다. 주로 악몽, 몽유병, 이갈기, 잠꼬대 등이 이에 속하며 환자는 이를 잘 회상하지 못한다.

성욕감퇴 장애, 조기사정, 물질/약물치료로 유발된 성기능부전으로 구분된다.

(1) 사정지연과 발기장애

사정지연(*delayed ejaculation*)은 사정에 도달하지 못하거나 사정에 도달하는 시간이 지연되는 증상을 말한다. 발기장애(*erectile disorder*)는 동반자가 있는 성적 활동에서 반복적으로 발기가 되지 않거나 발기를 유지하는 데 실패하는 것이다.

(2) 여성 극치감장애와 여성 성적 관심/흥분장애

여성 극치감장애(*female orgasmic disorder*)는 극치감의 뚜렷한 결여와 부재를 경험하거나 극치감의 강도가 확연히 감소되는 것이다. 여성 성적 관심/흥분장애(*female sexual interest/arousal disorder*)는 여성이 성적 동반자보다 낮은 성적 활동 욕구를 나타내거나 흥분의 결핍 혹은 감소를 말한다.

(3) 성기-골반통증/삽입장애

성기-골반통증/삽입장애(*genito-pelvic pain/penetration disorder*)는 성교 중 삽입통, 골반통증, 질 내 삽입이나 통증에 대한 두려움, 골반저근의 긴장 등으로 어려움을 겪는 경우이다.

(4) 남성 성욕감퇴 장애와 조기사정

남성 성욕감퇴 장애(*male hypoactive sexual desire disorder*)는 남성이 상대보다 성적 활동에 대해 낮은 욕구를 가졌거나 성적 생각이나 환상의 결여/결핍이 있는 경우이다. 조기사정〔*premature*(*early*) *ejaculation*〕은 질 내 삽입 이전 또는 직후에 개인이 추정한 사정대기 시간 이전에 사정이 일어나는 것이다.

(5) 물질/약물치료로 유발된 성기능부전

물질/약물치료로 유발된 성기능부전(*substance/medication-induced sexual dysfunction*)은 물질/약물 시작, 용량, 또는 물질/약물치료 중단과 시간적으로 관련성이 있는 경우이다.

14) 성별 불쾌감

성별 불쾌감(*gender dysphoria*)은 자신의 경험된 성별과 할당된 성별 사이에 불일치가 있을 경우이다.

15) 파괴적 충동조절 및 품행장애

파괴적 충동조절 및 품행장애(*disruptive, impulse-control and conduct disorder*)는 적대적 반항장애, 간헐적 폭발장애, 품행장애, 병적 방화, 병적 도벽으로 구분된다. 적대적 반항장애(*oppositional defiant disorders*)는 분노/과민한 기분, 논쟁적/반항적 행동 또는 보복적 특성이 빈번이 일어나고 지속적인 경우를 말한다.

간헐적 폭발장애(*intermittent explosive disorders*)는 충동적으로 공격적 행동폭발이 급성으로 나타나는 것이며, 품행장애(*conduct disorders*)는 다른 사람들의 기본적 권리를 침해하고 연령에 적절한 사회적 규범 및 규칙을 위반하는 지속적이고 반복적인 행동을 보이는 것이다.

병적 방화(*pyromania*)는 고의적이고 목적을 두고 수차례 방화를 저지르는 것이다. 병적 도벽(*kleptomania*)은 개인적 용도로 쓸모가 없거나 금전적으로 가치가 없는 물건임에도 불구하고 훔치려는 충동을 저지하지 못하는 것이다.

16) 물질 관련 및 중독장애

물질 관련 및 중독장애(*substance-related and addictive disorder*)는 물질 사용 장애, 물질로 유발된 장애, 비물질 관련 장애로 구분된다.

(1) 물질사용 장애

물질사용 장애(*substance use disorder*)는 마약, 알코올 등 물질남용의 문제가 있음에도 개인이 지속적으로 물질을 사용하는 것이다.

(2) 물질로 유발된 장애

물질로 유발된 장애(*substacne-induced disorders*)로는 물질중독(*substance intoxication*), 물질금단(*substance withdrawal*), 물질/약물 유도성 정신장애(*substance/medication-induced mental disorders*) 등이 있다.

① 알코올 관련 장애와 카페인 관련 장애

알코올 관련 장애(*alcohol-related disorder*)로는 알코올 사용장애, 알코올중독, 알코올 금단, 기타 알코올로 유발된 장애, 명시되지 않는 알코올 관련 장애 등이 있다. 카페인 관련 장애(*caffeine-related disorders*)는 커피, 차, 카페인이 든 소다음료, 에너지 음료 등의 카페인 중독, 카페인 금단, 기타 카페인으로 유발된 장애, 명시되지 않는 카페인 관련 장애 등이 있다.

② 대마 관련 장애와 환각제 관련 장애

대마 관련 장애(*cannabis-related disorders*)는 대마초로부터 추출된 물질과 대마와 화학적으로 비슷한 합성화합물 때문에 나타나는 심리적·행동적 변화 문제를 가진 경우로 대마 사용장애, 대마중독, 대마금단, 기타 대마로 유발된 장애, 명시되지 않는 대마 관련 장애가 있다.

환각제 관련 장애(*hallucinogen-related disorders*)는 펜시클리딘과 같은 환각제를 사용해 임상적으로 현저한 손상이나 고통을 가지는 경우이다. 펜시클리딘 사용장애, 기타 환각제 사용장애, 펜시클리딘 사용중독, 기타 환각제 중독, 환각제 지속성 지각장애, 기타 펜시클리딘으로 유발된 장애, 기타 환각제로 유발된 장애, 명시되지 않는 펜시클리딘 관련 장애, 명시되지 않는 환각제 관련 장애 등이 있다.

③ 흡입제 관련 장애와 아편계 관련 장애

흡입제 관련 장애(*inhalant-related disorders*)는 탄화수소류 흡입제를 사용해 손상이나 고통이 있는 경우로 흡입제 사용장애, 흡입제 중독, 기타 흡입제로 유발된 장애, 명시되지 않는 흡입제 관련 장애가 있다.

아편계 관련 장애(*opioid-related disorders*)는 아편계를 사용함으로써 나타나게 되는 손상과 고통으로 아편계 사용장애, 아편계 중독, 아편계 금단, 기타 아편계로 유발된 장애, 명시되지 않는 아편계 관련 장애 등이 있다.

④ 진정제, 수면제 또는 항불안제 관련 장애

진정제, 수면제 또는 항불안제 관련 장애(*sedative, hypnotic or anxiolytic-related disorders*)에는 진정제, 수면제 또는 항불안제 사용장애, 중독, 금단 등이 있다.

⑤ 자극제 관련 장애

자극제 관련 장애(*stimulant-related disorders*)에는 암페타민류 물질, 코카인 등 기타 자극제 사용장애, 중독, 금단, 기타 자극제로 유발된 장애, 명시되지 않는 자극제 관련 장애 등이 있다.

⑥ 담배 관련 장애와 기타(또는 미상의) 물질 관련 장애

담배 관련 장애(*tobacco-related disorders*)에는 담배 사용장애, 담배금단, 기타 담배로 유발된 장애, 명시되지 않는 담배 관련 장애 등이 있으며, 기타(또는 미상의) 물질 관련 장애〔*other (or unknown) substance-related disorders*〕에는 기타 물질 사용장애, 중독, 금단 등이 있다.

(3) 비물질 관련 장애

비물질 관련 장애(*non-substance-related disorders*)는 도박장애, 행위중독으로 구분된다. 도박장애(*gambling disorder*)는 도박으로 인한 개인, 가족, 직업적 장애를 유발하는 지속적·반복적·부적응적 도박행동이다. 행위중독(*addictive behavior*)[5]은 도박을 비롯해 인터넷, 게임, 음

---

5) 행위중독은 DSM-5에는 수록되지 않았지만 점차 중요해지는 추세이기에 부가적으로 삽입했다.

식, 성(性), 쇼핑, 일 등에 중독된 경우를 포괄적으로 지칭한다.

17) 신경인지장애

신경인지장애(*neurocognitive disorders*)는 섬망, 주요 및 경도 신경인지장애로 구분된다.

(1) 섬망

섬망(*delirium*)은 인지변화를 동반하는 주의나 의식의 장애이다. 주의 집중, 유지, 전환하는 능력의 감소를 보인다. 동시에 사고장애, 양해나 예측의 장애, 환각이나 착각, 망상 또는 환각이 있고 때로는 심한 불안 등을 수반한다. 환각은 때로 무대 위의 몽환적 정경을 보는 것 같이 감지되는 경우가 많다. 이외에도 달리 명시된 섬망, 명시되지 않는 섬망 등이 있다.

(2) 주요 및 경도 신경인지장애

주요 및 경도 신경인지장애(*major and mild neurocognitive disorders*)는 인지 및 기능손상의 장애로 주요 신경인지장애, 경도 신경인지장애, 알츠하이머병으로 인한 주요 또는 경도 신경인지장애, 전두 측두엽 주요 또는 경도 신경인지장애가 있다.

또한 루이소체 주요 또는 경도 신경인지장애, 혈관성 주요 또는 경도 신경인지장애, 외상성 뇌손상으로 인한 주요 또는 경도 신경인지장애, 물질/약물치료로 유발된 주요 또는 경도 신경인지장애, HIV 감염으로 인한 주요 또는 경도 신경인지장애, 프라이온병으로 인한 주요 또는 경도 신경인지장애로 구분된다.

끝으로 파킨슨병으로 인한 주요 또는 경도 신경인지장애, 헌팅턴병으로 인한 주요 또는 경도 신경인지장애, 다른 의학적 상태로 인한 주요 또는 경도 신경인지장애, 다중 병인으로 인한 주요 또는 경도 신경인지장애, 명시되지 않는 신경인지장애 등이 있다.

18) 성격장애

성격장애(*personality disorders*)는 일반적 성격장애, 기타 성격장애로 구분한다.

(1) 일반적 성격장애

일반적 성격장애는 외부환경과 상호작용할 때 경직되고 부적응적이며 현저한 기능손상과 주관적 고통을 야기하는 것이다.

① A군 성격장애

A군 성격장애(*cluster A personality disorders*)는 괴상하거나 엉뚱해 보이는 장애이다. 편집성 성격장애, 조현성 성격장애, 조현형 성격장애 등이 해당한다. 편집성 성격장애는 일반적으로 타인의 행동을 계획된 요구나 위협으로 보고 지속적으로 의심과 불신을 갖는 경우를 말한다. 다음과 같은 양상을 갖는다.

- 충분한 근거 없이 다른 사람이 자신을 관찰하고 해를 끼치고 기만한다고 의심한다.

- 친구나 동료의 우정이나 신뢰에 대한 근거 없는 의심에 사로잡힌다.
- 어떠한 정보가 자신에게 나쁘게 이용될 것이라는 잘못된 두려움 때문에 다른 사람에게 비밀을 털어놓기를 꺼린다.
- 타인의 악의 없는 언급을 자신의 품위를 손상하는 또는 위협적 의미로 해석한다.
- 지속적으로 원한을 품는다. 즉, 타인으로부터의 모욕이나 상처 혹은 경멸을 용서하지 못한다.
- 다른 사람이라면 대수롭지 않게 넘길 말을 자신의 성격이나 평판에 대한 공격으로 지각하고 곧 화를 내고 반격한다.
- 정당한 이유 없이 애인, 배우자의 정절에 대해 반복적으로 의심한다.

조현성 성격장애는 오랫동안 사회로부터 소외되었으며 다른 사람과의 관계형성 능력과 적절히 반응하는 능력에 심각한 장애가 있다. 지나치게 내향적이며 온순하고 메마른 정서가 특징이다. 이들은 다른 사람이 볼 때 괴벽스럽고 외톨이처럼 보인다.

가족과의 관계를 포함해서 친밀한 관계를 바라지도 않고 즐기지도 않는다. 항상 혼자 하는 행위를 선택한다. 다른 사람과의 성적 경험에 대한 관심이 별로 없고 거의 모든 분야에서 즐거움을 추구하지도 않는다. 가족 이외의 친한 친구가 없다. 다른 사람의 칭찬이나 비난에 무관심하다. 주로 감정적 냉담, 유리 혹은 단조로운 감정표현을 보인다.

조현형 성격장애 환자의 행동은 일반인의 눈에도 괴팍하거나 이상하게 보인다. 사회적 고립, 텔레파시 같은 마술적 사고, 관계망상, 피해의식, 이인증 등이 특징이다. 즉, 관계망상이 있을 수 있다. 행동에 영향을 주며 지역공동체의 문화적 시각에서 벗어나는 이상한 믿음이나 마술적 사고를 한다.

신체적 착각을 포함한 이상한 지각 경험을 하기도 한다. 이상한 생각이나 말을 하며 의심하거나 편집증적 사고도 있다. 부적절하고 제한된 감정과 행동을 일삼거나 기이하거나 편향되거나 괴이한 행동이나 외모를 띠기도 한다. 1차 가족 이외에 친구나 속내를 터놓을 상대가 없는 경우가 빈번하다. 자신에 대한 부정적 판단보다도 편집증적 공포와 관계된 과도한 사회적 불안이 있다.

② B군 성격장애

B군 성격장애(*cluster B personality disorders*)는 극단적이고 감정적이며 변덕스러운 특성을 갖는다. 반사회성 성격장애, 경계성 성격장애, 연극성 성격장애, 자기애성 성격장애 등이 해당된다.

'반사회성 성격장애'는 사회적응의 여러 면에 걸쳐 지속적이고 만성적으로 비이성적 · 비도덕적 · 충동적 · 반사회적 또는 범죄적 행동이나 죄의식 없는 행동 또는 남을 해치는 행동을 나타내는 이상성격이다. 즉, 사회의 정상적 규범에 맞추지 못하는 성격으로 위법행위를 반복하는 것과 같이 법적행동에 관련된 사회적 규범에 맞추지 못한다.

반복적으로 거짓말을 하고, 가짜 이름을 사용하며, 자신의 이익이나 쾌락을 위해 타인을 속이기도 한다. 충동적이고 미리 계획을 세우지 못한다. 신체적 싸움이나 폭력 등이 반복됨으로써 나타나는 불안정성 및 공격성이 있다. 자신이나 타인의 안전에 대한 고려가 없다. 또한 일정한 직업행동 또는 재정적 관리를 반복적으로 실패하는 것으로 나타나 지속적으로 무책임성을 보인다. 다른 사람을 해하거나 학대하거나 다른 사람의 것을 훔치는 일들을 대수롭지 않게 생각하거나 합리화하는 등 양심의 가책이 결여될 수 있다.

'경계성 성격장애'는 정서, 행동 및 대인관계의 불안정성과 주체성의 혼란으로 모든 면에서 변동이 심한 이상성격을 지칭한다. 항상 위기상태에 놓인 것처럼 보이며 이들은 어떤 위기상태에 놓일 때 참을 수 없는 분노감을 나타낸다. 논쟁적이고 자기입장에서 끊임없이 요구하며 자신의 문제를 다른 사람의 책임으로 전가시키려 한다. 평상시에도 기분은 변동이 심하며 만성적 공허감과 권태를 호소하기도 한다.

대인관계가 불안정하고 강렬하며 의존과 증오심을 동시에 갖는다. 또한 자제가 안 되는 분노반응을 보인다. 실제적 또는 상상에서 오는 버림받음에 대한 걱정을 피하기 위해 미친 듯한 행동을 한다. 그래서 혼자 있는 것을 참지 못하고 매우 돌발적이고 통제력이 상실되어 행동을 예측할 수 없으며 낭비, 성적 문란, 도박, 약물남용, 좀도둑질, 과식 등의 행동을 보인다. 때로는 자해행위, 자살위협을 하기도 하는데 남으로부터 동정을 받기 위해서나 분노를 표시하기 위해 또는 자신의 불안정한 정서를 가라앉히기 위해서이다.

'연극성 성격장애' 환자는 잘 흥분하는 감정적 사람으로서 다양하고 극적이다. 또한 외향적이고 자기주장적, 자기과시적이며 허영심이 많다. 다른 사람들의 관심과 주의를 끌기 위해 과장된 표현을 하지만 실제로는 의존적이고 무능하며 지속적으로 깊은 인간관계를 갖지 못한다. 자신이 관심의 중심에 있지 않는 상황에 있는 것을 불편해한다. 다른 사람과의 관계 행동이 자주 외모나 행동에서 부적절하게 성적 · 유혹적 · 자극적이며 감정이 빠른 속도로 변화하고 피상적으로 표현한다.

자신에게 관심을 집중시키기 위해 지속적으로 외모에 신경 쓰며, 지나치게 인상적이고 세밀함이 결여된 형태의 언어를 사용하며, 자기 극화, 연극성 그리고 과장된 감정의 표현을 보인다. 다른 사람이나 상황에 의해 쉽게 영향을 받기도 한다. 상대방을 실제보다도 더 가까운 관계로 생각한다.

'자기애성 성격장애'에서는 자신의 재능, 성취도, 중요성 또는 특출성에 대해 과장하는 경향이 있다. 타인의 비판에 매우 예민하나 감정이입은 결핍되었다. 자신의 중요성을 과대하게 인식하며 무한한 성공, 권력, 명석함, 아름다움, 이상적 사랑과 같은 공상에 몰두한다. 자신의 문제는 특별하고 특이해서 다른 특별한 높은 지위의 사람만이 그것을 이해할 수 있고 또는 관련해야 한다고 믿는다.

자신에 대한 과도한 숭배를 요구하며 자신은 특별한 자격이 있는 것 같은 느낌을 갖는다. 대인관계에서는 착취적이어서 자신의 목적을 달성하기 위해 타인을 이용한다. 타인의 느낌이나 요구를 인식하거나 확인하려 하지 않고 다른 사람을 자주 부러워하거나 다른 사람이 자신을 시기한다고 믿는다. 오만하고 건방진 행동이나 태도를 보이기도 한다.

③ C군 성격장애

C군 성격장애(*cluster C personality disorders*)는 불안해 보이고 두려워하는 특성이 있다. 회피성 성격장애, 의존성 성격장애, 강박성 성격장애 등이 해당한다.

'회피성 성격장애'는 거절과 배척에 대한 극도의 예민성이 특징이며 이 때문에 회피성 성격장애 환자는 사회적으로 위축된다. 그들은 내심 친밀함을 강하게 원하지만 부끄러워하며 사람들이 전적으로 자신을 받아들이기를 원한다. 사회적으로 은둔하는 생활을 하지만 실제로는 안정된 친분관계를 갖기를 열망한다. 그러나 상대방으로부터의 거절에 대해 지나치게 민감하고 두려워하기 때문에 조건 없이 확고한 보장을 받을 수 있는 대인관계만을 갖고자 하는 특징이 있다. 자존심이 낮으며 거절에 대한 지나친 경계심 때문에 심한 마음의 상처를 받으면 다른 사람으로부터 떨어져 은둔생활을 한다. 직업적 영역에서는 수동적 분야에서 일한다. 공포로부터 회피하려는 경향이 흔하게 나타난다.

'의존성 성격장애'는 자신의 욕구를 타인의 욕구에 종속하고 자신의 삶의 중요 부분에 대한 책임을 타인에게 지운다. 자신감이 결여되고 혼자 있을 때 심하게 괴로움을 느끼는 성격장애이다. 의존적이며 비판적 사고, 성에 대한 공포, 자기 의심, 수동적 자아 기능, 인내심의 결여 등의 특징을 갖는다.

타인의 도움과 보살핌을 항상 필요로 하고 자신의 삶에서의 책임을 타인에게 맡긴다. 염세적이고 수동적이며 성적인 느낌을 표현하는 데 두려워한다. 사소한 일도 자신이 결정하지 못하고 상대방의 주장에 따르기만 하고 자기의 욕구를 억제한다. 이는 자신을 도와주는 사람과의 밀착관계가 깨어질까 두려워하기 때문이다. 학대하는 남편에 대해 참고 견디는 부인의 경우를 예로 들 수 있다.

'강박성 성격장애'는 감정표현의 인색함, 정돈성, 경직성, 엄격한 초자아, 인내성, 옹고집, 규칙성, 완고함, 완벽주의, 융통성 없음 등이 특징이다. 대인관계에서는 따뜻함이나 부드러움을 표현하는 능력이 제한되고 모든 일에 합리적이고 형식적이어서 다른 사람에게 거리감을 주며 서로 주고받는 일이란 거의 없다. 모든 일이 또는 자신의 사생활이 올바르게 일정한 틀에 맞게 유지되는지에 대해 과도하게 신경을 쓴다.

그러다 보니 다른 사람에게는 냉담해지기 쉽고 지나치게 통제된 생활을 하기 때문에 옹졸한 사람으로 보이기도 한다. 대인관계에서 주로 수직관계를 유지하기 때문에 자신도 윗사람에게 철저히 복종하지만 다른 사람도 자기에게 복종하기를 요구한다. 완벽성을 추구하며 정리정돈에 집착한다.

(2) 기타 성격장애

기타 성격장애(*other personality disorders*)는 다른 의학적 상태로 인한 성격변화, 달리 명시된 성격장애, 명시되지 않는 성격장애 등이 있다.

19) 변태 성욕장애

변태 성욕장애(*paraphilic disorders*)에는 관음장애, 노출장애, 마찰도착 장애, 성적 피학장애, 소아성애 장애, 물품음란 장애 등이 있다.

20) 기타 정신질환

기타 정신질환은 이상에서 다룬 정신장애 증상 이외의 또 다른 징후를 갖는 경우를 말한다.

• 생각 다듬기 •

1. 정신질환과 정신장애의 개념에 대해 토의해 보자.

2. 신문이나 소설, 일간지, 블로그, 페이스북, 인터넷 포털 사이트 등에서 정신질환과 관련된 이슈나 사회문제, 사례를 찾아보고 DSM-5를 활용해 질환의 주요 특징과 정신적 · 사회적 특성에 대해 정리해 보자.

제 3 장

정신보건사회복지의 개념과 가치

1. 정신보건사회복지의 개념

정신의학적 영역에서 다루는 질환은 대체로 만성적 질환이 많기 때문에 단순히 병원에서 환자의 증상을 완화하는 것뿐만 아니라 환자가 성공적으로 사회에 적응할 수 있도록 지속적 원조가 필요하다. 따라서 만성 정신질환자 내지 정신장애인의 다양한 욕구를 충족하고 사회복귀를 성공적으로 돕기 위해 사회과학적 배경지식을 가지고 가정과 지역사회를 기반으로 중요한 역할을 수행할 수 있는 정신보건사회복지는 지속적으로 발달하는 의료 분야의 확대와 더불어 정신의학 분야에서 필요성과 중요성이 날로 더해진다.

이렇게 수요가 크게 증가하는 정신보건사회복지가 우리나라에서는 원래 의료사회사업으로부터 분화해 전문화된 영역으로 정신의료사회사업(*psychiatric social work* · PSW) 혹은 정신보건사회사업(*metal health social work*)으로 불렀다.

하지만 1998년 〈정신보건법〉 시행령 및 시행규칙 개정 당시 한국정신보건사회복지사협회에서 '정신보건사회복지'라는 용어를 공식적으로 사용하면서 현재에 이르렀다. 그래서 '정신보건사회복지'는 '정신보건사회사업'을 대체하는 것으로 인식되었다. 그러나 엄밀히 말해 '정신보건사회복지'는 기존의 '정신보건사회사업'의 개념을 더욱 확장한 것이라 할 수 있다.

1) 정신보건사회복지의 개념

정신보건사회복지는 정신의학 영역을 어떻게 규정하느냐와 그 나라의 사회문화적 환경에 따라 다양하게 정의할 수 있다. 핀크(Fink) 등은 정신보건사회복지란 정서적이고 정신적 질병에 대한 전적 책임을 갖는 정신의학자에 의해 수행되는 병원이나 진료소에서 개별적 수준으로 실행하는 사회복지실천(Fink, Wilson & Conover, 1949; 김규수, 2004; 정원철, 2007 재인용)이라 했다.

프리드랜더(Friedlander)는 정신보건사회복지는 정서적이고 정신적 장애가 있는 환자를 돕는 목적으로 정신의학과의 직접적이고 책임성이 있는 협력하에 병원이나 진료소, 정신보건 기관이 후원해 실시하는 개별 수준의 사회복지실천(Friedlander, 1967; 정원철, 2007 재인용)이라 했다.

한편, 미국에서 정신보건사회복지가 단순히 정신의학자와의 협력으로 수행되는 사회복지실천인가 혹은 본질적인 면에서 특수한 사회복지실천인가에 대한 치열한 논란이 있었는데 우리나라에서도 이러한 문제를 계속 제기한다.

전자는 정신장애인과 그 가족을 위해 정신의학과의 협력관계를 구축해 정신의학의 보조적 역할을 감당하는 영역으로 정신보건사회복지를 이해하는 견해이다. 이 견해를 따르는 오키프(O'Keefe, 1954)는 정신보건사회복지는 정신보건 기관(*mental health agency*)이나 정신위생 프로그램에서 부분적으로 이루어지는 사회복지실천이라고 했다.

이에 따라 정신보건사회복지의 목적은 지역사회 내의 정신위생을 향상시키는 사업과 정신적·정서적 장애가 있는 사람에게 봉사하는 데 있다(O'Keefe, 1954; 김규수, 2004; 정원철, 2007 재인용). 대체로 병원이나 진료소 또는 정신보건사업에 관심이 있는 다른 전문가를 포함하는 치료팀(*therapeutic team*)에 의해 정신보건사회복지가 이루어지며 실천의 장이 정신보건 기관임을 강조한다.

후자는 실천의 장과는 관계없이 실천의 본질을 강조하는 개념이다. 즉, 정신보건사회복지란 정신의학에 관한 지식으로부터 그리고 이들 지식을 사회복지실천 과정에 적용하는 능력으로부터 도출한 독특성을 소유하는 전문적 인간 서비스(*human service*) 실천이라는 것이다.

'사회복지' 혹은 '사회복지실천'이라는 단어 앞에 '정신의학' 혹은 '정신보건'이라는 단어를 더 붙이는 것은 정신병리에 관한 지식을 더욱 깊이 다루고 인간 서비스 실천에서 병리와 심리 간의 역동적 특성을 다룸을 의미한다.

최근 우리나라의 경우에는 후자의 개념이 크게 힘을 얻는 상황이라고 판단한다. 하지만 정신보건사회복지가 '본질적으로 특수한 것'이라는 개념을 수용할 경우, 오늘날 모든 사회복지에 '정신보건'이라는 말을 붙여야 할 것이라는 비판을 받는다. 이는 현대 사회복지 교육의 동향이 과거 정신보건사회복지사의 훈련에만 강조하던 내용을 모든 사회복지 영역에도 제공하기 때문이다.

즉, 사회적 역기능의 해결, 인간행동의 이해, 스트레스와 일탈행동에 대한 심리적 반응의 이해 등 거의 모든 측면에서 정신역동적 지식의 필요성이 강조된다. 그러므로 이는 모든 사회복지사가 기본적으로 갖추어야 하는 것이지 정신보건사회복지사만 갖추어야 할 내용이 아니라는 견해가 타당할 것이다(이영호 · 심경순 · 김태준, 2006).

이렇게 반세기가 넘도록 미국을 비롯해 일본, 유럽 그리고 우리나라에 이르기까지 정신보건사회복지에 대한 개념을 통일된 정의로서 합의해 제시하지 못하는 이유를 간략하게 정리하면 다음과 같다(김규수, 2004; 양옥경, 2006; 이영호 · 심경순 · 김태준, 2006; 정원철, 2007).

첫째, 정신보건사회복지는 사회복지의 한 분야로서 정신의학에 없는 사회복지 이론 및 실천체계를 기초로 한다.

둘째, 정신보건사회복지는 개별수준의 사회복지실천을 핵심적 개입활동으로 하지만 거기에 그치지 않고 집단수준의 사회복지실천, 나아가 정신보건 기관의 관리 운영, 정신보건사회복지사의 교육과 훈련, 지역사회 조사 · 연구 및 지역사회에서의 인식개선과 옹호, 지역주민 대상의 교육활동 등의 기능도 한다. 즉, 실천개입의 대상 영역인 정신장애인 개인만을 대상으로 하지 않고 가족, 지역사회, 정책 등으로 확대되는 경우가 빈번하다.

셋째, 정신보건사회복지는 정신의학과도 직접적으로 책임 있는 관계에서 서비스 실천개입이 수행된다. 바꾸어 말하면 정신보건사회복지사는 정신과의사를 중심으로 하는 정신보건팀의 일원으로 활동한다.

넷째, 정신보건사회복지는 정신적 · 정서적 장애를 가진 사람에 대한 인간 서비스의 제공을 주된 목적으로 설치된 정신과 병원 · 의원 및 정신보건 기관, 시설에서 실시한다.

이상과 같이 여러 학자의 견해와 논란의 내용을 종합하면 정신보건사회복지를 다음과 같이 정리할 수 있다(김규수, 2004; 정원철, 2007 재인용). ① 정신보건사회복지의 대상은 정신적·정서적 장애를 가진 클라이언트와 그 가족이다. ② 서비스 실천개입의 주체는 정신과의사, 정신보건사회복지사, 임상심리학자, 정신과간호사, 작업치료사 등으로 구성된 치료팀이다. ③ 서비스 실천개입의 장소는 병원, 정신의료기관, 사회복지시설, 정신요양시설, 지역사회 정신보건센터 등이다. ④ 정신적·정서적 장애로 고통받는 사람들의 건강의 회복을 목적으로 하고 정신건강을 촉진하는 활동 등 2차 예방활동뿐만 아니라 1차, 3차 예방활동으로 확대된 서비스를 내포한다. ⑤ 사회복지실천적 접근방법은 개별수준의 사회복지실천에 국한하지 않고 통합적 사회복지실천방법론을 적용함을 의미한다.

결국 정신보건사회복지는 정신보건사회복지사가 정신질환이나 정신장애를 가진 사람과 앞으로 정신질환이나 정신장애를 가질 수 있는 가능성을 가진 사람에 대해 정신의학적 전문지식과 사회복지이론 및 실천방법과 기술을 적용해 서비스 이용자의 삶의 질 향상을 목적으로 실행하는 사회복지 혹은 사회복지실천의 한 분야라 할 수 있다.

2) 정신보건사회복지의 세부적 영역

앞서 고찰한 내용을 쉽게 요약하면 정신보건사회복지는 정신의학 영역에서 이루어지는 사회복지활동이라고 할 수 있다. 이러한 포괄적 정의에 따라 정신보건사회복지를 다음과 같은 세 영역으로 구분해서 정리할 수 있다. 사실 지금까지 대부분의 경우 정신보건사회복지는 정신보건사회복지실천을 의미한다고 할 수 있다. 그럼에도 정신보건사회복지의 개념은 앞으로 실천의 개념에서 더욱 폭넓은 영역으로 확장되어야 한다.

(1) 정신보건사회보장

정신질환이나 정신장애는 치료나 재활 서비스가 없는 상태에서는 사회적 기능을 상실하기 쉬운 특성을 갖기 때문에 입원치료 후 퇴원해도 장기적이고 지속적 치료와 재활 서비스를 받아야 한다.

따라서 정신질환자는 입원치료를 받고 지역사회로 복귀한 후에도 지속적 치료와 사회적응을 위한 재활치료 서비스를 받지 않으면 재발하기 쉽고, 특히 정신질환의 1차적 증상은 어느 정도 개선되었다고 해도 대인관계, 가족관계, 직장생활, 일상생활 등 전반적 사회생활 측면에서 사회적 기능의 저하로 사회복귀가 힘든 경우가 빈번하다(김상아 · 박웅섭, 2006).

더욱이 정신질환이나 정신장애는 여타 다른 질환이나 장애보다 사회적 편견과 차별이 많은 질환이라고 할 수 있다. 정신질환을 갖게 된 개인에 대한 사회적 편견과 낙인은 사회적 기능의 저하, 나아가 정신질환자의 차별과 사회적 배제를 한층 더 심화시킨다. 이들에 대한 배제의 범위는 의학적 치료, 주거, 취업, 교육, 언론 등 광범위한 영역에서 발생한다(김창엽, 2004). 이에 따라 정신질환자나 정신장애인에 대한 사회적 차별과 배제가 정신질환의 사회경제적 특성 때문에 한층 더 강화될 가능성이 높다.

그러나 정신질환을 조기에 발견하고 환자가 퇴원한 후 지역사회와 연계된 지속적 재활치료를 시행하면 정신질환자는 지역 내에서 사회적 기능과 역할을 충분히 수행하면서 생활할 수 있다. 따라서 지역사회에 거주하는 정신질환자와 정신장애인은 의료적 서비스 외에도 심리적·사회적 서비스 등을 지역사회 내에서 충족할 수 있어야 한다. 이러한 재활 서비스를 이용하기 위해서는 정신질환자에 대한 소득보장, 의료

〈그림 3-1〉 장애와 빈곤의 순환

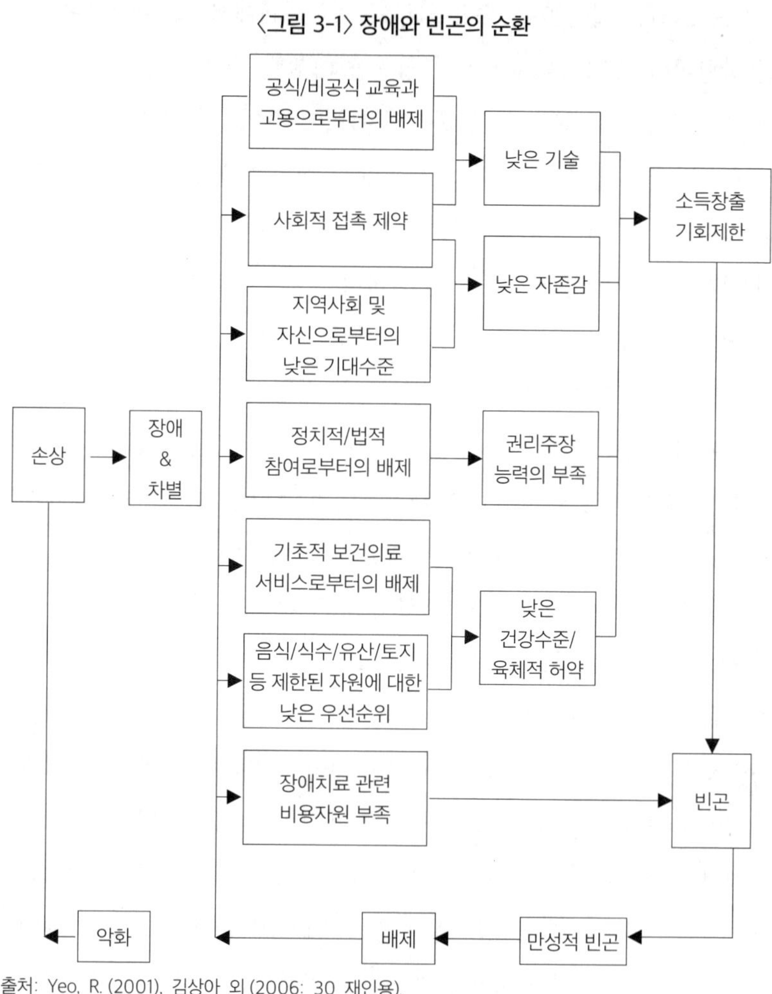

출처: Yeo, R. (2001), 김상아 외 (2006: 30 재인용).

보장, 주거 서비스, 직업재활, 심리사회적 지지 서비스 등 다양한 지원이 이루어져야 한다(김상아·박웅섭, 2006).

아직 우리나라의 정신질환자나 정신장애인에 대한 사회보장체계는 매우 미흡하다. 여전히 정신질환자는 가족이나 지역사회로부터 소외되고 국가로부터도 적극적으로 보호받지 못해 정신병원과 정신요양을 중심으로 하는 입원 또는 수용 위주의 보호체계에서 크게 벗어나지 못한 상황이다. 또한 지역사회 내 입원을 대체할 만한 재활과 생활지원 서비스 체계의 부재는 정신질환자의 불필요한 입원을 조장한다. 입원 시에만 받을 수 있는 혜택이 많기 때문에 환자는 필요 없이 장기 입원하고 이는 질병의 만성화를 초래하는 요인이 된다. 따라서 국가의 재정부담 가중과 서비스 수준의 질 저하라는 악순환도 계속된다.

나아가 현행 건강보험과 의료급여제도와 같은 의료보장제도는 저소득층 정신질환자의 관리에 크게 기여하는 상황이지만 보장수준이 낮고 환자의 사회적 기능상실, 가족의 환자 포기 등으로 인한 빈곤문제, 주거문제, 직업문제 등 아직도 많이 개선해야 할 부분이 많다(양옥경, 2006; 김상아·박웅섭, 2006; 신창식 외, 2007).

사실 보건과 사회복지는 쉽게 하나의 조직으로 조합될 수 없는 독특한 특성과 기능을 갖는다. 그러나 상호의존성, 이용할 수 있는 제한된 자원을 효과적이고 효율적으로 이용해야 할 필요성 그리고 양 체계의 서비스가 서로에게 도움이 될 수 있는 가능성 때문에 보건과 사회복지의 협업관계(*cooperative relationships*)를 개발할 필요가 있다. 이는 많은 면에서 보건영역의 관심 분야가 사회복지영역의 관심 분야와 중복되기 때문이다. 정신질환자, 정신장애인, 신체장애인, 내부기능 장애인, 노인 등을 위한 인간 서비스를 계획하고 실행하는 데 보건과 사회복지는 협력하거나 통합해 접근할 필요성이 강하게 제기될 수 있다.

인간은 보건・의료 욕구와 사회복지 욕구를 동시에 갖기 때문에 한쪽에서 부족한 부분을 다른 한쪽에서 보충해야 한다(함철호, 2004). 따라서 정신질환자와 정신장애인의 원만한 재활과 보편화 및 사회통합을 위해 국가적 차원에서 사회보장제도를 검토하고 이를 통해 정신질환자와 정신장애인의 보편화와 사회통합을 실현해야 한다.

그 과정에서 의료와 보건뿐만 아니라 사회복지가 서비스 실천개입으로 동시에 주어져야만 효과적이고 효율적이며 지속적인 정신보건 서비스가 될 것이다. 결국, 정신보건사회복지는 사회보장제도의 수립과 개선, 관리 및 운영 등을 통해 실제적으로 정신질환자와 정신장애인에 대한 기능을 다할 수 있다.

(2) 지역사회 정신보건

지역사회 정신보건은 유럽과 미국에서 정신장애인을 대규모 시설에서 수용하다가 탈시설화하는 정책에서 시작되었다고 할 수 있다. 하지만 지역사회 정신보건의 개념 속에는 정신장애인의 삶의 질을 보장할 뿐만 아니라 모든 사회구성원의 삶의 질을 보장하는 정신건강과 관련된 모든 것을 포함하는 광범위한 의미가 들었다. 그러므로 지역사회 정신보건의 개념에는 정신건강과 관련되어 지역사회가 움직인다는 의미를 갖는다(신창식 외, 2007).

① 지역사회 정신보건의 개념

지역사회 정신보건이란 치료 중심의 소극적 자세에서 벗어나 예방의 의미를 포함하는 모든 정신건강 서비스를 말하는 것이며 지역사회 내의 자원을 최대로 활용해 예방은 물론이며 조기발견, 치료 및 재활의 개념을 포함한다.

구체적으로 살펴보면, 장소에서는 대단위 병원 중심에서 지역사회로, 정신장애에 대한 문제정의도 환자 개인에서 환경 속의 개인으로, 대상은 정신장애인 개인에서 지역사회로, 서비스에 대한 내용에서는 치료에서 예방이나 재활의 의미로 확대되었고 서비스 제공자는 정신과 전문의 단독에서 다학문적 협력체로 변환됨을 의미한다(이문, 1998). 따라서 지역사회 정신보건의 개념에는 의료를 포함한 각종 정신보건 서비스를 제공받는 대상은 물론, 이러한 서비스를 제공하는 주체도 지역사회가 된다는 의미를 내포한다(양옥경, 2000; 신창식 외, 2007 재인용).

② 지역사회 정신보건의 역사적 배경

본격적 지역사회 정신보건 접근법이 가능하게 된 배경은 다음과 같다(Bacharach, 1978; 이문, 1998 재인용).

첫째, 1950년대 개발된 항정신성 약물의 효과이다. 대형 정신병원에 수용되었던 정신장애인이 항정신성 약물을 복용하며 비장애인과 함께 지역사회 내에서 생활하게 되었다. 따라서 퇴원한 장애인을 위한 지역사회를 기반으로 둔 포괄적 프로그램이 필요해졌다.

둘째, 인도주의 이념에 영향을 받아 정신장애인의 인권에 대한 자각이 일어났다. 열악한 정신병원의 생활환경 속에서 장기간 수용되어 비인간적 대우를 받는 정신장애인의 기본적 인권을 회복하자는 움직임이 이들을 지역사회로 복귀시키는 데 공헌했다.

셋째, 기존의 대형 정신병원의 경제적 요인을 들 수 있다. 정신병원의 유지비와 늘어나는 정신장애인의 수, 이들을 보호 감독하기 위한 인건비 증가의 문제 등으로 경제적 부담이 늘어나며 이러한 비용을 절감해 보자는 경제적 흐름이 있었다.

넷째, 앞서 언급한 바와 같이 정신장애인을 지역사회 내에서 지속적 보호와 포괄적이고 통합적 재활 서비스를 제공해야 한다는 생각이 만연해 이를 법적으로 보장하는 〈지역사회정신보건법〉을 제정했고 정책적 차원에서 탈시설화를 촉진시켰다. 탈시설화의 촉진으로 지역사회 정신보건의 개념과 서비스가 확산되었으며 이후 각국의 문화적 · 사회적 · 정치적 배경에 따라 독특한 정신보건체계를 마련했다(이문, 1998).

③ 지역사회 정신보건의 특성

지역사회 정신보건은 기존의 전통적 정신보건 관련 사업과는 다음의 몇 가지 특성에서 구별된다.

첫째, 정신질환자 관리의 중심이 되는 장소가 병원이나 수용소와 같은 시설이 아닌 지역사회이며 이들 시설들은 특정 서비스를 제공하는 역할을 담당한다. 둘째, 지역사회 정신보건의 대상은 개인보다는 지역사회 내의 주민 전체가 되며 따라서 관할지역 또는 최근의 개념인 정신보건 서비스 지역은 지역사회 특정 정신보건 프로그램의 대상 인구를 지칭한다. 셋째, 지역사회 정신보건은 치료적 서비스와는 별도로 질병의 예방과 건강증진에 중요성을 둔다.

한편, 지역사회 정신보건이 지니는 특징으로 접근방법에서 강조하는 점은 다음과 같다(Bloom, 1984; 한국보건사회연구원, 1993 재인용).

첫째, 지속성과 포괄성의 개념이다. 지역사회 정신보건 프로그램 내에서는 환자가 쉽게 이동해 체계적 서비스를 받을 수 있어야 하고 프로그램은 지역사회 정신보건 전반이 포괄적으로 다루어지도록 계획된 것이어야 한다.

둘째, 직접적 서비스보다는 간접적 서비스에 강조를 둔다. 정신보건 전문가는 대상 집단의 삶에 직접 개입하기보다는 그들에게 영향을 미칠 수 있는 교사, 종교지도자 또는 공중보건 간호사 등을 적극적으로 활용한다.

셋째, 새로운 임상적 관리법의 강조이다. 다수의 대상자를 과거의 관리방법보다 적절하게 그리고 더욱 효율적으로 관리하기 위해, 계획된 단기치료와 위기개입법을 실시한다.

넷째, 지역 특성에 적합한 정신보건 프로그램을 계획한다. 지역사회의 인구학적 분석, 충족되지 않은 정신보건요구의 파악, 정신질환과 관련한 지역 내 고위험 집단의 선별 등을 통해 정신보건 문제의 우선순위 설정과 정신보건 서비스의 조정이 지역별로 이루어지도록 한다.

다섯째, 지역사회 내 가용한 인적 자원을 모색한다. 전통적 전문가로서의 의사, 간호사, 정신보건사회복지사, 임상심리사뿐만 아니라 지역사회에서 가용한 모든 새로운 인적 자원을 모색해 활용토록 한다.

여섯째, 지역사회의 참여를 유도한다. 정신보건 전문가만으로는 지역사회의 정신보건 요구를 충족할 수 없으므로 지역사회의 참여를 유도함으로써 요구를 파악하고 프로그램이 그러한 요구를 어느 정도 충족했는지를 평가해 차후의 프로그램 개발에 반영해야 한다.

일곱째, 지역사회를 근원으로 하는 정신병리적 원인을 추적한다. 과거에는 전통적으로 정신병리적 원인을 개인 내에서 찾고자 함으로써 개인을 변화시키는 데 주로 중점을 두었으나 지역사회 정신보건은 그 근원을 지역사회에 두고 집단의식의 변화에 관심을 기울인다.

이러한 지역사회 정신보건은 항정신성 의약품 개발에 따른 정신질환자의 외래치료 가능성, 조기치료 및 재활효과, 치료환경의 중요성, 정신질환자의 인권 등에 대한 인식과 함께 발전되었으며 최근에는 점차 증가하는 정신 및 정서와 관련된 문제에 대해 더욱 적극적으로 대처하고자 하는 일종의 사회운동으로 받아들여진다(한국보건사회연구원, 1993).

(3) 정신보건사회복지실천

정신보건사회복지실천이란 기존의 정신보건사회사업을 의미하는데 정신의학 영역에서 이루어지는 사회복지실천 활동이다. 정신보건사회복지실천은 정신의학에 관련된 여러 가지 원조활동을 하는데, 특히 정신장애인과 그 가족을 대상으로 하는 기능향상에 주안점을 둔다.

정신적 문제를 가진 클라이언트와 그 가족에게 예방, 진단, 치료영역의 서비스를 구체적으로 제공함으로써 그들의 사회적 기능을 향상시키는 데 초점을 둔다. 여기에서 기반은 당연히 사회복지실천에 두지만 그 기반에 정신의학 영역의 지식과 기술을 취합해 상당히 전문화된 영역으로 자리매김했다.

3) 정신보건사회복지의 이념

정신보건사회복지의 이념은 한마디로 보편화와 사회통합이라고 할 수 있다. 이념이란 하나의 방향 또는 가치, 철학을 의미하는 것이다. 이념에 따라서 정책이나 행정, 실천의 방향이 결정된다고 해도 과언이 아니다. 그러므로 정신보건사회복지의 이념은 정신보건사회복지가 구현되는 데 가장 기본적 토대가 된다.

(1) 보편화

1980년대 중반 이후부터 우리나라에 점차 보급된 보편화(*normalization*) 원리는 사회통합과 함께 정신보건사회복지의 대표적 이념이다. 보편화 원리는 장애인도 비장애인과 같은 권리와 의무를 가져야 한다는 이론으로, 이는 1950년대에 덴마크에서 일어난 지적 장애인 부모회나 전문가의 운동을 통해서 구체화되었다. 이후 보편화 원리는 국제연합선언에서 주장되었고 1981년 국제정신장애인의 해의 주제인 '완전참가와 평등'의 기본사상으로도 나타났다.

최근 지역사회를 기반으로 하는 탈시설화, 통합, 그룹홈, 보통생활(*ordinary life*), 권리옹호 등의 어휘는 보편화 원리의 발전 속에 전개된 개념으로서 이제 보편화 원리는 정신장애인이나 장애인 분야에서만 아닌 차별이나 권리가 침해된 모든 영역에서 보편적으로 적용해야 할 대인 서비스의 원리로서 대두된다.

① 보편화의 개념과 배경

보편화 개념은 20세기 중반 스칸디나비아의 지적 장애인 서비스 발전에서 기원했다. 1943년 고용정책 조사를 위해 조직된 스웨덴의 한 정부위원회는 그 업적의 지도원리가 될 사회정치적 개념을 개발했다. 그 개념이 바로 보편화 원리이다.

1945년 이후 스웨덴에서는 노동조합 운동 세력의 적극적 개입과 함께 주요 정당 사이에서 국가 복지개혁에 관한 합의가 이루어졌다. 사회적 연대 및 평등에 대한 신념이 새로운 사회복지 프로그램의 기반이 되었다. 특히, 사회민주주의자나 노동조합주의자는 노동계층 및 사무직 노동자의 복지에 집중했지만 노동계급 외부에 있는 사람을 지원하기 위한 노력 또한 강력하게 대두되었다(이성규 · 김상희, 2001).

포괄적 사회복지제도에서 정신장애인, 신체장애인, 노인, 아동 등과 같은 주변적 집단, 즉 아웃사이더로 인식되던 대상이 하나의 권리이자 전반적 사회복지의 일환으로서 양질의 서비스와 지원을 제공받았다. 따라서 보편화 원리는 사회 전반에 걸쳐 복지정책 실천에 대한 논의가 활발히 진행되는 동안 발전했다.

복지국가를 만들겠다는 야심찬 계획을 실현하기 위해서는 모든 시민으로 하여금 훌륭한 삶을 살 수 있게 할 사회 서비스와 의료 서비스를 발전시켜야 했다(이준우, 2007). 보편화 원리는 모든 사람이 시민으로서의 혜택을 완전히 누려야 한다는 권리의 철학으로부터 나온 것이었다. 이러한 관점은 보편화 원리가 어떤 한 개인의 창조물이 아니라 광범위한 대중적 지지를 기반으로 형성된 사회적 합의로부터 도출된 하나의 이데올로기임을 말한다(이성규 · 김상희, 2001; 이준우, 2007 재인용).

이러한 보편화 원리는 1959년 덴마크의 지적 장애인 법을 만드는 데 큰 사상적 영향을 끼친다. 덴마크에서 법률로 구체화했던 보편화 원리는 1952년 당시 시설개혁을 요구하는 지적 장애인 부모 모임의 요구로부터 시작되었다. 이런 노력은 앞서 일렀듯, 1959년 법으로서 결실을 맺었다. 덴마크에서 통과된 지적 장애인 법의 주된 목적은 "지적 장애인을 가능한 한 최대로 보편적 생활조건(*normal living condition*)에 가깝게 생존하도록 하는 것"이라고 정의되었다.

여기서부터 보편화 원리는 모든 국민을 위한 전반적 복지이념에서 장애인을 대상으로 하는 재활복지 이념으로 적용되기 시작했다. 지금 우리가 말하는 정신장애인의 보편화 개념의 시작이 이때부터인 것이다. 후에 이 개념은 더욱 발전해 뱅크미켈슨(Bank-Mikkelsen)에 의해

"지적 장애인에게 주거, 교육, 일, 취미활동 등을 포함해 다른 모든 시민이 갖는 인간의 기본권을 제공하는 것"을 의미한다(이성규, 2000; 이준우, 2007 재인용). 특히, 이 보편화 개념은 1960년대를 거치며 지적 장애인을 위한 서비스 개발과 법규의 신설에 많은 영향을 미치는데 스웨덴에서도 1969년 니르제(Nirje)에 의해 도입된다. 니르제는 이 개념을 스웨덴의 상황에 맞게 다시 정의하는데 간추려보면 "모든 지적 장애인의 생활방식과 하루하루의 생활이 그 사회의 일반적 환경과 생활방식에 가장 가깝도록 만드는 것"이다.

나아가 하루, 일주일, 1년 동안의 생활리듬 및 인생을 살면서 각 단계에 맞는 성장을 하는 것, 결혼과 이성 간의 사랑, 경제적·환경적 기준 등을 비교적 자세하게 고려하며 보편화의 개념을 다시 정의했다. 이는 삶의 기본권 보장뿐만 아니라 비장애인의 삶의 질과 견주어 부족함이 없는 상태를 지향하는 것이다(이성규·김상희, 2001; 이준우, 2007 재인용).

중요한 것은 이러한 보편화 개념이 주로 인간의 기본권 보장에 초점이 맞춰졌다는 사실이다. 정신장애인도 인간이므로 다른 비장애인이 누리는 기본권을 보장해야 한다는 것이다. 뱅크미켈슨은 "보편화가 주는 가장 뚜렷한 메시지는 모든 사람이 법 아래에서 법적으로 또 행정적으로 평등한 대접을 받아야 한다"라고 주장했다.

우리는 이들의 주장에서 매우 독특한 결론을 도출할 수 있다. 이들은 평등권 보장이 보편화의 궁극적 목적이기 때문에 서비스에서 평등성만 보장된다면 정신장애인이 처한 공간적 형태는 아무래도 좋다고 했다. 다시 말하면, 평등은 정신장애인을 비장애인과 분리된 환경 속에서도 얻어낼 수가 있다는 것이다. 이들의 주장 속에서 보편화는 목적가치이며 통합이나 분리는 실천적 수단가치이기 때문이다. 즉, "분리되었지만 평등할 수 있다"(*equal but separate*) 라는 접근방식은 이후 수많은 연구자의 공감을 불러일으켰다(이성규, 2000; 이준우, 2007 재인용).

보편화 개념이 스칸디나비아 반도에서 만들어져 발전하는 동안 미국에서도 변화의 움직임이 있었다. 1950년대 중반부터 국영 정신병원을 찾는 사람들이 줄어들기 시작했고 영국의 영향을 받은 시민권 운동의 활성화는 연방 차원에서 정신병을 가진 사람의 인권을 실질적으로 고려해 사회적 제약을 최소화하는 환경을 조성해 치료받을 수 있게 하자는 결론을 내리기에 이르렀다.

울펜스버거(Wolfensberger)는 1972년에 발표한 자신의 논문에서 보편화를 "가능한 한 문화적으로 정상적 형태와 특징을 창출하고 유지하기 위해 가능한 한 문화적으로 정상적 수단들을 활용하는 것"이라고 광범위하고 추상적으로 정의했다. 이 정의는 나중에 두 가지 관점에서 발전적으로 변화한다. 첫째, 소외받는 집단이 대중으로부터 인식되거나 묘사되는 방법에 대해 점점 강조하게 되었다. 둘째, 문화적 관점에서의 정상적 관행을 중시하던 입장에서 사회적으로 가치화된 역할을 중시하는 방향으로 선회했다.

그는 더 나아가 사회적 맥락에서의 역할을 강조하기 위해서 '보편화'란 말 대신 새로운 용어인 '사회적 역할의 가치화'(*social role valorization*)라는 말을 소개하면서 "사회에서 가치가 박탈될 위기에 처한 사람을 위해 가치가 내재화된 사회적 역할을 창조하고 지원하며 방어해 주는 것이 가장 확실하게 표현할 수 있는 보편화의 궁극적 목표"라고 주장했다.

또한 영국에서는 1980년대에 토웰(Towell)과 타이네(Tyne)에 의해 보편화 원리가 전개되었다. 영국의 보편화 원리는 미국의 영향을 받았다고 볼 수 있다(이준우, 2001). 토웰 등이 간행한 《보통생활》(*ordinary life*) 이라는 저서에 의하면 보편화 원리의 핵심은 '보통생활'이다.

'보통생활'이란 정신장애인도 도심에 있는 보통주택에서 살고, 비장애인과 같은 선택의 기회를 가지며, 정신장애인이 아닌 지역사회의 사람과 평등하게 생활함을 의미한다. 이 책이 간행된 후 '보통생활'은 장애를 가진 사람을 위한 정신장애인 복지 서비스의 목표가 되었다. '보통생활'의 거주조건은 '보통주택'이다. 이 주택을 미국과 우리나라 등에서는 그룹홈이라 이른다.

이렇게 뱅크미켈슨, 니르제, 울펜스버거, 토웰과 타이네 등에 의해 개발된 보편화 원리는 "지역사회에서(in the community) 정신장애인에게 '충분한 시민권'(full membership)을 보장해 주는 것"으로 정리할 수 있다(이준우, 2001, 2007).

② 보편화 이념의 원칙

현대 정신장애인복지는 보편화 원리를 철저하게 강조한다. 즉, 지역사회에서 정신장애인이 비장애인과 동등한 삶의 기회를 철저하게 보장받는 데까지 이르렀다. 즉, 보편화 이념의 목표는 정신장애인의 권리와 평등을 보장하는 것이다. 이러한 보편화 이념을 몇 가지 원칙으로 설명할 수 있다(양옥경, 1996; 이준우, 2001, 2007 재인용).

원칙 1은 하루, 일주일 그리고 1년을 사는 데 생활의 일반적 리듬을 갖고 활동하며 상호책임을 나누는 것을 의미한다. 정신장애인도 다른 사람과 마찬가지로 일반적 리듬에 따라 살 수 있는 집과 활동할 수 있는 일터가 필요하며 배움의 기회가 제공될 수 있는 학교와 사회적 교류가 일어나는 장이 필요하다.

원칙 2는 인생주기(*life cycle*)의 일반적 성장을 경험할 수 있는 기회를 의미한다. 장애를 가진 사람도 한 인간으로서 비장애인이 경험하는 성장발달의 과정을 통한 인생주기에 맞추어 경험됨이 인식되어야 하며 정신보건사회복지사는 이들이 각 과정에 따라 보통 사람처럼 다양한 경험을 할 수 있도록 도와주어야 한다. 예를 들면, 어린이는 부모와 함께 사는 것이 일반적이며 성장한 자녀는 부모에게서 독립해 독자적 삶을 구성하는 것이 일반적이라고 보편적으로 이해한다면 정신장애인에게도 그와 같은 동등한 기회가 제공되어야 한다는 것이다.

원칙 3은 정신장애인이 갖는 표현되지 않은 바람이나 표현된 자기의사에 대한 일반적 이해와 존중을 의미한다. 예를 들면, 정신장애인의 남녀관계나 경제·정서·사회·문화적 욕구 역시 비장애인과 동일할 것이므로 이들과 동일한 방식이 허용되어야 한다.

원칙 4는 만약 정신장애인이 자신의 집에서 더 이상 가족과 함께 살 수 없을 때 사회에서 제공하는 주거 역시 일반적 가정의 크기여야 하며 일반적 주거지역에 위치해야 한다. 사회교류와 사회통합에 방해되지 않도록 너무 큰 시설이어서도 안 되며 일반 주거지역과 멀리 떨어져 격리되어서도 안 된다.

결국, 보편화 원칙은 가능한 한 많은 정신장애인이 지역사회 생활의 주류(*mainstream*)에 동참할 수 있도록 하는 것을 의미하며 최대한 긍정적 방향으로 지역사회에서 법적·제도적 보장을 받으며 더불어 사는 것으로 이해할 수 있다.

③ 보편화 이념의 공헌

보편화 이념은 전문가의 생각과 서비스 실천개입에 긍정적 영향을 크게 미쳤다고 본다.

첫째, 보편화 이념은 전문가로 하여금 정신장애인의 생활상황에 명확하게 초점을 맞추도록 도와주었다. 전문가라는 권위의식을 벗어던지고 정신장애인과 함께 이들의 생활이 현실적으로 어떤 것인가를 이해하는 노력을 하면서 시간을 가질 것을 요구했다. 즉, 정신장애인의 실제 현실생활에 직면할 것을 요구한 것이다(이준우, 2001).

둘째, 보편화 이념은 의문을 던지는 동시에 문제해결을 위한 틀을 제공했다. 보편화 이념은 이미 만들어진 해답을 제공하지는 못했지만 문제해결의 기준을 제시했다(성명옥, 2004). 일반적 삶의 조건을 정신장애인에게 보장해야 한다는 기준이 설정됨으로써 많은 어려움 속에서도 정신보건사회복지는 그 기준을 향해 발전할 수 있었다.

셋째, 보편화 이념은 세부 이념과 구체적 행동지침을 마련하는 데 큰 도움이 되었다(이준우 외, 2004). 즉, '가치 있는 사회적 역할'을 정신장애인에게 부여하는 다양한 방안을 마련하며 일반주택 혹은 그룹홈이나 지역사회 내의 생활을 지향하는 운동, 실천적 일과 고용, 장애당사자주의, 자립(독립)생활 운동, 정신장애인의 문화 및 정보수준, 정신장애인의 자기역량, 권리옹호 등을 강화하고 촉진하는 데 사상적 토대가 되었다.

넷째, 보편화 이념은 정신장애인과 비장애인, 정신장애인과 정신장애인, 정신장애인과 정신보건사회복지 등과 같은 사람들 사이에 네트워크를 형성시켰다(이준우, 2001). 보편화 이념은 정신보건사회복지와 정신장애인에 관련된 서비스 영역의 경계를 가로질러 또는 경계를 넘어 네트워크를 급속도로 확대하게 했다.

보편화 이념은 특별한 전문직 훈련기관이나 전문가의 소유물이 아니며 정신장애인 문제를 이해하는 기반인 동시에 전문가의 자격이나 지위에 의존하지 않고 정책결정에 참여하는 기반을 제공했다(성명옥, 2004). 모든 사람이 정신장애인, 부모, 친구, 정신장애인에 대해 관심 있는 시민, 정신보건사회복지사, 장애인복지 관련 관리자와 정책계획 및 입안 책임자라는, 사람들과 행복한 정신장애인의 삶이 펼쳐지는 미래상을 공유할 수 있게 되었다.

(2) 사회통합

정신장애인의 사회통합은 보편화 개념에 기반을 둔다. 무엇보다도 정신장애인을 장애와 사회적 불리(*social handicap*)를 가진 인간으로 보기보다는 장애로 인한 어려움을 지닌 사람으로서 이해해야 한다. 사회통합은 사회적 상호작용의 달성을 의미하는 것으로, 이를 위해서는 정신장애인이 생활하는 데 익숙한 환경을 전제로 한다.

따라서 지역사회에서의 물리적 통합이 전제되며 이를 위해서는 주거지 마련이 결정적이다. 또한 지역사회 자원과의 활발한 교류도 매우 중요하게 작용한다. 즉, 사회통합은 보편화가 실현된 상태를 말한다고 할 수 있다(이준우, 2001). 다시 말해, 보편화가 되면 사회통합은 이루어진다. 즉, 보편화를 통해 사회통합을 이루는 것이다. 그렇다면 사회통합이란 단적으로 무엇을 말하는가? 사회통합이란 정신장애인과 비장애인 사이의 경계를 없애는 것이다(이준우, 2003).

사회통합은 몇 가지 측면으로 구분해 설명할 수 있다(이준우, 2001). 물론 이를 명확하게 구분할 수는 없다. 어떤 부분은 다른 부분과 중복될 수도 있다. 하지만 사회통합의 개념을 쉽게 이해하는 데는 사회통합을 유형화해 살펴보는 것이 큰 도움이 된다(이준우, 2001; 김종인 외 2004; 이준우, 2007 재인용; 이준우, 2012 재인용).

첫째, '물리적 통합'은 정신장애인에게 구조적 통합환경의 제공을 의미한다. 즉, 주거환경, 다양한 사생활, 협력적 분위기의 가정에서 사는 것 등 눈에 보이는 가시적 재원을 통한 사회통합을 의미한다.

둘째, '기능적 통합'은 물리적 통합을 확장한 것으로서 정신장애인이 비장애인과 동일하게 식당, 수영장, 화장실, 공원, 대중교통 수단 등을 이용할 수 있게 하는 일상적 활동상의 사회통합을 말한다.

셋째, '사회적 통합'은 정신장애인에 대한 사회적 인식 혹은 가치관이 긍정적으로 변화되어 정신장애인을 낙인찍지 않음을 의미한다. 이를 통해 이웃, 직장, 지역사회에서 비장애인과 자연스럽게 사회적 관계를 형성하며 살게 한다.

넷째, '인간관계적 통합'이다. 정신장애인도 '의미 있는' 사람과 개인적 관계를 맺으며 생활한다. 인간관계적 통합은 부모, 형제, 친척, 친구, 배우자 등과 의미 있는 인간관계를 개별적으로 가질 수 있게 하는 통합이다.

다섯째, '자기결정 보장의 통합'은 정신장애인의 성장과 성숙, 자기충족을 위한 그들 자신의 기회에 대해 스스로 책임을 질 수 있게 하는 통합이다. 정신장애인은 자신의 생활조건, 취사선택, 미래를 스스로 결정할 권리가 있으며 이 권리와 책임을 행사할 수 있도록 하는 사회통합의 유형을 말한다.

여섯째, '제도적 통합'으로 정신장애인의 통합을 지지하는 사회적 구조와 제도의 수립을 의미한다. 만약, 필요한 서비스가 유용하지 못하거나 단순히 기초적 공공장소에 있는 것에 그친다면 특별한 서비스가 주어져야 한다. 즉, 미진한 정신장애인의 사회통합을 이뤄내기 위한 사회제도적 통합환경을 구축하는 조직체계를 만드는 사회통합을 뜻한다.

일곱째, '직업적 통합'으로 고용으로 인한 수입은 직업인으로서 정신장애인의 여가, 장보기, 주거선정 등의 폭을 넓혀준다. 즉, 고용은 유용한 선택의 폭을 넓히고 독립성을 키우며 개인적 위신을 높인다.

여덟째, '쌍방향적 통합'이다. 예전의 사회통합은 다수사회에 소수사회의 구성원을 일방적으로 포함하는 것에 한정되었기 때문에 아무리 사회통합을 주장해도 사회적 약자이며 소수집단이었던 정신장애인을 소외시키는 결과를 낳았다. 그러나 지금은 다수사회가 소수사회에 들어오는 것도 사회통합으로 인식되면서 쌍방향적 사회통합을 만드는 데 초점을 두게 되었다. 가령, 과거에 청각정신장애인의 사회통합을 위해서는 음성언어를 훈련하는 구화주의에 전적으로 강조점을 두었다면 이제는 소리를 듣는 비장애인이 수화를 배움으로써 청각정신장애인의 세계에 들어가는 것도 중요한 사회통합으로 보게 되었다는 것이다.

그런데 이러한 사회통합을 실현하기 위해서는 많은 사회적 비용이 발생하고 이는 필연적으로 많은 재원을 투여해야 하는 상황에 처한다. 이런 점 때문에 경제론자로부터 사회통합에 대한 부정적 인식이 확대되며 많은 저항에 부딪히고 결국은 '경제적 합리성'이라는 논리와의 싸움이 일어난다. 그러므로 정신장애인복지 전문가는 어떻게 하면 '경제적 합리성'이라는 논리를 극복하고 경제성과 복지성의 현실적 괴리감을 감소하면서 동시에 정신장애인복지를 실현해 나가야 할 것이냐는 큰 과제를 안게 되었다.

2. 정신보건사회복지의 가치와 윤리

정신보건사회복지는 지식이나 특정한 기술로만 충족할 수 없는 전문적 인간 서비스이다. 사회복지의 여러 분야 중에서도, 특히 정신보건사회복지는 편견과 낙인, 질환과 장애의 특성 등 다양한 요인으로 인한 인권침해의 문제가 늘 제기되는 현장으로서 사회복지적 가치의 문제를 중요하게 취급할 뿐 아니라 그 가치에 대한 강한 헌신을 요구한다.

사실 정신장애인은 정신장애를 앓았다는 과거경력 때문에 또는 현재 정신장애를 가졌다는 이유 때문에 일반인은 고사하고 클라이언트로서의 권리조차 보장받지 못했다(양옥경, 2006). 정신장애인의 인권 역시 개인의 인간성 실현을 위한 기본적 권리이지만 이들의 권리보장을 위해서는 특별한 규정을 필요로 하기에 특별한 권리이기도 하다. 정신장애인의 권리보장은 실천상 때때로 사회 다수의 권리와 상충될 뿐 아니라 정신장애인 개인의 치료적 이득과도 모순되므로 그들의 권리보호와 사명을 가진 정신보건사회복지사의 '윤리적 행동'은 상당한 딜레마에 부딪힐 수밖에 없다(서미경, 2003).

이러한 갈등 속에서 라츨린 등(Rachlin, Pam, & Milton, 1975)은 정신장애인의 최우선적 권리는 '적절한 치료'이고 이는 절대적 자유권보다 우선한다고 주장했고 펄린 등(Perlin, Gould, & Dorfman, 1995)도 정신장애인의 시민권 보호와 치료적 법리학의 모순 속에서는 치료적 법리학의 관점을 따르는 것이 정신보건법의 진정한 실현이라고 주장했다. 따라서 이러한 논란은 치료적 목적 그리고 개인의 복지와 안정을 위한다는 온정주의가 어디까지 정당화될 수 있는가에 초점이 있다.

이렇게 정신보건사회복지 활동에 종사하는 대부분의 정신보건사회복지사는 정신장애를 가진 클라이언트의 문제를 해결하는 데 다양한 가치갈등을 겪고 윤리적 결정을 내려야 하는 다양한 상황에 직면한다. 따라서 정신보건사회복지사는 확고한 가치와 사명감이 선행되어야 한다(이준우, 2009; 이준우 · 임원선, 2011).

1) 가치

가치는 정신보건사회복지에게 중요한 지침으로 작용한다. 특히, 정신보건사회복지사가 실천과 관련한 충분한 지식을 갖지 못할 경우 실천의 지침으로서 가치에 의존하게 됨으로써 정신보건사회복지 실천에서 가치는 매우 중요하다.

실천개입 과정에서 정신보건사회복지사는 윤리적 결정을 내려야 하는 다양한 상황에 직면하고 여러 가지 가치갈등 문제를 경험한다(이준우 외, 2006).

첫째, 정신보건사회복지사는 두 개 또는 그 이상의 경쟁적 가치와 직면했을 때 가치갈등 상황에 처한다. 가령, 경쟁하는 모든 가치가 무시할 수 없는 것일 때 정신보건사회복지사가 갈등을 경험한다.

둘째, 정신보건사회복지사는 기관에 대한 의무와 클라이언트에 대한 의무 사이에서 가치갈등을 경험할 수 있다. 예를 들어, 정신보건사회복지사는 자신이 속한 기관의 정책을 따라야 하지만 기관의 정책이 클라이언트의 이익과 갈등 상황에 있는 경우이다.

셋째, 복합적 문제로 인해 클라이언트 체계가 여러 개인일 경우, 정신보건사회복지사는 어느 클라이언트 체계의 이익을 최대한으로 보장할지를 두고 갈등할 수도 있다.

넷째, 정신보건사회복지사가 내려야 하는 결정의 결과나 장기적 효과성이 모호할 때, 정신보건사회복지사는 갈등상황에 직면한다.

이러한 가치갈등의 해결은 어렵다. 여러 학자는 정신보건사회복지사와 클라이언트가 각자 자신이 선호하는 가치를 평등한 입장에서 이야기함으로써 해결방안을 찾거나 클라이언트의 가치가 다른 사람의 복지를 침해하지 않는 한 클라이언트의 가치를 따를 것 등을 권한다. 그러나 이러한 지시를 단순히 따르기보다는 정신보건사회복지사가 스스로의 가치관에 대해 점검하는 과정이 선행되어야 한다.

정신보건사회복지사는 자신이 선호하는 가치가 무엇이고 그것이 어떻게 자신의 행동이나 대인관계에 영향을 미치는지를 파악하는 훈련을 통해 자기인식이 가능하며 나아가 전문적 정신보건사회복지 실천이 가능할 것이기 때문이다.

2) 윤리

윤리는 '무엇이 맞고 옳은가'와 관련된 것이며 사람들이 추구하는 가치를 일관되게 행동하도록 지시하는 행동규범이다. 반면, 가치는 '무엇이 좋고 바람직한가'와 관계가 있다. 가치는 구체적 실천을 지시하거나 일반적 선호보다 폭넓은 사회의 가치를 반영한다. 하지만 전문직 윤리는 직업에 몸담는 사람이 어떻게 자신의 가치를 행동에 옮기는가에 관한 지침을 제공한다.

즉, 어떻게 행동해야 하는가에 관한 구체적 지시가 정리되는 것이 윤리인 것이다(이준우 외, 2006). 결국, 윤리란 어떤 행동에 대한 옳고 그름을 나타내는 판단 기준으로서 인간이 마땅히 행하거나 지켜야 하는 도리이다. 정리하면 정신보건사회복지사가 반드시 지켜야 하는 행동원칙이나 지침을 의미한다(Corey et al., 1988).

그런데 문제는 윤리를 준수하려고 할 때, 정신보건 현장에서는 흔히 윤리적 딜레마에 빠질 수 있는 곤란한 상황이 빈번하게 발생한다는 점이다. 윤리적 딜레마란 하나의 상황에서 두 가지 혹은 그 이상의 도덕적 원칙 또는 의무가 동등하고 유용하다고 여겨지면서도 동시에 서로 모순이 되는 것이다. 이런 경우, 개인은 주어진 상황에서 최선을 선택해야 한다.

특히, 정신보건사회복지 실천개입 상황에서는 두 가지 이상의 윤리적 의무 중 한 가지를 위반하지 않고서는 다른 것을 지킬 수 없는 상황이 필연적으로 발생한다. 이런 경우, 정신보건사회복지사는 전문직의 가치, 정신보건사회복지사의 개인적 가치, 사회적 가치 사이에서 갈등하는 데 이러한 가치갈등은 다양한 윤리적 딜레마를 지속적으로 파생한다.

3) 윤리원칙

정신보건사회복지 현장에서 흔히 직면하는 윤리적 갈등을 해결하는 가장 보편적 방법은 원칙을 서열화하는 것이다. 즉, 가장 중요한 것으로부터 가장 덜 중요한 것의 순서로 서열을 매기는 것이다. 원칙을 서열화하는 것이 쉬운 작업은 아니지만 이렇게 서열화된 원칙은 실제 현장의 정신보건사회복지사에게 많은 도움을 주기 때문에 필요한 일이다. 그러나 어떠한 지침이라도 모든 상황에서 맹목적으로 적용할 수 있는 절대적 가치를 지니지는 않는다.

(1) 로웬버그와 돌고프의 윤리적 원칙

로웬버그와 돌고프는 일정한 순서에 기초한 윤리원칙을 서열화해 제시했다(Lowenberg & Dolgoff, 1996). 이는 윤리적 원칙 스크리닝(Ethical Principles Screen · EPS)으로 정신보건사회복지사에게 널리 활용된다(서미경 · 김영란 · 박미은, 2000; 이준우, 2009 재인용).

① 윤리원칙 1: 생명보호의 원칙

인간의 생명에 대한 보호는 클라이언트를 비롯한 모든 사람에게 적용된다. 이 원칙은 다른 여러 의무나 원칙에 우선해 발생한다. 생명에 관한 권리는 모든 권리 중에서 가장 기본적인 것이며 만약 생명의 권리가 침해되면 어느 누구도 다른 권리를 누릴 수 없다고 볼 수 있다. 그만큼 생명보호의 원칙은 중요하다. 가령, 의사는 비록 환자가 몇 년 동안 뇌사상태이고 긍정적 변화가 일어날 어떤 희망도 없는 상태라고 할지라도 생명을 유지하는 기계를 함부로 철회하지 못한다.

② 윤리원칙 2: 평등과 불평등의 원칙

평등과 불평등의 원칙은 동등한 사람은 평등하게 처우되어야 하는 권리를 가지며 동등하지 않은 사람은, 만약 동등하지 않은 이유가 문제가 되는 사안 자체에 있다면 불평등하게 처우되어야 한다는 권리를 말한다. 예를 들면, 학대받는 아동은 성인과 동등한 위치가 아니기 때문에 학대상황이 비록 생과 사의 심각한 경우가 아니어도 학대하는 성인에 대한 비밀보장과 자율성의 원칙은 아동을 보호하는 의무보다 더욱 낮은 순위를 차지한다.

③ 윤리원칙 3: 자율성과 자유의 원칙

정신보건사회복지사는 개인의 자율성과 독립성 그리고 자유를 신장하는 실천적 결정을 해야 한다. 자유가 매우 중요한 가치이지만 자신이나 다른 사람의 생명보호의 원칙이 갖는 중요성보다 우선할 수 없다. 어떤 결정을 하든지 그것은 자신의 자율적 권리이므로 자신 혹은 다른 사람을 해칠 수 있다는 주장은 어느 누구에게도 설득력이 없다.

④ 윤리원칙 4: 최소한 손실의 원칙

정신보건사회복지사는 항상 최소한의 손실, 즉 최소한의 영구적 손상 혹은 가장 쉽게 회복될 수 있는 손실을 초래하는 기회를 선택해야 한다.

⑤ 윤리원칙 5: 삶의 질 원칙

정신보건사회복지사는 지역사회뿐만 아니라 개인과 모든 사람의 삶에 대한 질을 더욱 향상하게 하는 기회를 선택해야 한다.

⑥ 윤리원칙 6: 사생활 보호와 비밀보장의 원칙

정신보건사회복지사는 모든 사람의 사생활 보호의 권리를 신장시키는 실천적 결정을 해야 한다. 비밀을 누설하지 않고 유지하는 것은 이 의무를 지킨 직접적 결과이다.

⑦ 윤리원칙 7: 진실성과 정보개방의 원칙

정신보건사회복지사는 클라이언트와 다른 사람들에게 진실을 말하고 관련된 모든 정보를 충분히 개방하는 것을 허용하는 실천적 결정을 해야 한다.

(2) 에틱 의사결정 모델

에틱(*ethic*) 의사결정 모델은 앞서 설명한 로웬버그와 돌고프의 윤리적 원칙은 여러 가치 중에서 우선순위를 매겨 어떤 가치를 우선적으로 고려할 것인가 하는 서열화된 모델을 제안하고 정신보건사회복지사가 실천과정에서 최선의 윤리적 선택을 할 수 있도록 돕는다.

그러나 정신보건사회복지 현장에서 정신보건사회복지사는 짧은 시간 내에 윤리적 의사결정을 내려야 하는 경우가 빈번하며 서열을 따지기가 곤란한 상황에 직면하기도 한다. 뿐만 아니라 조직적 압력을 벗어나기 위해 속히 의사결정을 내려야 하는 경우도 있기 때문에 심도 깊은 토의나 충분한 논의 없이 의사결정을 속히 해야 하는 경우가 많다.

따라서 정신보건사회복지사가 실천현장에서 윤리적 결정을 가능한 속히 그리고 효과적으로 할 수 있도록 안내지표나 실천지침이 마련되어야 한다. 다음의 모델은 정신보건사회복지사가 윤리적 결정을 효과적으로 하는 데 도움을 제공하기 위해 개발된 것이다(Congress, 1999; 오혜경, 2005 재인용; 이준우, 2009 재인용).

① E: 검토하기

정신보건사회복지사의 개인적·사회적 가치, 기관의 가치, 클라이언트와 전문가의 가치를 검토(*examine*)한다. 정신보건사회복지사의 개인적 가치, 사회적 가치, 사회복지실천 기관의 가치, 클라이언트의 가치 그리고 실천가인 전문가 가치는 모두 정신보건사회복지 실천개입 과정에서 윤리적 결정을 하는 데 영향을 미친다.

이 중에서 정신보건사회복지사 자신이 가진 개인적 가치, 즉 정신보건사회복지사 자신에 대한 이해는 가장 중요한 검토사항이라고 할 수 있다. 정신보건사회복지사는 서비스 실천개입 과정에서 클라이언트에게 은연중 나타날 수 있는 자신의 가치관과 자세를 면밀히 검토해야 한다. 자세는 보통 몸자세와 정신자세 모두를 포함한다.

무엇보다도 중요한 것은 클라이언트의 삶에 개입을 하게 되는 정신보건사회복지사의 마음가짐이나 태도이다. 정신보건사회복지사는 전문가이기 이전에 한 개인으로서 자신의 삶의 여러 가지 상황에 대해 어떤 태도나 마음가짐을 갖는가에 대해 스스로 점검할 필요가 있으며 이는 전문가로서 서비스를 제공할 때, 매우 중요한 요소가 된다.

우선적으로 정신보건사회복지사가 자신에 대해 어떻게 생각하고 느끼는가를 점검해야 한다. 이는 간단히 말하면 정신보건사회복지사가 자신의 자아존중감 정도를 살펴보아야 한다는 것이다. 이는 정신보건사회복지 실천개입 과정에서 정신보건사회복지사는 많은 경우 클라이언트의 자아존중감 향상, 사회적 기능향상, 역량강화 등을 위해 노력하기 때문이다. 정신보건사회복지사는 클라이언트와 함께 일하는 과정에서 클라이언트가 처한 다양한 상황으로부터 발생하는 심리사회적 어려움을 직간접적으로 경험한다.

이러한 어려운 상황을 클라이언트로 하여금 원만하게 처리하고 극복하도록 노력하는 과정에서 정신보건사회복지사 자신의 자아존중감이 중요한 역할을 한다. 정신보건사회복지사의 자아존중감이 낮을 경우 자신도 모르게 클라이언트에게 전해져 문제해결을 위한 클라이언트의 동기, 의지, 능력 등을 약화시킬 수 있다. 따라서 정신보건사회복지사는 자신의 자아존중감 정도를 주의 깊게 살펴보고 만일 낮은 자아존중감이 있다면 그 이유가 무엇이며 자아존중감을 향상하기 위해서는 어떤 노력을 해야 할 것인가를 곰곰이 생각해 봐야 한다. 자아존중감은 평생 고정된 것이 아니고 자신의 생각과 주변 상황에 따라서 언제나 변할 수 있다.

다음으로는 자신의 욕구를 점검해야 한다. 정신보건사회복지사의 충족되지 못한 욕구가 긍정적이고 건강한 방법으로 충족되지 않는다면 전문적 원조과정에서 바람직하지 않은 결과가 나타날 수 있다. 즉, 정신보건사회복지사가 클라이언트와 함께 클라이언트의 문제해결을 위해 노력하는 과정에서 클라이언트의 욕구보다는 정신보건사회복지사의 충족되지 못한 욕구를 충족하는 방향으로 문제를 해결하려는 경향이 나타날 수 있다.

예를 들어, 자신의 명예 욕구를 제대로 충족하지 못하는 정신보건사회복지사는 문제해결 노력과정에서 클라이언트를 조정해 정신보건사회복지사인 자신에게 너무 의존하게 만듦으로써 권력, 권위, 우위의식 등의 욕구를 만족시키려 할 수 있다. 따라서 충족되지 못한 욕구의 문제가 있는 정신보건사회복지사는 충족되지 못한 욕구를 클라이언트와의 관계를 통해 은연중에 충족하지는 않는지 경계해야 하며 궁극적으로는 이러한 충족되지 못한 욕구를 충족할 수 있는 건설적 방법을 모색해야 한다.

② T: 고려하기

특정 상황, 관련 법률, 사례결정 등에 정신보건사회복지사 윤리강령의 윤리기준을 적용하는 문제를 고려(*think*) 한다. 우선적으로 정신보건사회복지사는 정신보건사회복지사 윤리강령을 숙지해야 한다. 윤리강령에 기초해 다양한 특정 상황과 법률 등을 맞닥뜨렸을 때 당황하지 말고 최선의 윤리적 결정을 내려야 한다. 사회복지 실천윤리는 종종 관련 법률과 함께 고려해야 하기 때문에 정신보건사회복지사는 중앙정부, 지방자치단체 그리고 각 지역의 윤리 딜레마와 관련될 수 있는 법률규정에 대해 아는 것이 중요하다.

③ H: 설정하기

각기 다른 결정으로 나타날 수 있는 가능한 결과에 대해 가설을 설정한다(*hypothesize*). 여기에서 정신보건사회복지사는 윤리적 딜레마를 해결하기 위해 목적론적 가치와 철학을 사용하는 것이다. 만약 정신보건사회복지사는 클라이언트의 비밀보장이 확실히 이루어져야 한다고 생각하는 경우에 또 다른 시나리오를 생각해야 한다. 가령, 클라이언트의 비밀보장이 유지될 경우, 어떤 실천결과가 나타나게 될 것이며 만약 클라이언트의 비밀보장이 유지되지 않을 경우에는 어떤 실천결과를 기대할 수 있을 것인지에 대해 실천상 가정이 가능한 가설을 설정할 수 있어야 한다.

④ I: 확인하기

사회복지실천에서 가장 상처 입기 쉬운 사람에게 사회복지 실천개입이 우선적으로 수행되었을 때 이로 인해 혜택을 입는 사람은 누구인지 혹은 이 경우 피해를 입게 될 사람은 누구인지를 확인(*identify*)한다. 만약, 정신보건사회복지사가 의사결정을 해야 할 때 명백하게 옳은 선택이고 다른 대안은 명백히 옳지 않은 선택인 경우에는 의사결정 사항을 선택하는 일에 어려움이나 갈등을 겪을 필요가 없다.

그러나 사회복지실천에서 이루어지는 선택의 경우에는 어떤 선택이 가장 바람직하고 유용한지를 파악하기가 어려운 경우가 많다. 최선의 선택으로 여기고 결정했음에도 선의의 피해자가 나올 수도 있다. 그러므로 정신보건사회복지사는 마지막까지 선택의 결과를 유추하며 모든 윤리적 과정에 필요한 정보를 확인하는 일이 매우 중요하다.

⑤ C: 자문 구하기

가장 바람직한 윤리적 결정을 위해 슈퍼바이저와 동료의 자문을 구한다(*consult*). 정신보건사회복지사는 중요한 선택의 순간에 가능한 한 다른 사람의 의견을 경청하고 받아들일 수 있어야 한다. 특히, 같은 전문가 집단에 속한 동료와 상사 그리고 슈퍼바이저로부터의 자문은 대단히 중요하다.

• 생각 다듬기 •

1. 사회통합의 8가지 유형을 살펴본 후 정신장애인에게 가장 필요한 유형의 사회통합이 무엇인지 순위를 정해 보자. 가장 1순위로 결정한 것은 무엇인가? 그 이유를 생각해 보고 지역사회에서 정신장애인의 보편화를 위해 가장 시급히 이루어져야 할 것은 무엇인지 토의해 보자.

2. 안락사를 반대하는 정신보건사회복지사는 자신이 속해 있는 기관이 안락사를 찬성한다면 아마 적지 않은 불만을 드러낼 것이다. 이럴 경우 어떤 윤리적 딜레마가 발생하는가? 사회복지 윤리지침에 의거해 분석해 보자.

3. '정신장애인의 보편화와 사회통합'이라는 주제로 공모전에 작품을 내고자 한다. 만약 당신이 주인공이라면 어떤 아이디어로 공모전의 대상에 도전하겠는가? 사회의 구속에 갇힌 장애인이 아닌 자유롭고 정상적 삶을 원하는 정신장애인의 외침을 창의적으로 생각해 보자.

4. 정신보건 영역에서 사회복지사의 개입이유는 무엇이라고 생각할 수 있는가?

제 4 장

정신보건사회복지의 발달과정

1. 서 론

역사를 통해 인간은 일탈행동을 설명하고 다루기 위해 노력했다. 정신질환 혹은 정신장애의 문제도 '일탈'이라는 측면에서 다뤘다. 정신장애인을 위한 서비스의 역사적 발전과정을 알면 사회복지 전문가 스스로 장애를 가진 사람을 돕기 위해 어디에 초점을 맞추어야 하는지 이해할 것이다. 특정 인물이나 사건에 대한 단편적 지식보다 더 중요한 것은 일탈이 항상 정책적 혹은 사회적 문제가 되었고 이들에 대한 서비스는 그 시대의 정책적 또는 사회적 기류를 반영하는 것이었음을 깨닫는 것이다.

따라서 역사적 이해는 다음의 세 가지 관점에서 고찰하고자 한다. 첫째, 시대별 정신질환 혹은 정신장애에 대한 인식은 어떠했는가? 둘째, 시대별 정신질환 혹은 정신장애에 대한 대응전략(예: 치료, 재활, 복지 등) 은 어떠했는가? 셋째, 정신보건사회복지사의 사회적 인가과정과 활동상황은 어떠했는가?

2. 정신장애인에 대한 인식과 처우의 역사적 변천

정신질환 혹은 정신장애를 보는 입장이나 정신질환자나 정신장애인에 대한 처우와 치료방법은 시대와 사회에 따라서 변화했다. 정신질환이나 정신장애에 대해 사회가 어떤 의미를 부여하느냐에 따라 처우나 치료가 달라지기 때문이다. 인간의 정신이상 혹은 정신장애의 개념에 대한 관심은 선사시대로 거슬러 올라갈 수 있다.

이 시대에는 생존 자체가 어려웠고 이에 따라 인간은 자연과 맞서 대항하는 법을 배웠다. 신체적 생존은 수천 년 동안 최대의 목표가 되었고 최고의 생존자는 인류의 최고 권력자였다. 신체가 강건하고 쉽게 적응해 잘 살아남는 인간은 가치가 있었고 신체가 빈약한 사람은 멀리하거나 죽도록 내버려두었으며 심지어 죽이기까지 했다.

일찍이 인간이 존재했던 시대에 생존은 행동적 일탈에도 적용되었다. 사회적 진화론이 지배적이었고 집단이나 문화의 생존이 개인의 생명보다 더 가치 있었다. 신체적·행동적으로 남과 다른 사람은 일탈자로 취급되어 가치가 없고 집단이 생존하는 데 손실을 주는 것으로 여겼다.

1) 선사시대

인간이 본질적으로 무력했다. 인간은 환경을 거의 통제하지 못했던 시대에 그들을 괴롭히는 질병을 설명하고 통제하기 위한 노력으로 미신을 만들었다. 홍수, 굶주림, 지진 그리고 화산폭발과 같은 자연의 재앙과 질병을 설명하기 위해 초자연적 이유가 거론되었다. 천둥, 번개 그리고 화재 같은 일상의 자연적 현상도 초자연적인 탓으로 돌렸다

(Coleman & Webber, 2002).

선사시대는 미신을 숭상하는 샤머니즘이 우세한 시대였기 때문에 모든 일상의 생활사가 신과 밀접히 연결되었으며 정신질환도 예외는 아니었다. 신이 정해 놓은 금기를 범했기에 신의 벌을 받아 정신이상자가 되었다는 생각이 지배적이었으며 악령이 사람의 몸 안에 들어와 생각, 행동, 감정 등을 지배하고 악령의 지시에 따라 행동한다고 여겼다. 이처럼 설명할 수 없는 질병에 관해서는 신이나 성령을 거역한 결과라고 생각했다. 따라서 치료 또한 샤머니즘적인 굿으로 마귀를 쫓거나 죗값을 치르게 했다(문인숙 · 양옥경, 1991).

예를 들면, 고대 이집트의 점술사는 간질병을 100% 치료했다고 한다. 물론 여기서 말하는 점술가는 나라에 소속되어 신권정치의 주역인 정치적 권력을 가진 점술사가 아니라 일반인에게 임의로 점을 쳐주던 사람을 말한다. 그들의 간질치료법은 매우 간단했다. 송곳과 철사 조각을 가지고 환자의 머리 뒷부분에 송곳으로 구멍을 뚫고 그 구멍으로 철사를 넣고 몇 번 찌르면 된다. 이를 통해 간질은 나았지만 10명 중 7~8명은 사망, 2~3명은 반신불구의 장애인이 되거나 식물인간이 되었다(Davison & Neale, 1990).

이와 다른 간질치료법으로는 신석기 시대의 치료법으로 추정하는 '트리퍼네이션'(*trepanation*)이다. '트리퍼네이션'이란 쉽게 말해 두개골에 구멍을 뚫는 시술이다. 이를 행하는 이유는 두개골에 구멍을 뚫으면 뇌압이 낮아져 두뇌의 혈류량이 증가하게 된다. 이 방법으로 두뇌활동을 활발하게 만들어 뇌질환을 치료할 수 있다는 것이다. 신비학 등을 신봉하는 사람은 트리퍼네이션을 시술받을 경우 인간이 초능력을 발휘할 수 있다고 믿었던 듯하다(Davison & Neale, 1990).

〈그림 4-1〉 트리퍼네이션 시술을 받은 것으로 보이는 두개골(좌)과 시술장면(우)

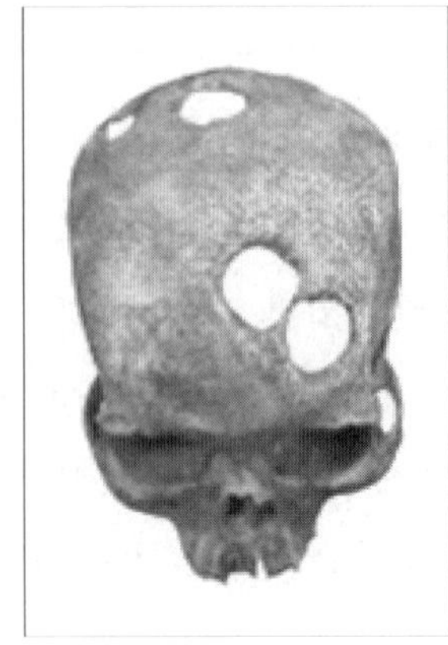

출처: http://en.wikipedia.org, http://blog.daum.net/pakua/11890813.

귀신들림을 믿는 귀신학 혹은 악령론은 이 시대의 상식이었으며 이상행동을 설명하기 위해 보편적으로 사용했다. 선한 영혼과 악한 영혼이 모두 인간에게로 들어갈 수 있는데 영혼에 사로잡혔다고 생각하는 사람 중에는 두들겨 맞거나 추방당하거나 죽임을 당하는 사람이 있는 반면, 어떤 이는 성직자로 추켜세워지기도 했다.

선한 영혼을 가졌다고 믿어졌던 사람은 존경을 받았고 그들에겐 특혜가 주어졌다. 그러나 악한 영혼을 가진 사람이라고 판단된 경우에는 몸에서 악한 영혼을 쫓아내기 위해 기도나 간곡한 권고에서부터 잔인하고 야만적 조치까지 다양한 '푸닥거리 의식'을 시행했다(Coleman & Webber, 2002).

인간은 자연현상과 이상행동에 대한 설명을 만들어냄으로써 환경을 조작하기 위한 노력을 체계적으로 시도할 수 있게 되었고 서서히 통제력을 가졌다. 역사가는 사회적 혹은 정치적 장벽 때문에 인간이 환경을 과학적으로 설명하거나 통제할 수 없던 시대에는 미신이 압도적이었다고 설명했다. 반대로 과학적 사고, 정치적 자유 그리고 개인의 권리가 옹호되는 문화권에는 미신이 많지 않았다.

다음의 역사적 조망은 정신장애에 관한 미신이 역사의 발전에 따라 쇠퇴하는 반비례 관계를 잘 나타낸다. 정신장애의 원인을 선천적 요인으로 보는 최초의 문헌설명은 그리스-로마 시대에서 처음으로 발견할 수 있다. 그러나 사실상 중세기에 많은 과학적 연구가 억압되었고 교회가 사회를 강압적으로 통제하면서 미신은 다시 만연했다.

2) 고대: 그리스-로마 시대

비록, 고대 그리스 문명이 과학적 사고를 시도하기는 했지만 대부분의 역사가는 "그들의 과학은 이론과 구별할 수 없는 것이었다"(Durant, 1961)라고 말한다. 정신장애의 선천적 원인을 주장하며 그 시대 사람을 계몽해 인정받았던 사람은 고대 그리스인이었다(Coleman & Webber, 2002).

그리스-로마 시대로 오면서 정신장애의 개념규정이 바뀌는데 이는 그리스의 유명한 의학자 히포크라테스(Hippocrates)에 의한 것으로 정신장애가 신의 벌이 아닌 신체적 질병과 같은 질병이며 생리학적으로 잘못된 것이지 신의 규정을 어긴 죄의 대가가 아니라는 것이다(Davison & Neale, 1990).

이를 좀더 구체적으로 살펴보면, 히포크라테스는 인간행동에 관한 임상 관찰자였고 정신문제를 체계적으로 분류하고 원인을 선천적 요인으로 설명한 최초의 의학서적을 만든 사람이다. 그는 그 시대에 보편적으로 수용되었던, 즉 인간의 병이 신에 의해 야기된다는 생각에 비난을 가했고 철학적 이론은 의학에 존재할 수 없음을 주장했다.

정신장애에 관한 가장 널리 알려진 그의 이론은 4가지 '체액'에 관한 것이었다. 그는 정신적 불균형은 체액(흑담즙, 황담즙, 혈액, 점액) 중 한 가지 이상이 장애를 일으켜서 발생한다고 주장했다(양옥경, 2006). 그는 더 나아가 정신장애의 치료는 체액 간 불균형을 회복시키는 것이라고 제안했는데 이는 현대 내분비학의 전조이다(Coleman & Webber, 2002). 따라서 정신질환의 치료는 무당이 아닌 의사가 맡아야 한다고 생각했다. 비록 히포크라테스의 관점이 이전보다 진일보했으나 치료방법은 피 뽑기, 때리기, 담금질 등의 환자를 괴롭히는 잔혹한 것이었다.

그러나 그는 의학을 종교나 미신으로부터 분리하며 정신장애에 대해서도 최초로 의학모형(*medical model*)을 적용해 샤머니즘의 개념에서 탈피하는 데 중요한 역할을 했다. 또한 생리학적 요인뿐만 아니라 스트레스, 감정, 환경적 요인도 몸과 마음을 다치게 할 수 있다고도 했다(Davison & Neale, 1990).

그리스 시대의 히포크라테스 사상은 후세에 자연주의적 이론을 진척시킴으로써 정신장애를 과학적으로 이해하는 데 많은 공헌을 했던 몇몇 내과의사의 사고에 크게 영향을 미쳤다. 그들 중 주목할 만한 인물은 정신장애가 정상적 정신과정 혹은 성격의 경향이 매우 극심하게 나타나는 것이라고 주장한 아레테우스(Aretaeus)이다. 그는 비슷한 임상적 증상을 나타내는 정신질환들이 서로 다르게 진단되는 것에 주의를 기울였다. 이에 아레테우스는 임상적 증상에 따라 정신질환을 세분화했다.

로마에 살았던 또 다른 내과의사인 갈렌(Galen)은 신체적 증상이 실제로 치료해야 할 병이 발생한 부분이 아닌 신체의 다른 부분에서도 일어날 수 있다고 주장했다. 또한 정신질환의 주요 원인은 정신 혹은 신체 중의 하나로 구분할 수 있다고 제안했다(Coleman & Webber, 2002).

소래너스(Soranus)는 히포크라테스의 심리적 원인론에 대한 영향으로 의사와 환자 간의 관계가 치료에 아주 중요하다는 점을 주장했는데 이는 현대 정신치료의 모태가 되었다고 할 수 있다(Cockerham, 1981). 소래너스는 치료를 위해 정신장애인은 쾌적하고 화목하며 평화로운 집에서 살면서 가능하면 책을 많이 읽고 토론하고 연극에 참여함으로써 우울증상에서 벗어나게 해야 한다고 주장했다. 이는 현재의 각종 집단활동 치료 등을 포함한 재활치료의 모태라고 할 수 있다(양옥경, 2006).

한편, 키케로(Cicero)의 영향으로 인해 로마에서는 정신장애인에 대한 법적 책임면제를 인정하기 시작했다. 로마법은 정신적 불능을 범죄에 대한 법적 책임면제의 대상으로 인정하고 각종 범죄로부터 법적 보호를 받도록 했다. 이러한 결정은 의사가 아닌 판사에 의해 판정을 받도록 했다(Cockerham, 1996; 양옥경, 2006 재인용).

3) 중세시대

로마제국이 쇠망하면서 유럽의 중세는 혼돈의 시기를 맞는다. 사회 정치적 암흑기는 정신장애의 이해에도 영향을 미쳐 로마 시대에 발전했던 정신장애에 관한 의학적·심리적·환경적 개념이 붕괴하고 선사시대와 같은 신이나 악마의 개념으로 후퇴했으며 종교적 차원에서 정신장애를 이해했다(양옥경, 1996).

이 당시에 공격적이거나 망상을 갖거나 환청현상을 보이는 정신장애인을 악마, 특히 종교적 망상의 증상을 보이는 경우 이단으로 간주했다. 정신장애인을 악마로 취급해 고문과 엑소시즘(*exorcism*)을 하거나 사형 등을 집행했다(Cockerham, 1981). 반면, 두드러지는 증상이 없는 정신장애인은 바보취급을 당하며 사람들에게 이용당하거나 일부 중산층의 자선사업의 대상이 되기도 했다(Davison & Neale, 1990).

중세 초기에 수도원은 정신장애로 고통받는 사람을 위한 천국이었다. 성직자는 고통받는 사람을 친절하게 대해 주었고 거처를 제공했으며 기도와 고해성사를 베풀었다. 그러나 신학자는 '타고난 악'(*inherent evil*)과 '악마의 소유'(*possession*)라는 교리를 전파하기 시작했고 치료법은 점점 더 심화되어 고대에 사용했던 혐오스러운 방법이 재현되었다. 콜만은 이에 대해 다음과 같이 서술했다. "태형, 기아, 쇠사슬, 뜨거운 물에 담그기 등등 다른 혐오스러운 방법이 신체 내 악마를 쫓기 위해 고안되었다"(Coleman, 1961).

중세 중기에 들어와서는 대부분의 정신질환이 악마와의 결합을 나타내는 신호로 여겼다. 이런 악령론에 근거한 정신질환에 대한 인식은 자연스럽게 정신질환의 치료방식에서도 각종 엑소시즘이 주를 이루도록 만들었다.[1]

중세 말기에는 이상행동을 하는 정신질환자가 증가했다. 한 가지 주목할 만한 현상은 광란적 무도회 같은 집단 히스테리로 나타났다는 점이다. 역사가는 광란적 히스테리가 10세기경에 실제로 나타난 현상이며 그에 대한 기록은 13세기경에 이루어졌다고 단정한다. 기록에 의하

---

1) 정신질환자에 대한 공격이 극에 달하던 이른바 '마녀사냥' 시기에는 악령을 쫓아내기 위해 각종 고문이 가해졌다. 예를 들어, 악령을 쫓기 위해 스트라페이도(손을 뒤로 묶어 공중에 매달았다가 갑자기 바닥에 내동댕이치기), 블랙버진(사람의 몸통 크기의 철제 도구로, 안쪽에 쇠꼬챙이가 돌출되었음), 손가락 비틀기, 다리 부스러뜨리기, 못 박힌 철제 의자에 앉힌 뒤 밑에서 불 때기, 가시가 박힌 신발 신기기, 바늘에 꽂힌 혁대 채우기, 불에 달군 쇠로 지지기 등과 같은 각종 고문방식이 시행되었다(Zilboorg, 1941; 김영진, 1997 재인용).

면 보통 무도병이라고 불리는 이것은 무도회 동안에 대규모 집단이 흥분해 뛰며 광란적으로 춤을 추는 것이다. 이런 광란적인 춤은 15~16세기에 정신질환의 원인 요소로 작용했고 17세기에는 쇠퇴했다.

중세 시대의 중동지역이나 북아프리카의 아랍국가는 정신장애인에 대해 훨씬 더 인간적으로 대우했다(Cockerham, 1996; 양옥경, 2006 재인용). 무슬림에서는 정신장애인을 진실을 말하도록 신에 의해 선택된 신의 사랑을 받는 사람으로 봤다. 네덜란드 최초의 정신과의사인 와이어(Weyer)는 정신장애를 종교와 결부하는 것을 거부하면서 정신장애인에게 친절과 이해로 대할 것을 강조했다.

스위스의 파라셀서스(Paracelsus)도 정신장애인은 범죄자도 아니고 이단자도 아니며 단지 의학적 도움이 필요한 아픈 사람이라고 주장했다. 스페인에서는 바이브스(Vives)가 이처럼 주장해 마녀사냥이 감소했다. 독일에서도 철학자인 아그리파(Agrippa)는 마녀사냥에 희생되는 여성을 구하려는 구명운동을 펼쳤으며 결국 정신장애를 신학에서 분리하는 작업을 이끌어냈다(양옥경, 2006).

4) 르네상스 시대

르네상스 시대의 개막과 함께 정신장애인을 대하는 방법에 큰 변화가 일었다. 이단자로 명명되는 위험에도 불구하고 16세기의 많은 저술가와 과학자는 무당과 귀신학의 개념에 대해 공개적으로 질문하기 시작했다. 정신질환자는 비참한 피조물 혹은 숙명적 희생자로 인식되었으며 더는 무당이라는 악의 죄를 추궁당하지 않았다. 16세기에 들면서 중세기의 마녀사냥 및 처형도 막을 내렸다. 대신 떠돌아다니는 정신장애인을 대거 수용하기 시작하며 수용과 감금의 시대가 개막되었다. 이는 20세기 초까지 지속되었다(양옥경, 1996).

15세기까지 유럽에는 정신병원이 없었으나 한센병 환자의 수가 감소하면서 이들 수용시설이 기능을 바꿔야 했다. 그러면서 정신장애로 관심이 전환되어 1547년 최초로 영국 런던에 정신병원이 탄생했다.[2)]

이 당시 병원에서의 치료는 쇠고랑 및 쇠사슬 채우기, 투구옷 입히기(*straight jacket*), 특수의자에 앉히기, 독방에 가두기 등 물리적 방법이 전부였으며 감금 및 억류가 치료의 주류를 이루었다(Alexander & Selesnick, 1966). 베들레헴 병원은 셰익스피어(Shakespeare)도 그의 작품에서 '베들레헴의 미치광이'라는 표현을 할 정도로 대단한 호기심을 가지게 하는 공공기관으로 비쳤다(Coleman & Webber, 2002). 데스페르트(Despert)는 이 시대의 정신질환에 대한 인식정도를 다음과 같이 표현했다.

> 당시 이해할 수 없는 오락의 형태 중 하나는 어린이로 하여금 베들레헴 병원이나 다른 수용소의 정신질환자를 방문하도록 허용한 관례이다. 잘 알려졌듯, 정신질환자는 쇠사슬로 묶여있었다. 굶주렸고, 구타당했으며, 불결하고 어두컴컴한 곳에 방치되었다. 수용소 방문은 오늘날 동물원을 가는 것과 같은 관례적 휴일 프로그램이었다.
>
> 다른 점은 오늘날 동물을 괴롭히는 것에 대해 엄격한 규제가 적용되는

2) 1243년 영국에 최초로 세워진 베들레헴 병원(St. Mary's Bethlehem Hospital)은 병원시설을 갖춘 보호시설이었다. 초기에는 일반환자와 함께 소수의 정신장애인을 수용해 치료했으나 1547년에 본격적으로 정신장애인만을 수용하면서 최초의 정신병원으로 탄생했다(Davison & Neale, 1990).

반면, 그 시대에는 정신질환자가 귀신에게 홀린 것으로 인식되었기 때문에 괴롭히는 것은 정당한 것이었을 뿐만 아니라 어느 정도는 의무적이었다(Despert, 1965; Coleman & Webber, 2002 재인용).

이렇게 초기의 정신병원이나 수용소는 정신질환자를 사회에서 분리시켰고, 감옥보다도 수가 적었으며, 비참한 환경이었다. 르네상스 시대(1600년대)까지 대부분의 사회는 정신장애인을 일탈자로 보았으며 이들을 사회로부터 고립시키는 일에 우선적으로 관심을 가졌던 듯하다. 병원과 수도원은 이러한 물리적 요구를 충족하기 위해 세웠고 심리사회적 치료나 재활, 복지에 대한 요구는 본질적으로 무시되었다.

5) 전환의 시기(1700~1800년대)

유럽은 1700년대에 많은 변화가 일어났는데 궁극적으로는 어린이를 보호하고 정신질환자를 치료하는 인본주의적 개혁이 이루어졌다. 이 시기까지만 해도 어린이는 인격체라기보다는 물건과 같은 것으로 다루었다. 유아 및 아동 사망률이 매우 높았으며 7세 혹은 그보다 어린 아이도 어른의 일을 할 수 있다고 여겼다. 어린이는 권리가 없었고 아버지의 권위는 절대적이었다(Despert, 1965).

18세기 중반 유럽의 저술가와 철학자는 사회의 구성원으로서 어린이와 어른의 권리를 옹호하기 시작했고 프랑스 혁명은 '자유와 개인의 권리'라는 개념에 새로운 힘을 부여했다.

(1) 도덕치료의 등장

18세기 후반에 의학이 급속한 발달을 하면서 정신장애에 대한 과학적 관심이 생기고 체계적 관찰을 통한 정신질환의 분류가 시작되었다. 이에 따라 유럽과 미국에서도 정신질환자에 대한 인간적 대우의 중요성이 대두하기 시작했다.

프랑스 혁명이 끝날 무렵, 프랑스 의사인 필립 피넬(Philippe Pinel)은 용기 있는 실험을 강행했다. 그는 라 비세트레(La Bicetre)와 파리의 정신병원에 있는 환자 중 일부의 쇠사슬을 풀어주었다. 정신질환자를 학대하고 감금하는 대신에 친절하게 대하고 존중하면 좋은 반응을 나타낼 것이라는 믿음을 검증해 보고 싶어 했다.

다행스럽게도 실험은 매우 성공적이었고 몇몇 환자는 거의 기적과 같은 효과를 나타냈다. 이러한 인본주의적 치료는 도덕치료(*moral treatment*)라고 불렀으며 19세기 초반에 유럽과 미국에서 광범위하게 채택되었다. 도덕치료는 정신질환자의 사슬을 풀어주고 친근하고 아늑한 환경을 마련해 주며 치료자는 아버지의 이미지를 내세워 도덕적 관계의 형성을 강조하는 치료방식으로 특화되었다.

이러한 도덕치료의 개념은, 특히 19세기 초 미국에 큰 영향을 끼쳐 치료효과도 긍정적으로 평가되었는데 미국 매사추세츠 주의 워스터 주립병원은 20년간의 도덕적 치료방법과 활용효과를 제시하면서 발병시기가 입원 이전에 1년 미만이었던 환자 중 66%가 회복으로 퇴원했으며 퇴원하지 못한 나머지 환자 중 5%는 진전을 봤다고 보고했다(문인숙 외, 1993).

도덕치료는 이처럼 긍정적 효과를 나타냈음에도 다음의 몇 가지 한계 때문에 결국 실패했다.

첫째, 과도한 비용을 문제로 지적했다. 즉, 도덕치료가 효과를 거두려면 병원의 규모가 작고 적절한 인력이 필요하지만 이 사업을 위한 지방세 인상이 여의치 못함으로써 병원이 과밀화되고 시설과 인력에도 문제가 제기됨으로써 효과를 기대하기 어려운 상태가 되었다(문인숙 외, 1993; 한국형사정책연구원, 1995 재인용).

둘째, 치료방법으로 체계화되지 못하고 철학과 가치라는 인식으로 고착되었다. 프랑스의 필립 피넬과 영국의 윌리엄 투키에 의해 활발히 활용되었음에도 구체적 치료방법론을 체계적으로 개발하지 못했기 때문에 치료방법의 일반화를 이루지 못하고 말았다.

셋째, 지나친 온정주의적 접근으로 인해 도덕성이 결여되고 낮은 자아를 가진 자와 범죄자 및 중독자 등 온갖 종류의 사람이 보호수용소에 몰려오면서 문제가 심화되었다. 또한 사회진화론(*social darwinism*)의 영향으로 사회의 밑바닥에 있는 자는 치료와 보호를 받을 가치가 없다는 논란이 제기되며 결국 도덕치료는 거의 불가능해졌고 정신장애인은 특별한 치료 없이 다시 방치되기 시작했다(Cockerham, 1981).

(2) 사회개혁 운동에 의한 새로운 치료의 대두와 확산

1800년대 중반 사회개혁가인 도로시아 딕스(Dorothea Dix, 1820~1887)는 잘못 수용되거나 방치되는 정신장애인을 위해 치료나 보호를 보장하는 대단위 정신장애인 보호시설을 세우는 데 앞장섰다(양옥경, 1996). 특히, 감금된 정신질환자의 권리를 변호한 딕스는 일반 대중에게 호소하는 것뿐만 아니라 20개 주에 걸쳐 입법화를 호소하는 캠페인을 했다. 그녀의 개혁운동은 캐나다와 스코틀랜드 그리고 다른 나라에도 전해졌다. 그녀는 은퇴 전에 32개의 정신병원을 설립하는 중책을 맡았다(Coleman, 1964).

6) 현대

현대는 20세기로부터 지금까지 이어지는 시기이다. 여러 종류의 이론과 치료방법이 개발된 시대이며 5백년이 넘는 역사를 가진 시설화 시대를 마감하고 지역사회 중심의 시대가 되었다. 약물개발의 힘으로 정신장애에 대한 질병개념이 강화된 시대로서 정신장애에 대한 개념의 변화보다는 다양한 유형의 개입방법에 대한 이론의 개발과 개념적 변화가 두드러진 시대이다(양옥경, 2006).

20세기 초의 30년간은 정신장애인의 복지를 위한 국가적 조직을 편성하는 것과 같은 주요 사건이 많이 일어났다. 그중 가장 중요한 것 중 하나는 클리퍼드 비어스(Clifford Beers)와 심리학자 윌리엄 제임스(William James)가 창시한 정신건강국가위원회(National Committee for Mental Hygiene)의 설립이었다. 이 기관의 설립은 흔히 미국 정신건강 운동의 효시로 간주한다.

클리퍼드 비어스는 정신위생 운동을 소개했는데 그는 실제로 정신장애를 겪은 당사자로서 정신치료 기관의 비인간적 처우상태를 잘 알았다. 그래서 정신치료 기관의 실태를 사회에 알리려고 노력해 많은 진전을 보았으며 정신질환을 일으키는 사회적 스트레스를 방지하는 데 힘을 기울임으로 정신질환을 좀더 사회적으로 문제화하고 지역사회 지향적으로 해결하도록 하는 데 기여했다.

아돌프 마이어(Adolf Meyer)는 정신과 환자를 생물-심리사회적 존재로 보았고 생활사건과 정신질환의 관계를 연구했다. 1913년 지역사회에서 치료소 개발을 강조함으로써 '제 3의 정신과 혁명'이라고 부르는 미국의 지역사회 정신건강 운동의 최초 주창자가 되었다(홍강의, 1987). 또한 프로이트의 정신분석이론은 1920년과 1930년대 정신의료 분야에 큰 영향을 미쳤을 뿐만 아니라 사회복지실천에 전반적으로 큰 영향을 미쳤다.

프로이트는 인간의 유아, 아동기의 초기 발달경험이 그 후의 발달과정에 중요한 영향을 미쳤고 성숙과정에서 아동이 발달에 기본적으로 필요한 경험을 하지 못하면 성장을 저해하는 정신적 손상을 끼쳐 성격상의 문제를 야기한다고 보았다.

이는 그전에 성격장애를 유전적이나 생리학적 여건으로 설명하면서 변화의 가능성이 희박함을 주장했던 입장과는 달리, 치료자-환자의 관계를 통해서 환자가 자신의 문제를 의식하고 자신의 문제를 스스로 해소하는 것을 돕도록 유도하는 입장이었다. 그러나 이 치료기법과 과정은 환자의 동기여부가 치료효과에 크게 작용함으로서 동기조성이 안 되는 환자나 치료여건이 부적절할 경우에 문제가 제기되었다.

정신 및 정서장애가 아동기 발달과정과 관계가 있다는 인식은 청소년을 위한 심리상담 서비스 기구를 구성하는 계기가 되었다. 20세기 초반에는 비행과 관련된 심리적 측면에 관심을 가졌는데(Friedlander & Apte, 1974; 문인숙 외, 1993; 한국형사정책연구원, 1995 재인용), 시카고에서 윌리엄 힐리(Hilly)가 1909년에 처음으로 아동상담소를 설립했고 1927년에는 미국에서 정부자금으로 아동상담소들이 설치되었다(한국형사정책연구원, 1995).

제 2차 세계대전 이후 미국은 전쟁에서 돌아온 귀환병의 37%가 정신질환이라는 진단을 받자 정신질환의 심각성을 인식했다. 이후에 서비스 확충을 위한 정책방향을 결정하기에 이른다. 때문에 원호병원의 정신과 시설이 확장되고 정신보건 분야의 전문인력, 즉 정신의료사회복지사, 임상심리학자, 정신과의사의 훈련 프로그램이 증가했다. 1946년에는 미국에 〈연방정신보건법〉(National Mental Health Act)이 입법되었고 국립정신보건연구소(National Institute of Mental Health · NIMH)가 설립되어 인력양성, 조사연구, 지역 정신보건 서비스에 공헌했다.

1940년대와 1950년대는 미국에서 정신질환자 치료가 병원중심이기는 하나, 점차적으로 지역사회로 이동하는 시기이다. 여기에는 행태주의자의 영향이 크게 작용했는데 이들은 전통적 병원치료에서 제시하는 의료진의 권위주의와 관료체제가 환자의 치료효과와 사회화 과정에서 부정적이라고 주장하고 장기 환자의 병리적 증세는 많은 부분이 시설화 증상이기 때문에 시설중심의 전통적 치료방법에서 탈피할 것을 요구했다(Gaudill, 1958; 한국형사정책연구원, 1995 재인용).

따라서 소수의 정신보건 의료진, 사회복지사 그리고 심리학자가 다양한 치료모델을 시도했는데 시설화를 예방하는 장치로 주간병원이 시도되거나 환자의 사회복귀를 위한 치료적 사교집단, 중간 주거시설, 재활 프로그램 등을 시도했다. 약물치료의 발달도 그중 하나인데 이 약물은 '이상행동'을 조정하는 데 효과가 있었으므로 병원 내 환자관리는 물론 병원 밖의 사회생활에서도 환자의 생활기능 장애를 부분적으로 제거할 수 있었다.

1961년 미국 정신보건합동위원회는 국회에 〈정신보건강령〉(Action for Mental Health)이라는 보고서를 제출해 정신병원의 규모를 최대 1천명으로 하고 장기치료보다는 집중적으로 치료가 필요한 단기 환자 중심의 의료체제 구축을 권고했다(Joint Commission on Mental Illness and

Health, 1961; 한국형사정책연구원, 1995 재인용). 그러나 이 보고서는 정신과의사를 중심으로 작성됨으로써 이미 정신질환자로 판정된 사람의 치료 위주로 구성돼 예방적 측면이 무시되었다는 비판을 받기도 했다(한국형사정책연구원, 1995).

정신보건 분야는 근래에 많은 변화를 보였다. 20세기 후반에는 정신의약물의 발견과 사용 확대로 의료 모델이 절정을 이루는데 정신의약물로 많은 정신질환의 주된 증상의 치료에 성공함으로써 정신질환에 대한 도덕적·관념적 의식이 많이 약화되었다. 정신의약물의 도래와 동시적으로 일어난 탈시설화와 지역사회 치료체제의 대두는 전인치료를 목표로 과거 도덕치료법의 실패를 거울삼아 단순한 탈시설화 이상의 체계적 치료법 정립에 노력했다.

예를 들면, 정신병원의 재활 프로그램, 지역 정신보건소의 설립 등이다. 특히, 정신병원은 병동 내의 분위기를 개선해 환자의 불안을 감소시키고 사회와의 통합과정을 촉진하며 노력했다. 그러나 무엇보다 가장 큰 변화는 정신질환에 대한 사회적 인식의 변화이다. 정신질환자에 대한 가족의 수치심이 약화되고 환자를 은닉하기보다는 개방해 객관적 입장에서 접근하는 방향으로 변화했다(한국형사정책연구원, 1995).

3. 정신보건사회복지의 발달과정

정신보건 영역에서 선구적 접근을 했으며 유럽을 대표하는 나라로는 영국을, 북미와 우리나라에 많은 영향을 준 나라로는 미국을 꼽을 수 있다. 영국과 미국의 정신보건사회복지는 근대적 모델로서 큰 영향을 주었기 때문에 두 나라의 정신보건사회복지 발달사를 알아보고 아울러 우리나라의 정신보건사회복지가 어떻게 발달했는지 살펴보고자 한다.

1) 영 국

(1) 태동기

영국은 1890년대 민간사회복지단체들을 주축으로 발달했다. 이들은 정신병원에 있는 전문가(*medical supervisor*)의 지도감독 아래 위탁가정이나 사회복지 시설 그리고 요양원에 불우한 정신질환자를 의뢰했고 퇴원환자가 지역사회에 스스로 적응할 수 있도록 함으로써 환자의 사후치료에 주력했다(안향림·박정은, 2002).

1920년대에는 정신보건 운동이 아동상담소를 중심으로 발달했고 다른 전문가들과 함께 팀 접근의 형태를 띠게 되었다. 아동상담소는 민간단체에 의해 설치되었는데 1926년 동런던 클리닉, 1929년 런던 아동 가이던스 클리닉 등이 세워졌고 이후 정부에 의한 아동상담소가 설립되기 시작했다.

1929년 영국의 런던정치경제대학(London School of Economics and Political Science)의 정신건강학과에도 정신보건사회복지사의 교육을 위한 전문적 훈련과정을 설치해 영국에서도 정신보건사회복지사가 발달하기 시작했으며 1947년에는 맨체스터대학(University of Manchester)에 정신보건사회사업훈련센터가 설치되었다(안향림·박정은, 2002).

1944년에는 정신장애 아동의 복지증진을 위한 〈교육법〉(The Education Act)이 제정되어 교육기회가 확대되었다. 1959년 언더우드위원회에서 이상적 아동상담소의 운영을 위해서는 전임으로 근무하는 정신과의사가 140명, 정신보건사회복지사가 420명 및 임상심리학자가 140명이 필요하다고 제안하기도 했다. 1950~1960년 아동상담소는 규모가 커졌으나 정신보건사회복지사의 수는 가장 낮은 증가율을 보였다(김규수, 2004).

(2) 발전기

1930년대는 정신병원 중심으로 이루어졌던 시기였다. 따라서 사회복지사도 주로 정신병원에서 활동하게 되었고 대도시를 중심으로 정신병원이 설립되어 지역 간 불균형을 초래했다. 정신병원에서 정신보건사회복지사는 환자의 사회력을 알아내고, 사후 서비스를 제공하며, 환자와 가족 및 고용주에게 설명할 수 있어야 하고, 퇴원 등에 도움을 주었다. 그 외의 사회 서비스 등으로 도움을 주며 치료 및 조사연구 작업에 적극적으로 참여하는 등 역할이 다양화되었다(김규수, 2004).

(3) 정착기

정착기에는 정신의료에 종사하는 사회복지사가 전문가로 거듭나기 위해 노력했다. 사회복지사를 전문적으로 훈련시키고 지역사회 정신보건센터를 중심으로 사회복지실천의 활동범위가 더욱 확대되었다. 정신보건사회복지 훈련센터가 1929년 런던정치경제대학을 시작으로 대학에서 전문훈련 과정을 두어 교육하고 1962년에는 144명의 정신보건사회복지사를 배출했다.

1959년에 〈정신보건법〉이 제정되었으며 1960년대부터 지역사회 정신건강 보호가 상당히 강조되었다. 이 시기에 이루어진 지역사회 정신보건센터의 주요 기능은 입원환자 치료, 외래환자 치료, 응급환자 진료, 개방병동에서의 부분입원, 지역사회 자문, 의뢰 및 교육 프로그램 등이었다(김규수, 2004).

1970년대 후반에는 정신보건사회복지 영역에서 사회적 환경, 특히 비공식적 지지에 대한 관심의 부상으로 상담·치료와 같은 직접적 개입과 사회적 지지망의 개발과 연결이 주요한 개입기법으로 강조되기 시작했다. 그 결과 대인 서비스체계 내에서 클라이언트 개인의 사회적 관계망을 통해 제공되는 비공식적 지지와 공식적 서비스를 통합하는 적절한 기제의 필요성이 증대되었다(신창식·김도환·노병일, 2007).

1983년 〈정신보건법〉(The Mental Health Act)에 의해 지역사회 보호에 대한 접근이 중심이 되었다. 사회복지사의 개입문제는 크게 2가지, 즉 일반적 정신보건 서비스 제공자로서의 역할과 강제입원과 관련한 의무 등이 많이 논의되었다.

영국의 정신보건은 NHS(National Health Service·국가보건 서비스) 내에서 이뤄지며 정신보건 관련 정책은 중앙정부에서 결정하고 보건 및 사회복지 서비스에 자원을 배분한다. 또한 지역 보건당국과 사회복지부에 지침을 제시한다. 사회복지사는 지역사회 정신보건팀에 속해서 지역 정신간호사, 작업치료사, 정신과 전문의 그리고 심리사를 포함한 전문가팀에서 일한다.

정신보건팀에서는 누구나 케어매니저가 될 수 있으며 이용자의 욕구사정과 가용할 수 있는 자원 내에서 지역사회 서비스의 제공을 마련한다. 사회복지사가 케어매니저가 되어 서비스를 실행하나, 대개 지역사회보호 패키지를 제공받는 서비스 이용자에게 직접적으로 서비스를 전달하지는 않는다.

2) 미 국

(1) 태동기

미국에서는 1773년 버지니아 주 윌리엄즈버그에 최초로 정신병원이 설립되어 감옥과 소년원에 감금되었던 정신병환자를 이전했다. 도로시아 딕스는 감옥에 수용된 정신질환자에 대한 비인간적 처우를 접하면서 입법부에 보고했다. 이를 통해 32개의 정신병원이 신설되었다. 또한 아돌프 마이어는 맨해튼 병원에서 환자의 생활에 영향을 미치는 사회적 힘에 대한 이해를 넓히고 정신질환자의 환경적 원인을 이해하기 위해 그의 부인에게 환자의 가족을 방문하게 했다.

또한 학교, 가정, 지역사회 속에서 환자를 이해하고 회복기에 있는 환자에게 작업요법과 오락요법을 시도했고 사후지도 계획을 통해 정신보건사회복지사의 원리를 최초로 실시했다. 1950년 리차드 캐벗(Richard C. Cabot)과 이담 카논(Idam Cannon)이 많은 환자의 질병이 배후에 있는 사회환경과 깊은 관계가 있다는 것을 깨닫고 사회복지사업 프로그램을 맨해튼 제너럴 병원(Manhattan General Hospital)의 신경진료소에서 사회복지사를 최초로 채용했다.

1960년에는 뉴욕 주의 자선조직협회의 후원을 받아 맨해튼 병원에서 새로 입원한 환자의 사회력을 조사하기 위해 정신보건사회복지사를 채용했다. 이 당시의 사회복지사의 역할은 정신의학자에 대한 보조자의 위치에서 새로운 입원환자에 대해 환자의 생활력을 알아보고 환자의 가족이나 친지와 환자의 유대를 강화하도록 노력하는 일이었다.

또한 특별한 환자에 대해서는 해당 보호자와의 관계를 유지하며 한 환자의 병이 악화될지는 모르는 갑작스런 위기를 피하도록 환자를 돕는 일 등이었다. 지역사회와 병원이 공적 관계를 향상하는 활동을 하게 된 것이다(김규수, 2004).

(2) 발전기

1913년 보스턴 사이코패틱 병원(Boston Psychopathic Hospital)에서 의사 어네스트 소우터드(Ernest E. Sountard)와 사회복지사업 책임자인 메리 자렛(Mary C. Jarrett)은 정신보건사회복지사의 성장의 힘과 방향을 제시했으며 '정신보건사회복지사'라는 용어를 최초로 사용했고 정신의학자와 정신보건사회복지사의 협동체계를 통해 환자를 치료했다. 또 이러한 훈련과정을 시몬스대학(Simmons College)의 사회사업학과에 두었다. 이에 따라 1918년 미국 동부의 대도시뿐만 아니라 서부의 시카고까지 정신과 진료소나 정신병원에 사회복지사가 채용되기에 이르렀다.

또한 뉴욕대학 사회사업학과에 특수한 목적으로 사회복지사를 위한 정신위생 과정을 설치했다. 이 시기에 사회복지사는 임상심리학자, 간호사와 함께 정신과의사가 주도하는 팀의 일원으로 환자질병의 요인인 가정문제와 생활환경에 대한 정보를 얻음으로써 진단과정에 도움을 주고 환자의 퇴원에 따르는 준비과정에 개입했다.

미국에서 원래 정신보건사회복지사는 정신의학자의 보조자로 간주했다. 그리하여 사회복지사의 과업을 정신의학자에게 정보를 제공하는 데 제한되었다. 클라이언트의 개인력 조사, 가족접촉, 환경조정이 사회복지사의 주된 업무였다가 더 많은 전문교육을 받고 교과과정에서 정신의학적 정보와 정신분석학 이론을 포함하므로 사회복지사는 치료적 책임을 더욱 많이 맡게 되었다(김규수, 2004).

(3) 정착기

1920년 보스턴 병원에서 정신보건사회복지사는 자신의 서비스에 대한 전문적 체계의 형성과 수준을 유지하기 위한 목적으로 정신보건사회복지사클럽을 조직했다. 이 클럽은 1918년 미국 의료사회복지사협회의 분과에 들었다가 1926년 미국 정신보건사회복지사협회의 결성으로 독립했다. 1922년부터 아동상담소가 커먼웰스 기금(The Common Wealth Fund)의 후원으로 설립되었고 정신보건 계몽운동에 활발히 참여했다. 여기서 정신보건사회복지사는 가족원의 연구와 치료에 중대한 영향을 줄 수 있는 자료수집, 진단 그리고 치료의 새로운 지식체계를 가족집단을 통해 정립했다.

두 차례의 세계대전을 거치는 동안, 세계적십자의 후원으로 육군과 해군 및 보훈병원에 정신보건사회복지사를 두었다. 1943년에 사병자격으로 분류되어 활동했고 1954년에는 전문적 자격을 갖춘 사회사업 장교의 직위가 인정되었다. 1951년에는 공군에서도 장교직위의 정신보건사회복지사를 두었다(김규수, 2004). 1963년 케네디(Kennedy) 대통령에 의해 〈지역사회정신보건법〉(Community Mental Health Act)이 제정되었으며 같은 해 〈지역사회 정신보건센터법〉도 마련되었다(Wittman, 1979: 1206).

이런 배경으로 정신보건 분야에 관여하는 전문요원인 정신과의사가 1976년에 23,000명(이 중 17,000명이 환자진료에 관여), 임상심리학자는 1977년에 44,500명(이 중 80%가 박사학위 소지자이고 17%는 석사학위자), 사회복지사는 1974년에 195,000명으로 그중 7만여 명이 석사학위 이상의 학력이었고 26,000명이 임상에서 치료자로 일했다. 정신과 간호사는 1976년에 39,000명이 근무했으며 이 중 11,000명이 석사학위 이상의 학력자였다.

1950년대까지 사회복지사는 클라이언트에게 주로 케이스워크나 정신요법을 실시했다. 점차 사회복지사들은 집단요법, 가족치료, 병실환경 등에 관심을 기울였고 치료공동체 프로그램을 운영했다. 사회복지사는 전통적 접근법을 개발하고 실험하는 일에 앞장서기도 했다.

오늘날 정신건강 분야에서 사회복지사의 활동무대가 더욱 넓어졌다. 따라서 전문성에 대한 요구가 더욱 커졌기에 석사학위 이상의 교육에 대한 필요성이 더욱 증가했다. 이러한 요구를 충족하기 위해 평생교육, 워크숍, 대학원 프로그램 등이 활용된다. 전통적 케이스워크 기술과 집단요법이 여전히 가장 많이 활용되는 방법이다.

이제 사회복지사의 역할은 자문과 기획까지 포함하게 되었고 경험 있는 사회복지사는 교육자의 역할까지 수행한다. 또한 사회복지사는 지역사회 정신건강센터에서 리더십을 갖고 행정적 역할까지 수행한다 (Friedlander & Apte, 1980: 448~450).

3) 한 국

(1) 태동기

우리나라의 정신보건사회복지 사업은 1945년 대한신경정신의학회가 조직되기 전에는 전무했으며 해방과 더불어 조선신경정신의학회가 대한신경정신의학회로 바뀌어 정신의학의 체계적 연구를 시작하면서 정신의학자, 심리학자와 더불어 사회복지사가 청소년 문제에 관심을 갖고 연구했다.

직접적 계기는 한국전쟁으로 미군병원에서 정신보건사회복지사가 정신과의사와 함께 일하던 것에서 크게 영향을 받았다. 특히, 정신보건사회복지사인 모건(Morgan)은 한국의 정신과의사에게 사회복지사의 필요성을 인식시켰다. 1958년 서울 시립 아동상담소가 개설되면서 정신의학자, 정신보건사회복지사, 심리학자 및 법률전문가들이 팀 접근을 시도했다.

1962년 국립정신병원의 개설과 정신보건사회복지사가 정신질환자를 위한 서비스와 사회사업 전공 학생들의 실습을 담당했고 같은 해 가톨릭 교구에서 운영하는 사회복지회의 부회장이 가톨릭의과대학 성모병원 무료진료소와 자살예방센터에 파견근무를 했고 1963년에는 성모병원 신경정신과에 전임 사회복지사가 채용되어 환자의 개인력 조사, 가족상담 등을 수행했다. 그리고 1967년에는 자살예방센터에 전임 정신보건사회복지사를 채용했다.

또한 1968년 중앙대학교 부속 필동성심병원에 신경정신과 개설과 더불어 정신보건사회복지사가 채용되었다. 1969년 대구 동산기독병원 신경정신과에 정신보건사회복지사가 채용되었으며 환자의 개인력 조사, 가족상담, 집단요법 등을 실시했다(김규수, 2004).

(2) 발전기

이 시기부터 정신보건사회복지사는 정신과 전문병원에 채용되어 근무를 시작했다. 1965년에 의료사회복지사를 채용한 세브란스 병원은 1970년부터 정신보건사회복지사를 채용했으며 1971년부터는 한강성심병원, 용인정신병원, 혜동의원에서도 정신보건사회복지사를 채용하기 시작했다.

1973년 9월 20일 대통령령 제6863호로 〈의료법시행령〉이 개정되어 종합병원에 환자의 갱생, 재활과 사회복귀를 위한 상담과 지도를 위해 <사회복지사업법>에서 정한 사회복지사를 1인 이상 두도록 명시했다. 이로 인해 종합병원 내 사회복지사의 활동이 확대되었다.

1973년에 의료사회사업의 전문화를 위해 대한의료사회복지사협회가 결정되었다. 1977년 7월 1일부터 시행된 의료보험에서 정신보건사회복지사의 치료활동에 대해서도 보험청구를 할 수 있게 규정했다. 따라서 정신과 전문병원에서 사회복지사의 채용이 늘었다(김규수, 2004).

(3) 정착기

1980년대를 거치면서 종합병원에서도 정신보건사회복지사를 채용했고, 1990년에 이르러서는 전국적으로 약 1백여 개에 이르는 기관에서 정신보건사회복지사가 활동했다. 1995년 <정신보건법>이 제정됨으로써 이제 우리나라도 정신보건사회복지사의 활동영역이 지역사회에까지 나아갈 수 있는 전기가 마련되었다. 또한 정신보건 전문요원 자격제도가 마련되었고 이에 따라 1996년 말부터 정신보건사회복지사도 전문적 자격을 갖추기 시작했다. 사회복지사의 역할도 클라이언트의 심리사회적 사정, 지지적 개별사회사업적 서비스, 집단치료, 가족치료, 치료공동체 프로그램 운영, 낮 병원 운영 프로그램, 정신사회적 재활 서비스 그리고 정신보건 전문요원 수련과 사회복지전공 학생의 실습교육 등 다양해졌다(김규수, 2004).

1997년 1월 11일 정신보건사회복지사협회가 창립총회를 갖고 김규수 당시 한국정신보건사회사업학회장을 협회장으로 선출해 정신보건사회복지사의 보수교육과 전문적 역량을 강화하기 위한 노력을 진행했다. 또한 정신보건사회복지 영역에서 지역사회 중심의 재활에 기반을 둔 정신보건 활동으로 가장 큰 부분이 1998년 8월에 정신장애인의 사회복귀와 재활을 돕는 사회복귀시설협회가 설립되었다는 것이다(한국사회복귀시설협회, 2003). 지역사회를 중심으로 주로 사회복지사가 사회복지적 관점과 전문적 기술을 활용해서 실천한다는 점에서 매우 중요한 발단이 되었다. 향후 지역사회 내에서 사회복지사의 역할이 강조되는 현장이라고 할 수 있다. 또한 2000년부터는 정신장애가 〈장애인복지법〉의 장애범주에 포함됨으로써 일반 장애인복지 실천현장에서도 정신장애인에 대한 사회재활과 복귀 등에 대한 관심이 증가했다.

장애인복지 전달체계 내에서 정신보건사회복지사의 역할이 요구되면서 장애인고용촉진공단이나 복지관 등 직업재활 기관의 연계나 연계망 구축이 활발해졌다. 현재는 정신의료기관뿐 아니라 요양시설이나 지역사회 안의 1차적 사회복지 현장에서도 사회복지사가 전문적 역량을 발휘한다.

정신보건사업의 변화와 함께 기존의 정신보건 현장과 더불어 노인전문 의료기관, 아동청소년정신보건 기관, 도박 관련 상담기관 등 다양한 영역에서 사회복지적 관점을 가지고 개인과 가족, 집단, 지역사회를 대상으로 활동을 수행할 수 있는 전문적 역량을 향상시키는 데 정신보건사회복지학회나 정신보건사회복지사협회 등의 노력이 필요하다.

4) 우리나라 지역사회 정신보건사업의 변천

정신보건사회복지는 정신질환과 정신장애의 치료, 예방, 재활 등에 대한 활동뿐만 아니라 국민의 정신적 건강을 유지, 촉진하는 제반 활동을 말한다. 현재의 정신보건에 대한 의미는 역사적으로 발전하면서 변화를 거듭한 결과이다. 정신보건의 역사적 발전과정은 정신질환과 정신장애에 대한 인식의 변화라고 할 수 있다.

그 인식에 따라 환자에 대한 처우나 치료방법이 달라졌다. 정신질환자에 대해 편견과 낙인의 시각으로 바라보고 비인간적 처우와 치료를 행했던 것에서 정신질환을 장애의 개념으로 확대하고 어떻게 치료하고 재활할 것인가, 더 나아가 환자와 가족의 복지를 생각하는 데까지 인식이 변화되었다.

각각의 양태는 조금씩 다르지만 영국과 미국 그리고 우리나라의 정신보건사회복지 발달사를 살펴보면 이러한 인식의 변화와 함께 실질적으로 정신보건사회복지가 발달해 온 모습을 알 수 있다. 그중에서 지역사회 정신보건은 치료 중심의 소극적 자세에서 벗어나 예방의 의미를 포함하는 지역사회에서 이루어지는 모든 정신건강 서비스를 말한다.

(1) 〈정신보건법〉 제정 이전 시기: 1995년 이전

의학의 발달과 인권자각운동 그리고 탈시설화 등의 원인으로 각국에서 문화적 · 사회적 · 정치적 배경에 따른 독특한 정신보건체계를 마련했다. 우리나라는 1970년대부터 있었던 부분적 논의를 실제 사업으로 조금씩 시행했고 외국의 정신보건 모델을 도입해 시행했다. 또한 시범지역에 대한 심층적 연구와 실태조사 등을 실시했다.

1970년대 초반부터 소수 정신과의사 사이에서 지역사회정신보건의 도입에 대한 부분적 논의가 있었으나 실제 사업으로 실행되지는 못했다. 그러던 중 1975년에 아일랜드에서 신부와 수사들이 파견되어 광주 성요한 병원에서 아일랜드의 정신보건 모형을 도입해 시행했고 1986년에 미국의 파운틴 하우스 모델(Fountain House Model)을 도입해 태화복지관의 '태화샘솟는집'이 활동을 시작했다.

연세대학교의료원은 1987년부터 강화도를 시범지역으로, 서울대학교병원은 연천군을 시범지역으로 선정 지역사회 정신보건사업을 시행해 많은 연구결과를 발표했다. 1991년에 용인정신병원은 지역사회 내의 사업체와 연계해 자체예산을 투입하며 직업재활치료를 통한 만성 정신질환자에 대한 사회복귀 사업을 시작했다.

1994년에는 보건복지부에서 연구용역 사업을 실시했는데 아주대는 입원 또는 입소 중인 정신질환자의 실태조사와 재분류 지침에 관한 연구를, 한국보건사회연구원은 정신의료기관과 정신요양원의 실태조사를, 서울대는 정신보건정책 제안 등을 의뢰받았다.

한편, 서울특별시는 서울시립용인정신병원의 협조를 얻어 1994년부터 영세민 재가 정신질환자에 대한 정신전문 간호사의 가정방문 사업을 시행했다(윤충환, 1994; 최동표, 2002 재인용).

(2) 〈정신보건법〉 제정 이후부터 현재까지

1995년 〈정신보건법〉이 제정되면서 지역사회 정신보건사업에 대한 본격적으로 논의가 시작되는 계기가 되었다. 지역사회 정신보건 운동이 확산되기 시작했고, 정신보건센터가 전국적으로 확산되었고, 관련 학회들이 설립되었다.

1995년은 서울특별시 강남정신보건센터의 설치뿐만 아니라 〈정신보건법〉의 제정, 〈지역보건법〉의 개정 등을 통해 지역사회 정신보건사업에 대한 본격적으로 논의가 시작되는 계기가 되었다(서울특별시, 1996; 최동표, 2002 재인용). 보건복지부는 1995년 지역사회 정신보건 시범사업을 실시했는데 서울특별시 서대문구의 사회복지관에서 재가 정신질환자를 지역사회 내에서 관리할 수 있는 모델을 개발했고, 경기도 내의 정신요양원인 사랑밭재활원에서 아주대에 용역을 의뢰해 입소환자의 사회복귀 모델을 개발했으나 1년이라는 단기간의 예산지원 후에는 사업지원을 중단해 개발된 서비스가 확산되는 데는 한계가 있었다(이충순 외, 1997; 최동표, 2002 재인용).

1996년에는 정신보건 업무에 참여할 전문인력의 자격, 수련과정과 자격시험 여부, 역할, 책임 등에 대한 정확한 언급이 〈정신보건법〉 시행령과 시행세칙에서 다루어졌다. 중점적으로 논의된 초점 의제는 사회복귀시설의 설치와 운영에 관한 견해였다. 특히, 사회복귀시설의 규모, 종류, 운영주체, 예산의 지원방법에 대한 견해가 서로 달랐으며 국내에서는 이러한 시설을 운영한 경험이 없었기 때문에 논의가 혼란스러웠다.

그러나 지역사회 정신보건의 이념에 대한 인식부족으로 〈정신보건법〉에는 지역사회 정신보건센터의 설치 근거, 정신질환자를 위한 근로작업장 등의 시설에 대한 규정, 가정방문이나 사례관리 등의 서비스와 지역주민에 대한 교육 및 홍보사업 등이 포함되지 못했다. 또한 1996년에 지방지차단체가 시행하는 지역사회 정신보건 운동이 확산되기 시작했다. 서울특별시 강남구 정신보건센터는 장소를 확장이전하고 업무의 영역도 넓혀 전년도보다 많은 예산을 지원받았다.

경기도 보건과는 경기도립정신병원과 협조해 수원시 권선구에 지역사회 정신보건센터를 설치하고 도시형 지역사회 정신보건사업을 시작하는 한편, 양평군은 한양대와 협조해 농촌형 지역사회 정신보건사업을 시작했다. 1997년에는 경기도 내 보건소와 민간 정신의료기관의 협력형태로 16개 시·군에서 지역사회 정신보건사업이 시작되었다(이충순 외, 1997; 최동표, 2002 재인용).

〈표 4-1〉 우리나라 지역사회 정신보건의 역사

연도	주요 사항
1970년대 초기	• 가톨릭대학정신과 낮 병원 개설
1975	• 광주 성요한병원 아일랜드정신보건모형 도입(아일랜드 파견 신부수사 주도)
1983	• 〈추적 60분〉에서 정신질환자 수용시설 보도
1984	• 정부 정신질환종합대책 수립 • 대한신경정신의학회 〈정신보건법〉, 〈보건법〉 제정 추진
1986	• 정신요양원에 정신과 촉탁의 배치 • '태화샘솟는집' 개관(미국 심리사회적 재활모델인 클럽하우스 모델)
1987	• OECF 차관지원 정신병원 건립
1988	• 정신질환자 실태조사 • 연세대 정신과 강화도 정신보건사업 (시범사업)
1991	• 보사부 질병관리과로 정신보건업무 이관
1994	• 서대문구, 연천 등 4개 지역 정신보건 시범사업, 7개 구 재가영세민 정신질환자 방문 • 보건사업(용인정신병원, 각 구 보건소), 대한신경정신과 학회 내 정신보건법 특별위원회 구성, 정신건강자원봉사단 조직, 부산 · 경남 정신보건가족협회 결성
1995	• 〈정신보건법〉 제정(12월) • 한국정신사회재활협회 창립, 강남보건센터 개소
1996	• 경기도 지역사회 정신보건사업 양평군(한양의대) • 수원시 권선구(용인정신병원)
1997	• 경기도 지역사회 정신보건사업 16개 시군구로 확대, 서울시 정신건강센터 4개소로 확대, 복지부 내 정신보건과 신설, 사회복귀시설 6개소 설치, 〈정신보건법〉 1차 개정
1998	• 복지부 지역사회 정신보건 시범사업(성동구 외 3개소) • 사회복귀시설 13개소로 확대 • 경기도 전 지역으로 지역사회 정신보건사업 확대
1999	• 복지부 시범사업 확대(14개소) • 사회복귀시설 28개소로 확대설치, 정신요양시설 1차 평가
2000	• 복지부 시범사업 확대(16개소) • 정신보건법 2차 개정, 정신요양시설 2차 평가
2001	• 보건복지부 지원 보건소 기본형 정신보건사업 48개소 실시 • 정신질환자 실태조사
2002	• 정신보건센터 총 64개소(모델형 16개소, 기본형 48개소) 지원 운영 • 아동청소년정신보건사업 16개소 시작, 알코올상담센터 시범사업 14개소 확대, 사회복귀시설 86개소 운영지원
2003	• 정신보건센터 총 69개소(모델형 16개소, 기본형 53개소) 지원 운영

〈표 4-1〉 계 속

연도	주요 사항
2004	• 정신보건센터 총 88개소(모델형 23개소, 기본형 65개소) 지원 운영
2005	• 정신보건센터 총 97개소(모델형 32개소, 기본형 65개소) 지원 운영 • 정신요양시설 및 사회복귀시설 운영비 보조 지방 이양
2006	• 정신보건센터 총 105개소(모델형 40개소, 기본형 65개소) 지원 운영 • 아동 및 청소년 정신보건사업 강화 • 정신질환자 인식개선 및 권익 강화
2007	• 정신보건센터 총 151개소 확대 • 국가알코올종합대책 '파랑새플랜2010' 추진 • 생명사랑 자살예방사업 추진
2008	• 기본형과 모델형 정신보건센터를 표준형으로 통합하고 광역형을 신설(지방비 지원 포함 183개소 운영)
2013	• 일부 지자체에서는 조례 변경을 통해 기존의 '정신보건센터' 역할과 기능을 대신하는 '정신건강증진센터'를 설치 · 운영 • 2013년 12월 말 현재 전국적으로 200개소가 설치 · 운영 중
2014	• 정신보건센터(기초 193개소, 광역형 13개소) • '국가정신건강증진 마스터플랜'(2016~2020) 계획수립 연구
2015	• 정신건강증진센터(기초 209개소, 광역형 15개소) • 사회복지 전담 공무원 정신건강 사업 지원(15개 시 · 도)

출처: 민성길 외(1999); 보건복지부(2016).

1998년부터 보건복지부 시범사업으로 4개 지역사회 정신보건센터에서, 1999년에는 보건복지부에서 전국적으로 14개 시 · 도에 지원해 지역사회 정신보건센터가 설립되었다.

2000년 1월부터 〈장애인복지법〉의 법정 장애에 정신분열병(조현병), 양극성 정동장애 및 반복성 우울장애 등 정신장애와 자폐증 등이 포함되어 이에 따라 지역사회에 거주하는 정신장애인과 자폐증 아동 및 청소년은 〈장애인복지법〉에 따른 기본적 복지 서비스를 통해 지역사회 거주 시에 필요한 사회환경적 지지체계가 미흡하나마 보완되었다(지역사회정신보건기술지원단, 2000: 25~30).

2000년 이후 지역사회 정신보건사업은 지속적으로 확대되어 알코올 및 자살예방 사업 등이 활발하게 전개되었다. 정신질환에 대한 관심은 병리적 접근에서부터 시작했다. 그 후 정신질환자에 대한 치료적 개입뿐만 아니라 재활, 복귀의 중요성이 대두되기 시작했다.

이렇듯 현대사회에 이르러 정신질환은 개인의 문제를 넘어 사회문제로 인식된 것이다. 정신질환 그 자체의 병리적 접근뿐만 아니라 심리적 재활과 치료, 지역사회로 복귀 또한 중요함을 이해하게 되었다. 국민 정신건강증진에 이바지하기 위해 1995년 〈정신보건법〉이 제정되어 정신질환에 대한 폭넓은 시각이 생겨났다. 그 결과 정신질환자나 정신장애인과 관련된 사회복지실천은 의료와 요양 중심에서 재활과 예방적 차원으로까지 영역이 크게 확대되었다.

현재 우리나라의 정신보건의 발달모습은 선진국보다 우수하다고 하기에는 무리이나 OECD 국가 중에서 정신보건 서비스 체계가 가장 빠르게 자리 잡혔다는 보고 등을 통해, 우리나라 정신보건의 현 위치를 더욱 확연하게 보여준다. 이렇게 짧은 시간 안에 우리나라가 정신보건 영역에서 급성장을 이루었지만 정신보건 서비스의 문제점이 여러 측면에서 드러나는 것도 사실이다.

우리나라도 지역사회 정신보건사업을 도입해 시행했으나 자원의 부족과 정부의 확고한 의지의 부족으로 아직까지 완전한 정착에는 이르지 못했다. 단적인 예로 2013년에 기존의 〈정신보건법〉을 〈정신건강증진법〉으로 전부 개정하려는 시도가 구체화되었다.

2016년 4월 〈정신건강증진 및 정신질환자 복지 서비스 지원에 관한 법률〉이 통과되었고 2016년 5월 19일 기존 〈정신보건법〉의 전면 개정을 담은 〈정신보건법〉 전부개정 법률안이 국회 본회의를 통과했다. 이에 개정된 〈정신건강증진 및 정신질환자 복지서비스 지원에 관한 법률〉은 2017년 5월 30일부터 시행될 예정이다.

개정된 법의 주요 내용은 지역사회 정신보건사업을 기반으로 생애주기별 정신건강 서비스 증진과 정신질환자 차별해소 및 복지 서비스 근거 마련, 강제입원제도 개선으로 인권보호 장치의 획기적 강화 등이다. 현재 하위법령과 시행규칙 등이 구체화되지 않은 상태로 향후 지속적인 모니터링이 필요하다.

특히, 개정된 내용 가운데 논란이 일었던 조항은 경찰관 동의에 따른 응급입원과 관련된 것인데 구체적으로 설명하면 "경찰관은 다른 사람에게 해를 끼칠 위험이 큰 사람을 발견한 경우 정신건강의학과 전문의 또는 정신건강전문요원에게 진단과 보호 신청을 요청할 수 있다"고 명시한 개정안 제 44조 제 2항이다.

이 조항을 두고 장애계는 정부와 경찰이 정신장애인을 잠정적 범죄자로 인식하고 의사가 아닌 경찰관의 동의만 있어도 당사자는 강제 입원될 수 있다며 강하게 비판했다. 그러던 차에 2016년 9월 29일 헌법재판소가 정신질환자의 강제입원 조항에 대해 전원일치 의견으로 헌법 불합치 결정을 내렸다. 헌법재판소는 "강제입원 조항이 신체의 자유를 과도하게 제한해 침해의 최소성에 반한다"고 경정이유를 설명했다. 이에 따라 강제입원 조항을 수정해야 할 상황이다.

이렇게 법과 제도는 지속적으로 현실에 부합하도록 변화한다. 중요한 사실은 법과 제도가 존재하는 가장 중요한 이유는 그 법과 제도의 대상이 되는 사람을 위해서라는 점이다. 그러므로 정신보건사회복지 분야에서 일하는 사회복지사는 실천현장에서 클라이언트를 만나고 그들을 대상으로 직접적이며 혹은 간접적 서비스 개입을 수행하면서도 끊임없이 법과 제도, 정책, 서비스 전달체계 등에 관심을 가지면서 거시적 체계의 변화를 도모하기 위해 노력해야 한다.

• 생각 다듬기 •

1. 요료법은 '오줌 요'(尿)에 '고칠 료'(療) 자로, 즉 우리의 오줌으로 병을 치료하거나 예방하는 방법이다. 이외에도 거머리 요법, 구더기 치료법 등 엽기적 치료법이 횡행했다. 우리가 이번 장에서 살펴본 트리퍼네이션도 이런 종류임을 알 수 있다. 사람의 두개골에 구멍을 뚫는 트리퍼네이션 같은 시술에 대한 나의 견해를 정리해 보자.

2. 미국과 우리나라의 정신보건사회복지 발달과정의 공통점과 차이점에 대해 생각해 보자.

3. 정신보건사회복지사가 법과 제도, 정책 그리고 서비스 전달체계 등과 같은 거시적 실천체계를 잘 알아야 하는 이유에 대해서 생각해 보자.

제 2 부

정신보건사회복지의 이론과 실제

정신보건사회복지는 실천현장에서의 경험에 바탕을 둔 검증된 이론적 틀 안에서 이루어져야 한다. 이는 정신장애를 가진 클라이언트와 그들을 둘러싼 사회에 대한 책임성을 의미하기도 한다. 사회가 부여한 책임성을 실현하기 위한 하나의 방법은 경험적으로 검증된 이론에 입각해 구체적 형태의 변화를 일으키는 정신보건사회복지실천을 효과적으로 수행하는 것이다. 이론적 틀에 기초하지 않는 실천은 임의성에 바탕을 둔 일상적 되풀이에 불과하거나 기반이 없는 공허한 활동이 될 수 있다. 반면, 실천현장에 바탕을 두지 않은 이론은 현실성이 결여될 수 있다(이준우 · 임원선, 2011).

제5장

정신보건사회복지의 실천 이론

1. 생태체계 이론

정신보건사회복지의 실천 이론으로서의 생태체계 이론은 생태체계 관점에 기반을 둔다. 생태체계 이론은 관점을 논리적으로 정리한 구조 내지 구체적 관점의 틀이라고 할 수 있다. 그런 면에서 생태체계적 관점은 그 자체가 하나의 완벽한 이론으로 기능할 수 있을 정도로 포괄적이면서도 정교하다.

1) 생태체계 관점의 개념

생태체계 관점은 일반체계 이론의 주요 개념과 생태학적 관점을 결합해 인간과 환경을 상호작용하는 하나의 전체로 보는 통합 모델로 인간과 환경의 상호작용 방법에 관한 것이다. 생태체계 관점을 이해하기 위해서는 우선 체계와 생태학의 의미를 이해하는 일에서 출발해야 하는데 생태체계 관점은 일반체계 이론의 기본 요소에 생태학적 관점이 결합된 것으로 인간과 그를 둘러싼 다양한 체계 간의 상호작용을 이해하는 접근방법이다(이팔환 외, 1999).

일반체계 이론은 개방과 폐쇄체계, 총체성, 상호연관성 개념 등을 통해 인간이 환경과의 상호작용 속에서 끊임없이 변화하는 존재라는 관점을 제시했다. 또한 생태학적 관점은 적응과 상호호혜성 개념을 통해 인간과 환경이 어떻게 상호교류하며 이를 통해 서로가 어떻게 변화하고 적응하는지를 이해하는 데 중요한 준거 틀이라고 할 수 있다(이준우・임원선, 2011).

따라서 생태체계 관점은 정신장애인 개인과 그를 둘러싼 환경체계의 중요성을 인식하고 이 둘 사이의 상호작용 속에서 발생하는 문제나 역기능을 예방하고 해결하는 정신보건사회복지의 기본적 관점으로 유용하게 사용할 수 있다.

생태체계 관점에서 생태체계 이론은 정신장애인 개인을 하나의 체계로 또한 개인의 환경을 하나의 체계로 파악하고 생태학적으로 인간과 환경 간의 적응과 상호작용을 바라봄으로써 통합된다. 인간은 신체적・심리적・정치적・경제적・직업적・교육적・정신적・사회적・성적인 다양한 부분으로 이루어진 하나의 체계이다.

환경은 두 가지 주요한 부분, 즉 보호하고 발달시키는 부분(예: 가족, 친구, 지역사회 등)과 지속, 유지하는 부분(예: 제도, 조직, 프로그램 등)으로 구성된 하나의 체계이다. 이러한 생태체계 관점은 다양한 부분 사이에서 그리고 인간과 환경의 공유 영역에서 일어나는 상호작용과 상호교류를 강조함으로써 환경 속의 인간에 대한 견해를 강조한다(이팔환 외, 1999).

그러나 개인과 환경 간에 상호작용과 상호교류를 추구하다보면 개인은 스트레스를 받는다. 스트레스는 욕구와 환경적 상황, 환경의 질이나 다른 조건과 같은 서비스 제공 가능성 사이에 나타난 모순이나 불일치에 의해 일반화된다. 이에 따르면 정신장애인은 이러한 불균형으로 인해 만들어진다. 욕구와 의존은 지속적으로 증가하는데 이를 채워줄 수 있는 서비스 제공의 가능성 혹은 서비스의 내용은 줄어든다. 환경은 늘어나는 욕구를 채워줄 수 있는 능력이 없으며 개인과 환경 사이를 조절해 주거나 엮어주는 기능이 떨어짐에 따라서 스트레스가 생겨난다(오혜경, 2005).

사람은 대체로 다음 세 가지 상황에서 스트레스가 발생한다. ① 삶의 변화 혹은 전환을 경험하거나 위기에 처했을 때, ② 환경적 압력, 예를 들면 사회체계나 구조로부터 반응이 없을 때, ③ 인간관계의 상호과정에서 잘못된 적응이 이루어졌을 때이다. 이런 관점은 유아기 또는 아동기에 정신장애를 얻게 된 사람의 경우와 생애 중간 혹은 나이가 들어 정신장애를 얻게 된 경우의 사람 간에 차이가 있다는 것이다.

만성화된 정신장애를 가진 사람의 경우 일반적으로 위기를 극복하는 데 시간이 걸린다. 특히, 사회적 조직이나 기관과의 기능적 관계를 만드는 일 그리고 사회적 상호작용을 하는 일 등을 극복하는 데 상당히 오랜 시간이 걸린다. 정신장애의 발생이나 정신장애로 인해 상황이 갑자기 악화되는 경우, 조건이 갑자기 변화하는 경우에는 위기상황이 시작되는 것 혹은 삶의 전환이 일어나는 것으로 이해할 수 있는데 이때 매우 중대한 스트레스를 경험한다(오혜경, 2005).

또한 개인의 대처능력, 특히 개인의 정신장애와 관련해 발생되는 상황에 대한 대처능력은 다양한 차원에서 만들어진다. 예를 들면, 개인의 정신장애 문제에 적절히 반응하지 못하는 사회체계, 오히려 정신장애 문제를 더욱 악화하게 만들 가능성이 있는 사회환경 체계 그리고 다양한 사회구성원의 생각과 견해 등과 상호작용에 의해 타협이 이루어지고 절충되어 개인의 대처능력의 내용과 수준이 결정된다.

이렇게 생태체계 관점이 실천이론의 기초로서 활용될 때 정신보건사회복지를 전망하고 실천개입의 표적을 설정하는 데 큰 도움을 줄 수 있다. 이것은 전체에 직접적 관심을 두고자 할 때 적절하며 정신장애인 상황의 한 부분이나 한 체계나 한 가지 특징에 관심을 두지 않는다. 이는 결과적으로 복합적이며 다양한 문제체계로 둘러싸인 정신장애 문제를 해결하는 데 매우 유용한 관점으로 대두된다.

2) 생태체계적 실천 이론으로서의 틀

생태체계 관점은 정신장애인의 다양한 개성과 정신장애의 특성 및 정신장애인과 사회적 환경 간의 관계를 이해하는 방법을 제공한다. 생태체계 관점은 정신장애 클라이언트 체계가 어떻게 기능하는지에 대한 내용과 정신보건사회복지사가 정신장애인과의 역량강화 관계를 실제적으로 형성하고 정신장애 클라이언트 체계의 자원을 발굴하고 정신장애 클라이언트 체계의 능력을 향상시키는 도구로서 실천이론의 틀을 제공한다(이준우 · 임원선, 2011).

(1) 초점체계의 확인

생태체계 이론을 실천에서 적용할 때 필요한 첫 단계는 초점체계를 확인하는 것이다. 초점체계는 매우 다양할 수 있다. 가령, 우리 자신의 이해를 증진하고자 한다면 자신의 생각, 감정, 다른 사람과의 상호작용을 포함하는 자신에게 초점을 둘 수 있다.

정신장애인 클라이언트 체계의 기능을 평가하려 한다면, 정신장애인 클라이언트가 초점체계이다. 개입전략을 수행하려 할 때는 정신장애인 클라이언트 체계, 정신장애인 클라이언트 체계의 하위체계, 정신장애인 클라이언트의 환경인 다른 영향력이 있는 체계를 포함하는 변화를 위한 몇몇 체계 중의 하나가 표적이 될 수 있다.

(2) 체계 내부에서의 기능

정신장애인 클라이언트 체계의 기능에 대한 각 관점은 가치 있는 정보를 제공한다. 구조적 관점은 정신장애인 클라이언트 체계의 성원, 경계, 위계 등에 관한 정보를 제공한다. 상호작용적 관점을 강조하는 것은 정신장애인 클라이언트 체계의 성원이 의사소통하는 방식, 그들을 발달시키는 유형, 그들이 균형을 유지하는 방법 등에 관한 정보를 제공한다. 가치, 신념, 태도, 의사소통 유형, 규범 등의 문화적 영향을 고려하는 것은 초점체계의 내부기능에 대한 정신보건사회복지사의 이해를 돕는다.

(3) 체계 외부에서의 기능

초점체계의 물리적·사회적 환경의 영향을 조사한다. 이는 환경-체계의 상호교류의 나머지 절반, 즉 환경을 검토하는 것이다. 정신보건사회복지사는 환경체계의 구조, 상호작용, 사회문화적 차원을 검토한다. 많은 체계가 같은 환경의 측면을 공유할지라도 어떤 한 체계의 특정 생태체계는 초점체계에 대해 독특한 유형을 가지므로 환경은 초점이 되는 특정 체계에 따라 다양해질 수 있다. 가령, 정신장애인 중에서도 조현병과 정신지체의 초점체계는 다를 가능성이 높다. 이 두 가지 정신장애의 특성은 사실상 크게 차이가 나며 이는 결과적으로 외부 체계와의 상호작용 방식도 다르게 기능할 수 있기 때문이다.

(4) 내부와 외부의 연결

환경과 체계의 공유영역, 상호교류는 정신보건사회복지의 사정 및 개입의 주요 표적이다. 상호교류 또한 하나의 체계이기 때문에 다른 체계를 정의하는 똑같은 차원이 상호교류를 분석하는 데 유용하다. 어떤 체계의 상호교류를 분석하는 것은 현재 일어나는 일에 대한 이해를 제공하고 앞으로의 변화 가능성에 관한 생각을 자극한다.

(5) 체계의 활동

생태체계 관점은 정신장애인 클라이언트 체계 발달의 진보적 성질을 강조한다. 체계는 지속적으로 내적·환경적 사건에 반응해 적응하고 변화한다. 체계 내부, 외부, 두 체계 간의 연결을 검토하는 것은 이러한 지속적 적응 및 변화에 대한 단기적 견해를 제공한다.

장기적 견해는 다양한 체계를 이해하는 또 다른 차원을 제공한다. 개인에서 사회에 이르는 모든 수준에서의 체계는 기대한 것과 예기하지 않은 사건에 반응해 그들의 발달경로를 따라 움직인다. 유능한 정신보건사회복지사는 이러한 변화의 영향을 주의 깊게 모니터하고 정신장애인이 자신의 문제 및 관련 사건에 대해 생산적으로 반응할 수 있도록 돕는다.

3) 생태체계 이론의 주요 개념

정신보건사회복지 분야에서 유용할 것으로 판단하는 생태체계 이론의 주요 개념은 다음과 같이 정리할 수 있다(이준우, 2009). 첫째, 인간은 혼자 살 수 없다는 기본가정과 관련해 인간과 환경 간의 상호교류를 통해 성장하고자 하는 적응능력이 있으며 인간과 주변의 환경은 적합해야 하고 인간과 환경이 관계를 지속하기 위해 스트레스와 대처과정을 이해해야 한다는 것이다. 둘째, 환경에 대한 인간의 관계성, 유능성, 역할을 확인해야 한다. 셋째, 환경의 속성과 인간에게 미치는 영향력, 즉 연관성에 관심을 두어야 한다.

(1) 적응과 적합성

아이는 태어나서 부모에게 의존하는 시기를 거쳐 스스로 젖병을 잡으려 하고 관심 있는 물건을 갖기 위해 기거나 걸음마를 하기 위해 의자를 잡고 서기도 하고 종일 넘어지기를 마다하지 않는다. 아이가 좀 더 자라서 인지발달 시기인 전조작기(2~7세)에 들어서면 자신의 욕구를 해결하기 위해 떼를 쓰거나 심하게 울거나 때로는 공격적으로 행동하기도 한다. 이에 부모는 아이의 요구를 들어주기도 하고 때론 심하게 제지하기도 하고 무관심으로 다루기도 한다.

인간은 이렇게 환경에 대한 대처수준을 높이고 적당한 대처기술을 선택해 사용하고 성장하며, 변화와 공생하려는 인지적・감각적・지각적 행동과정을 거치는데 이를 적응이라고 한다. 인간은 어떠한 어려운 상황에서도 자신의 삶을 유지하고자 자신이 변화해 적응하든지 아니면 환경과 상호교류를 통해 환경체계상의 문제를 제거하거나 재조직해 자신의 욕구와 환경을 적합(*fit*) 하게 만든다.

(2) 스트레스와 대처

개인과 그를 둘러싼 환경 사이는 지속적으로 상호교류함으로써 스트레스(*stress*)가 유발된다. 생태체계적 관점에서는 이러한 스트레스의 유발정도와 대처과정을 이해하려고 한다.

학교에서 따돌림을 경험한 아동의 부모 가운데 자녀를 전학시키는 경우가 흔하다. 물론 이전 학교에서 반복적으로 마주쳐야 하는 학급 친구로 인한 스트레스는 줄어들겠지만 새로운 학교의 규칙과 낯선 친구, 선생님에 대한 적응을 위한 또 다른 스트레스를 겪을 것이다. 실제적으로 아동이 환경에 대한 적응능력이 떨어지기 때문에 따돌림을 경험했다면 전학은 도움이 되기보다는 또 한 번의 좌절을 경험하게 해서 오히려 자기인식의 문제를 확대시킨다. 이 경우 부모는 아동에게 친구를 사귀는 방법이나 문제해결 능력 등 많은 훈련과 지지를 통해 대처(*coping*) 능력을 키워주어야 따돌림 문제에서 벗어난다.

또 다른 예로 시골에 거주하시던 노부모님을 자녀가 사는 도시로 모셔오는 경우 부모님은 자녀와 함께하는 것은 기쁘지만 물리적 환경의 변화와 이웃과 친구 등 사회적 관계망의 결핍으로 스트레스를 겪는다. 만약 이렇게 거주환경을 바꾸어야 한다면, 가족은 노부모의 상실감을 이해하고 새롭게 사회적 관계망을 넓히도록 적극적으로 지원해야만 한다.

스트레스는 반드시 문제가 되는 것은 아니다. 개인이 환경에 대한 적응능력이 있는 경우에는 생활문제가 발생하기보다는 개인의 성장과 발전에 또 다른 기회를 제공할 수도 있다. 그러나 환경과 개인의 대처능력 사이에 균형을 이루지 못한다면 생활문제가 발생하는 것이다.

(3) 관계, 유능성, 역할

인간은 태어나면서 초기 양육자인 어머니와의 관계를 통해 인간에 대한 신뢰(*trust*)와 불신(*mistrust*)을 경험하고 관계(*relatedness*)의 질이 결정된다고 한다. 관계는 인간관계를 형성하거나 타인과 연결될 수 있는 능력이다.

한편, 가족과 같은 1차 집단 내에서만 아니고 사회적 환경과의 관계를 통해서 역할을 부여받기도 한다. 역할은 특정한 사회적 지위를 갖는 개인이 타인에게 어떻게 행동해야 하는지에 대한 기대뿐만 아니라 타인이 그 사람에게 어떻게 행동해야 하는지에 대한 기대까지도 포함한다.

즉, 역할은 일련의 기대되는 행동유형일 뿐만 아니라 상호적 요구와 의미의 유형이다(김동배 외, 2005). 청소년은 가정에서 부모에게 기대하는 역할의 결핍을 또래친구로부터 얻으려 하며 또한 가정에서도 자녀로서의 역할을 수행하지 않으려는 경우에 자아존중감이 떨어지며 일탈행동이 발생한다. 물론 갈등을 겪을 때 자녀나 부모는 서로 원하는 역할을 수행하면서 관계를 재형성하고자 노력해야 한다.

이렇듯 개인은 환경과 교류 속에서 얻어지는 문제를 해결하거나 완화하기 위해 더욱 성공적으로 상호교류를 하고자 한다. 이러한 유능성의 발달은 인간발달의 필수적 요소이다.

(4) 환경체계와 인간과의 관계

브론펜브레너(Bronfenbrenner)는 인간은 환경과 상호교류하는 능력이 있다고 보았다. 인간은 누구나 어떤 방법으로든 환경으로부터 반응을 이끌어내 외부환경 자체를 재창출하거나 그러한 환경의 변화를 통해 각기 다른 심리적 성장과정을 이끌어낼 수 있는 것이다(강인숙 외, 2006).

개인을 둘러싼 환경체계는 미시체계(*micro system*), 중간체계(*meso system*), 외체계(*exo system*), 거시체계(*macro system*) 등 서로 상이한 수준의 체계가 있으며 각 수준에 속한 체계는 그 수준보다 큰 수준체계 내에 놓여 각 수준체계가 어떻게 기능하느냐는 대개 높은 수준체계와의 상호작용 양상에 따라 좌우된다고 한다(Bronfenbrenner, 1979).

① 미시체계

미시체계는 개인에게 가장 인접한 수준의 환경으로 소속체계라고도 한다. 개인이 일상생활 속에서 직접 접촉하고 상호교류하는 상황으로 각 개인마다 서로 다른 독특성을 지닌다. 항상 잠을 자고 생활하는 물리적 주거환경, 가족관계 속에서 어떤 결정을 하는 과정과 가족규칙, 의사소통 패턴, 학교, 친구, 이웃 등과 이루어지는 관계유형과 역할, 활동을 말한다.

청소년기에는 아동기 때보다 친구와의 갈등이 부모와의 갈등보다 더 괴롭고, 자녀를 출산하면 무엇보다도 자녀양육에 모든 관심이 집중되듯이 미시체계는 개인의 특성과 성장에 따라 달라지며 인간의 행동 및 정서발달과 성장에 매우 중요한 영향을 미친다.

② 중간체계

중간체계는 미시체계 간의 상호호혜의 관계성을 말한다. 예를 들면, 집단 따돌림을 경험하는 아동의 경우 또래관계에 부모가 불필요한 역할로 관여해 더욱 부정적 상황을 만들기도 한다. 또는 부모와 교사가 아동에 대한 정보를 주고받지 않아 서로 다른 평가를 하거나 아동의 어려움을 돕지 못하는 경우도 있다. 또한 가족관계에서도 어머니와 아들, 남편과 아내의 관계에서 요구되는 역할과 기대가 각기 다르다.

예를 들어, 어머니는 노후에 아들과 함께 살며 안정감을 유지하고 싶지만 아내는 시어머니의 지나친 간섭으로 스트레스를 받아 남편의 역할을 인지하도록 요구하며 함께 살기를 반대한다면 남편은 큰 고충을 경험할 것이다. 중간체계에서 개인은 다양한 미시체계와 관계를 갖고 각기 다른 역할을 수행하게 된다.

③ 외체계

외체계란 개인이 직접 참여하지는 않지만 개인의 발달에 영향을 미치는 체계를 말한다. 부부 중심의 가족생활 선호와 자녀양육에 대한 사회적 지원체계가 부족해 양육비 부담이 커짐에 따라 결혼한 부부는 자녀출산을 고민하게 된다. 또한 자녀를 낳았을 경우에도 양육비 부담으로 인해 맞벌이 부부가 증가하고 자녀는 중요한 유년기에 미시체계가 부모 아닌 조부모 또는 다른 양육자로 변화하도록 영향을 미친다.

또한 외체계는 사회의 전반적 문제를 예방하는 요인도 제공한다. 외체계를 분석하면 가족의 확대개념을 통해 방임아동을 위한 지원체계를 조성할 수 있으며 건강한 노년기의 새로운 역할을 재조정해 노령인구의 경제적 활동, 사회통합 등 다양한 사회복지 서비스의 질을 향상할 수 있다.

④ 거시체계

거시체계는 가장 큰 체계로 사회구성원 모두에게 공통적으로 해당되는 환경을 의미하며 넓은 사회의 물리적 · 사회적 · 문화적 · 경제적 · 정치적 구조 등이 여기에 해당된다. 또한 대중이 갖는 사회적 관심, 유행, 경제의 흐름, 생활방식의 변화도 여기에 포함된다. "그때 그 시절을 아시나요"라는 대중매체 멘트처럼 우리는 살아가면서 시대에 따라 직접적 영향은 아니지만 어떤 형태로든지 자신의 삶에 영향을 준 거시체계에 속하는 환경이나 상황을 떠오르게 한다.

1970년대 "아들딸 구분 말고 둘만 낳아 잘 기르자"로 대표되던 가족계획정책으로 3명 이상의 자녀를 낳는 것은 아주 특별한 상황으로 여겨질 만큼 가정에 영향을 주었고 우리나라의 인구증가율을 낮추는 데 성공적으로 기여했다. 그러나 오늘날 국가는 출산율을 높이기 위해 많은 혜택을 주면서도 가족계획정책에 대해 긍정적으로 평가하지 않는다. 거시체계가 다르면 개인과 개인, 집단과 집단 간에 이질적인 사고와 행동을 형성하고 서로 이해할 수 없는 문화적 차이가 생겨난다는 점에서 거시체계는 개인의 삶과 밀접한 관계를 맺는다.

〈그림 5-1〉 체계 이론에서의 환경체계 수준

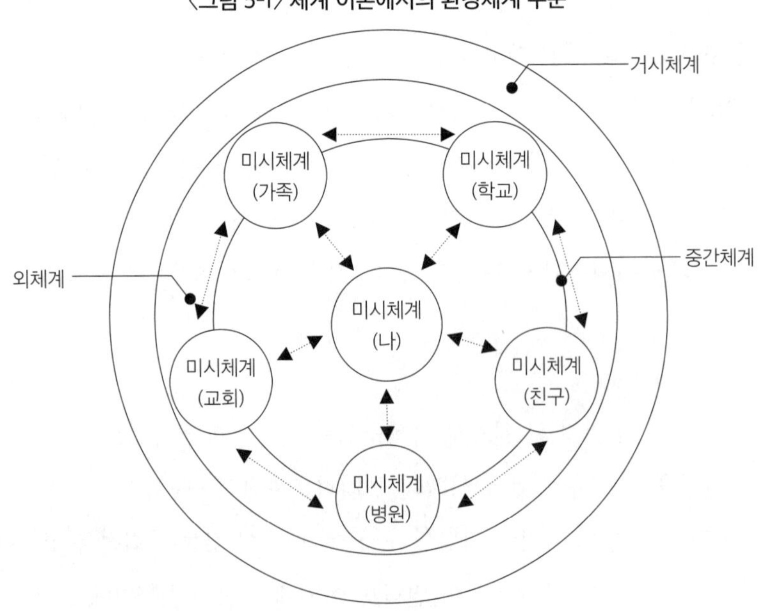

4) 정신보건사회복지에서의 유용성

생태체계 이론을 반영해 정신보건사회복지에서 유용하게 사용할 수 있는 사정도구가 '생태도'(*ecomap*) 이다(Hartman, 1978). 생태도는 개인이나 가족을 포함하는 클라이언트 체계가 외부환경 체계와 어떻게 관련되었는지를 그림으로 나타내는 것이다. 즉, 개인 또는 가족체계와 주변 관련체계 사이에 발생하는 자원과 에너지의 유입 및 유출상황, 갈등상황, 관계상황 등이 기록된다. 가계도(*genogram*) 는 가족에 관한 정보를 도식화함으로써 사회체계의 한 부분으로서 가족체계를 사정하는 방법이다.

정신보건사회복지사는 생태도나 가계도, 사회적 관계망(*social network*) 을 통해 가족문제의 발달사나 가족 간의 상호작용 관련성, 가족의 기능 장애의 내용 등에 대한 정보를 분석한다. 또한 개인이나 그가 속한 가족과 주변환경 체계 간의 상호교류, 상호의존성, 적응성, 개인 대 환경 간의 적합성을 높이기 위해 변화되어야 할 체계 및 변화의 방향 등에 대해서 검토할 수 있다.

또한 저메인과 기터맨(Germain & Gitterman, 1987) 은 생태학적 관점으로부터 "인간의 욕구와 문제 등은 인간 혹은 환경 자체의 산물이 아니라 상호교환의 산물로서 보는 것"을 강조한다. 분명하게 생태체계 이론은 정신보건사회복지 실천을 하는 데 매우 유익한 통찰을 제공하며 정신보건사회복지사가 그들의 관심과 클라이언트를 새로운 방식으로 바라보도록 하는 데 유용하다.

2. 강점지향 이론

정신보건사회복지의 실천 이론으로서의 강점지향 이론은 강점관점에 기반을 둔다.

1) 강점관점의 개념

강점관점은 정신장애인의 강점을 강화시키는 과정을 통해 정신장애인의 역량을 향상시킬 수 있으며 이야말로 가장 신속하게 정신장애인에게 문제해결 능력과 권한을 부여할 수 있다는 전략적 인식이다(이준우·임원선, 2011). 이 관점에서의 주요 초점은 문제의 발생원인에 관한 관심보다는 해결점을 발견하고 강점을 강화하는 데 있다.

강점관점에 의하면 모든 사람은 원조과정에서 확인되는 강점을 갖기 때문에 정신보건사회복지사는 복지소비자인 정신장애인의 장점, 능력, 재원, 자원과 열망 등에 대한 깊은 이해와 존중을 통해 우선적으로 강점을 이끌어낼 수 있어야 한다. 이는 모든 정신장애인 개인과 집단이 능력, 에너지, 용기, 저항력, 통합능력 그리고 다른 많은 강점을 가졌다는 점을 간과하지 않아야 가능하다.

강점은 좋지 않은 결과에 대한 가능성을 줄이는 어떤 요소로 정의할 수 있고 이런 강점은 과거의 문제해결 혹은 대처기제가 실현될 때 명확해진다. 따라서 강점관점은 문제에 대한 관심보다는 정신장애인이 해결점을 발견하고 강점을 강화시키는 데 주요 초점이 있으므로 정신장애인을 독특한 존재로서 다양성을 인정하고 존중하면서 정신장애인의 결점보다는 강점에 초점을 두고 가능한 모든 자원을 활용해 정신장애인의 역량을 실현하도록 돕는 것이다(Dunst, Trivette & Deal, 1994).

강점은 변화를 이끌어내는 자원으로 모든 사람은 강점을 갖는 철학에 기초한다. 정신보건사회복지사가 정신장애인의 이러한 내재된 힘을 지지할 때, 그들이 긍정적으로 성장할 수 있다. 강점관점은 정신보건사회복지의 근본적 가치라고 할 수 있는 인간중심의 실천관점이다. 강점관점에 의하면 정신보건사회복지사와 정신장애인 간에는 협력적인 동등한 관계가 형성되어야 한다.

따라서 정신장애인이 아무리 보잘것없고 정신장애가 심하더라도 그들의 내면에 숨은 강점을 발견해 인지시키는 것이 강점관점인 것이다. 즉, 정신장애인의 과거 병력과 현재의 정신장애 그리고 그로 인한 다양한 문제를 걸림돌로 보지 않고 오히려 발전과 성장을 위한 기반이 되도록 돕는 실천관점이라고 할 수 있다(이준우 · 임원선, 2011).

2) 강점관점 중심 정신보건사회복지 실천의 전제 조건

강점지향적 정신보건사회복지사는 모든 정신장애인 클라이언트 체계의 강점은 변화과정을 발생시키고 에너지를 부여하고 지속시키는 자원임을 믿는다. 정신보건사회복지사는 정신장애인 클라이언트 체계 내에서 그리고 환경적 맥락에서 더욱 효과적으로 기능할 수 있도록 이용가능한 자원을 끌어낸다(Dunst, Trivette & Deal, 1994).

강점관점의 실천을 위한 이론적 전제 조건은 다음과 같다(이준우 · 임원선, 2011). 첫째, 정신장애인은 성장 및 변화를 위한 개별적 · 본래적 능력이 있다. 둘째, 정신장애 클라이언트 체계는 이미 유용한 자원과 활용 가능한 외부체계와의 상호작용 능력이 있다. 셋째, 상호작용과 협력은 새로운 자원을 구축하기 위해 기존의 자원을 증대시킨다. 넷째, 긍정적 변화는 희망과 미래의 가능성을 위해 구축된다. 다섯째, 정신장애 클라이언트 체계는 그들 자신이 처해진 상황을 가장 잘 알며 대안이 주어지면 가장 좋은 해결책을 스스로 결정할 수 있다. 여섯째, 무력감을 증대하기보다 완수감과 능력을 증대하는 과정이 문제해결에 훨씬 크게 도움이 된다. 일곱째, 체계의 결함을 단점으로 강조하기보다는 결함을 체계 간 상호교류 과정에서 해결해야 할 도전과 관심으로 인식한다.

3) 강점관점 실천에 따른 구체적 과제

강점관점을 기초로 실천하는 정신보건사회복지사는 다음과 같은 과제를 실현해야 할 책임이 있다.

(1) 역량강화

역량강화는 개인, 집단, 가족 그리고 지역사회가 정신장애인의 내부와 정신장애인을 둘러싼 자원과 도구를 발견할 뿐만 아니라 확장할 수 있도록 돕는 일련의 과정이다. 강점관점을 기초로 실천하는 정신보건사회복지사는 더욱 만족스런 삶을 창조하는 정신장애인 자신의 세계, 문제, 영감, 강점을 정의하도록 격려함으로써 정신장애인의 역량을 강화하려고 노력한다(Fast & Chapin, 2002).

(2) 소속감 증진

정신장애인은 그들의 문화적·지리적 기반으로부터 떨어졌기 때문에 취약하고 차별을 경험하거나 아니면 주류 사회로부터 소외되기 쉽다. 그리하여 그들은 소속의 감정이 결핍된다. 부분적이라도 소외된 사람은 소속의 개념이 결핍되기 때문에 그들의 강점과 가능성과도 접촉하지 않는다. 강점관점은 정신보건사회복지가 원조하는 모든 정신장애인이 소속감에서 오는 존엄과 존중 그리고 책임감을 부여받아야 한다는 인식에서 출발한다. 그러나 정신보건사회복지가 원조하는 대부분의 정신장애인은 소속될 곳도 소속감도 갖지 않을 경우가 많다. 구성원이나 시민이 되기 위해 그리고 참정권과 책임감, 안전의 혜택을 누리고자 하는 정신장애인의 욕구가 해결되는 것이 강점관점의 중요한 단계라고 할 수 있다.

(3) 적응력

적응력은 정신장애인 개인의 고난과 충격적 삶의 경험을 경시하거나 생의 고통을 본질적으로 무시하는 것이 아니라 이러한 고통에도 불구하고 굴하지 않는 능력이라고 할 수 있다. 손상은 이미 생겼고 정서적·신체적 상처가 증거이다. 적응력은 하나의 특징이나 통계적 현상이 아니라 계속적 성장, 능력, 지식, 통찰력 그리고 한 개인의 삶에서 도전과 욕구를 충족시키는 가운데 생겨나는 미덕을 연결하는 것이다. 적응력에 기초한 정신보건사회복지는 이상적으로 위험요소를 감소시키고 보호요소를 증가시키는 두 가지 초점을 가진다(Oliver, 1996).

(4) 회복

회복은 정신장애, 질병 그리고 분열에 직면했을 때 저항하고 갱생하려는 신체와 정신기능이 복원되는 것을 의미한다. 또한 회복은 개인과 더 큰 사회 및 물리적 환경 사이의 유익한 관계를 요구한다. 회복은 스스로 복원하기 위해 정신보건사회복지사 또는 개인이 조직과 동맹을 이룰 때 생겨나는 것이기 때문에 항상 본질적 생명지원 체계로 작용하고 정신장애인 대부분이 필요로 한다. 이는 정신장애인에게 무엇이 최선인지를 단지 정신보건사회복지사만이 알고 치료, 복원 또는 변형이 오로지 외부의 원천에서만 온다는 질병모델의 가정과 반대된다.

(5) 대화와 협력

정신장애인은 타인과의 창조적이고 새롭게 발생하는 관계를 통해 존재를 확인한다. 그러한 교류가 없다면 정신장애인 개인의 힘의 발견과 시험, 지식, 자각의 증진 그리고 내부의 강점은 있을 수 없을 것이다. 대화함으로써 다른 사람의 중요성을 확인하고 자신과 타인 그리고 제도 사이의 불화를 회복하기 시작한다(Pilling, 1992).

대화는 감정이입을 통해 타인을 포함하고 동일시해야 한다. 대화가 사랑, 겸손, 믿음에 기초할 때 대화자 간의 상호신뢰를 성취할 수 있는 수평적 관계가 된다. 정신장애인의 인식과 강점을 찾아낼 때, 정신보건사회복지사는 정신장애인의 개성을 계속적으로 존중하고 신뢰해야 한다. 정신장애인과의 협력은 전문적인 대답을 제공하는 것이 아니라 정신장애인과 상의하고 협상하는 것이다(이준우, 2001).

(6) 객관성의 추구

정신보건사회복지 현장에서 언어적 보고가 가장 기본적 정보의 원천이기는 하지만 한편으로 언어적 보고는 그릇된 회상, 왜곡된 인식, 편견 그리고 정신장애인 편에서는 제한된 자기인식의 가능성 때문에 실책을 범할 수 있는 취약점이 있다. 그러므로 정신장애인의 견해, 설명

그리고 보고 등을 진실과 관계된 확실한 주장으로 수용하는 경향을 피해야 한다(Pilling, 1992).

또한 정신장애인에 의해서 표출된 느낌이 그릇된 인지에서 나올 수도 있고 불합리한 것들이 조합된 것일 수도 있음을 인식해야만 한다. 객관성의 추구가 비록 단기적으로는 어렵더라도 장기적으로는 정신보건사회복지사와 정신장애인 간의 역량강화 관계에서 협동이라는 큰 희망을 가져다줄 것이다.

4) 주요 개념

강점관점을 적용하기 위해 정신보건사회복지사는 정신보건사회복지에 대한 전문가로서의 지향, 정신장애인 클라이언트 체계에 대한 전문가적 견해, 정신장애인 클라이언트의 문제에 대한 전문가적 해석을 재검토해야 한다.

(1) 문제가 아닌 도전

문제는 오랫동안 정신보건사회복지 개입의 초점이었다. 전형적으로 정신장애인은 스스로 혹은 다른 사람이 문제라고 생각하는 어려움을 갖기 때문에 사회적 서비스 전달체계로 들어온다. 그러나 문제를 부각하는 것은 정신장애인 자신의 실패를 확인시키고 불가능성으로 압도해 무력감에 사로잡히게 하며, 문제중심의 견해를 일반화해 정신장애인 자신의 정체성을 사라지게 한다.

문제를 과도하게 강조하는 접근을 이용하는 정신보건사회복지사는 정신장애인이 극복해야 하는 바로 그 어려움만을 강조하는 결과를 초래하기 쉽다. 정신보건사회복지사가 정신장애인의 문제를 도전, 전환점, 성장의 기회로 바라본다면 자신의 관점을 의미 있게 변화시킬 수 있다(Roessler & Rubin, 1998).

(2) 병리가 아닌 강점

강점에 초점을 두는 정신보건사회복지사는 정신장애인이 겪는 어려움을 무시하지 않는다. 병리적 관점은 정신장애인의 독특한 능력을 간과하기 쉽다. 흔히 병리적으로 정신장애를 진단하는 것은 정신장애인 개인의 강점을 덮는 경우가 많다. 부정적 명칭은 협소한 정의를 낳고 부정적 기대를 확립하게 한다. 정신보건사회복지사가 정신장애인을 향한 지향점을 강점으로 전환할 때, 정신장애인은 병리에 초점을 두는 함정을 피하게 된다(이준우 · 임원선, 2011).

(3) 과거가 아닌 미래

강점지향적 정신보건사회복지사는 미래의 성장을 위해 이용할 수 있는 자원을 발견하기 위해 현재를 탐색한다. 미래에 초점을 둔다면 정신보건사회복지사와 정신장애인에게 있는 것, 배운 것, 다가올 도전을 맞이하는 데 이용가능한 추가적 자원을 통합할 기회를 가질 수 있다(Roessler & Rubin, 1998).

5) 강점관점의 원리

정신보건사회복지에서 적용해야 할 강점관점의 원리는 다음과 같다(Saleebey, 2002; 이준우 · 임원선, 2011 재인용).

첫째, 모든 개인, 집단, 가족과 지역사회는 강점이 있다. 정신보건사회복지사가 실천을 할 때, 간과하기 쉽지만 정신장애인 개인이나 가족 그리고 그들을 둘러싼 지역사회는 정신보건사회복지사 자신도 몰랐던 자산, 자원, 지혜, 지식을 처음부터 갖는다. 그리고 강점관점은 그러한 자원을 식별하고, 불운을 극복하고, 질병에 직면하고 통증을 없애며, 목표에 도달하기 위해 정신장애인이 가진 잠재력을 존중한다.

정신장애인은 정신보건사회복지사가 그에게 정말 관심이 있는지, 영향력이 있는지, 그의 이야기를 경청할 것인지, 과거경력에 상관없이 그를 존중할지 여부를 알고 싶어 하고 사회복지사는 정신장애인의 내부자원과 주변의 자원으로 가치 있는 것을 만들 수 있다고 믿고 싶어 한다. 그러나 무엇보다 정신장애인은 역경을 이겨내고 변화와 성장을 향해 오를 수 있는가에 대한 믿음이 있는지를 알고 싶어 한다.

둘째, 정신적 외상, 학대, 질병 그리고 투쟁의 경험은 해롭지만 동시에 도전과 기회의 원천이 될 수 있다. 정신장애인은 그의 강점이 지지될 때 긍정적으로 변화하고 정신장애의 극복을 향해 더욱 동기화되며 결과적으로 크게 성장한다.

그래서 그와 그 가족의 문제가 무엇인지 묻는 대신, 정신보건사회복지사는 그가 가족에게 가져다줄 강점이 무엇이고 그가 생각하는 다른 가족구성원의 강점이 무엇인지를 물을 수 있다. 이 과정을 통해 정신보건사회복지사는 정신장애인과 그 가족의 능력을 발견하고 자신에 관해 생각하는 새로운 방법을 형성하도록 도울 수 있다.

셋째, 성장하고 변화할 가능성의 최고 한계선을 미리 결정하지 말고 정신장애인 개인, 집단 그리고 지역사회의 열망을 심각하게 받아들여야 한다. 정신장애인은 정신보건사회복지사가 그의 약속과 가능성에 대해 개방적 계약을 맺을 때 더 좋은 서비스를 받을 것이다. 이는 정신보건사회복지사가 정신장애인에 대해 높은 기대를 가져야 하고 그들의 희망, 비전 그리고 가치를 소중히 다루어야 함을 의미한다.

넷째, 정신장애인과 협력을 통해 가장 좋은 서비스를 제공할 수 있다. 정신보건사회복지사의 역할은 정신장애인의 강점과 유능한 자질을 평가하는 데 가장 유리한 입장을 제공할 수 없다. 정신장애인 당사자야말로 가장 분명한 자신의 강점을 확인할 수 있다. 이에 정신보건사회복지사는 정신장애인과 함께 정신장애인 클라이언트의 모든 강점을 함께 창조하고 발견해 나가야 한다.

마지막으로 모든 환경은 자원으로 가득 찼다는 것이다. 즉, 모든 환경이 '복지자원화' 될 수 있는 재료라는 것이다.

3. 정신사회재활 이론

정신사회재활 이론은 정신장애인을 대상으로 정신사회재활을 실현하고자 구축된 실천 이론이다. 정신사회재활 이론은 앞서 살펴보았던 생태체계 이론의 기반이 되는 생태체계 관점을 기본원리로 하며 실천기술개발과 지지체계 형성을 중심으로 하는 임상적 재활과 환경체계를 변화시킴으로써 정신장애인의 사회적 불이익을 최소화하는 데 주력하는 사회적 재활의 영역으로 분류할 수 있다(배정규, 1996; 정원철, 2007 재인용).

이런 맥락에서 정신사회재활 이론에 따른 실천개입에는 여러 가지 통합적 서비스의 포함이 필수적이며 이는 클라이언트의 발굴과 지원, 기본적 욕구의 충족, 위기개입, 정신건강 서비스, 직업적 서비스, 지지체계의 확보, 옹호 및 보호 등을 포함한다.

따라서 정신사회재활의 목표는 정신장애를 가진 사람이 가능한 일반인과 비슷한 능력을 발휘할 수 있도록 그들의 능력을 호전시키고 유지시키는 것이다. 정신사회재활은 클라이언트 본인이나 가족의 자조적 노력뿐만 아니라 정신과학, 사회사업학, 임상심리학, 간호학 그리고 기타 재활 분야에서 일하는 전문가가 서로 협조함으로써 실행될 수 있다(Anthnoy et al., 1986; 정원철, 2007 재인용).

1) 정신사회재활의 개념

정신사회재활은 정신장애를 가진 사람의 삶, 직업 그리고 여가 환경에 초점을 두며 그들이 지역사회에서 생활하는 데 필요한 기회와 권리의 신장을 통해 삶의 질을 향상시키는 데 목적이 있다. 그러므로 정신사회재활은 정신장애인이 심한 정신질환이 있더라도 그들의 잠재력을 최대한 발휘해 지역사회에서 일반인과 더불어 정상적 사회생활을 영위할 수 있도록 돕는 데 초점을 둔다(김정진, 2000).

정신사회재활의 개념은 미국에서부터 형성되었는데 정신사회재활이 미국의 정신보건 영역에서 중요한 의미를 갖기 시작한 것은 지역사회 정신보건정책의 일관된 추구와 관련이 있다. 1963년 〈지역사회 정신보건센터법〉이 제정되면서 본격적인 탈시설화가 시도되었다. 그러나 탈시설화 정책은 지역사회 정신건강이 표방하는 이념인 사회통합과 보편화의 실현을 위해 필수적인 지역사회의 협력과 수용을 얻지 못해 난관에 부딪혔다(문인숙 · 양옥경, 1999).

이에 미국 정부는 연구 프로젝트를 통해 초기 지역사회 정신보건의 실패는 '정신장애인'이라는 대상의 특성을 충분히 고려하지 못했기 때문임을 밝혀냈다. 정신장애인의 본질적 어려움은 단순한 정신병력과 입원경험 유무가 아닌 대인관계, 주거생활, 취업 등에 기초한다는 사실을 규명한 것이다. 따라서 정신장애인의 특성을 고려해 그들이 지역사회에서 생활하기 위해서는 포괄적 지역사회 지지체계와 같은 일련의 연속적이며 다중적 서비스를 연합해 제공받아야 한다는 기본지침을 마련했다.

지역사회 지지체계의 개념은 "정신장애인이 지역사회로부터 소외되거나 고립되지 않도록 스스로가 욕구를 충족하게 하며 잠재력을 개발할 수 있도록 보호와 책임을 위임받은 사람들로 구성된 조직망"(양옥경, 1996)이다. 이러한 지역사회 지지체계의 핵심이 정신사회재활이다(Carolyn et al., 1990; 양옥경, 1996 재인용).

정신사회재활은 신체적 재활에서의 재활전략과 동일한 맥락에서 이해할 수 있으나 일반 신체장애보다 손상이 유동적이기 때문에 약물치료 등의 지속으로 의료적 개입이 필요하다. 즉, 정신사회재활 대상자 대부분이 지속적 약물치료가 필요하다는 점은 일반적으로 신체적 재활과 정신사회재활이 구별되는 점이다. 전통치료와 재활치료 간의 차이점은 다음과 같다(정원철, 2007).

첫째, 치료는 개인의 증상이나 병리를 감소시키는 데 초점이 모아지는 반면 재활은 개인의 강점이나 자산을 개발하는 데 초점을 둔다. 둘째, 치료는 개인의 역기능을 완화하는 데 주력하는 반면 재활은 개인의 기능회복에 관심을 가진다. 셋째, 치료는 병의 경감에 관심을 두는 반면 재활은 건강의 유도를 강조한다. 넷째, 치료는 개인의 장애를 직접적으로 공략하는 반면 재활은 개인이 가진 자산을 발견하고 개발하려는 활동이다.

2) 정신사회재활의 원리

크난 등(Cnaan et al., 1989)은 생태체계적 관점에서 정신사회재활의 실천을 위한 기본원리를 다음과 같이 제시하며 이는 사회복지실천 원리 및 가치와 맥을 같이 함을 알 수 있다. 정신사회재활의 개입원리를 생태체계적 관점에서 조명하는 것은 정신장애가 생물학적·심리학적·사회학적 장애의 복합적 조합의 결과로 나타난다는 점을 고려하면 당연하고 필수적이라고 본다. 그러므로 생태체계 관점에서의 정신사회재활을 위한 실천개입 원리는 정신보건 영역에서 다른 어떤 전문가보다도 유사한 실천기반과 원리 및 방법의 개입전통을 갖는 정신보건사회복지사의 역할과 책임을 요구한다. 정신사회재활의 원리를 구체적으로 살펴보면 다음과 같다(Anthnoy, 1982; Anthnoy et al., 1986; Cnaan et al., 1989; 배정규, 1996; 김정진, 2000; Anthnoy et al., 2002).

- 모든 사람은 개발할 수 있는 잠재적 개인의 능력을 전부 이용하지는 못한다.
- 모든 사람은 사회, 직업, 교육, 대인관계 등 기타 필요한 기술을 습득할 수 있다.
- 모든 사람은 자기결정의 권리와 책임을 가진다.
- 서비스는 가능한 보편화된 환경 속에서 제공되어야 한다.
- 클라이언트는 개별적 환경에 기초한 능력결핍과 특별한 욕구에 대한 사정을 통해 보호가 제공되어야 한다.
- 클라이언트를 위한 최적의 서비스가 이루어져야 한다.
- 전문가에 의해 수행되는 보호 서비스는 '전문가의 권위에 대한 옹호'라는 장애물 없이 친밀한 환경 속에서 이루어져야 한다.

- 개입은 조기에 이루어질수록 좋다.
- 환경적 조정을 통해 사회적 기관과 단체가 클라이언트에게 필요한 서비스 공급을 보충할 수 있도록 해야 한다.
- 환경적 조정을 통해 클라이언트를 위한 서비스의 필요성과 클라이언트의 권리에 대해 옹호하고 정신장애인에 대한 사회인의 태도와 행동의 변화를 꾀한다.
- 모든 클라이언트는 필요로 하는 최적의 서비스를 선택할 권리가 있다.
- 직업적 재활은 재활과정의 중심이다.
- 정신사회재활에서는 의학적 보호보다 사회적 보호가 강조된다.
- 정신사회재활에서는 클라이언트의 병리보다는 강점이 강조된다.
- 정신사회재활에서는 과거보다는 '현재 그리고 여기'가 강조된다.

3) 정신장애로 인한 영향과 이에 따른 정신사회재활의 개입

정신사회재활에서는 한 개인에게 정신장애가 발생하면 4가지 단계로

〈표 5-1〉 정신장애로 인한 4가지 영향과 이에 따른 정신사회재활의 개입

단계 / 개입	손상	기능결함	역할장애	불이익
정의	심리적 · 생리적 혹은 해부학적 구조나 기능이 상실되거나 어떠한 이상이 생긴 상태	정상이라고 생각되는 방식과 범위 내에서 활동수행 능력이 제한되거나 부족한 상태	정상이라고 생각되는 방식과 범위 내에서 역할수행 능력이 제한되거나 부족한 상태	어떤 개인이 정상적 역할을 수행하는 일에 제한과 방해를 받는 불이익 상태
예	환각, 망상, 우울, 무감동	직무적응 기술 부족, 사회기술 부족, 일상생활 관리기술 부족	학교를 다니지 못함, 취업을 하지 못함, 거주지가 없음	차별화, 편견, 가난
대표적 개입법	약물치료, 정신치료	재활상담, 기술훈련, 환경지원	재활상담, 역할훈련, 환경지원	제도변화, 권익옹호, 편견일소하기

출처: 이용표 · 강상경 · 김이영(2006).

영향이 진행된다고 주장한다. 즉, 손상, 기능결함, 역할장애 그리고 불이익 단계이다. 각 단계에 대한 정신사회재활 개입방법을 살펴보면 〈표 5-1〉과 같다(Anthnoy et al., 2002; 이용표 · 강상경 · 김이영, 2006 재인용).

(1) 손상 단계

손상(*impairment*) 단계는 심리적 · 생리적 혹은 해부학적 구조나 기능이 상실되거나 어떤 이상으로 인한 증상을 경험하는 것이다. 가령, 조현병 환자의 경우 전두엽 부위의 위축, 뇌실 확장과 같은 '뇌의 구조적 이상'과 '도파민'이라는 신경전달물질의 과다활동 등으로 인해 망상과 환각이 나타난다.

따라서 이 단계에 대표적 개입방법으로는 약물치료이다. 많은 정신장애인은 증상이 있음에도 불구하고 증상에 대한 효과적 대처법을 사용해 왕성하게 사회활동을 하며 살아간다. 반면, 적절한 대처법을 찾지 못해 계속 증상으로 고통받는 사람도 있다. 따라서 정신장애인이 스스로 약물과 증상을 잘 관리할 수 있도록 하는 교육 서비스 활동도 손상단계에 해당되는 개입방법 가운데 하나이다.

(2) 기능결함 단계

손상단계에서 나타나는 여러 가지 정신과적 증상이 정신장애인의 기능을 떨어뜨린다. 즉, 기능결함(*dysfunction*)을 초래하는데 기능결함이란 정상이라고 생각하는 방식과 범위 내에서 활동수행 능력이 제한되거나 부족한 상태이다. 정신장애인이 나타내는 대표적 기능결함은 직무적응기술과 대인관계기술, 일상생활 관리기술 등에서 드러나는 결함이다. 이러한 기술의 부족은 인지적 결함, 잦은 입원과 격리, 심리적 위축, 증상에 원인을 둔다.

기능의 향상은 약물치료만으로 개선되는 것이 아니며 교육과 연습을 통해 가능하다. 가령, 정신장애인은 의식주에 대한 문제해결 방법과 최소한의 일상적 생활을 유지할 능력이 부족하며 일상생활관리기술 향상을 위해서는 개인의 위생관리, 식생활관리 및 요리훈련, 세탁 및 의복관리 등 한 개인이 스스로 자신의 생활을 유지하는 데 가장 기본적 일에 대한 훈련이 필요하다. 그러므로 기능결함단계에서 할 수 있는 개입방법은 재활상담, 직무적응 기술, 대인관계 기술훈련, 일상생활기술훈련, 환경지원 등이다.

(3) 역할장애 단계

역할장애(*disability*)란 정상이라고 생각하는 방식과 범위 내에서 역할수행 능력이 제한되거나 부족한 상태로 정신장애로 인해 학교를 다니지 못하거나 취업을 하지 못한다. 인간은 누구나 일상생활, 공부, 사회적 관계, 직업 등의 영역에서의 역할을 성공적으로 수행함으로써 인간관계를 맺고, 경제적 도움을 얻고, 성취감을 느껴 자기개발을 위한 계기를 마련한다.

이는 정신장애인에게도 마찬가지로 적용되며 사회 속에서의 역할을 수행함으로써 병으로부터의 회복뿐만 아니라 인생의 의미, 자기 가치감을 가지며 삶의 재기를 할 수 있다. 이처럼 역할 장애단계에서는 정신장애인에게 자신의 역할을 성공적으로 수행할 수 있도록 하는 서비스를 제공해야 한다. 따라서 이 단계에 대한 개입방법으로는 직업재활, 역할훈련, 환경지원 등이다.

(4) 불이익 단계

불이익(*disadvantage*)이란 사회적 편견과 차별로 인해 정신장애인이 기능과 역할을 하는 데 제한과 방해를 받는 것이다. 그러므로 이 단계에 대한 개입법으로는 제도를 변화시키고 권익옹호 운동과 편견 일소하기 등이다. 손상, 기능결함, 역할장애 단계는 개인적 차원의 개입인데 반해 불이익 단계는 사회제도적 차원의 개입법이다.

임상재활은 정신장애인 개개인이 소유하는 기술을 개발하거나 그 개인이 처한 환경을 변화시키는 데 주력하는 반면 사회제도적 재활은 정신장애인 개개인의 구체적 기술이나 독특한 환경보다는 오히려 제도와 정책을 변화시켜 정신장애인의 불이익의 극복을 돕고자 한다. 이런 제도적 개입의 실례는 〈정신보건법〉의 제정, 정신장애 판정기준의 변화, 정신장애인 고용과 관련된 정책수립 등이다.

한 개인에게 발생한 정신장애는 이러한 4단계로 진행되면서 개인의 삶에 부정적 영향을 미친다. 또한 각 단계는 서로 영향을 주고받는다. 즉, 증상(손상)은 사회적 기술(기능결함)을 떨어뜨리고 사회적 기술이 없으면 증상이 악화된다. 또한 사회적 기술이 없으면 역할수행을 하기 어렵고(역할장애), 반대로 아무리 기술이 있어도 사회 속에서의 역할이 없으면 기술(기능결함)은 떨어진다. 역할수행 능력이 없으면 사회적으로 낙인과 편견을 불러일으키고(불이익), 이는 정신장애를 가진 사람들을 직장에서 고용하지 않거나 사회로부터 고립되어 결과적으로는 있던 능력도 위축시킨다(손명자 · 배정규, 2003).

따라서 정신장애가 있는 사람이 회복되기 위해서는 앞서 살펴본 각 단계의 모든 측면에서 도움이 필요하다. 즉, 4가지의 서비스가 서로 보완적으로 제공될 때, 정신장애인의 문제가 해결될 수 있으므로 정신보건사회복지사는 각 단계에 포함되는 모든 서비스를 제공해야 한다(Anthnoy et al., 2002; 이용표·강상경·김이영, 2006 재인용).

4) 정신사회재활의 함의

정신장애인에게 효과적인 약물이 계속 개발됨에도 불구하고 정신장애가 있는 사람은 대부분 재발과 재입원을 반복한다. 투병기간이 길어지며 점점 더 생활기능을 잃고 정상생활을 해 내기가 어려워진다. 이는 항정신병 약물이 병의 증상을 완화시키는 데 강력한 효과를 갖지만 기능결함과 역할장애 문제를 도와주는 후속적 대처가 뒤따라 제공되지 않기 때문이다. 따라서 정신사회재활의 초점은 기능결함과 역할장애 단계, 불이익 단계에 대한 개입을 통해 정신장애를 가진 사람의 사회적 기술을 개선하고 지원받을 수 있도록 자원을 개발해 줌으로써 그들로 하여금 재활 혹은 재기할 수 있도록 도와주는 데 있다.

그들이 정신장애로부터 회복해 지역사회 속에서 살아가도록 하기 위해서는 치료개입과 재활개입에 모두 제공해야 하며 어느 하나의 개입만으로는 충분치 않다(Anthnoy et al., 2002; 이용표·강상경·김이영, 2006 재인용). 나아가 정신사회재활은 정신장애의 단계마다 그들이 필요로 하는 것이 무엇인가를 정신장애인과 함께 논의하고 결정함으로써 소비자 중심적 관점과 개입의 중요성을 강조한다.

• 생각 다듬기 •

1. 정신장애인을 생태체계 관점과 강점관점에서 분석해 보자.

2. 정신보건실천 현장에서 팀 접근을 통해 정신장애인의 정신사회재활을 하려고 계획 중이다. 정신과의사, 사회복지사, 재활치료사, 정치가, 간호사, 직업상담사 등의 전직이 손상 단계에서 불이익 단계까지 장애 단계별로 어떻게 진행할 것인지에 대해 토의해 보자.

제 6 장

정신보건사회복지의 사정방법

1. 서 론

정확하고 탁월한 사정은 정신보건사회복지 현장에서 효과적 실천개입을 위해 매우 중요한 기초가 된다. 정신장애 클라이언트를 어떤 관점에서 인식하는지가 반영된 사정이야말로 정신보건사회복지 실천개입의 방향을 결정하는 데 큰 영향을 미친다. '환경 속의 인간'이라는 관점을 채택하는 정신보건사회복지는 사정에서부터 심리사회적 접근을 충실하게 수행한다.

이 책에서 주창하는 심리사회적 사정이란 생태체계 이론, 강점지향 이론, 정신사회재활 이론 등을 기반으로 둬 정신역동, 대상관계, 사회학습, 위기개입, 과제중심 모델과 임파워먼트 모델 등을 총합한 '통합-절충주의' 접근이다. '통합-절충주의' 접근에 기초한 심리사회적 사정을 구체적이며 실질적으로 정리하는 것은 정신보건 실천현장에서 일하는 정신보건사회복지사의 정체성을 확립하고 발전시키는 데 큰 도움을 줄 것이다.

2. 정신보건사회복지 사정의 개념과 사정분류체계

1) 정신보건사회복지 사정의 기본 개념

(1) 사정의 정의

사정(*assessment*)은 클라이언트가 직면하는 문제와 상황을 확인하고 이해하기 위해 자료를 수집하고 분석함과 동시에 문제해결을 위한 계획을 수립하는 과정이다. 또한 사정은 클라이언트의 강점과 능력을 한층 더 북돋고 클라이언트의 참여를 유도하며 클라이언트와 정신보건사회복지사가 수직관계가 아닌 동료관계의 파트너십을 갖는 정신보건사회복지 실천의 과정(*process*)이다(이영호 · 심경순 · 김태준, 2006).

즉, 사정은 문제가 무엇인지, 어떤 원인 때문인지, 그 문제를 해결하거나 줄이기 위해 무엇을 바꿔야 하는지에 대해 조사해서 설명하는 정신보건사회복지 실천과정의 핵심적 단계이다. 사정은 클라이언트의 상황을 이해하고 이를 토대로 바람직한 서비스 실천개입의 계획을 수립하기 위한 전문적 서비스 전달과정 가운데 하나이다.

좀더 구체적으로 말하면 사정은 클라이언트의 문제에 대한 이해를 얻고, 문제의 원인이 무엇이며, 문제를 완화하거나 해소하기 위해 클라이언트의 잠재된 문제해결 능력을 끄집어낼 수 있는 내외적 자원을 찾는 탐색과정이다. 결국 사정은 클라이언트와 그 체계에 관한 정보를 수집하는 체계적 과정이다(이준우 · 채준안, 2007).

이러한 사정은 의료 분야의 진단과는 성격이 다르다. 가령, 오래된 유물이 출토되었다고 하자. 그렇다면 가장 먼저 달려오는 사람이 누구일까? 바로 고고학자일 것이다. 고고학자는 유물의 원래 모습을 있는 그대로 복원시키는 데 심혈을 기울일 것이다. 그렇게 복원하면 다음으로 역사학자가 달려와서 유물의 제작연대를 파악해 발표할 것이다. 예를 들면, B.C. 600년경의 유물이라고 할 것이다. 진단이란 이렇게 단정하는 것이다. 반면, 사회복지실천의 사정은 단정하거나 클라이언트의 상황을 조사해 결정하는 것이 아니라 클라이언트의 상황을 있는 그대로 조사해 설명하는 과정이라 할 수 있다(이준우, 2002; 이준우 · 채준안, 2007).

(2) 사정의 목적

사정은 클라이언트의 욕구와 해결책, 현존하는 문제, 현 상황에서의 클라이언트에 대한 이해에 도달하기 위해 클라이언트와 사회복지사가 문제를 완화하기 위한 계획을 수립하는 데 목적을 둔다. 이에 콤프턴과 갤러웨이(Compton & Galaway, 1999)는 사정의 과정이 다음의 6단계로 이루어진다고 했다(이영호 · 심경순 · 김태준, 2006 재인용).

첫째, 문제상황의 주된 요소를 정확히 이해할 것. 둘째, 클라이언트에게서의 문제의 의미를 이해할 것. 셋째, 클라이언트와 클라이언트 환경에서의 강점을 동일시할 것. 넷째, 클라이언트 목표의 실현가능성을 명확히 할 것. 다섯째, 적극적 사고과정에서 상황에 따라 변화할 수 있는 욕구가 어떤 것인지를 알기 위해 전문적 지식을 활용할 것. 여섯째, 원하는 변화를 어떻게 성취할 것인가에 대한 계획을 수립할 것.

(3) 사정을 위한 자료수집

사정을 정확하게 하는 것은 다양한 자료를 다각도로 수집함으로써 가능해진다. 자료수집은 클라이언트의 문제를 이해하고, 분석하고, 해결하는 데 필요한 자료를 모으는 것을 말한다. 정신보건사회복지사는 자료를 수집하면서 문제를 분석하고 분석과정에서 필요한 정보를 수집한다.

① 7가지 주요 정보원

재스트로(Zastrow, 1992)는 자료를 얻기 위한 주요 정보원을 클라이언트의 이야기, 클라이언트가 작성한 양식, 부수정보, 심리검사, 클라이언트의 비언어적 행동, 중요한 사람과의 상호작용 및 가정방문, 직접 상호작용하면서 느끼는 정신보건사회복지사의 감정 등 다음의 7가지로 보았다(이준우·임원선, 2011 재인용).

첫째, '클라이언트의 이야기'에서 클라이언트가 말하는 것은 대체로 상당한 정보출처이기도 하지만 가끔씩은 클라이언트의 이야기가 편견과 잘못된 인식, 강한 정서적 감정 등에 의해 왜곡되는 경우도 있다.

예를 들어, 망상이 있는 정신장애 청소년의 경우, 어머니가 공부를 못한다고 야단치는 것에 강하게 반발하며 친어머니가 아님이 틀림없다고 확신하며 이야기할 수 있다. 이런 경우 그의 강한 감정에 대한 정보는 받아들이지만 친부모인가 하는 정보는 확인해야 할 필요가 있다. 이외에도 기관이나 정부에서 제공하는 이득을 얻기 위해 거짓을 말할 수도 있다.

또 다른 예로는 우울증으로 정신과치료를 받는 어떤 부인이 기초생활수급권자가 되기 위해 연락을 주고받으며 가끔씩 만나는 남편을 전혀 연락이 안 되는 사람으로 거짓말하는 경우이다. 따라서 정신보건사회복지사는 클라이언트가 말하는 내용의 객관성을 정확히 인지할 수 있어야 한다.

둘째, '클라이언트가 작성한 양식'은 정신장애 클라이언트를 이해하는 중요한 정보원이 될 수 있다.

셋째, '부수 정보'는 정신장애 클라이언트 외에 가족이나 주위 사람으로부터 얻는 정보가 때에 따라서는 클라이언트로부터 얻지 못한 귀중한 정보일 수도 있다. 이러한 부수정보를 얻기 위해서는 반드시 클라이언트의 동의를 얻어야 하고 클라이언트의 동의 없이 정보를 얻어서는 안 된다.

넷째, '심리검사'는 심리학자에 의해 실시되는 다양한 성격 및 지능 검사 결과로부터의 정보로 클라이언트가 응답한 것을 기초로 훈련된 심리학자가 해석하는 것이므로 전문적 지식 없이 함부로 사용해서는 안 된다. 정신보건사회복지사가 활용하는 검사로는 사회성숙도, 결혼만족도, 가족관계의 친밀도, 자아존중감 등이 있다.

다섯째, '클라이언트의 비언어적 행동'은 정신장애 클라이언트의 언어적 표현 못지않게 제스처, 얼굴표정, 손동작, 목소리 톤 등에도 귀중한 정보가 있으며 비언어적 행동을 통해 클라이언트의 감정과 사고가 더 정확하게 전달될 수도 있다.

여섯째, '중요한 사람과의 상호작용 및 가정방문'은 정신장애 클라이언트와 그의 삶에 중요한 사람과의 상호작용을 관찰함으로써 많은 정보를 얻게 되고, 특히 가정방문 시에는 면담실에서 보이는 태도와 달리 훨씬 자연스러운 클라이언트의 행동과 상호작용을 볼 수 있고 그의 문제에 작용한 환경적 영향을 더 잘 파악할 수 있게 된다. 예를 들어, 품행장애 판정을 받은 중학생의 경우 친구들과의 상호작용을 보기 위해 학교를 방문할 수도 있다.

일곱째, '직접 상호작용하면서 느끼는 정신보건사회복지사의 감정'은 정신장애 클라이언트가 정신보건사회복지사에게 수동적이거나 공격적 혹은 의존적인 경우, 다른 사람에게도 그럴 것이라는 예측을 하게 되고 그러한 상호작용 속에서 느끼는 정신보건사회복지사의 감정이 문제행동에 대한 중요한 정보를 제공할 수도 있다.

② 수집된 자료를 통해 얻어야 할 정보의 내용

자료수집에 포함할 요소라 할 수 있는 필요한 정보의 내용 역시 사정의 목적에 따라 다를 수 있다. 자료수집을 통해 얻어야 할 정보의 내용은 접수 시 클라이언트에 대한 기본적 정보, 문제에 대한 깊이 있는 정보, 개인력, 가족력, 클라이언트의 기능, 클라이언트의 자원, 클라이언트의 한계, 장점, 동기 등으로 세부내용은 다음과 같다(이준우·임원선, 2011).

'접수 시 클라이언트에 대한 기본적 정보'는 클라이언트의 이름, 연령, 성별, 학력, 종교, 소득, 가족관계, 결혼여부 등을 포함한다. 정신장애와 관련해서는 진단명, 의료보장 형태 등의 정보를 수집해야 한다. 접수할 때는 문제가 무엇인가에 초점을 두었다면, '문제에 대한 깊이 있는 정보'는 문제에 영향을 미친 요인과 문제를 지속하게 하거나 악화시키는 요인에 대한 정보를 개인적·환경적 측면에서 찾아본다.

'개인력'은 클라이언트가 살아온 역사로 여기에는 영유아기, 학령기, 청소년기, 성인기, 노년기 등 인간의 생활주기에 따른 인간관계, 생활사건, 클라이언트의 감정 등이 포함된다. '가족력'은 원가족의 가족상황과 가족관계, 현재의 가족구성, 가족관계 등이 포함된다.

'클라이언트의 기능'은 지적 기능, 정서적 기능, 신체적 기능, 행동적 기능, 대인관계 기능, 업무능력, 문제해결 능력 등이 포함된다. '클라이언트의 자원'은 현재 이용하는 서비스, 활용 가능한 자원 등이 포함된다. '클라이언트의 한계, 장점, 동기'는 문제를 해결하는 데 클라이언트 개인 혹은 클라이언트를 둘러싼 환경 속에 있는 한계, 장점, 동기 등에 대한 정보가 포함된다.

(4) 사정의 특성

자료를 수집해 분석하고 종합하는 과정으로 서비스 실천개입 과정 전체의 가장 핵심적 부분이라고 할 수 있다. 사정을 통해 정확한 클라이언트의 상황과 문제를 파악하고 이를 토대로 목표를 설정해 개입하므로 개입의 효과는 사정의 정확성에 달렸다. 존슨과 얀카는 사정의 특성을 다음의 10가지로 보았다(Johnson & Yanca, 2001; 이준우 · 임원선, 2011 재인용).

첫째, 계속적 과정이다. 사정은 돕는 과정 내내 계속되는 과정이다. 물론 초기사정이 제일 중요하지만 돕는 과정이 진행되는 동안 새로운 정보가 발견되기도 하고 새로운 이해가 생기기도 하므로 사정은 항상 계속되는 작업이라고 볼 수 있다.

둘째, 이중 초점이다. 사정은 초기과정에서 수집된 정보를 바탕으로 상황 속의 클라이언트를 이해하고 계획의 근거를 마련해야 하는 이중 초점을 갖는다.

셋째, 상호과정이다. 사정의 기본이 되는 자료수집이 정신보건사회복지사와 정신장애 클라이언트의 상호과정 속에서 이루어지므로 사정 역시 상호작용 속에서 클라이언트의 반응을 이해하며 진행된다.

넷째, 사고의 전개과정이다. 사정은 지속적으로 필요한 정보를 수집하고 수집된 정보들을 이용해 클라이언트 상황을 이해하며 부분적 이해를 모아 전체적 맥락 속에서 통합해 사고하는 전개과정이 포함된다.

다섯째, 수평적·수직적 탐색이다. 초기 과정에서는 우선 수평적 정보, 즉 현재의 관계, 능력, 기능 등을 중심으로 클라이언트의 욕구를 발견하고 점차 시간이 지나면서 수직적 탐색, 즉 과거력, 개인력, 문제의 역사 등에 대한 정보를 수집한다. 정신보건사회복지사는 상황과 필요에 따라 수평적·수직적 탐색을 적절히 사용하는 기술이 필요하다.

여섯째, 클라이언트를 이해하기 위한 지식적 근거이다. 클라이언트의 상황을 이해하는 수단으로 전문적 지식을 이용해야 한다. 즉, 정신장애를 이해하기 위해서는 정신의학과 심리학에 대한 이해가 필요로 한다. 상황의 사례에 따라 그에 맞는 지식이 필요할 수도 있다.

일곱째, 욕구 발견과 명확화이다. 사정은 생활상황 속에서 욕구를 발견하고 문제를 정의하며 의미와 유형을 설명한다. 또한 사정은 욕구를 발견하고 욕구만족을 방해하는 것이 무엇인지를 생활상황과 관련지어 명확히 하기 위한 과정이다.

여덟째, 개별화이다. 인간의 상황은 복잡해 어느 것도 같은 것은 없다. 사정은 각 클라이언트의 독특한 상황과 관련되었으므로 모두 다를 수밖에 없다.

아홉째, 판단이다. 사정에는 여러 가지 결정이 있어야 한다. 어떤 내용에 어떤 지식을 응용할 것인지 그리고 어떤 부분을 고려할 것인지, 그것을 클라이언트와 어떻게 연결시킬 것인지, 어떻게 문제정의를 할 것인지 결정하게 된다.

마지막, 클라이언트에 대한 이해의 한계이다. 어떠한 사정도 완벽할 수는 없다. 즉, 상황에 대한 완벽한 이해는 불가능하며 또한 바람직하지도 않다.

(5) 사정의 범주

사정의 범주는 크게 문제의 발견, 문제를 좀더 잘 이해하기 위한 정보의 발견, 정보분석을 통한 문제형성이라고 볼 수 있다.

① 문제의 발견

예를 들어, 부모가 제시한 문제가 정신장애 청소년의 무단결석과 반항적 행동, 폭력적 자해 등이라면 정신보건사회복지사는 학교와 교우관계를 좀더 깊이 있게 알아봐야 한다. 그러나 구체적으로 사례가 진행되다보면 역기능적 부부관계가 청소년의 비행행동에 영향을 미치는 것을 알게 되기도 한다. 그럴 경우, 부부관계에 대한 더욱 깊은 탐색이 필요하다. 클라이언트 중심으로 그의 고유한 가치와 상황 속에서 정의되는 것이므로 정신보건사회복지사는 문제에 대한 정신장애 클라이언트의 이해를 존중하고 그가 문제를 잘 정의할 수 있도록 도와야 한다. 결국 문제정의는 클라이언트의 과업이다.

② 정보의 발견

브라운과 레빗은 사정 시 정보를 수집하는 유용한 지침으로 다음의 12가지 질문(정보수집을 위한 12가지 지침)을 제시했다(Brown & Levitt, 1979; 양옥경 외, 2001; 이준우·임원선, 2011 재인용).

- 누가 문제체계에 관여되었는가?

이 질문의 답은 우선 클라이언트가 제시한 문제에서 찾을 수 있다. 남편과 대화가 되지 않는다는 문제를 제시한 부인의 경우, 그 문제체계에 관여된 주요 인물은 부부일 것이지만 좀더 깊이 탐색해 보면 남편이 대화하지 않는 이유가 부인이 늘 시댁 식구에 대한 불만을 이야기하기 때문이라는 것을 알았다면 문제체계에 관여된 사람들은 남편의 확대가족으로 넓혀진다. 이처럼 처음에 제시된 문제에 따라 문제에 관여된 주요 인물은 쉽게 발견할 수 있다.

• 참여자는 어떻게 관여하는가?

이 질문은 문제체계에 관여된 사람들이 서로 어떻게 상호작용해서 문제를 야기하는가이다. 예를 들어, 어머니는 옆집 아이와 비교하는 행동이 '자식이 잘되기를 바라는 부모의 마음'이라 생각했으나 그러한 어머니의 행동을 받아들이는 아이는 '다른 아이와 비교해 나를 무시한다'라고 생각해서 반항행동을 하는 것이다. 따라서 '선행사건-사고-행동'의 과정에서 관여자들이 서로 어떻게 상호작용하고 상대방의 행동을 어떻게 생각하느냐에 따라 문제행동이 유발될 수 있다.

• 클라이언트가 문제에 어떤 의미를 부여하는가?

이 질문은 아내에게 폭력을 행사하는 남편의 경우, 자신의 폭력을 '아내를 가르치기 위한 것'이라고 생각할 수 있다. 클라이언트가 문제행동에 부여한 의미는 행동을 하게 된 동기를 이해하게 할 뿐만 아니라 왜 변화가 일어나지 않는지 또한 이해하게 한다. 즉, 남편은 '아내를 가르치기 위한' 폭력을 그만둘 이유가 없기 때문이다. 따라서 어떤 경우에는 클라이언트가 문제행동에 부여한 의미 자체가 변화의 표적이 될 수 있다.

• 어디서 문제행동이 일어나는가?

이 질문은 학교에서는 지나치게 과잉행동을 보이는 아이가 집에서는 그런 행동을 보이지 않는다면, 집과 학교의 환경적 차이에서 과잉행동을 유발하는 요인을 발견할 수 있다. 집에서는 부모가 전적으로 관심을 보이지만 학교에서는 선생님의 관심이 다른 아이로 분산되기에 선생님의 관심을 끌기 위해 과잉행동을 보일 수 있다. 이처럼 문제행동을 보이는 장소와 보이지 않는 장소의 차이를 통해 어떤 종류의 불안, 긴장, 스트레스가 문제행동을 야기하는지 알 수 있다.

• 언제 문제행동이 일어나는가?

심각한 불안증세를 보이는 중년 부인의 경우 일요일에 남편과 종일 같이 있게 될 경우 증세가 더 심해지고 평상시에는 줄어든다면 그녀의 불안증세가 남편과 함께하는 상황 때문에 촉진됨을 알 수 있다. 문제행동이 일어나는 시기와 줄어드는 시기의 차이점을 통해 유발 요인을 발견해 그 요인에 관련된 사람들의 행동을 더 깊게 탐색할 수 있다.

• 문제행동이 일어나는 빈도는 어느 정도인가?

어떤 사람은 가끔 우울한 데 반해 어떤 사람은 매일 우울해 집안일도 거의 못하고 죽고 싶다는 생각에 사로잡혔다면 후자의 경우 '우울'이라는 문제상황이 그와 그의 가족에게 훨씬 더 심각한 영향을 준다는 것을 알 수 있다. 이런 질문을 통해 우울의 정도가 어느 정도 심각한지도 분명해진다. 문제행동이 얼마나 클라이언트의 전반적인 삶에 폭넓게 영향을 미치는지를 이해하는 데 도움을 준다.

• 문제행동은 언제부터 있었는가?

문제행동이 언제 발생해 어떤 과정을 거쳐 진행되었는가 하는 것이다. 제일 처음 문제행동이 발생했던 상황에 대한 깊이 있는 탐색은 초기의 유발요인을 발견하는 데 도움을 준다. 예를 들어, 결혼 초부터 지금까지 20년간 남편의 폭력을 참아오다가 왜 이제야 도움을 요청하는가 하는 질문에 부인이 “막내가 최근 대학에 들어갔기 때문에 더는 참고 살고 싶지 않다며 이혼을 도와 달라”고 할 수 있다. 이처럼 도움을 통해 얻고자 하는 클라이언트의 욕구를 알 수 있게 해준다.

- 문제와 관련해 채워지지 않은 욕구는 무엇인가?

클라이언트는 자신의 원하는 바를 피상적으로 이야기하기 쉽다. 예를 들어, 성격이 맞지 않는다며 끊임없이 다투는 부부의 경우, 좀더 깊게 감정을 들여다보면 그들은 서로에 대한 의존적 욕구가 만족되지 않아 싸우는 것을 알 수 있다. 이렇게 채워지지 않는 욕구는 결국 두 사람이 타협해야 될 목표가 되고 목표는 의존적 욕구를 만족으로 문제행동인 부부싸움이 줄어들도록 하는 것이다.

- 문제에 대한 클라이언트의 정서적 반응은 어떠한가?

예를 들어, 남편의 늦은 귀가가 외도 때문이라고 생각해서 분노한 부인이 남편이 들어오자마자 화를 냈고 남편은 현관에 들어오다 말고 다시 문을 닫고 나가버렸다. 결국 늦게 들어오는 남편의 행동보다 그녀의 분노가 부부관계를 악화시키는 것이다. 감정이 지나칠 경우 오히려 문제가 더 악화될 수 있고 경우에 따라 행동보다 감정이 더 문제가 되어 감정을 일으킨 선행 문제행동의 중요성이 가려지기도 하기 때문에 매우 중요한 질문이다. 이러한 이유로 사회복지사는 문제에 대한 클라이언트의 정서적 반응을 탐색하게 된다.

- 클라이언트는 그동안 문제에 어떻게 대처했으며 문제를 해결하는 데는 어떤 기술이 필요한가?

이 질문은 클라이언트가 스트레스를 감당하는 수준과 그의 문제해결 및 대처기술의 정도를 파악하는 데 많은 도움이 된다. 예를 들어, 부모의 심각한 부부갈등에 힘들어하는 청소년의 경우, 과거 부모가 더 심하게 싸울 때 어떻게 견뎠는지 탐색했다. 과거에는 누나가 부모 사이에서 적극적으로 개입했기 때문에 부모가 헤어져 자신이 버림받을 수 있다는 두려움이 없었으나 이제는 누나가 결혼해 지방에 살기 때문에 더는 의존할 수 있는 대상이 없어 힘들어진 것이다. 결국 과거 상황을 탐색해 봄으로써 청소년의 스트레스 인내수준과 의존적 대처방식을 알 수 있었다. 사회복지사는 그가 더는 의존적이지 않고 스스로 스트레스를 감당해 낼 수 있는 기술을 갖도록 훈련이 필요함을 알 수 있다.

• 클라이언트는 어떤 장점과 기술을 갖는가?

이 질문은 클라이언트의 장점과 잠재력을 적극적으로 활용함으로써 클라이언트가 상실된 힘을 회복하고 자기비난과 자신에 대한 부정적 평가에서 벗어날 수 있도록 도와주는 것이다. 방법은 클라이언트가 자신에 대한 긍정적 시각을 가짐으로써 스스로 문제해결의 주체가 되고 변화에 대한 강한 동기와 클라이언트가 스스로 보지 못하는 장점을 볼 수 있도록 돕고, 그가 갖는 문제해결에 필요한 기술이 무엇인지 적극적으로 찾아내 활용하도록 도와야 한다.

• 필요로 하는 외적 자원은 무엇인가?

예컨대 노숙자가 과도한 음주를 한다면 그에게 의료보호 서비스가 제공되도록 동사무소와의 연결이 필요하고 또한 음주와 관련된 치료체계와 접촉할 수 있도록 사례관리자로서 클라이언트에게 적절한 서비스를 적절한 시기에 할 수 있게 지역사회의 자원에 대한 정보를 가져야 한다(양옥경 외, 2001; 이준우 · 임원선, 2011 재인용).

③ 문제형성

사정의 세 번째 범주는 정신장애 클라이언트가 호소하는 문제와 욕구 그리고 욕구충족을 방해하는 요인을 고려해 문제를 형성하고 그것을 통해 목표설정과 개입계획을 세우는 것이다. 문제형성은 그동안 얻어낸 정보를 분석해 사회복지사의 전문적 소견으로 판단하는 것이다. 존슨과 얀카(Johnson & Yanca, 2001)는 문제형성을 위해서는 ① 무엇보다도 우선 충족되지 못한 욕구를 찾아내고, ② 어떤 요인이 욕구충족을 방해하는지를 고려해야 한다고 했다.

예를 들어, 남편이 일에만 열중하고 대부분의 시간을 직장에서만 보내는 것에 불만을 가지는 클라이언트의 경우, 그녀가 제시한 '남편의 일중독' 문제를 '남편으로부터 존중받고 싶은', '남편에게 자신이 중요한 존재임을 느끼고 싶어 하는' 그녀의 욕구로 바꾸는 것이다. 즉, 남편이 직장일도 책임 있게 하면서 존중과 사랑을 받고 싶은 아내의 욕구를 만족시키기 위해 서로가 어떻게 노력해야 할지를 타협한다. 결국 필요보다 욕구가 인간생존에 더 기초적인 것이다. 그러기에 사회복지사는 이 부부의 욕구만족을 방해하는 요인이 무엇인지를 찾아내어 부부가 자신의 불안을 상대방에게 표현하며 서로의 상황을 잘 이해할 수 있도록 대화기술을 가르쳐줄 수 있다.

2) 사정분류체계

정신보건사회복지 실천현장에서 정신장애를 가진 클라이언트를 사정하는 분류체계로는 과거 DSM-Ⅳ의 축 Ⅳ의 심리사회적 환경적 문제(*psychosocial and environmental problems*)에 기초한 사정도구를 제시할 수 있다. 이는 미국 정신의학의 영향을 많이 받는 우리나라 정신과의사들이 사용하는 정신장애인 진단분류체계 중 하나이다. 그리고 보충적으로 ICD-10을 사용한다(이영호·심경순·김태준, 2006). 따라서 정신보건 영역에서 정신보건사회복지사 또는 정신과의사 등과 함께 다학제 간 팀워크 활동을 통해 서비스를 제공하므로 이러한 진단분류체계에 익숙하다.

그러나 이런 분류체계는 사회복지의 가장 설득력 있는 시각이라고 할 수 있는 '환경 속의 인간'(*person in environment*·PIE)의 사회적 기능수행 문제를 충분히 사정하지 못하는 한계가 있다. 이에 미국사회복지사협회(National Association of Social Workers·NASW)에서는 '환경 속의 개인'이라는 시각을 적용해 개인의 문제, 개인의 사회적 기능수행의 문제를 사정하는 데 필요한 표준화된 분류체계(PIE manual)를 개발했다.

또한 이를 사회문화적 환경이 다른 동서양의 여러 나라에서 적용한 실제 경험을 정리·제시해 사회복지사 고유의 사정분류에 도움을 제공했다. 일본에서도 1988년 정신보건사회복지사협회의 업무검토위원회가 업무지침을 발표했으며 PIE, DSM-Ⅳ, ICD-10 등을 이용한 종합적 문제사정을 권유한다(김창곤, 2003: 18). 여기서는 PIE 사정분류체계에 대해 살펴본다(이영호·심경순·김태준, 2006).

PIE 사정분류체계는 성인 클라이언트의 사회적 기능의 문제를 묘사하고 분류해 코드화한 것이다. PIE 분류체계는 문제의 인과관계를 제공하는 것이 아니기 때문에 진단적 분류가 아니다. 오히려 클라이언트가 제시하는 사회적 기능수행상의 문제를 적절하게 사정하기 위한 정보를 모으고 정렬하는 도구로 이해할 수 있다.

특히, PIE 분류체계는 DSM-Ⅳ 분류방식이 질병이나 장애의 치료를 강조하고 개인이 처한 문제에 지나치게 초점을 두기 때문에 개인과 환경 간의 상호작용과 클라이언트의 사회적 기능수행의 문제를 효과적으로 파악할 수 없는 한계 등을 극복하고자 NASW에 의해 개발되었다(임상사회사업연구회 역, 2000).

PIE 분류체계가 개발됨으로써 정신보건사회복지사도 자체의 보편적 사정체계를 가지고 이를 효과적으로 사용할 수 있어 궁극적으로 정신장애 클라이언트에 대한 더욱 효과적 실천개입이 가능해졌다. 또한 정신보건사회복지가 전문적 지식과 실천영역을 설정하고 의학, 정신과학, 법학, 심리학 등과 같은 정신장애인에 대한 다양한 인간 서비스와 차별화되는 특성을 가질 수 있게 되었다. 특히, PIE 분류체계는 정신보건 현장에서 정신장애 클라이언트가 다른 사람과의 관계에서 발생하는 사회적 기능수행에서의 문제점을 제거하는 일과 사회제도와 정책에서의 문제점을 해결하는 일에 크게 기여할 것이다.

PIE 분류체계는 다음 4가지 요소로 구성된다(임상사회사업연구회 역, 2000; 이영호·심경순·김태준, 2006). 요소 Ⅰ은 사회적 기능수행 문제 유형, 정도, 지속기간, 대처능력을, 요소 Ⅱ는 환경문제, 정도, 지속기간을 나타나며 요소 Ⅲ은 정신건강 문제를, 요소 Ⅳ는 신체건강 문제로 구성된다.

요소 Ⅰ은 사회적 기능수행 문제(사회적 기능수행을 침해하는 대인관계의 요소에 초점을 맞추는 것)로 인간의 사회적 역할이란 부모로서, 학생으로서, 고용자로서 사회에서 인지되고 정해진 지위라는 용어이다. 특정문화와 클라이언트에게 영향을 주는 사회적 요인을 고려해야 하며 PIE 강점으로는 클라이언트 삶의 다양함을 인정한다는 것이다. 부모역할은 다양함 속에 포함되지 않으며 임금을 받는다면 유급직장인(*worker role paid economy*) 으로 인정한다.

전통적으로 아내의 역할로 알려진 인식의 내용도 여자만이 아닌 남녀 누구나 수행할 수 있다.

- 가족의 역할을 파악하고자 한다.
- 대인관계의 수준을 살펴볼 수 있다.
- 직업적 역할을 이해하고 수행할 수 있는지를 점검한다.
- 특별한 삶의 상황에서의 역할을 담당할 수 있는지를 살펴본다.
- 사회적 역할에서 언급하지 않은 영역은 기타 항목으로 구분하고 사회적 역할은 구체화해야 한다.
- 문제의 영역뿐만 아니라 경험한 문제의 종류를 설명하는 것이 필요하다(대인관계의 어려움/권력형, 양가감정형, 의존형, 상실형, 고립형, 희생형, 기타 유형).

이 기준은 배타적이지 않기 때문에 한 가지 이상 해당될 수 있다. 정신보건사회복지사는 긴장관계와 대인관계상 어려움의 본질을 밝혀내고 문제상황을 명확히 알아내 치료적 개입을 촉진해야 한다. 상호관계의 어려움은 두 사람에게 해당된다.

분리는 개인이 감정적으로 애착하던 사람이나 물건으로부터 떨어져 나오는 것이다. 상실은 대체로 영구적 분리와 그러한 사건에 동반되는 슬픔의 과정이다. 상실, 죽음, 신체적 거리감 등은 불안, 후회, 분노, 무기력, 에너지의 부족, 의지, 변화하는 능력의 부족 등을 유발한다. 이러한 상황에서 사회적 역할수행은 어려워진다. 많은 사람에게 역할의 상실은 그 자체로서 의미 있는 인생의 사건이다. 사회적 지위 변화 역시 종종 상실로 경험되며 앞서와 같은 유형에 포함된다.

요소 Ⅱ, 즉 환경의 문제는 클라이언트의 사회적 기능과 사회적 안녕에 영향을 주는 외부적 요소에 초점을 맞추는 것이다. 환경은 사람이 살아가는 신체적 상황과 사회적 상황 모두를 말하며 자연적 환경과 사람이 만든 상황 모두의 합이다. 정신보건사회복지에서 인간과 환경은 서로를 사용하고 만들며 상호작용하는 것으로 간주한다. 다음의 6가지 중요한 사회적 체계, '경제/기본욕구 체계', '교육/훈련 체계', '사법/법적 체계에서의 문제', '건강 · 안정 · 사회서비스 체계', '자발적 모임 체계', '정서적 지지체계'가 잘 가동된다면 유토피아가 될 것이다.

문제의 심각성은 6점 척도로 '문제없음', '가벼운 심각성', '중간 정도의 심각성', '심한 심각성', '아주 심한 심각성', '파국'(즉각적이고 직접적 개입이 필요)으로 6개의 등급을 나눌 수 있다.

문제의 지속성은 문제의 지속기간이나 최근 성향을 나타내며 6개 범주로 '5년 이상', '1~5년', '6개월~1년', '1~6개월', '2~4주', '2주 이하'로 구분할 수 있다. 대처지표는 정신보건사회복지사가 클라이언트가 문제를 푸는 능력, 독립적으로 행동하는 능력, 자아감정, 통찰력 그리고 지적 능력을 판단해 기록한다. 지표내용으로는 '뛰어난 대처기술', '평균 이상의 대처기술', '적절한 대처기술', '약간 부적절한 대처기술', '부적절한 대처기술', '대처기술 없음'으로 구분할 수 있다.

요소 Ⅰ과 Ⅱ를 사용할 때 일반적으로 9개의 지침이 있다. 첫째, 문제에 대한 설명과 기술이 클라이언트의 용어가 아닌 정신보건사회복지사의 사정에 의한 용어이어야 한다. 둘째, 각 요소마다 문제가 있어야 하는 것은 아니다. 셋째, 문제가 진술되었다면 그것을 기록할 수 있어야 한다. 넷째, 문제에 대한 기술은 정신보건사회복지사와 클라이언트의 관계에서 여러 가지 관점에 의해 행해야 하고(인테이크, 시작, 중간,

종결), 기술은 시간에 따라 바뀔 수 있다. 다섯째, 정신보건사회복지사는 각각의 요소에서 확인되었던 많은 문제를 기록할 수 있다. 여섯째, 현재 형태에서 이 체계는 사회적 기능수행의 문제를 기록하는 데만 사용할 수 있다. 일곱째, 만약 한 요소에서 한 가지 이상의 문제가 있다면 정신보건사회복지사의 판단에 따라 심각성의 순서를 고려해야 한다. 여덟째, 정신보건사회복지사는 한 요소 Ⅰ의 문제에 영향을 주는 요소 Ⅱ의 문제만을 리스트에 올려야 한다. 아홉째, 정신보건사회복지사가 한 사람 이상(가족, 집단 등)과 일한다면 PIE 분류체계는 각각의 성인을 대상으로 행해야 한다.

요소 Ⅲ인 정신건강 문제에서는 정신보건사회복지사는 클라이언트에 대한 이해와 개입과 관계가 있는 현재의 정신적, 성격적 혹은 발달상의 장애 혹은 상태를 표시해야 한다. 이와 같은 문제는 DSM-Ⅳ의 축 Ⅰ, Ⅱ에 있다.

요소 Ⅳ의 신체건강 문제는 정신보건사회복지사가 클라이언트의 사회적 역할수행과 환경문제에 대한 이해 및 유지에 관련 가능성이 있는 현재의 신체장애 혹은 현재 상태를 표시하도록 한다. 정신보건사회복지사는 의미 있는 신체적 문제를 정규적으로 질문하고 그 질문의 결과를 요소 Ⅳ에 기록해야 한다.

정신보건사회복지사에게 PIE 분류체계가 유용한 5가지 이유는 다음과 같다(이영호·심경순·김태준, 2006). 첫째, PIE 분류체계는 사회복지실천의 생태체계적 관점이나 사람과 상황으로 일관된 문제 분류기준을 나타낸다. 둘째, PIE 분류체계는 클라이언트에 대한 낙인과 편견을 없애고 문제의 환경적 요소, 적응능력, 강점을 구체화시킨다. 셋째, PIE 분류체계는 사회복지 자체의 분류기준을 제공할 수 있기 때문에 다른 전문직에 의해 개발된 진단체계가 갖는 사회복지의 욕구에 불합리하고 부적절한 부분을 제거할 수 있다. 넷째, 문제의 형태를 개념화하고 묘사하고 해석하는 데 도움을 줄 수 있다. 다섯째, 문제정의와 개입 사이의 연결을 요구하지 않는다. 정신보건사회복지사와 정신장애 클라이언트는 클라이언트의 독특한 상황적 기초와 사회복지사의 지식기초에 가장 적절한 개입을 선택하는 데 매우 자유롭다.

3. 심리사회적 사정과 임파워먼트 모델

정신보건사회복지에서 정신장애 클라이언트의 사정은 우리의 문화, 정치, 전통, 환경 등이 포함되는 전체적 구도 속에서 폭넓은 시각과 예리한 임상적 관점으로 이루어져야 한다(이영호·심경순·김태준, 2006). 이를 위해 정신보건사회복지 현장에서 수행되는 사정은 생태체계 이론, 강점지향 이론, 정신사회재활 이론 등을 기반으로 정신역동, 대상관계, 사회학습, 위기개입, 과제중심 모델과 임파워먼트 모델 등을 총합한 '통합-절충주의' 접근이라 할 수 있는 심리사회적 사정이어야 한다.

〈그림 6-1〉은 정신보건사회복지 실천개입에 대한 '통합-절충주의' 접근에 기반을 둔 이론과 모델 속에서 사정의 영역을 나타낸다. 이러한 사정은 현재 정신보건사회복지사가 갖추는 지식체계, 즉 정신장애의 원인과 접근에 대한 배경지식, 정신병리, 면접과 다양한 수준의 상담기술에 의해 효과성이 담보된다. 동시에 정신보건사회복지 실천개입에서 사정 시 활용되는 지식과 근거이론 그리고 모델은 사정 역량의 토대가 되므로 충분히 익숙해져야 한다(이영호·심경순·김태준, 2006).

〈그림 6-1〉 '통합-절충주의' 접근에 기반을 둔 심리사회적 사정의 영역

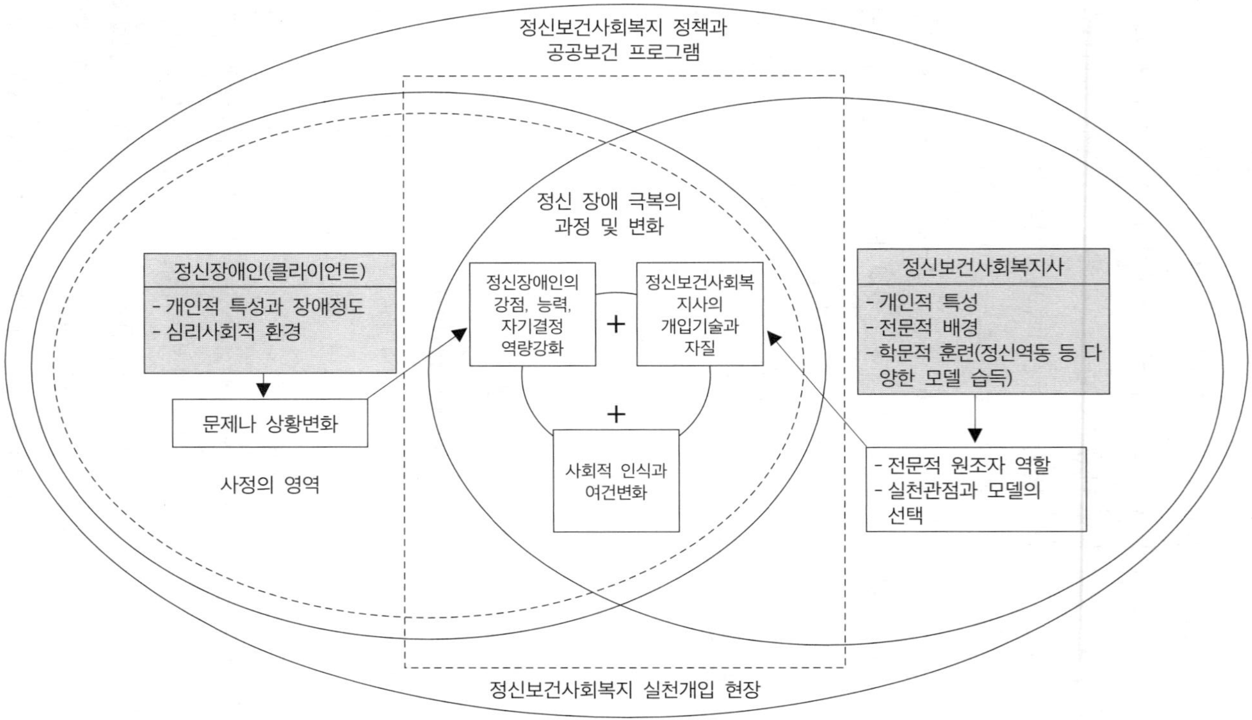

정신보건사회복지 정책과
공공보건 프로그램

정신 장애 극복의
과정 및 변화

정신장애인(클라이언트)
- 개인적 특성과 장애정도
- 심리사회적 환경

문제나 상황변화

사정의 영역

정신장애인의
강점, 능력,
자기결정
역량강화

+

정신보건사회복
지사의
개입기술과
자질

+

사회적 인식과
여건변화

정신보건사회복지사
- 개인적 특성
- 전문적 배경
- 학문적 훈련(정신역동 등 다양한 모델 습득)

- 전문적 원조자 역할
- 실천관점과 모델의 선택

정신보건사회복지 실천개입 현장

심리사회적 사정을 위한 모델로는 정신역동, 대상관계, 사회학습, 위기개입, 과제중심 모델과 임파워먼트 모델 등을 들 수 있다. 그런데 정신역동 모델만 해도 프로이트의 정신분석학, 아들러의 개인심리학, 융의 분석심리학 등 다양한 이론을 전제하며 대상관계, 사회학습, 위기개입, 과제중심 모델 등도 마찬가지라고 생각한다.

이 책에서 이 이론을 모두 다룰 수는 없으며 이에 대한 이해는 정신보건사회복지를 공부하는 예비 사회복지사나 이미 현장에서 근무하는 정신보건사회복지사라면 기본적으로 갖춰야 할 것이다. 다만, 임파워먼트 모델의 경우는 정신보건사회복지사에게 점차 중요성이 더해지며 최근 급부상하기 때문에 이 책에서 '정신보건사회복지 실천개입'이라는 측면에서 체계적으로 정리하고자 한다.

1) 정신장애인과 임파워먼트

(1) 임파워먼트의 개념과 정의

임파워먼트(*empowerment*)는 파워(*power*)를 부여하는 의미로서 파워란 '권한'과 '능력'이라는 두 가지 의미를 갖는다. 실제로 웹스터 사전은 empower의 뜻을 '권한을 부여하다'(*give authority to*)와 '능력을 부여하다'(*give ability to*)의 두 가지로 설명한다. 그러나 의미는 매우 다양하기 때문에 관련 학자마다 상이하게 정의를 내린다. 우리나라에서 임파워먼트는 권한부여, 권능강화, 권력주체화, 세력화, 역량강화 등으로 번역해 사용했으나 본질적 개념이 달라질 수 있으므로 원어 그대로 임파워먼트를 사용하는 경우가 많다(이준우 · 임원선, 2011).

임파워먼트는 개념에 대한 분명한 합의가 이루어지지 않은 채 학자

〈표 6-1〉 임파워먼트에 의해 개입할 수 있는 차원

차원	의식고양 문제사정	문제해결 활동	행동가	변화대상
개인적 차원	정치 · 경제적 억압과 내 · 외부적 측면에 대한 지속적 사정과 비판적 사고의 증진	1. 사회복지사와 클라이언트의 관계설정/직접적 욕구충족 2. 개인과 가족에게 존재하는 서비스와 정보전달 3. 의식고양의 과정시작 4. 자원을 어떻게 찾고 요구하는가에 대한 사실적 인식	개인 · 가족, 사회복지사	개인, 가족
대인 관계적 차원		1. 자조, 개인성장 2. 상호 문제해결을 위한 지식과 기술의 개발 3. 문제해결을 위해 집단 활용 4. 새로운 기술발달을 지지하고 조정함 5. 육체적 · 심리적 · 사회적 관점에서 문제해결	개인 · 가족, 사회복지사, 소규모 집단	공통문제를 가진 개인, 집단
환경 · 조직적 차원		1. 자원에 대한 접근성의 보장 및 중간수준의 체계변화 2. 조직 · 자원에 대한 지식의 획득 및 개발 3. 전문가와 관리자와의 의사소통 기술개발 4. 조직변화와 지역사회와의 변화 기술개발 5. 의사결정 기회에 참가, 조직체의 결성 6. 공식적 조직에 참가와 자조 프로그램 개발	개인 · 가족, 사회복지사, 소규모집단, 대규모집단, 문제중심 관계망	개별기관 조직체
사회 · 정치적 차원		1. 정치 · 사회적 변화를 위한 사회행동에의 참가 - 캠페인, 로비, 피케팅 2. 개별적 문제의 정치적 특성으로 구체화 3. 정치 · 경제 · 국가적 이슈에 대한 기술획득 및 개발 4. 협상기술, 변화 활동에 참가	개인 · 가족, 사회복지사, 대 · 소규모 집단, 지역사회, 지방정부조직, 국가조직	공동체, 입법부, 사법부, 지방, 정부, 국가

출처: Cox & Parsons(1994: 15. 재구성).

마다 다양한 의미로 사용했다. 임파워먼트 개념을 설명할 때 오해를 방지하기 위해 임파워먼트는 무엇이 아니라는 식으로 설명하거나 개념에 대한 포괄적 정의를 시도하기보다는 부분적 특징을 강조해 설명하는 경우가 많다(Somers, 1997).

임파워먼트의 개념은 개인적 변화수준, 지역사회 변화수준 또는 조직적 변화수준 등으로 다양하게 설명한다. 개인적 변화를 강조하는 미시적 접근에서 임파워먼트란 기존의 치료중심의 실천에서 클라이언트를 문제가 있는 사람으로 규정하는 것에서 벗어나 클라이언트의 강점을 강조함으로써 클라이언트의 잠재역량 및 자원을 인정한다. 또한 클라이언트가 삶을 결정할 수 있도록 역량을 부여하고자 하는 것이다(Sheafor, Horejsi & Horejsi, 1988).

임파워먼트에 대한 주요 학자의 정의를 간략히 소개하면 다음과 같다. ① 임파워먼트는 정신보건사회복지 서비스를 제공받는 정신장애 클라이언트가 서비스의 내용과 범위에 관해 통제성을 갖는 것이다(Parsloe, 1996). ② 개인이나 집단이 무력한 상태에서 상대적으로 힘을 가진 상태가 되는 과정이다(Staples, 1990). ③ 할 수 있다는 신념을 강화시키는 행동, 사람의 내적 신념의 변화과정이다(McClelland, 1975). ④ 집단과 조직의 파워 자체를 키우는 현상이다. 협동, 나눔, 함께 일함을 통해 힘을 구축하고 개발하며 증대하는 행동이다. 또한 힘의 공동상승 효과를 기초로 한 전문가-클라이언트의 상호발전적 과정이다(Vogt & Murrell, 1990). ⑤ 조직행동에 관한 정보, 조직행동에 기초한 보상, 조직 구성원이 조직행동을 이해하고 수행할 수 있도록 하는 지식, 조직의 방향과 행동에 영향을 미치는 의사결정권을 종업원에게 주는 것이다(Bowen & Lawler, 1992). ⑥ 합법적 권한, 무엇인가를 해 낼 수 있는 능력, 에너지 또는 원동력이다. 과업성취에서 자신의 노력이 결과에 미치는 영향이며 주어진 직무를 능숙히 처리할 수 있는 능력, 스스로의 행동에 의해 직무를 결정하는 선택 등 내적 직무동기를 조직 구성원에게 부여하는 과정(Thomas & Velthouse, 1990)으로서 단순히 파워를 주는 것, 개인에게 권한을 위임하는 것뿐만 아니라 스스로 할 수 있다는 신념을 고양하게 하는 주체적 역량이자 에너지임을 강조한다.

임파워먼트에 대한 폭넓은 이해와 시각을 제공한 것은 콘저와 카웅(Conger & Kanung, 1988)의 정의이다. 이들은 임파워먼트의 개념을 관계 구조적 측면과 동기부여적 측면에서 정의를 내린다.

첫째, 관계 구조적 측면은 조직구성원의 활력을 조성하기 위해 권한을 부여하는 과정, 조직 내의 일정한 권한의 배분이나 법적 파워를 조직구성원에게 배분하는 과정이라고 했다. 여기에는 적절한 파워의 배분을 통해 파워의 균형을 이루도록 하는 의미가 포함되었다.

둘째, 동기부여적 측면에서는 '할 수 있다는 믿음이나 판단', 즉 자기효능감(*self-efficacy*)을 부여하는 과정으로 보았다. 따라서 파워와 자기효능감에 관련한 다양한 관리기법 등 임파워먼트의 많은 요소가 동원된다. 따라서 이전의 어떤 학자의 정의보다도 임파워먼트 개념에 포괄적으로 접근했다는 평가를 받는다(김우택, 1997).

이상과 같은 의미를 바탕으로 정신보건사회복지사의 임파워먼트를 정의한다면 임파워먼트란 정신보건사회복지사의 업무수행 능력을 제고하고 관리자가 지니는 권한을 이전해 정신보건사회복지사의 책임범위를 확대함으로써 그들이 보유하는 잠재능력 및 창의력을 최대한 발휘하도록 하는 방법이라고 할 수 있다.

(2) 정신장애인을 대상으로 한 임파워먼트의 개념

정신장애인은 정신질환으로 인해 잦은 입원과 사회활동의 위축으로 일상적 행동이 퇴행하거나 긴장된다. 이들은 대부분 만성화 과정을 밟으며 스트레스에 약하고 자존감의 저하, 대인관계, 직업문제 등에서 어려움을 가지고 무기력을 경험한다(황태연, 1997). 또한 정신장애인이 경험하는 무기력은 가족을 포함한 전문가 집단 그리고 비장애인이 정신장애인을 바라보는 잘못된 편견과 이로 인한 광범위한 사회적 차별에서도 비롯된다. 즉, 정신장애인에 대한 사회적 반응에 대해 정신장애인 스스로가 이를 내면화해 억압한 결과로서 나타나기도 한다(박미은, 2001). 따라서 이러한 정신장애인의 무기력을 극복하고 자신과 주변에 대한 통제력을 확보하기 위해 임파워먼트 모델에 근거한 사정과 정신보건사회복지 실천개입이 필요한 것이다.

임파워먼트 실천은 인간의 약점이나 역기능보다는 장점이나 순기능을 강조하는 특성이 있어서 정신장애인이 갖는 잠재력, 용기, 통제력, 희망과 같은 긍정적이고 유용한 요소를 끌어내 활용할 수 있다(박소영, 2006). 이러한 상황을 볼 때 정신장애인에게 파워를 획득시킴으로써 정신장애인의 병리적 문제, 취약점에 대한 선입견을 상쇄하는 영향력이 있는 임파워먼트 실천은 정신장애인의 사회적 재활에 필수적 조건이 될 수 있다.

정신장애인의 임파워먼트는 무기력을 경험하는 정신장애인이 내면적 무기력을 극복할 뿐 아니라 무기력을 유발하는 사회구조적 요인, 즉, 전문가 집단이나 가족관계로부터 억압된 권리를 인식하고 스스로의 권리와 파워를 획득함으로써 본인의 삶에 통제력을 갖는 과정과 결과로 설명할 수 있다(엄미선, 2003).

임파워먼트된 상태, 즉 임파워먼트의 결과는 개인 내적, 대인관계적, 사회정치적 차원에서의 변화를 의미하며 이러한 과정상에 나타나는 변화는 개인적 태도와 가치의 변화, 집단의식의 변화로서 문제해결에 관한 지식과 기술의 증가, 환경에 대한 통제감의 증가 등으로 설명할 수 있다(정덕진, 2006). 이러한 임파워먼트의 궁극적 목적은 개인의 사회적응을 말하는 것(Rappaport, 1987)이다.

정신장애인의 임파워먼트는 먼저 정신장애인만이 겪는 독특한 경험을 이해하고 사회에서 정신장애인이 차지하는 위치를 파악하는 것이 중요하다. 또한 정신장애인이 가진 힘과 무기력의 본질적 의미를 이해하는 것이 필요하다. 정신장애인 개인과 가족을 혼합한 집단, 나아가 지역사회의 수준에서 그들로 하여금 자신과 상황에 대한 통제력을 회복해 무기력을 극복할 수 있도록 도와주는 개입, 기술, 과정을 포함하는 실천모델(*practice model*)로 보고자 한다.

정신장애인의 임파워먼트는 정신장애인의 기능향상과 더불어 자기옹호를 하는 능력이라고 할 수 있다. 특히, 정신장애인의 임파워먼트는 자율성과 자아존중감 등과 관련이 있으므로 그들 스스로의 독립적 생활을 유지하기 위해서는 임파워먼트의 수준이 높아져야 한다고 생각한다(최말옥, 2002). 임파워먼트는 크게 관계적 임파워먼트와 심리적 임파워먼트의 두 관점으로 이해할 수 있으며 임파워먼트를 달성하기 위해서는 관계적 임파워먼트나 심리적 임파워먼트 어느 하나의 접근만으로 불충분하다. 심리적 임파워먼트가 개인의 인지적 평가와 감정을 중요시하지만 이를 위한 실제적 환경의 변화가 따르지 않는다면 개인이 파워를 느끼기 어려울 것이다(박소영, 2006). 따라서 임파워먼트는 심리적 접근과 관계적 접근 모두가 강조되어야 하는 개념이다.

2) 임파워먼트 모델의 특징

임파워먼트 모델의 특징은 다음과 같다(양옥경 외, 2006).

(1) 전문적 관계에 대한 새로운 시각: 협력과 파트너십

전통적으로 예측, 통찰, 지식, 활동계획이 있는 우월적 정신보건사회복지사가 통찰, 지식, 행동 계획이 부족한 의존적 클라이언트를 돕는 것이 '전문적 사회복지실천'이라는 인식이 팽배했던 것이 사실이다. 이에 따라 정신보건사회복지사는 치료자이고 클라이언트는 서비스의 수동적 수혜자로서 기능했다. 이러한 불평등한 전문직의 관계는 임파워먼트에서는 효과적 팀워크, 전문적 협동 그리고 정신보건사회복지사와 클라이언트, 정신보건사회복지사 간, 정신보건사회복지사와 기관과 같은 현존하는 협력적 향상을 위한 현재의 욕구를 강조한다.

클라이언트를 원조과정의 파트너로 보는 것은 클라이언트를 개성과 잠재력을 가진 인간 및 자원으로 인식해 클라이언트의 참여를 중시하고 변화노력의 모든 과정에서 클라이언트의 자기결정권을 강조한다는 것이다. 따라서 정신장애인은 전문가적 파트너로서 변화과정에 능동적으로 참여하는 파트너이며 정신장애인 자신이 처한 환경과 능력을 가장 잘 아는 사람으로 간주된다. 이는 정신보건사회복지사와 정신장애인 간의 상호 협력적 파트너십을 갖게 한다.

(2) 클라이언트에 대한 새로운 시각: 소비자 혹은 고객

임파워먼트 모델은 클라이언트에 대한 시각을 변화시킨다. 즉, 클라이언트는 기존의 수혜자, 환자, 도움을 받는 사람이라는 낙인으로부터 소비자 혹은 고객이라는 개념으로 전환된다. '소비자' 혹은 '고객'이라는 용어는 정신보건사회복지사와 클라이언트 파트너십 내에서 클라이언트의 자기결정권 보호와 활동적 역할을 강조하는 것이다.

클라이언트를 소비자로 보는 것은 이들이 시민의 권리로서 혹은 구매자로서 공적 · 사적 조직으로부터 그들이 필요로 하는 것에 대한 정보를 구하고 선택하고 계약하는 사람으로 기대되는 것이다. 임파워먼트 접근에서는 클라이언트를 개입의 객체가 아니라 주체로 보기 때문에 자기결정권을 가장 잘 보호하고 반영할 수 있다는 장점이 있다.

(3) 파워

파워(*power*)란 인간체계의 구성원을 돌보는 기능을 수행할 수 있으며 다른 체계와 효율적으로 상호작용하고 사회적 · 물리적 환경의 자원체계에 기여할 수 있는 능력을 말한다. 즉, 파워는 주위 환경과 상호작용하기 위해 체계가 소유하는 지식과 기술의 질로 정의할 수 있다. 파워는 개인의 특성, 대인관계, 사회적 · 물리적 환경에서 비롯되는데 이러한 세 가지 차원이 잘 기능할수록 각 개인이 환경에 대처할 수 있는 역량은 향상된다.

임파워먼트 접근에서는 정신장애인 개인의 문제를 정신장애인 클라이언트 체계의 결점으로 보기보다는 개인적 파워와 환경적 요구 사이의 불일치 때문에 발생한다고 본다. 따라서 자원에 대한 정확한 사정과 활용이 매우 중요하며, 특히 자원을 활용할 수 있는 기회를 증가시키는 것과 정신장애인 클라이언트의 파워를 강조하는 자체가 모두 임파워먼트라고 볼 수 있다(Berlin, 2002).

이러한 모든 과정은 정신보건사회복지사와 정신장애인 간의 파트너십을 형성해 협력을 통해 이루어져야 하며 정신장애인의 역량이 강화되어 일상생활에서의 대처기술의 향상으로 연결되어야 한다.

3) 실천과정

임파워먼트 모델에 따른 정신보건사회복지의 실천개입 과정은 다음과 같은 단계로 진행된다(양옥경 외, 2006).

(1) 대화 단계

정신보건사회복지사는 대화를 통해 정신장애인의 현재 상황, 주요 욕구, 강점을 파악해야 한다. 또한 정신장애인과 협력적 파트너십 관계를 형성해야 하며, 관계의 목적을 명확히 해야 한다. 대화는 정신보건사회복지사와 정신장애인이 상호 협력적 관계를 시작하게 하고 유지하게 한다. 정신보건사회복지사와 대화를 통해 정신장애인은 자신이 처한 상황에 대해 스스로 어떻게 생각하는지를 보여주며 이를 통해 정신보건사회복지사는 정신장애인의 강점과 잠재된 능력을 파악한다.

① 함께 작업하기 위한 준비

정신보건사회복지사는 정신장애인 자신의 개인적·전문적 가치를 구체화한다. 또한 정신장애인 자신의 지지체계를 양성하게 하고 정신장애인 클라이언트의 지식과 기술을 개발함으로써 실천을 위한 준비를 하며 정신장애인 클라이언트의 강점, 능력, 잠재력을 발견하고자 한다. 정신장애인도 정신보건사회복지사와의 원조과정에 대한 기대를 갖고 그 과정에서 수행할 그들 자신의 역할에 관한 가정을 갖는다.

② 파트너십 형성

정신보건사회복지사와 정신장애인은 협력자이다. 정신장애인을 동반자의 지위로 끌어올리고 그들의 전문성과 능력을 확신하게 하는 것 자체가 능력을 발휘하게 하는 것이다. 이러한 관계는 자기결정의 목표를 지지하고 정신장애인이 중심이 된 과정을 격려하게 되며 정신보건사회복지사는 정신장애인의 관점을 경청하고 존중한다. 효과적 경청은 신뢰를 구축한다.

③ 도전탐색

이 과정에서 정신보건사회복지사와 정신장애인은 정신보건사회복지 실천개입을 요청하게 된 상황에 대한 상호이해가 발달한다. '문제'보다는 '도전'이라는 용어를 사용하는 것은 긍정적 기대를 갖게 하며 부정적 낙인을 회피하게 한다. 도전은 일시적으로 정신장애인의 목표달성에 장애가 발생한 상황임을 표현하는 것이며 기존의 강점을 활성화하거나 환경적 자원에 접근함으로써 극복할 수 있다. 정신보건사회복지사는 정신장애인의 메시지 내에 담겨진 정보와 감정에 반응하며 정신장애인의 가치와 우선순위를 존중해야 한다.

④ 강점확인

대화를 통해 도전이 드러나면 정신보건사회복지사는 정신장애인의 강점을 발견할 기회를 가진다. 강점확인 과정은 정신장애인의 강점이 변화를 위해 중요하므로 초기에 자주 언급되어야 한다. 정신보건사회복지사는 정신장애인의 특성, 대인관계, 자원망, 문화적 정체성, 지역사회 연계 등을 포함하는 생태체계의 각각의 측면을 검토함으로써 강점을 확인한다. 정신보건사회복지사가 정신장애인의 강점을 과정 초기부터 강조할 때, 정신장애인은 완전한 동반자로서 기여할 수 있다는 느낌을 갖고 성공할 능력이 있다는 희망을 경험한다.

⑤ 방향결정

이 과정에서 정신보건사회복지사와 정신장애인은 예비 목표를 설정하고 방향은 사정을 이끄는 초점을 결정한다. 방향을 정하는 것은 분명한 목표의식을 갖게 하고 참여할 동기를 불어넣는다. 정신장애인이 그의 상황과 그가 추구할 목표를 기술하는 동안 정신보건사회복지사는 즉각적 관심을 요하는 문제를 파악해 이러한 긴급한 상황을 인식하고 정신장애인과 함께 장기적 해결로 들어가기에 앞서 위기를 경감하기 위해 노력한다.

(2) 발견 단계

발견 단계에서는 정신보건사회복지사와 정신장애인은 해결점을 찾고자 자원이 있는 곳을 체계적으로 탐색해야 한다.

① 자원체계 탐색: 잠재적 자원 사정

이 과정은 정신장애인의 상황에 대한 이해에 상호교류적 차원을 덧붙인다. 사정은 정신장애 클라이언트 체계와 환경상의 자원에 대한 포괄적 기술이다. 또한 사정은 정신장애인과 정신보건사회복지사가 상황을 조사하는 방법이기도 하다. 임파워먼트적 시각에서 수행되는 사정은 환경과 상호교류하는 정신장애 클라이언트에 대한 긍정적이고도 포괄적 견해를 낳는다. 정신보건사회복지사는 정신장애인과 함께 이용가능한 개인적·대인 간·환경적 자원을 평가한다. 이 과정은 정신장애인의 내부와 외부에서 이용가능한 자원에 관한 광범위한 정보를 제공하며 정신장애인이 과감하게 자신의 능력, 자원, 대안을 발견하는 사정과정에서 정신장애인은 그들 상황에 대한 책임을 경험한다.

② 자원 능력 분석: 수집된 정보를 종합하고 조직화

수집된 정보를 종합하고 조직화하는 과정으로 이용가능한 자원을 조직하고 연관되는 정보를 한데 모으고 주제를 찾고 추가정보의 필요성을 결정한다. 이용가능한 자원을 정신장애인이 필요로 하는 것에 맞게 연결하는 과정이다. 성공적 분석은 생태체계 사정에 의해 수집된 풍부한 정보를 행동계획으로 수립을 위해 일관되고 조직화된 자료로 변형한다.

(3) 해결방안 형성: 구체적 목적 설정하고 행동계획 세우기

구체적 목적을 설정하고 행동계획을 세우는 과정으로 행동계획은 정신장애인이 달성하기를 원하는 것과 목적달성을 위한 구체적 전략에 대한 분명한 진술을 포함한다. 정신장애인은 그들이 달성하고자 하는 것을 정함으로써 목적과 목표의 내용에 기여한다. 정신보건사회복지사는 정신장애인이 측정가능한 방법으로 목적과 목표를 설명할 수 있도록 지도하는 기술적 전문가로서 기능할 수 있다.

(4) 발달 단계

정신보건사회복지사와 정신장애인은 대인관계 및 제도적 자원을 활성화하고, 다른 조직들과 동맹관계를 형성하고, 자원개발을 통해 기회를 넓히기 위해 개입한다. 발달 단계의 주요 활동은 자원을 조직하고 확장하며, 성과 목표에 도달하고, 성취를 측정하며, 공식적 개입 과정을 마무리 짓는 것이다.

① 자원활성화

정신장애인은 개발된 과업을 수행하고, 정신보건사회복지사는 개입 활동을 조직, 모니터하고 정신장애인의 동기를 격려하며, 정신장애인에게 대안과 선택권을 줌으로써 힘을 북돋우고 장애인에게 도움이 되는 피드백을 제공한다.

② 기회 확장하기

정신장애인에게 필요한 자원이 현재 이용가능하지 않거나 접근을 거부할 경우 정신보건사회복지사와 정신장애인은 자원개발을 위해 노력해야 한다. 정신장애인에게 필요한 자원이 현재 이용가능하지 않거나 정신장애인의 접근을 거부하는 규정 및 공식적 해석이 있을 수 있는데 이런 상황에서 정신보건사회복지사와 정신장애인은 자원개발을 위해 노력해야 한다.

③ 성공적 결과에 대한 인식

종결이 가까워질수록 공식적 평가는 정신장애인에게는 진행된 것에 대한 정보를 제공하며 정신보건사회복지사에게는 그들 자신의 기술과 실천접근에 관한 피드백을 제공한다. 효과성, 효율성, 공평성에 대한 평가는 양자 모두에게 그들의 독특한 노력의 성공경험을 다른 상황에서도 대처할 수 있도록 일반화한다.

④ 서비스 실천결과의 통합

정신보건사회복지사와의 노력이 종결된 이후에도 정신장애인이 성장, 발달, 변화하는 것을 강조한다. 정신장애인의 독립과 지속적 성공을 격려하기 위해, 장애인이 지금까지 이루어진 일을 검토하고 종결에 대한 그들의 생각과 감정을 표현하게 한다. 또한 다른 사건도 다룰 수 있을 것이라는 과정의 전이성을 인식하도록 노력한다.

4. 심리사회적 사정

심리사회적 사정은 정신장애 클라이언트의 중요한 심리사회적, 환경적 측면에 관련된 정신보건사회복지사의 구조화된 개입을 형식화하기 위한 도구이다. 다음은 한국정신보건사회복지학회 수련지침에서 제시하는 심리사회적 사정의 내용이다(Louise, 1992; 권복순, 1998; 천덕희, 1998; Kaplan & Sadock, 1998; 박미은, 2000; 남궁기·최문종, 2000; 김창곤, 2003).

심리사회적 사정은 사회복지 실천개입을 위한 길잡이가 되고 다학제간에 심리사회적 관심사를 전달하는 매체이다(Lusk, 1983). 궁극적으로 적절한 정보를 수집, 분석, 종합해 클라이언트를 이해하고 문제해결을 돕기 위한 하나의 과정이다.

1) 정보수집

정보수집(*information gathering*)은 다음과 같이 구분된다.

(1) 인적 사항

인적 사항(*identifying data*)에 해당하는 내용으로는 〈표 6-2〉와 같을 수 있다. 경제상태와 더불어 약물복용 상태, 입원(등록/의뢰) 경로, 입원(등록) 일 등이 이에 해당하며 세부 내용은 수련기관의 유형이나 클라이언트의 유형에 따라 정보를 가감할 수 있다.

〈표 6-2〉 인적 사항

<table>
<tr><td>성명</td><td></td><td>연령</td><td></td><td>성별</td><td>남, 여</td></tr>
<tr><td>현 주소</td><td colspan="3">( )</td><td>연락처</td><td></td></tr>
<tr><td>최종학력</td><td></td><td>종교</td><td></td><td>병역</td><td></td></tr>
<tr><td>결혼상태</td><td></td><td>현 직업
(근무기간)</td><td></td><td>이전 직업</td><td></td></tr>
<tr><td rowspan="3">경제상태</td><td>월수입</td><td colspan="4">50만 원 미만( ), 50~100만 원( ), 100~200만 원( ),
200~400만 원( ), 400만 원 이상( )</td></tr>
<tr><td>주택</td><td colspan="4">자택(아파트, 주택), 전/월세(만 원), 기타 ( )</td></tr>
<tr><td>생활비 부담자</td><td colspan="2"></td><td>치료비 부담자</td><td></td></tr>
<tr><td rowspan="2">약물복용
상태</td><td rowspan="2">현 약물복용 상태(현재 주요 정신과적 질환을 치료하기 위해 복용 중인 약물의 종류, 용량, 횟수 등)와 복약상태(자가, 관리 등) 기타 및 불법적 약물사용 유무 등</td><td>의료보장
형태</td><td></td><td>주치의</td><td></td></tr>
<tr><td>장애등록/
등급</td><td></td><td>진단명</td><td></td></tr>
<tr><td>입원
(등록/의뢰)
경로</td><td colspan="5"></td></tr>
<tr><td>입원(등록)일</td><td colspan="2"></td><td>사례 개시일</td><td colspan="2"></td></tr>
</table>

(2) 주요 문제

주요 문제(*main problem or need*)는 환자의 호소나 문제점에 대한 명확한 설명은 가능한 환자 스스로 말하는 대로 기록하고 이에 대한 수련 정신보건사회복지사의 의견을 요약한다.

- 클라이언트가 제시하는 문제
- 가족(특히, 주보호자)이 제시하는 문제
- 수련 정신보건사회복지사가 보는 클라이언트의 주문제

(3) 현 병력 및 과거 병력

현 병력 및 과거 병력(*present illness & past psychiatric history*), 정신적 문제의 발생 및 경과과정을 자세히 적는다. 문제가 언제 발생했으며 그동안의 경과는 어떠했는지 그리고 왜 지금 이 시점에서 병원을 찾게 되었는지를 알아보아야 한다. 증상뿐만 아니라 발병시기부터 나타난 환자의 성격, 흥미, 기분 및 다른 사람에 대한 태도와 흥미의 변화, 생활습관 및 신체건강 따위의 변화 등을 기록해야 한다. 또한 그 병이 어떠한 사건으로 발병했는지도 알아야 한다.

이러한 변화를 순서적으로 밝혀가면서 그에 대한 감정반응을 연결해보면 환자의 질병형성에 중요한 근거, 문제의 발생, 악화 및 호전에 관계된 유발인자와 기타 환경적 요인과 2차적 이득을 알아낼 수 있다. 과거 유사한 증상이 있었는지, 발병 이후에 어떠한 치료를 받았으며 치료에 대한 환자의 반응은 어떠했는지에 대해서도 조사해야 한다.

환자의 인생에서 현재 상황을 야기한 사건에 대한 포괄적이고 시간 순서적 그림을 그려보는 것으로서 가장 중요한 것은 현재 상황에 대한 시발점과 촉발 요인(*precipitating factor*)을 밝혀내는 것이다. 즉, "'왜, 지금' 환자는 증상을 나타내는가? 증상과 행동변화의 시발점에는 어떠한 환경적 특성이 있었으며 그것이 현재 환자의 증상에 어떻게 영향을 미쳤는가?"라는 질문에 대답하는 것이다.

(4) 의뢰과정 및 면접 당시 클라이언트의 상태

어떤 증상 때문에 어떤 과정으로 의뢰되었는지, 처음 클라이언트를 대했을 당시의 환자의 상태에 대한 기술을 적는다. 정신상태 검사(*mental status examination*)에는 외모, 전반적 태도 및 행동, 사고의 진행, 사고의 내용 지각, 감정반응, 지적 능력, 의식, 병식 등이 있다.

'외모, 전반적 태도 및 행동'(*appearance, general attitude and behavior*)은 외견상 나타나는 모습, 태도나 행동에 대해 관찰한다. 피면담자가 병이 들어 보이는가, 실제의 나이에 맞게 보이는지 아니면 더 어리게 보이는지 등을 관찰 기록한다. 일례로 우울증 피면담자는 흔히 나이보다 더 늙어 보이는 경우가 많다. 피면담자의 자세는 어떠한가, 불안해하는가 등을 관찰한다.

예를 들어, 우울증 피면담자는 힘이 없고 축 처졌다. 검사하기 위한 요구에 잘 응하는지, 말투, 복장, 행동에서 달라진 점은 없는가를 찾아본다. 활동이 현저하게 감소하거나 증가되었는지, 자발적 행동은 어떠한지 또는 자극에 대한 반응 등을 관찰한다.

틱(*tic*)이나 상동증적 동작(*stereotype movement*), 반향언어(*echolalia*), 납굴증(*waxy flexibility*), 거절증(*negativism*), 강박증(*compulsion*), 언어장애, 공격성 따위는 없는가, 식사나 수면 습관, 청결여부 등을 기록한다. 면담자에 대한 피면담자의 태도가 협조적인가, 주의를 기울이는가,

솔직한가, 흥미 있어 하는가, 유혹적인가, 방어적인가, 적대적인가, 장난조인가, 회피적인가 등을 기술한다.

'사고의 진행'(*thought process*) 은 말수가 많은지, 말을 하지 않는지, 말이 적은지, 스스로 얘기하는지, 질문을 받을 때만 얘기하는지, 주저하며 말하는지, 천천히 말하는지, 빨리 말하는지, 요점 없이 줄거리 없이 얘기하는지, 화제를 바꾸는지, 대화 도중 갑자기 다른 주제의 이야기를 한다든지, 이상한 용어를 사용하며 얘기를 한다든지, 우원증(*circumstantiality*), 사고분열, 지리멸렬(*incoherence*), 차단(*thought blocking*), 부조리한 진행 등 연상의 이완(*loosening of association*) 등이 있는지를 관찰해 기록한다.

'사고의 내용'(*contents of thought*) 은 피면담자 자신에 대한 생각 또는 주위 사람들이나 주위의 여러 가지 일에서 떠오른 생각에 대해 질문을 해야 한다. 자신이 특별히 주목받는다고 생각하는가, 특별히 사람들이 자기를 피한다고 생각하는가, 존경한다고 생각하는가, 자신의 과거행동, 도덕성, 건강에 대해 어떻게 평가하는가, 자신의 소유물이나 개인적 능력에 대해 실제보다 크거나 높게 평가하는가 또는 피면담자가 몰입하는 주된 생각에 대해 묻는다. 망상, 강박증, 공포증, 건강염려증 등의 특별한 생각을 갖는다면 그 내용에 대해 알아본다.

'사고의 진행'과 '사고의 내용'은 클라이언트에게 질문을 던짐과 동시에 관찰 · 탐색되어야 한다(예: "여기는 어떻게 오셨어요", "지금 힘들거나 어려운 점은 없으신가요" 등).

'지각'(*perception*) 은 환청, 환시 등의 환각에 대해 알아내는 것이 필요하다. 피면담자가 무엇인가 잡음을 들은 적이 있는가, 사람의 목소리가 들리는가, 환각이 밤에 일어나는가 아니면 낮에 일어나는가, 그 내용은 어떠하며 복잡성 · 선명성은 어느 정도인가, 피면담자는 그것을 어떻게 받아들이는가, 어떤 상황에서 나타나는가 등을 묻는다. 정상인에서도 나타날 수 있는, 잠이 들 때 나타나는 환각과 구별해야 한다. 기타 착각 등 다른 지각의 장애가 없는가를 조사한다.

'감정반응'(*emotional reaction*)은 피면담자의 전반적 행동, 말투, 행위에서 나타난다. 피면담자에게 기분은 어떠한지를 물어본다. 감정이 변하기 쉬운가, 감정변화의 요인은 무엇인가, 피면담자의 행동과 표정이 피면담자 자신이 술회하는 자신의 감정상태와 일치하는가 등을 관찰한다. 지나치게 과장되는지, 불충분하게 표현되는지, 지나치게 억제되는지 등을 관찰한다. 감정이 고양되는지, 우울한지, 불안한지 또는 감정반응이 부적절한지, 불충분한지, 양가적(*ambivalent*)인지 기술한다. 피면담자가 진술하는 내용에 따른 감정의 반응을 기록한다.

'지적 능력'(*intellectual function*)은 기억력, 계산력, 추상력, 판단력, 지남력(*orientation*), 읽기, 쓰기, 독해력, 일반적 지식, 상식 등과 같은 지적 능력에 대해 조사한다. 개인의 과거를 물어봄으로써 장기 기억능력을 알아볼 수 있고 몇 시간 전의 일을 물어보거나 조금 전에 대화했던 내용을 다시 물어봄으로써 단기 기억능력을 알아볼 수 있다. 100에서 7씩을 빼 나가게 함으로써 집중력을 검사할 수 있다. 길에서 편지를 주웠을 때 어떻게 할 것인가 같은 내용을 질문해 사회적 판단력을 알아볼 수 있다. 속담풀이를 통해 추상능력을 평가할 수 있다.

'의식'(*consciousness*)에서 볼 때 의식의 장애가 있는 경우 대부분 기질성 뇌 장애(*organic brain disorder*)가 있다고 판단할 수 있다. 의식혼탁은 주변 파악능력이 전반적으로 감소되는 상태이며 외부의 자극에 집중할 수 없고 목표를 향한 일관성 있는 사고나 행동을 할 수 없는 상태이다. 의식상태의 변화 시에 지남력 장애가 흔히 동반되지만 지남력 장애가 있다고 반드시 의식 장애가 있는 것은 아니다. 의식의 정도를 표현하는 용어로는 혼탁(*clouding*), 몽롱(*somnolence*), 혼미(*stupor*), 혼수(*coma*), 기면(*lethargy*), 명료(*alertness*), 둔주(*fugue*) 등이 있다.

'병식'은 자신이 얼마나 병들었다는 것을 아는가, 자신의 병의 종류를 인식하는가, 치료받는 이유를 아는가, 발병에 관한 정신역동학적 의미를 얼마만큼 이해하는가이다. 병식의 수준은 다양한데 ① 완전히 병을 부인하는 것, ② 병을 어느 정도 인식하고 도움이 필요하다는 것을 알지만 동시에 부인하는 것, ③ 병을 인식하나 외부 요인으로 돌리는 것, ④ 자신 안의 뭔가 모르는 요인 때문에 병이 생겼다는 정도의 병식, ⑤ 지적인 병식, ⑥ 진실한 감정적 병식 등에 이르기까지 여러 수준에 걸쳤다. 정신치료는 병식을 갖도록 해주는 것이 1차 목적이지만 이것이 훈습(*working through*) 되어 생활방식이 변화되는 것이 최종 목적이다.

(5) 개인력

개인력(*personal history*)에서 인간의 발달 단계 구분은 이론적 근거에 따라 달라질 수 있으므로 사례의 이론적 배경과 더욱 중요한 시기를 확대하거나 비교적 덜 중요한 시기를 생략할 수 있다. 예를 들어, 청소년의 경우 성인기가 불필요할 수 있고 70대 노인 사례에서 영유아기는 기억하지 못하거나 덜 중요할 수 있다. 주요 발달 단계별 구분은 다음과 같은 각 단계별 문제에 기인한다.

개인력은 태아기 및 영아기, 유아기, 아동기, 청소년기, 성인기로 구분할 수 있다. '태아기 및 영아기'(*prenatal and perinatal*)는 환자가 태어날 당시의 가정상황, 계획된 혹은 원하던 아기였는지 여부, 어머니의 임신기간 이나 출산 중의 문제점, 출생 당시의 장애나 상해, 환자의 출생에 대한 모의 감정적·신체적 상태, 임신기간 중 어머니의 알코올이나 약물남용 문제 등이 있다.

'유아기'(*early childhood, through age 3*)는 수유(모유·우유), 배변훈련, 초기 운동·언어발달, 수면패턴, 대상일관성(*object constancy*), 분리불안, 모성박탈, 1차적 보호제공자, 형제관계, 놀이 활동, 행동적 문제, 아동기 성격, 초기 아동기에 대한 환자의 기억, 반복되는 아동기의 꿈이나 환상 등이 있다.

'아동기'(*middle childhood, through age 11*)는 성적 동일시 대상, 초자아 형성에 영향을 준 사람, 초기 학교경험(특히, 부모와의 분리불안), 친구관계, 또래집단에 대한 참여 및 역할, 학교에서의 패턴(주장성, 충동성, 주도성, 수동성, 불안, 반사회적 행동), 인지적·운동적 기술의 발달 등이 있다.

'청소년기'(*late childhood, puberty through adolescence*)는 사회적 관계 형성에서 중요한 단서를 제공한다. 형제에 대한 태도, 친구의 수 및 친밀성, 또래집단과의 참여 및 인기도, 학교생활, 인지적·행동적 발달, 정서적·신체적 문제, 성적문제 등이 있다. '성인기'(*adulthood*)는 직업력, 부부 및 대인관계, 군대생활에 대한 적응, 학력 및 학교생활, 종교, 사회적 활동, 생활상황, 법적인 문제 등이 있다.

(6) 병전성격 및 사회적 기능

병전성격 및 사회적 기능(*premorbid personality & social function*)은 병전에 환자의 성격과 전반적인 사회적 기능에 대해 기록한다. 이때 별도로 정보를 수집, 기록하는 것을 원칙으로 하되, 개인력 부분에서 이미 기록된 경우에는 생략할 수 있다.

(7) 가족력

가족력(*family history*)은 가계도, 가족성원에 대한 기술, 생태도, 클라이언트와 가족과의 관계로 구분된다. '가계도'는 특정 기간 동안의 클라이언트 가족의 역사와 그 과정에서의 주된 사건을 한눈에 볼 수 있게 해주는 사정도구이다. 가족계보를 중심으로 가족의 3세대 이상에 관한 정보를 보여주는 것으로서 중요한 생활사건이나 사회인구학적 특성 등을 가계도에 기술한다.

'가족성원에 대한 기술'(*description of family members*)은 가족체계로서 기능하는 모든 사람을 기술한다. 그들이 확대가족이거나 혹은 친척이 아닐지라도 가족체계의 일부로서 기능한다면 포함한다. 가족의 일반적 정보를 파악하기 위해 가족관계, 이름, 나이, 학력, 직업, 종교와 같은 기본적 정보 이외에도 개별 가족성원의 직업력, 신체적·정신과적 병력, 현재의 기능, 클라이언트와의 관계, 다른 가족 성원 및 환경과의 관계, 관심, 욕구, 문제점, 강점과 약점 등의 내용을 기록해야 한다. 다만 가계도와 생태도에서 중복되는 부분은 기록하지 않아도 된다.

'생태도'(*eco-map*)는 가족체계와 환경체계 간의 관계를 보여주는 것으로서 가족과 그 가족의 생활공간 내에 있는 사람 및 기관 간의 연계를 그림으로 나타내는 것이다. 즉, 생태도는 그 가족의 주요 환경이라고 간주되는 체계를 그려 가족체계의 요구와 자원 간의 균형을 보여주는 것이라고 할 수 있다. 생태도에는 클라이언트를 둘러싼 각 체계와 가족 간의 관계의 성격뿐만 아니라 환경에서 가족으로의 자원의 흐름이 표시된다. 따라서 생태도는 클라이언트 가족에게 유용한 자원이나 환경이 무엇인지, 가족체계에 스트레스를 주는 것이 무엇인지 그리고 이들 체계 간의 관계가 어떻게 유지되는지에 관한 많은 정보를 제공한다.

'클라이언트와 가족과의 관계'는 가족관계(부모, 부부, 형제/자매, 부모-자녀 하위체계)에 대한 기술, 가족이 이해하는 클라이언트 그리고 가족의 대처방법 등을 기술한다.

2) 사 정

사정은 다음과 같이 구분할 수 있다.

(1) 심리사회적 문제

심리사회적 문제(*psychosocial problem*)는 클라이언트의 1차적 지지집단과의 문제(*problems with primary support group*), 사회적 환경과 관련된 문

〈표 6-3〉 심리사회적 문제

문제	예
1. 1차적 지지집단과의 문제	가족의 죽음, 가족 내의 건강문제, 별거, 이혼, 불화에 따른 가족해체, 집을 떠남, 부모의 재혼, 성적 또는 신체적 학대, 부모의 과잉보호, 아동의 방치, 부적절한 규칙, 형제와의 불화, 형제의 출생
2. 사회적 환경과 관련되는 문제	친구의 죽음이나 상실, 부적절한 사회적 지지, 혼자 사는 것, 이민문제, 차별, 생활-주기 전환에 적응(퇴직)
3. 교육적 문제	문맹, 학업문제, 교사나 교우와의 불화, 부적절한 학교환경
4. 직업적 문제	실직상태, 직업상실의 위협, 과로한 업무 스케줄, 어려운 작업상태, 직장불만, 직업변화, 상사나 동료와의 불화
5. 주거의 문제	집이 없음, 부적절한 주거환경, 불안전한 이웃, 이웃이나 집주인과의 불화
6. 경제적 문제	극심한 가난, 불충분한 수입, 불충분한 복지지원
7. 건강 서비스 문제	부적절한 건강관리 서비스, 건강관리 기관과의 연결, 부적절한 건강보험
8. 법적 체제와 범죄와의 관계	구금, 투옥, 소송, 범죄의 희생
9. 기타 심리사회적 문제	재난에 노출, 전쟁, 기타 적대적 상황, 가족 이외의 돌보는 사람과의 불화(상담자, 사회사업가, 의사), 사회 서비스 기관을 이용하지 못함

제(*problems related to the social environment*), 교육적 문제(*educational problems*), 직업적 문제(*occupational problems*), 주거의 문제(*housing problems*), 경제적 문제(*economic problems*), 건강 서비스 문제(*problems with assess to health care services*), 법적 체제와 범죄와의 관계(*problems related to interaction with the legal system/crime*), 기타 심리·사회적 문제(*other psycho social and environmental problems*)를 DSM-Ⅳ의 축 Ⅳ를 근거로 기술한다.

(2) 강점 및 약점

클라이언트의 강·약점(*strength and limitation/weakness*) 및 자원과 한계를 파악한다.

- 클라이언트는 서비스가 제공되는 동안 또는 그 결과로서 무엇이 일어날 것을 기대하는가?
- 제공된 서비스에 관계된 클라이언트의 생각, 관심, 계획은 무엇인가?
- 서비스를 사용하고 변화하고자 하는 클라이언트의 동기는 무엇인가?
- 대처변화를 위한 클라이언트의 능력 혹은 방해요인은? 변화를 위한 개인의 내적 자원은 무엇인가?
- 클라이언트의 강점은?
- 대처나 극복을 지지하거나 감소시킬 수 있는 환경적 자원, 책임, 방해물은?
- 클라이언트의 변화를 위한 동기, 능력, 기회에 영향을 주는 다른 요인은 무엇인가?
- 클라이언트에게서 스트레스의 본질은 무엇인가?
- 클라이언트의 기대는 현실적인가?
- 그 상황에서 욕구충족과 문제해결에 관련된 강점과 한계점은?

(3) 이용자원 체계

클라이언트의 치료적 개입, 욕구충족, 재활을 위한 여러 가지 인적·물적 자원에 대한 지원체계를 의미한다. 현재까지 클라이언트의 치료와 사회복귀 과정에서 필요했던 자원이나 아직 동기화되지 않은 자원에 대해 개발하고 클라이언트의 욕구를 충족할 수 있는 자원을 연계한다. 공식적 자원으로는 사회보장 서비스, 교육 및 보건체계를 들 수 있고 비공식적 자원으로는 가족, 친구, 친지 및 이웃을 들 수 있다.

(4) 사정을 위한 이론적 근거

사정을 위한 이론적 근거(*theoretic background for assessment*)는 클라이언트의 문제 원인에 대한 역동적 사정을 위한 이론적 주요 개념이나 관점을 응용해 기술한다.

〈표 6-4〉 역동적 사정 이론의 주요 개념과 활용

이론/모델	특징 및 유의점	사정 및 개입 시 적용
정신분석 이론	• 과거의 외상적 경험 • 과거경험과 현재 증상의 관계 • 치료자와의 특별한 관계형성	• 과거 심각한 외상(*trauma*)이 있으며, 그것이 증상의 원인이라고 생각될 때 적용(예: 폭력, 학대, 강간, 방임, 부모와의 애착 실패 및 부정적 경험 등)
심리사회적 발달이론	• 과거의 경험을 중시하는 동시에 현재의 자아기능 및 인간의 긍정적 측면 강조, 문화적 영향	• 환자의 과거력에서 발달과정상 과업성취의 실패에서 문제가 발생했다고 보는 경우에 적용
대상관계 이론	• 어릴 적 부모(양육자)와의 잘못된 관계에서 형성된 자신에 대한 이미지를 다양한 대인관계에 적용	• 부모와의 잘못된 관계에서 부정적 자기상, 자아이미지를 갖고 성장해서 현재의 관계에도 반복되어 나타나는 경우에 적용
심리사회 이론	• 과거도 중시하지만 동시에 환경적 영향력도 함께 고려 • 생리적 요인과 환경적 요인의 역동성 및 사회적 요인 중시	• 과거 개인력, 가족력에서의 취약성이 두드러지고 그것이 특히, 성장과정에서 환경적 요인과 상호작용해서 악화된 경우

<표 6-4> 계 속

이론/모델	특징 및 유의점	사정 및 개입 시 적용
애착 이론	• 어릴 적 부모(특히, 어머니)와의 잘못된 애착 혹은 애착의 실패	• 현재 대인관계에서 타인불신, 신뢰형성을 못하는 환자의 경우
문제해결 모델	• 과거보다는 다소 현재 중심 • 단기적이고 시간 제한적 • 환자의 모든 측면을 고려하기보다는 해결이 필요한 주요 문제에 초점을 맞추는 개입과정을 중시	• 현재 증상에서 해결 가능한 생활상의 문제나 기술의 문제에 초점을 맞추어 문제해결이 필요한 환자에게 유용하게 적용 • 문제해결 기술/정보부족 환자 • 특히, 어느 정도 기능이 좋은 환자에게 적용
과업중심 모델	• 문제해결 모델과 유사하나 기간이 다소 길고 과정을 중시 • 문제의 원인보다는 해결이 필요 한 과업(*task*)에 초점을 둠	• 현재의 증상이 필수 생활상의 과업의 실패라고 보는 경우 • 과거의 복잡한 문제나 심각한 문제의 해결에는 덜 유용함 • 문제해결 모델보다 만성질환자의 재활에 유리
위기개입 모델	• 위기적 상황이 있을 때 • 단기적, 시간 제한적, 현재 중심 • 비분석적, 현재 대처능력 중시	• 현재의 증상이 위기로 간주되거나 질병치료 및 회복과정에서 위기가 발생한 경우에 적용
가족생활주기	• 가족생활 주기상 해결과업의 실패 혹은 생활상의 발달위기	• 환자의 증상이 발달과정상에 많은 사람이 겪는 생활과업의 실패로 여겨지는 경우(아동기, 청소년기의 발달과정의 문제)
생태체계 모델	• 개인의 환경을 중시 • 환경적 요인과의 상호작용 중시 • 스트레스, 적응, 취약성, 현재 중심 • 다양한 체계수준의 요인 사정	• 심리사회적 사정에서 가장 많이 사용되는 유익한 관점 · 모델 • 환자의 증상이 환경에서의 부적응, 취약성, 스트레스, 단기적 반응의 결과라고 판단될 때 • 환자의 대처방안, 문제해결 능력, 스트레스 대처방안, 적응능력 등에 관심을 두어야 하는 환자
행동주의 혹은 학습 이론	• 과거 잘못된 학습의 문제 • 부모와의 관계, 대인관계를 포함한 주변환경에서의 적절한 학습의 실패 및 학습기회의 단절 · 제한	• 환자의 현재 증상 · 행동이 과거 및 현재의 잘못된 학습(학습패턴)과 관련이 있다고 볼 때 • 새로운 학습을 통해 행동이 개선될 것이라는 확신이 있을 때

〈표 6-4〉 계 속

이론/모델	특징 및 유의점	사정 및 개입 시 적용
행동수정	• 학습 이론의 대표적 개입방법 • 해결을 요하는 표적행동의 변화 • 아동 및 청소년에 적용 • 일상에서 잘못 · 퇴행된 행동수정	• 개입이론으로 적용해야 함 • 환자의 표적행동을 단시간에 집중적으로 관리해야 할 때, 퇴행된 행동의 수정 시
사회학습 이론	• 행동주의의 일종이나, 특히 사회환경적 요인의 중요성 부각 • 환경, 맥락에서의 모방학습 • 가정, 학교, 사회에서의 학습실패	• 비행 문제, 행동상의 문제(예: 공격성, 심한 좌절과 박탈, 동기약화, 분노 등의 부정적 행동)의 원인설명 및 개입계획
인지행동 이론	• 특히 잘못된 사고, 부정적 사고, 자기혐오적 사고에 대한 개입 • 인지가 바뀌어야 행동의 변화가 일어남 • 인지수정 동시에 잘못된 행동도 변화시키기 위한 훈련	• 부정적 사고, 자살사고, 현실을 왜곡하는 사고가 증상이나 행동상의 문제와 연관될 때 이를 수정하기 위해 작용 • 엘리스(Ellis)의 합리적 정서요법(RET)
인지 이론	• 문제의 사정과 개입의 초점을 부정적 인지에서 찾으려는 것 • 행동적 부분은 크게 강조하지 않음	• 사고의 왜곡이나 부정적 사고가 두드러진 환자 • 어느 정도 대화가 가능하고 논리적 담화가 가능한 환자
의사소통 가족치료	• 가족 내 잘못된 의사소통에 중점 • 스태어(Satir)의 의사소통 이론(자존감의 개념, 회유형 · 비난형 · 초이성형 · 산만형 · 일치형, 가족조각 기법)	• 가족 내 의사소통의 문제가 큰 자를 대상으로 개선방안에 대한 개입 이론으로 유익함
현실치료	• 클라이언트가 가진 자신의 삶에 대한 책임감, 통제력, 가능성 중시 • 내적 통제의 확보	• 특히 알코올 및 약물환자에 적용해 삶에 대한 책임감 및 통찰력 확보
행동주의적 가족치료	• 행동주의적 부모교육 • 행동주의적 부부치료 및 부부상담(타임아웃, 행동형성 등)	• 부부관계 및 부모자녀의 관계가 부정적인 경우, 그것을 행동주의 원리를 활용해 개선해야 하는 환자에게 적용
보웬(Bowen)의 가족치료	• 자아분화의 개념 • 삼각관계, 가족투사 과정 • 다세대 전달과정, 출생순위 • 정서적 단절의 개념이 유용함	• 가족 내 갈등이 많은 환자를 대상으로 탈삼각화, 자아분화 정도 향상, 가계도의 활용을 통한 다세대 전달을 해결하는 것
미뉴친(Minuchin)의 구조적 가족치료	• 가족 내의 잘못된 구조에서 문제가 발생한 경우 • 경계, 권력 등의 개념	• 가족 내 갈등이 있을 때, 그 갈등이 가족 내 잘못된 경계 및 권력의 분포에서 연유할 때 적용

〈표 6-4〉 계 속

이론/모델	특징 및 유의점	사정 및 개입 시 적용
강점관점 임파워먼트 모델	• 클라이언트의 강점, 잠재력 강조 • 현재 중심, 자기결정 및 협력적 관계 중시	• 특히, 초발환자 및 기능이 좋은 환자에게 적용하는 것이 유익 • 또한 회복기 및 재활환자에게 그들에게 힘을 부여하는 접근 • 강점사정 및 자원(개인적 · 대인적 · 기관, 지역사회)활용 및 병리적 접근과는 다른 접근 강조

3) 목표 및 계획

'목표 및 계획'(*goal & plan*)은 개입을 위한 이론적 근거, 장기목표, 단기목표, 치료계획 등으로 구분된다. '개입을 위한 이론적 근거'(*theoretic background for intervention*)는 클라이언트에 대한 사정평가 내용을 대략적으로 기술하고 이에 대한 개입을 위한 구체적 이론전략 및 방법론을 제시한다. 단, 가능한 사정을 위한 이론적 근거를 바탕으로 개입을 위한 이론적 전략 및 방법론을 제시함으로써 사정과 개입이 서로 연관성을 갖도록 한다.

'장기목표'는 정신보건사회복지사가 클라이언트와 함께 계약을 맺어 지향하는 목표를 말한다. '단기목표'는 클라이언트와 가족이 원하는 목표, 시기적으로 우선순위가 있는 목표를 말한다. 단기목표는 장기목표를 지향하는 일관성이 있는 것이어야 한다. 또한 '치료목표'는 장 · 단기목표에 따른 치료계획으로 세워야 한다.

4) 수련 정신보건사회복지사의 의견

'수련 정신보건사회복지사의 의견'(*social worker's opinion*)은 수련 정신보건사회복지사로서 자신에 대한 평가부분이다. 사례를 담당하면서 사정준비, 사정내용, 긍정적 성과와 부족한 측면, 사정을 통해 성장된 부분, 슈퍼비전을 받고 싶은 내용 등에 대한 의견이 포함되어야 한다.

5) 슈퍼바이저 의견

슈퍼바이저 의견(*supervisor's comment*)은 심리사회적 사정 전반에 대한 슈퍼비전 내용과 사례개시 이후에 슈퍼비전을 받는 과정에 대한 지도감독 과정기록 후 슈퍼바이저의 확인 및 날인을 받는다.

〈표 6-5〉 슈퍼바이저 지도감독 과정기록표

<table>
<tr><th>일시</th><th colspan="2">슈퍼비전 지적사항</th><th colspan="2">수정내용</th></tr>
<tr><td rowspan="2"></td><td rowspan="2">수정사항</td><td rowspan="2">• 항목별로 구체적으로 기록한다.</td><td>수정 전</td><td>수정 후</td></tr>
<tr><td></td><td></td></tr>
<tr><td></td><td>참고사항
또는
기타의견</td><td colspan="3">• 수정을 요하지는 않으나 참고할 사항을 구체적으로 기록한다.
• 수련생의 긍정적 개입을 기록한다.</td></tr>
<tr><td colspan="2">슈퍼바이저 확인</td><td colspan="3"></td></tr>
</table>

• 생각 다듬기 •

1. 정신보건센터(혹은 지역사회 정신건강증진센터)를 처음 방문한 정신장애인을 면접할 때 각별히 주의해야 할 점은 무엇이 있는지 토의해 보자.

2. 정신보건 영역에서도 쓸 수 있는 사회복지실천 기술에는 어떠한 것이 있는지 토의해 보자.

3. 정신보건센터(혹은 지역사회 정신건강증진센터)를 방문한 정신장애인이 자신의 정보를 전혀 개방하지 않을 때 정신보건사회복지사는 정신보건의 다양한 이론과 모델 중 어떤 이론과 모델로 접근할 것인가?

4. 심리사회적 사정을 위한 이론 중 하나를 선택해 자신을 클라이언트라고 생각하고 심리사회적 사정을 해 보자.

제 7장

정신보건사회복지의 개입방법과 기술 I

1. 서 론

정신보건사회복지사는 정신보건 영역에서 사회복지사로서 사회복지 실천 이론과 기술을 적용해 개입해야 하는 전문직이다. 이론과 실천은 동떨어진 것이 아니라 상호불가분의 관계를 갖는다. 7장과 8장에서는 정신보건사회복지사로서 사회복지실천 이론과 기술을 적용해 개입하는 기술을 알아보고자 한다. 이번 장에서는 지역사회 정신보건의 핵심 개입방법인 사례관리(*case management*)와 가족교육에 대해 살펴보자.

2. 정신장애인을 위한 사례관리

사례관리는 특별히 정신건강 분야에서 활발하게 적용되어 널리 활용되었다. 1960년대 탈시설화의 영향으로 비용이 많이 드는 입원기관을 탈피해 가족과 이웃이 있는 지역사회 현장에서 만성적 특성을 지닌 정신장애인의 손상, 장애, 사회적 불리(*handicap*)의 다양한 측면에서 지속적인 보호와 훈련 및 관리 서비스가 제공되어야 했다(이준우, 2007).

특히, 지역사회로 복귀하는 정신장애 클라이언트의 특성은 만성화된 질환을 가졌고 오랫동안 사회적 관계에서 부적응을 경험한 경우가 많아 각종 교육과 사회적응 훈련이 필요하다. 단순히 지역사회로 환경적 복귀뿐만 아니라 지역사회에 진정한 통합을 이루기 위해 정신장애인이 자신의 잠재능력을 향상하고 발휘할 수 있도록 하며 지역사회 구성원으로서 복귀할 수 있도록 돕는 것이 필요하다. 그러므로 만성화된 질환으로 인해 갖게 된 한계와 부적응을 평가해 각 정신장애 클라이언트에게 적절한 재활치료의 지속적 제공이 중요하다.

이에, 지역사회에서 다양한 생활영역에서 다양한 욕구를 가진 정신장애 클라이언트에 대한 사회복지 서비스를 계획하고 실행함에 더욱 효과적이고 효율적으로 운영하는 방법으로 사례관리를 적용해야 한다.

1) 사례관리의 정의와 특징

1980년대 이후 미국과 유럽 각국에서 '사회적 지지'(*social support network*)나 '사례관리'라는 전문용어를 널리 사용하지만 사례관리의 개념은 학자마다 다양하게 정의했다.

바커(Barker, 1987)는 "사례관리는 복잡한 여러 문제와 장애를 가진 정신질환자가 적합한 형태로 적절한 시기에 그들이 필요로 하는 모든 서비스를 받을 수 있도록 보장하는 것으로, 서비스를 공급하는 접근법의 하나이다"라고 정의했다.

안토니 등(Anthony et al., 1988)은 "사례관리는 체계의 목표에 의해

서가 아니라 클라이언트의 목표에 따라 움직여야 하며 사례관리 기법은 클라이언트가 필요로 하고 원하는 서비스를 받도록 지원해 주는 과정으로 보아야 한다"라고 주장했다.

목슬리(Moxley, 1989)는 "사례관리란 복합적 욕구를 가진 사람들의 기능화와 복지를 위한 공식적·비공식적 자원과 활동의 망(*network*)을 조직, 조정, 유지하는 것"이라고 정의하였다.

웨일 등(Weil et al., 1991)은 좀더 구체적으로 "사례관리란 클라이언트에게 지원가능하고 효과적이며, 비용-효과의 측면에서 필요한 서비스를 받을 수 있도록 보장해 주는 서비스망(*service network*) 안에서의 일련의 논리적 단계이며 상호작용의 과정으로서 서비스 계획과 전달에 책임을 진다. 또한 적절한 서비스 계획을 발전시키고, 서비스에 접근할 수 있도록 하며, 서비스 전달을 점검한다. 환자의 욕구에 대해 옹호한다. 제공된 서비스의 성과를 평가하기 위해 지속적 관계를 유지하고 클라이언트 및 그 가족과 일하는 사람에 대해 체계를 조정하는 방법"이라고 정의했다.

이상의 내용을 종합하면 사례관리란 '클라이언트에게 그가 원하는 서비스를 통합되고 효과적이며 효율적으로 제공받을 수 있도록 보장하는 과정 또는 방법'이라고 정의할 수 있다. 이러한 사례관리의 기본적인 특징은 다음과 같다(이윤로, 2005; 이준우·임원선, 2011).

첫째, '지속적 보호'(*continuity of care*)이다. 이는 가장 기본적 개념으로 정신장애 클라이언트에게 서비스를 지속적으로 전달한다는 개념이다. 즉, 어떤 시점에서든지(*cross sectional*) 포괄적이고 통합적인 서비스가 제공되어야 하고 시간의 흐름에 따라 변화하는 개인의 욕구에 맞추어 포괄적으로 서비스를 제공한다는 의미이다.

둘째, '접근성'(*accessibility*)이다. 현재의 시스템은 복잡한 다수의 프로그램으로 이루어졌고 개별적 참여기준, 정책 및 과정 등이 서로 달라 정신장애 클라이언트가 서비스에 접근하는 것이 어렵다. 사례관리자(*case manager*)는 정신장애 클라이언트를 위해 기관(*agency*) 또는 서비스 제공자와 접촉해 중개역할을 맡아 쉽게 접근할 수 있도록 한다.

셋째, '책임성'(*accountability*)이다. 서비스 체계가 분리되어 정신장애 클라이언트의 요구에 대해 책임을 지기 어려우므로 전체 효과에 대해 책임을 질 사람을 지정함으로써 클라이언트에게 서비스 체계 전반에 대한 책임을 지는 역할을 부여한다.

넷째, '효율성'(*efficiency*)이다. 서비스 전달체계의 효율성을 높이는 역할을 한다. 즉, 정신장애 클라이언트가 자신의 요구에 맞는 서비스를 받지 못하거나 받더라도 부적합한 서비스를 받게 되므로, 이용가능한 서비스의 긍정적 효과가 크게 감소되는 현상이 발생한다. 그러므로 한 사람에게 통합적 기능을 부여해 서비스의 효율성을 증가하도록 해야 한다. 그러면 이론적으로 서비스 전달에 사용되는 비용을 줄일 수 있으나 실제상황에서는 사례관리자가 나타남으로써 환자는 더 많은 요구를 하게 되고 더 많은 양의 서비스가 전달되는 결과가 되어 비용-효율적(*cost-effective*)으로 된다.

2) 사례관리의 등장배경

사례관리의 출현은 1960년대 미국의 인간 서비스 프로그램의 성장과 연관이 있다. 그 당시 서비스에 대한 막대한 정부지원이 시행되었으나 서비스가 분파적 · 중복적이고 조정되지 못한 채 제공되는 결과를 낳았다. 서로 다른 많은 프로그램이 클라이언트의 문제를 미시적으로 규정하고 프로그램을 제공함에 따라 복잡한 문제와 다양한 욕구를 가진 개인이 적절하게 효과적인 서비스를 받지 못한다는 인식이 제기되었기 때문이다.

1970년대 초, 보건, 교육 및 복지부에서는 연방 서비스 프로그램을 조정해 제공하는 일련의 시범 프로젝트를 시행했다. 이 서비스 통합 프로젝트는 클라이언트 추적체계, 정보 및 의뢰체계, 원스톱(*one-stop*) 서비스 센터, 상호기관 연계체계 구축과 같은 특징을 띠었다. 이런 프로젝트는 사례관리자를 두어 클라이언트에 대한 자원을 조정하도록 하고 서비스 전달에 대한 책임을 맡겼다.

또 하나의 사례관리 성장에 기여한 요인으로는 정신보건 분야에서의 탈시설화 운동이었다. 즉, 정신보건에서 사례관리의 발달은 1960년대 미국에서 정신장애인을 입원기관에서 지역사회로 돌려보내는 것에서부터 시작되었다. 지역사회 정신보건센터가 퇴원한 정신장애인을 적절히 지도하는 데 실패했고 정신장애인은 적절한 지원(주거, 수입, 직장, 정서적 지원)을 받지 못했다. 정신장애인을 위한 서비스의 통합된 네트워크의 부재가 사례관리를 부상시킨 원인이 되었다.

이로 인해 사례관리는 미국 국립정신보건연구소의 지역사회 프로그램(*community support program*)의 핵심이 되었다. 사례관리에 대해 미국은 1970년대부터 다양한 실험연구와 임상결과를 토대로 사례관리가 고령자와 장애인을 대상으로 한 적절한 대인복지 서비스를 제공할 수 있는 방법으로 확립되었다.

중요성을 인식한 정부 및 민간복지기관에서 매우 폭넓게 적용해 갔다. 일본의 경우, 1984년 처음으로 '사례관리'라는 용어를 사용한 이래 전국사회복지협의회는 사례관리연구회를 설립하고 매년 연수회를 개최한다. 1990년에는 〈사례관리: 욕구와 서비스를 연결하는 새로운 시스템〉이라는 보고서를 발간해 실무자에게 사례관리 실천의 필요성을 인식시킨다.

영국은 《인간을 위한 보호》(*Caring for People*) 라는 정부 백서 발간 이후 정부가 사례관리를 정신보건 분야에서 하나의 공식적인 정책으로 채택했으며 캐나다를 비롯한 여러 국가에서는 이미 미국에 영향을 받아서 사례관리 실천이 급속도로 확산되었다.

이러한 사례관리실천이 대인복지 서비스의 영역에서 형성하게 된 시대적·사회환경적 배경에 대해 목슬리(Moxley) 는 ① 탈시설화의 영향, ② 서비스 전달의 지방분권화, ③ 복합적 욕구를 가지는 인구의 증가, ④ 기존 서비스의 단편성, ⑤ 사회적 지지체계와 지원망의 동요성에 대한 인식의 증가, ⑥ 대인복지 서비스 비용효과에 대한 인식의 증가 등을 들었다(김만두 역, 1993; 이준우 외, 2006).

(1) 탈시설화의 경향

탈시설화는 원조대상자가 기존의 시설보호의 영역에서 벗어나 가정과 같이 지역사회로의 복귀를 의미한다. 선진국에서는 한정된 시설체계 안에서 제공되는 서비스가 행정적 관료주의에 치우쳤고 경우에 따라서는 비시설 보호의 공적 부담비용이 크다는 단점을 들어 탈시설화를 꾀하며 지역사회 중심의 재가복지 서비스 정책으로 전환된다.

그러나 시설보호가 재가복지 서비스로의 전환에서 몇 가지 약점이 나타났다. 첫째, 다양한 클라이언트의 욕구에 대해 각기 다른 여러 기관에서 원조가 이루어지기 때문에 서비스가 단편화되고 분산된다는 점이다. 둘째, 클라이언트의 욕구에 대응하는 사회자원의 이용체계가 확립되지 않아 서비스를 받기가 어렵다. 셋째, 만성적 질환(정신질환자, 치매노인, 요양이 필요한 노인 등) 때문에 심한 의존성을 가진 클라이언트에 대한 가족의 보호기피가 원조기관의 부담으로 대두되는 점 등의 문제점이 생겨났다. 따라서 이런 문제를 극복할 수 있는 더욱 지속적이고 포괄적인 서비스 제공이 필요해졌다.

(2) 서비스 전달의 지방분권화

서비스 전달의 지방분권화는 대인복지 서비스가 중앙집권적 서비스에서 지방분권적으로 전환되기 시작했음을 의미한다. 미국은 1975년 〈사회보장법〉의 제정으로 제 20조에서 연방정부와 주정부 그리고 이익단체 간의 책임분담이 새롭게 설정되어 대인복지 서비스의 전달체계가 중앙정부에서 지방정부로 이전되는 획기적 변화가 이루어졌다.

그러나 지방을 중심으로 전개된 서비스는 서비스들 사이의 통합을 위한 장치와 서비스 기관 사이의 조정을 위한 장치를 갖지 못한 채 이루어졌기 때문에 클라이언트 입장에서는 분산되고 단편화된 지역사회 수준의 서비스를 이용하기가 어려웠다. 따라서 각 기관의 서비스를 조직화하고 클라이언트의 욕구를 통합적으로 충족시키는 서비스 전달체계가 필요해졌다.

(3) 복합적 욕구를 가진 인구의 증가

복합적 욕구의 증가는 장애인, 노인인구의 증가로 소득, 주택, 사회화, 재활, 의료 중에서 두 가지 이상의 서비스를 필요로 하는 클라이언트의 증가를 의미한다. 이처럼 복합적 욕구를 가진 클라이언트는 자신의 욕구를 지원해 줄 수 있는 전달체계가 확립되지 못하면 지역사회에서의 생활은 곤란하게 된다. 때문에 이들이 지역사회에서 살아가도록 하는 모든 서비스를 조직화하고 통합해 상호연계 서비스의 전달체계가 필요하게 되었다.

(4) 기존 서비스의 단편성에 따른 조정과 통합의 요구

기존 서비스의 단편성은 대인복지 서비스의 분류가 대부분 단편적으로 이루어져 자원과 자격 요건 측면에서 서비스의 공급주체가 연결되거나 조직화가 이루어지지 않음을 의미한다. 때문에 두 가지 이상의 욕구를 가진 클라이언트인 경우 서비스 공급기관 간의 상호조정과 연계를 통한 통합적 서비스 전달이 이루어지는 경우가 드물다. 따라서 서비스 공급자가 서비스의 편파성과 범주적 분류에서 벗어나 상호작용할 수 있는 서비스 전달체계가 필요해졌다.

(5) 사회적 지지체계와 지원망의 중요성에 대한 인식의 증가와 재가복지의 강조

사회적 지지체계(*social support system*)와 지원망(*support network*)의 중요성에 대한 인식의 증가는 가족, 친족, 친구, 이웃 등의 비공식적인 지지체계와 사회적 중요성에 대한 필요성 인식을 의미한다. 실제로 대인복지 서비스에서는 클라이언트의 삶의 질을 높이기 위한 사회적 지원체계와 지원망의 영향은 매우 크다. 그러나 사회적 지지체계와 지원망이 공적 서비스와의 통합이나 조정이 이루어지지 않을 때는 효과를 거두지 못할 수도 있다. 따라서 공적 서비스와 비공식적 지지체계 간의 통합, 조정의 서비스 전달체계가 필요해졌다.

(6) 비용억제의 필요성

비용효과에 대한 인식의 증가는 대인복지 서비스에서는 결핍된 자원 내에서는 서비스의 효과를 최대화하려는 측면과 서비스 전달에 소요되는 비용을 억제함을 의미한다. 시대와 지역을 막론하고 자원의 부족과 그로 인해 제기되는 서비스의 효과성은 중요한 쟁점으로 부각되었다. 때문에 대인복지 서비스의 효과성, 책임성에 기초해 서비스의 중복을 점검하고, 서비스 계획을 관리하며, 서비스 전달의 효과성을 최대화할 수 있는 서비스 전달체계가 필요해졌다.

3) 사례관리의 목적과 원칙

사례관리의 목적은 특별한 지지와 격려가 필요한 사람에게 지역사회에서 지속적인 생활을 보장해 주기 위한 공식, 비공식 지지망과 자원을 활용하고 확대할 수 있게 해주는 것(Billing, 1989)으로서 구체적 목적은 다음과 같다(김만두 역, 1993). 첫째, 서비스와 자원을 이용하고 접근하는 데 가능한 환자 자신의 생활기술을 증진시킨다. 둘째, 환자의 복지와 기능화를 증진하기 위해 사회망과 관련된 인간 서비스 제공자(*related human service supporter*)의 능력을 발전시킨다. 셋째, 가능한 가장 효율적 방법으로 서비스 및 자원이 전달되도록 하고 동시에 서비스의 효과성을 증진시킨다.

사례관리의 원칙은 다음과 같이 정리할 수 있다(이준우 외, 2006). 첫째, 각 개인은 서로 다르고 자신만의 장점과 욕구가 있으므로 서비스 계획도 이에 맞추어야 한다. 둘째, 각 개인의 장점과 욕구는 시간에 따라 변하므로 서비스와 지지가 지속되는 동안 이에 맞춰 유형과 강도가 변해야 한다. 셋째, 각 환자에게 제공하는 서비스 수준은 개인의 손상정도와 맞아야 하며 환자가 가능한 독립적으로 기능하도록 격려받아야 한다. 넷째, 환자에 대한 사례관리 서비스의 책임은 무한하며 환자의 요구에 맞추어 평생 지속되어야 함을 원칙으로 한다.

4) 사례관리의 기능과 과정

대부분의 학자는 사례관리의 과정을 사례발견 및 접수, 사정, 계획, 개입 및 조정, 점검 및 옹호로 나눈다(Gottesman et al., 1979; Levine & Fleming, 1984; Monk, 1985; Ballew & Mink, 1986; Moxley, 1989). 사례관리 서비스의 각 과정을 살펴보면 다음과 같다.

(1) 사례발견 및 접수

사례발견 및 접수단계는 클라이언트가 의뢰되거나 정보를 통해 자발

〈표 7-1〉 사례관리 서비스를 위한 접수양식의 예

성명		연령	
주소		연락처	
교육정도		혼인상태	
가족사항		동거자	
클라이언트가 말하는 문제			
의뢰자 및 의뢰자 의견			
접수 시 행동			
건강상태 및 병력			
경제적 상태			
경제활동			
주요접촉 인물			
접수자 의견			

적으로 도움을 요청하는 사람을 기관이나 현장에서 최초로 접촉하고 서비스 제공을 위한 계약을 체결하는 단계이다. 이 단계에서 중요한 과업은 클라이언트를 확인하고 신뢰감을 형성하며 앞으로 제공될 사례관리 서비스에 대해 사례관리자와 클라이언트 간의 합의를 도출해 내는 것이다. 이러한 접수를 위한 양식의 예를 제시하면 〈표 7-1〉과 같다.

(2) 사정

정신장애 클라이언트의 확인과 접수를 통해 클라이언트의 서비스 적격성이 확인되면 사정이 이루어진다. 사정은 일상생활 기능상의 장애를 가졌거나 장기간 보호를 필요로 하는 정신장애 클라이언트 상황의 다양한 측면을 인식해 전인적 인간으로서 클라이언트를 이해하는 과정이다. 즉, 사정은 정신장애 클라이언트에게 유용한 지원을 결정하는 데 필요한 자료를 수집하기 위해 클라이언트의 건강상태, 심리사회적 · 기능적 상태와 욕구를 포괄적으로 평가하는 것이다(Gottesman, 1979; 이준우 · 임원선, 2011).

사례관리자는 우선 환자의 현재 기능수준과 욕구에 대한 정보를 수집해야 하며 범위는 환자의 심리적 · 사회적 기능의 능력뿐만 아니라 환자를 지지할 수 있는 사회적 지지망과 지역사회 내의 이용가능한 자원의 능력까지 포함하는 다차원적이고 광범위한 정보여야 한다(양옥경 외, 2005).

사정의 목적은 정신장애 클라이언트와 그의 사회적 · 물리적인 환경의 욕구(*need*)와 강점(*strength*)을 정확히 파악하는 데 있다. 욕구는 문제점, 요구사항, 해결책, 부족한 부분 등의 여러 가지 측면으로 정의한다. 정신장애 클라이언트는 사례관리에서 제공될 서비스에 대해 알지 못하기 때문에 자신의 욕구를 정확하게 표현하지 못하고 때로는 비

<표 7-2> 사례관리 서비스를 위한 사정내용

사정 내용	클라이언트 욕구	클라이언트 능력	공식적 지역사회 자원체계	비공식적 사회적 관계망 및 지지
사정의 단위	1. 소득 2. 주택 3. 고용 · 직업 4. 건강 5. 정신건강 6. 사회활동 7. 여가활동 8. 일상활동 9. 이동수단 10. 법률 11. 교육	1. 신체적 기능 2. 인지적 기능 3. 정서적 기능 4. 행동적 기능	1. 자원목록 2. 유용성 3. 적당성 4. 적절성 5. 수용성 6. 접근성	1. 사회적 관계망의 구조 2. 사회적 관계망의 상호작용 3. 정서적 수단 4. 수단적 지원 5. 물질적 지원

현실적 기대를 하거나 너무 좁은 범위의 욕구만 표현하므로 이를 잘 탐구해야 한다.

사례관리자가 일상생활에서 겪는 환자의 어려움을 표현하도록 격려하면 환자의 욕구를 쉽게 확인할 수 있다. 이때 사례관리자는 가급적이면 개방형 질문을 하고 클라이언트의 말은 잘 경청하면서 이해하는 태도를 가져야 하는데 정신역동적 해석은 피해야 한다. 만약, 클라이언트가 스스로 자신의 자원을 동원해 문제를 해결할 수 있다고 생각하면 그것은 더 이상 욕구가 아니다(김기태 외, 2001).

사정은 정신장애 클라이언트와 사례관리자가 익숙하고 편안해하는 환경에서 진행해야 하는데 보통 클라이언트의 집이 그의 실생활에 대해 가장 잘 확인할 수 있는 최적의 장소이다. 그러나 어떤 클라이언트는 자신의 사생활이 드러나는 것을 싫어해 다른 장소에서 만나기를 요구한다. 때로 가정방문을 한 사례관리자가 클라이언트로부터 폭행이나 강간을 당하는 경우도 있으므로 항상 이런 위험성을 주의해야 한다. 만약, 사례관리자가 신변의 위협을 느낀다면 사정은 제대로 실시될 수 없으므로 적합한 장소를 선택해야 한다.

〈표 7-3〉 체계적 관점에서 욕구영역

<table>
<tr><th>체계구분</th><th>욕구범주</th><th>주요 내용</th></tr>
<tr><td rowspan="11">클라이언트 체계</td><td>신체건강 유지</td><td>신체장애, 임시적 질병 및 상해, 만성 · 희귀 · 난치성 질환, 비만, 영양결핍</td></tr>
<tr><td>정신건강 유지</td><td>정신질환, 약물 오남용, 습관성 음주, 자해(자살)행위, 불안감, 폭력적 성향, 대인기피</td></tr>
<tr><td>의식주 관련 일상생활 유지</td><td>스스로 식사 · 용변 · 의복착용 · 외출 곤란, 스스로 약물복용 · 가사활동 불가능, 긴급상황 대처 불가능 여부</td></tr>
<tr><td>여가생활 활용</td><td>여가활동 부족, 부적절한 여가활동(게임, 도박) 등</td></tr>
<tr><td>국민기초생활 해결</td><td>결식, 주거비 · 의복비 · 난방비 · 통신비 부족, 공과금 체납, 의료비 과다</td></tr>
<tr><td>자산관리</td><td>자산관리 능력 부재, 부채, 과태료 · 벌금, 과소비 · 낭비</td></tr>
<tr><td>기초지식 습득향상</td><td>읽기 · 쓰기 · 말하기 문제, 수리계산 능력 부족</td></tr>
<tr><td>교육개선</td><td>수업료 · 급식비 등 부족, 특수교육 문제, 사교육 문제, 상급학교 진학의 어려움, 무단결석, 학업성적 부진</td></tr>
<tr><td>취업</td><td>실업 · 실직, 열악한 근로환경, 저임금, 비정규직, 구직의 어려움</td></tr>
<tr><td>주거 내부환경 조건</td><td>화장실 · 주방시설의 위생환경, 도배 · 장판 · 냉난방 · 전기 · 가스 · 상하수도 시설 열악, 주택 내 이동관리, 사생활 공간 부족</td></tr>
<tr><td>주거 외부환경 조건</td><td>학습환경, 교통 접근성 열악, 주변 위험물, 상습침수, 철거 등</td></tr>
<tr><td rowspan="4">가족체계</td><td>관계 형성</td><td>부부갈등, 부(모)자 갈등, 고부갈등, 형제(자매)갈등, 가족의 무관심</td></tr>
<tr><td>가족돌봄</td><td>장애인 · 노인 · 아동(보육) · 만성질환자 돌봄 곤란</td></tr>
<tr><td>가족 내 안전유지</td><td>폭력(성폭력), 학대(유기, 방임), 실종</td></tr>
<tr><td>가족 외부로부터 보호</td><td>폭력(성폭력), 협박위협, 학대(물질적 착취)</td></tr>
<tr><td rowspan="3">사회체계</td><td>친인척 및 이웃관계 형성</td><td>친인척 갈등, 이웃 간 갈등, 친인척 · 이웃 간 관계소원</td></tr>
<tr><td>소속된 집단 및 사회생활</td><td>직장생활 어려움, 학교생활 어려움</td></tr>
<tr><td>권익보장</td><td>차별대우, 권리침해</td></tr>
</table>

출처: 홍선미 외(2010).

〈표 7-4〉 사례관리 일상활동 기능 사정표

영역	항목	0 독립적으로 가능	1 조언만으로 충분함	2 약간의 도움이 필요함	3 많은 도움이 필요함	4 전적으로 의존
자기관리	목욕					
	머리손질					
	면도					
	양치질					
	세탁					
	의복관리					
음식준비	장보기					
	음식물 만들기					
	설거지					
주거관리	집안청소					
	건물보수					
	잠자리 정돈					

사정을 하는 동안 주변환경(소음, 들락거리는 사람 등)으로 주의집중력이 떨어지면 제대로 사정할 수 없게 된다. 무엇보다도 사정 시에 정신장애 클라이언트와 친밀한 다른 사람들을 개입시키는 것이 때로는 도움이 될 수 있다. 어떤 클라이언트는 가족과 친구에게 둘러싸여 진행하는 면담을 선호하는 반면, 어떤 클라이언트는 아무런 참견 없이 혼자서 자신의 이야기를 하는 것을 선호하기도 한다. 이러한 클라이언트의 욕구는 존중되어야 하지만 클라이언트가 다른 사람이 사정에 기여하는 것을 적극적으로 방해할 때는 클라이언트에게 이유를 물어야 한다.

클라이언트와 그의 환경은 항상 상호작용하며 역동적으로 변화하므로 사정은 계속되어야 하고 수집된 정보는 일정기간마다 재평가를 받아야 한다. 또한 환자 외의 다른 사람으로부터도 정보를 수집해야 한다.

사정을 통해 얻어야 하는 자료의 양에는 제한이 없으며 일반적으로 정보가 많을수록 좋다. 홍선미 등(2010)은 사회복지사가 파악해야 할 욕구영역별 구체적 내용을 체계적 관점에서 〈표 7-3〉과 같이 제시했다.

이처럼 클라이언트의 욕구사정과 함께 클라이언트의 능력 혹은 기능에 대한 사정이 이루어져야 하며 능력사정에 관한 자료는 욕구사정과 개입계획 수립에 중요한 근거가 된다. 즉, 욕구사정을 통해 개입영역이 결정된다면, 능력사정은 구체적 개입수준이나 개입의 내용을 결정하는 주요한 근거가 된다. 노인·장애인 분야에서 활용될 수 있는 일상활동 기능 사정의 예는 〈표 7-4〉에 제시했다.

(3) 계 획

계획은 사정에서 얻어진 자료를 근거로 포괄적이고 구체적인 서비스 제공방침과 단계 그리고 목표에 대한 개념을 설정하는 단계이다. 이 단계에서는 클라이언트의 능력과 기술개선을 위한 목표, 필요한 서비스들의 활용을 위한 목표, 사회망을 통한 개입의 목표 등을 설정하고 목표를 달성하기 위한 구체적 개입계획을 수립해 서비스 전달에서 나타날 수 있는 장애요인 등을 명확하게 분석하며(Wood & Middement, 1989) 점검과 평가를 할 수 있도록 서비스 효과성에 대한 지침을 정확히 설정해야 한다(Moxley, 1989). 특히, 정신질환자의 사례관리 과정의 계획에서는 다음의 사항이 기본적으로 고려되어야 한다.

- 안전(*safety*)
- 자기결정(*self-determination*)
- 생존욕구(*survival needs*)

- 구조적 일: 사회적 관계를 유지해 주면서 시간의 사용을 구조적으로 할 수 있는 방법의 계획도 중요하다. 구조적 일에는 직장, 자원봉사, 학교에 참여하거나 친구나 다른 사람과 만나는 일 등이 포함된다.
- 가족의 지지: 가족교육이나 적절한 정보에 대한 자문 등을 통해 가족이 환자를 지지하는 능력을 증가시킨다.

또한 사례관리 계획을 수립할 때, 반드시 확인해야 할 실제적 질문은 다음과 같다(최경익, 1992).

- 클라이언트의 목표는 무엇인가?
- 클라이언트 스스로가 어떤 일을 하는 것이 가능한가?
- 가족의 도움은 무엇이 가능한가?
- 친척, 친구, 동료, 지역사회 자원봉사자로부터 얻을 수 있는 것은 무엇인가?
- 사례관리자로부터 어떤 서비스를 제공받을 수 있는가?
- 사례관리자가 속한 기관으로부터 무엇을 제공받을 수 있을까?
- 지역사회 내의 공공기관, 민간기관, 나아가서는 사회복지 기관으로부터는 어떤 서비스가 제공되는가?
- 결과적으로 클라이언트는 어떠한 상황으로 변할 수 있다고 예상할 수 있을까?

무엇보다도 사례관리의 계획단계에서 중요한 것은 클라이언트를 위해 클라이언트와 함께 모든 계획을 수립해야 한다는 인식이다(Kanter, 1989). 이에 따라 계획은 클라이언트와의 공동작업을 위한 목표를 확인하고 목표를 달성하기 위한 활동과 서비스를 개발하는 과정이다. 즉,

사정을 통해 확인된 클라이언트의 욕구, 잠재능력 그리고 문제를 토대로 서비스와 원조활동을 위한 계획을 수립하는 것이다. 계획과정에서 중요한 과업은 목표설정, 자원 계획 수립, 서비스 계획 수립 등이 있다.

① 목표설정

사례관리의 목표설정에서 중요한 관여자는 사례관리팀과 클라이언트 자신이다. 합리적 사례관리 계획을 위해서는 1차적 사례관리 계획자가 세운 목표가 사례관리팀에서 검토되는 것이 필요하며 기관의 여건이 가능하다면 다른 전문직에 의해 사례회의에서 다루어지는 것이 클라이언트에게 필요한 다양한 서비스를 계획하는 중요한 방법이 된다. 또한 사례관리의 목표설정에서 중요한 관여자는 클라이언트이어야 하며 클라이언트와 합의되거나 공유되지 않는 목표는 적절히 달성되기 어렵다.

② 자원 계획 수립

자원 계획에서 중요한 사례관리자의 활동은 자원확인과 목록화이다. 자원확인과 목록화는 클라이언트와 관련된 서비스 자원에 관한 정보를 획득하고 접근이 용이하도록 자료를 조직화하는 기능을 수행한다. 자원목록을 작성하기 위해 중요하게 다루어야 할 내용은 다음과 같다. 아울

〈표 7-5〉 자원목록 양식

서비스 영역	서비스 기관명	주소 연락처	주요 사업내용	서비스 자격요건	필요 서류	비용	주요 인물	서비스 평가	서비스 장애요인

러 이를 토대로 자원목록 양식을 제안하면 〈표 7-5〉와 같다.

- 기관의 기능: 기관의 서비스 영역, 주요 사업내용 등에 관한 조사가 이루어져야 한다.
- 서비스 자격 요건: 서비스를 받을 수 있는 특별한 자격을 정하는지 파악한다.
- 서비스 비용: 기관이 정하는 서비스 비용과 특정의 클라이언트가 받을 수 있는 혜택에 대해 파악한다.
- 서비스 접근성: 기관을 이용하기 위한 교통수단이나 서비스 이용절차를 파악한다.
- 서비스 평가: 기관에서 제공하는 서비스의 질적 수준과 관련되는 직원의 훈련정도, 물리적 공간, 특정 클라이언트에 대한 우호성 등을 평가한다.
- 주요 접촉인물: 기관의 서비스를 이용하거나 의뢰하기 위해 중요하게 접촉해야 할 인물을 파악하는 것은 서비스의 점검이나 지속적 연계를 위해 매우 중요한 일이다.
- 서비스 장애 요인: 서비스 기관 이용에 관련된 전반적인 서비스 제공과정에서 장애요인을 확인한다. 그리고 이에 관한 해결방안을 모색하도록 한다.

③ 서비스 계획 수립

서비스 계획은 사정을 통해 설정된 목표를 달성하기 위한 구체적 전략으로서 서비스 계획의 작성은 목표와 함께 제시되는 것이 사례관리 실천을 일목요연하고 체계적으로 정리하는 데 도움을 준다. 서비스 계획에서 구체화되어야 할 항목을 정리해 보면 〈표 7-6〉과 같이 제시해 볼 수 있다.

<표 7-6> 서비스 계획 양식

문제	장기 목표	단기 목표	서비스 내용	서비스 기관	서비스 담당자	시간 계획	비용	서비스 장애요인

(4) 개입 및 조정

개입은 사례관리자가 클라이언트와 클라이언트의 사회관계망과 관련된 서비스 제공자 등을 변화시키기 위해 직접적으로 혹은 간접적으로 관여하는 것이다. 조정은 직·간접 개입에 의한 서비스 및 자원 계획의 수행과 개입과 관련된 서비스 조직들의 상호작용이 적절히 이루어질 수 있도록 관여하는 것이다.

개입과 조정에서 특히 중요한 것은 연계이다. 연계란 서비스 체계와 연결하는 활동으로 필요한 모든 서비스를 제공받기 위해서 환자를 의뢰하고 이동시키며 공식적·비공식적 자원을 연결해 계속적으로 이용할 수 있도록 하는 것을 의미한다(Monk, 1985).

연계활동을 수행하면서 사례관리자는 가장 어렵고 복잡한 과업을 수행하는데 이러한 연계활동을 해 나가는 과정에서의 노력이 사례관리 전체의 성공여부를 판가름할 수 있는 중요한 과제가 된다.

(5) 점검 및 옹호

'점검'은 개입이 이루어진 후에 사례관리자가 클라이언트에 대한 서비스 계획이 적절히 수행되는지를 추적하는 적극적이고 유동적인 과정으로서, 서비스와 원조계획이 클라이언트 주변체계에 의해 적절하게 수행되는지 확인하는 과정이다. 점검을 위한 구체적 활동은 클라이언트와의 전화, 클라이언트 방문, 서비스 기관 담당직원과의 전화 그리고 회합 등으로 이루어진다.

한편, 재사정은 서비스 계획의 기간만료, 클라이언트의 욕구변화 발생 등 일정간격으로 서비스 계획을 수정하고 제공된 서비스의 효과성을 검토하며 변화된 욕구를 파악하는 단계이다. 또한 이러한 과정은 클라이언트의 기능을 재검토하기 위한 정기적 재평가 그리고 서비스 계획과 서비스 변경의 과정인 것이다. 이 부분의 핵심은 클라이언트와 지속적으로 연계를 맺는 것이다(Gottiesman et al., 1979). 그 목적은 계속적으로 환자의 상태 및 과정을 평가하고 그럼으로써 치료계획을 수행하며 필요하다면 수정하는 것이다.

점검과정은 다음 4가지 목적을 위해서 행해진다. 첫째, 서비스 계획이 적절하게 이행되는지 그 정도를 검토한다. 둘째, 환자에 대한 서비스와 지원계획 목표에 대한 성취를 검토한다. 셋째, 서비스와 지원의 산출을 검토한다. 넷째, 서비스 계획의 변화를 요구하는 환자욕구의 발생을 알아낸다.

'옹호'는 클라이언트가 공평하게 서비스에 접근하지 못하거나 부당하게 적절한 서비스를 받지 못하는 경우 클라이언트의 이익을 주장하고 바람직한 제도의 변화를 위해 노력하는 과정이다. 클라이언트에게 서비스를 제공하는 기관이 서비스를 제공하지 않거나 부당한 대우를 하는 경우에 클라이언트의 권리를 주장하고 기관의 결정이나 정책을 변화시키기 위해 이루어지는 활동이 사례관리자의 적극적 역할이다. 따라서 정신장애 클라이언트를 옹호함으로써 사례관리자는 자신이 담당한 환자를 지지하고 그의 욕구에 반응해 더욱 적극적인 역할을 수행하게 된다(McGill & Surber, 1989).

(6) 평가 및 종결

점검이 서비스가 적절하게 수행되는가를 확인하는 과정이라면, 평가는 사례관리자가 제공하는 서비스와 원조활동이 가치가 있는가를 결정내리는 과정이다. 즉, 사례관리자가 행하는 서비스가 클라이언트에게 유익한 것인가를 판단하는 과정이다. 이와 같은 판단에 의해 서비스가 종료될 수도 있다.

평가는 사례관리자가 제공하는 서비스와 원조활동이 가치가 있는가를 결정하는 과정으로, 클라이언트의 욕구와 문제해결을 위해 욕구의 우선순위와 목표를 수립하고 개입과 점검을 통해 목표가 어느 정도 달성되었는지를 확인하는 과정이다. 이러한 평가를 거쳐 종결단계에서는 클라이언트에 대한 사회복지사의 개입이 종료된다. 따라서 평가는 두 가지 수준에서 진행될 수 있다. 하나는 서비스를 받은 클라이언트의 긍정적 변화를 평가하는 것이며 다른 하나는 사례관리의 전반적 체계를 평가하는 것이다.

결국, 사례관리 과정은 사례발견 및 접수, 사정, 계획, 개입 및 조정, 점검 및 옹호, 평가 및 종결의 6단계가 순차적으로 일직선상에서 진행되는 것이 아니라 사례의 특성과 상황변화에 적극적으로 대응하도록 6단계가 순환적으로 진행되는 과정이 된다.

5) 사례관리의 실천 요소

사례관리는 다음과 같은 구체적인 실천적 개입방향에 근거해 서비스를 제공한다(김기태 외, 2001; 양옥경 외, 2005).

첫째, '최소한으로 규제된 환경(*least restrictive environment*)의 제공'로 최소한의 규제된 환경에서 클라이언트가 지낼 수 있도록 배려한다.

둘째, '단기적 시설보호'이다. 시설보호의 최소화를 위해 노인이나 만성 정신장애인, 정신지체인이 양로시설이나 정신요양원, 재활원에 머무는 기간을 줄이고 입원 서비스보다는 단기간의 응급 서비스나 통원 서비스를 권장한다.

셋째, '클라이언트의 권리확대'이다. 인간으로서의 기본적 존엄성과 최소한의 삶의 질을 누리기 위한 클라이언트의 권리를 강조하며 클라이언트의 최적의 기능에 필요한 서비스를 제공하도록 한다.

넷째, '클라이언트의 강점강조'이다. 클라이언트의 병리에 초점을 둔 의료적 모델로부터 환경적 영향과 클라이언트의 주체적 변화 가능성을 강조하는 접근으로 변화함에 따라, 클라이언트의 성취동기와 의사결정 능력을 높여 문제해결 과정에 주체적으로 참여할 수 있도록 안내한다.

다섯째, '다양한 자원체계와 사회적 지지의 활용'이다. 생태체계적 관점에 기초한 사례관리는 클라이언트 문제에 영향을 미치는 주변 체계와의 관련성을 인식하며 문제해결을 위해 다양한(미시적, 중범위, 거시적) 수준에 개입한다. 공식적 지지망으로서의 역할을 담당하는 사례관리자는 비공식적 지원체계가 취약한 클라이언트에게 필요한 서비스를 체계적으로 연결하게 하는 역할 이외에 클라이언트의 직접적이며 중요한 환경체계로서 기능한다.

여섯째, '적극적 개입기술'이다. 사례관리에서의 서비스 대상은 서비스에 대한 필요성을 느끼지 못하거나 심지어는 서비스를 거절하는 사람도 포함해 이들에게 필요한 정보와 교육을 제공하며 인식을 바꿔줌으로써 더욱 나은 삶의 질을 누릴 수 있는 기회를 찾도록 한다. 이를 위해서는 기관을 찾아오는 이용자뿐만 아니라 지역사회에 있는 잠재된 클라이언트를 찾아나서는 현장개입이 중요해진다.

6) 사례관리자의 역할

사례관리자의 역할에 대해 할러웨이(Holloway, 1991)는 "체계 안에서 정책을 수립하고 자원배치를 지도하는, 보이는 그리고 보이지 않는 손으로서 활동하는 촉진자, 체계조정자, 서비스 중계자 등으로 간주된다"라고 했으며 헵워쓰와 라슨(Hepworth & Larsen, 1993)은 "사례관리자는 환자가 필요로 하는 자원을 연결한다. 또한 서비스 전달을 조정해 주는 소개자, 촉진자, 연결자, 중재자, 옹호자 등의 역할을 해야 하며 이를 위해 지역사회 자원, 환자의 권리, 정책, 환자를 옹호, 중재하기 위한 기술 등 광범위한 지식을 가져야 한다"라고 했다.

또한 목슬리(Moxley, 1989)는 "사례관리자는 환자에 대한 정보를 모으고 처리해 환자를 대신해 자원의 이전을 협상하고 서비스 전달에 대한 책임성을 획득해야 한다. 또한 서비스의 제공결과를 점검하고 평가하기 위해 모든 기관, 모든 조직체계의 경계 전반에 걸쳐 활동해야 한다"라고 말했다.

사례관리자는 문제해결자, 계획가, 지역사회 조직가, 경계설정가,

서비스 조정가, 평가자, 자문가, 협력자, 조정가, 상담가 등의 명칭으로 부르는 경우도 많다. 사례관리자는 클라이언트를 적합한 서비스에 연결하고 연결된 서비스를 활용하도록 조정하는 과정에서 개인과 가족에게 지속적으로 서비스를 제공하는 역할이다(양옥경 외, 2005).

이상에서 여러 학자가 제시한 사회복지사의 역할을 개입수준과 기능별로 분류해서 상호연관성을 갖고 다양한 체계에 개입하는 사회복지사에게 필요한 역할을 체계적으로 정리할 수 있다. 즉, 사회복지사가 개입하는 대상의 범위를 미시적 범위(개인/가족), 중범위(조직/공식적 집단), 거시적 범위(지역사회/사회)으로 나누고 이를 사회복지사가 담당하는 기능에 따라 상담(*consultancy*), 자원관리(*resource management*), 교육(*education*)의 3가지로 구분할 수 있다(이준우, 2007).

(1) 미시적 차원

미시적 차원(*micro level*)에서의 조력자, 중개자, 옹호자, 교사의 역할은 개별 클라이언트 차원에서 그들이 처한 문제를 잘 극복할 수 있도록 상담을 비롯한 문제해결 과정에 참여해 클라이언트의 문제해결 능력을 기르고 서비스나 자원을 확보할 수 있도록 돕는 역할이다.

'조력자'(*enabler*)는 개인이나 가족이 자신의 욕구를 파악하고 문제를 명확히 규명하고 해결방안을 탐색한다. 또한 전략을 선택하고 더욱 효과적으로 문제해결 능력을 개발하거나 향상하도록 돕는 역할이다. 개인이나 가족을 원조하는 과정에서 사회복지사가 가장 빈번히 수행하는 역할이다.

'중개자'(*broker*)는 클라이언트 차원에서의 직접적 개입이나 의뢰를 통해 클라이언트의 접근 가능한 자원과 서비스를 찾고 연결을 도와주는 역할이다. 이러한 중개자의 역할은 클라이언트에게 적절한 인간 서비스와 자원에 연결하는 것을 주요 기능으로 하는 사례관리의 핵심적 역할이다. 이를 위해 사례관리자는 적절한 지역사회 자원과 연결시키는 데 필요한 지식과 기술을 가져야 하며 이용가능한 서비스를 파악하고 적절한 서비스가 필요한 곳에 제공되는가를 점검해야 한다.

'옹호자'(*advocate*)는 필요한 자원이나 서비스의 확보를 위해 지역사회에서의 클라이언트 개인이나 가족의 권리를 옹호하며 정책적 변화를 모색하기 위한 활동을 한다. 이때 사례관리자는 지역사회 자원을 찾거나 이러한 자원의 확보에 어려움을 겪는 사람을 위해 개입할 수 있는 능력이 필요하다. 특히, 서비스를 필요로 하는 대상자가 서비스로부터 차단되는 다양한 서비스 체계의 장애요인(*service barriers*)에 대해서도 민감해야 한다.

'교사'는 클라이언트 차원에서 예방이나 문제해결 능력을 향상하는 데 도움이 되는 적절한 정보를 제공하며 적응기술을 익히도록 클라이언트를 가르치는 역할이다. 효과적 교사로서의 역할을 수행하기 위해 사례관리자는 많은 지식과 정보를 알아야 하며, 내용을 명확히 전달하고, 이해시키기 위한 의사소통 기술을 가져야 한다.

(2) 중범위적 차원

중범위(*mid-level*)적 차원은 기관이나 조직차원에서의 촉진자, 중재자 및 훈련가의 역할은 기관 내부의 상호작용이나 기관 간의 연결망을 강화하며 조직차원에서 전문성 개발을 위한 교육을 담당하는 역할이다.

'촉진자'(*facilitator*)의 역할은 기관이나 조직의 차원에서 조직의 기능이나 상호작용, 직원 간의 협조나 지지, 정보교환을 촉진시키며 조직 간의 연결망을 강화하는 역할을 한다. 이런 역할은 클라이언트가 이용하는 기관과 실무자와의 좋은 업무관계를 유지하게 함으로써 클라이언트에게 더욱 다양하며 반응적 서비스를 제공하는 요인이 된다.

'중재자'(*mediator*)는 기관이나 조직의 차원에서 자원개발을 위해 관계망 내의 조직이나 집단을 모으며 공동의 목표나 문제해결을 위해 기관 간의 또는 기관 내의 의사소통의 갈등이나 의견 차이를 조정한다.

'훈련가'(*trainer*)는 기관이나 조직의 차원에서 전문가적 계발을 위한 직원 오리엔테이션, 세미나, 워크숍, 사례발표 등의 활동에 참여해 전문가 교육이나 훈련을 담당한다.

(3) 거시적 차원

거시적 차원(*macro level*)에서 계획가, 행동가 그리고 아웃리치의 역할은 지역사회 문제를 해결하고 사회적 불평등을 줄여나가기 위한 적극적 역할로서 정책수립과 프로그램의 개발, 사회변화를 위한 연대적 활동, 홍보, 교육활동 등이 포함된다.

'계획가'(*planner*)는 정책적 또는 거시적 차원에서 지역사회나 사회구조에 관심을 갖고 주민 전체의 욕구를 파악하며 목표, 정책을 수립하고 프로그램을 개발하는 역할이다.

'행동가'(*activist*)는 지역사회나 거시적 차원에서 클라이언트의 이익이나 권리를 저해하는 사회적 불평등이나 문제점을 인식하고 인간으로서의 기본적 권리를 행사할 수 있는 사회로의 변화를 위한 참여활동을 포함한다. 이를 위해 소외된 집단의 힘과 자원 확보를 위한 제도적 변화와 지역사회 욕구조사 및 분석 이외에 대중의 이해와 지원을 활성화하기 위한 노력을 한다.

'아웃리치'(*outreach*)는 지역사회나 거시적 차원에서 이루어지는 활동으로서, 사회문제나 필요한 서비스의 홍보활동을 통해 일반인이나 지역주민을 교육시킴으로써 문제를 예방하거나 심각성을 인식하게 하고 필요한 서비스에 접근이 용이하도록 돕는 역할이다.

7) 정신보건실천 현장에서 사례관리 모델

정신보건 현장에서 활용되는 대표적 사례관리 모델은 중개자 모델, 임상사례관리 모델, 적극적 지역사회치료 모델, 집중사례관리 모델, 강정 모델, 재활 모델로 볼 수 있다(Mueser et al., 1998; 홍성미·하경희, 2009 재인용).

'중개자 모델'(*broker model*)은 만성 정신장애인이 지역사회에서 생존하는 데 필요한 다양한 자원의 연결 및 조정에 초점을 둔다. 사례관리 대상자보다 사례관리자가 매우 부족한 기관에서 채택하거나 많은 사례수로 인해 위기개입 또는 서비스 연계 이상의 개별적 욕구충족 활동은 불가능하다.

'임상사례관리 모델'(*clinical case management model*)은 만성 정신장애인에게 필요한 심리교육과 치료를 포함한 임상치료적 서비스와 자원연계를 함께 제공한다. 사례관리의 임상적 기술, 대안적인 치료기법을 보유하도록 요구한다.

'적극적 지역사회치료 모델'(*assertive community treatment model*·ACT 모델)은 1970년대 중개자 모델과 임상사례관리 모델의 한계점을 극복하고자 만성 정신장애인을 대상으로 낮은 사례량, 다학제적 팀 접근과 아웃리치 중심의 지역사회 현장중심 활동이 특징이다. 서비스 비용이 많이 들지만 재발방지와 입원기간 감소 등 재활에 효과적인 모형으로 인정받는다.

'집중사례관리 모델'(*intensive case management model* · ICM 모델)은 ACT 모델과 유사하나 전문가로 구성된 팀 접근을 하지 않는 등 비용절감을 시도하며 집중적인 서비스 모형을 보급하고자 개발되었다.

'강점 모델'(*strengths model*)은 클라이언트의 강점과 잠재력에 초점을 두고 자원활용 능력 강화에 초점을 둔다.

'재활 모델'(*rehabilitation model*)은 만성 정신장애인의 지역사회 생활 유지와 개인적 치료, 재활에 초점을 두고 사회기술훈련에 집중한다.

이상이 정신보건 현장에서 활용되는 대표적 사례관리 모델이다. 여

〈표 7-7〉 정신보건 현장에서 사례관리 주요 모델별 특성

구분	중개자 모델	임상사례 관리 모델	강점 모델	재활 모델	ACT 모델	ICM 모델
사례관리자/ 클라이언트 비율	1:50	1:30	1:20~30	1:20~30	1:10	1:10
아웃리치 정도	낮음	낮음	중간	중간	높음	높음
24시간 사례관리자의 접근성	없음	없음	없음	없음	있음	있음
클라이언트의 참여정도	없음	낮음	높음	높음	낮음	낮음
기술훈련 강조	없음	낮음	중간	높음	중간	중간
접촉빈도	낮음	중간	중간	중간	높음	높음
접촉장소	사무실	사무실	지역사회	사무실, 지역사회	지역사회	지역사회
치료의 통합	낮음	중간	낮음	낮음	높음	높음
직접 서비스 정도	낮음	중간	중간	중간	높음	높음
표적 대상	만성 정신장애	만성 정신장애	만성 정신장애	만성 정신장애	정신장애, 잦은 입원치료	정신장애, 잦은 입원치료

출처: 뮤저 외(Mueser et al., 1998); 홍선미 · 하경희(2009 재인용).

기서는 다학제 간 전문가 팀이 심각한 정신질환으로 재활에 어려움을 겪는 클라이언트의 정신사회재활과 회복을 목적으로 하는 ACT 모델을 좀더 살펴보도록 하자.

ACT 모델은 만성 정신장애인의 지역사회 재활, 정신사회적 재활 그리고 회복을 지속적으로 돕기 위한 사람중심의 회복지향 정신보건 서비스 전달모델이다. ACT 모델은 기존 중개모델과 임상모델의 한계에 대한 비판으로 다학제 간 팀 접근을 중심으로 매일 개별화되고 현장중심적 개입을 통해 정신장애인의 지역사회 생활을 지원한다.

ACT 모델의 서비스 원칙은 다음과 같다(하경희, 2010). 첫째, 다학제적 팀 접근이다. 정신과의사, 간호사, 사회복지사, 직업재활전문가, 약물남용전문가 등의 다학제적 전문가 팀을 구성한다. 이 팀은 매일 사례의 문제와 재활과정을 함께 논의하고 서로의 전문성을 공유한다. 팀 접근은 사례관리자의 역량을 지원할 뿐 소진을 방지해 서비스가 지속되고 직업에 대한 만족도를 높이는 데 기여한다.

둘째, 포괄적이고 적극적인 서비스를 제공한다. 이는 기존의 중개모델에 대한 한계를 극복하고 정신사회재활을 위한 더욱 포괄적이고 통합적인 서비스를 제공하는 데 초점을 둔다. 즉, 치료서비스, 재활서비스, 주거와 취업, 약물남용, 가족 및 지원체계 개입 등 클라이언트의 욕구와 목표에 따른 서비스를 제공한다.

셋째, 시간제한이 없는 서비스를 제공한다. ACT는 장기적 재활의 관점과 사례관리자와 클라이언트의 치료적 신뢰관계를 기반으로 퇴록(退錄)이 없는 평생 지속되는 서비스를 제공한다.

넷째, 개별화된 접근을 한다. 클라이언트를 정형화하지 않고 개별적인 욕구, 선호를 중요시하고 개인의 선택을 최대화할 수 있도록 자원을 제공한다.

다섯째, 낮은 사례관리 비율을 유지한다. 더욱 개별화되고 포괄적인 서비스를 제공하기 위해 사례관리자와 클라이언트의 비율을 1:10 이하로 유지한다.

여섯째, 지역사회 현장중심의 접근을 한다. ACT의 모든 직원은 클라이언트의 가정 및 취업장 등 현장에서 만나는 것을 원칙으로 한다. 이를 통해 클라이언트가 생활하는 자연적 환경을 이해하고 그곳에서 실제적으로 적용할 수 있는 기술과 대처능력을 개발하도록 한다.

ACT 모델은 소비자 맞춤형 집중 서비스로서 정신장애인의 회복효과에 관한 많은 연구가 진행된다. 대부분의 연구에서 중증 정신장애인에 대한 증상의 감소와 주거의 안정성, 삶의 질과 만족도 그리고 가족의 만족도 등 전반적인 부분에서 효과가 있는 것으로 보고된다(하경희, 2010). 우리나라에서는 1990년대 말 국립나주병원에서 시범사업을 수행했으며 2007년부터 수원시 정신건강센터에서 증상 및 기능상태의 호전, 자아존중감, 지역사회적응, 삶의 질 향상을 목적으로 시행했다(김경희, 2011).

3. 정신장애인 가족의 교육

가족은 구성원 개개인의 정서와 건강에 영향을 미치는 기능적 상호작용 단위이다. 그러므로 가족구성원에게 신체적·정신적 장애가 발생할 경우, 다른 구성원에게도 영향을 미쳐 가족 전체의 문제로 확대되는 경향이 있다. 특히, 가족 내 정신질환자나 정신장애인을 둔 가족은 질환이나 장애를 가진 클라이언트 이상으로 많은 고통과 부담을 갖는다. 또한 이러한 가족 내 분위기는 클라이언트 자신에게도 그대로 전달되어 병이나 장애에 대한 절망적 인식을 갖게 하고 재발이나 입원에도 영향을 미친다(엄윤경, 2005).

정신질환은 재발을 반복함으로써 만성화되는 경향을 보이며 병의 특성상 가족은 환자에 대한 수치심, 죄의식, 분노와 치료 및 예후에 대한 불확실함, 치료비에 대한 경제적 부담, 사회의 부정적 태도 등으로 여러 가지 고통과 정서적 반응을 경험한다. 더욱이 비장애인은 정신장애인이 경험하는 환청, 망상, 분노의 감정을 이해할 수 없기 때문에 가족구성원은 두려움과 동시에 불안에 떤다.

비정상적 행동, 불규칙한 행동, 공격적이고 파괴적 행동, 끊임없는 논쟁, 기대에 미치지 못하는 과업수행 및 청결관리 기능 등은 가족을 끊임없는 긴장과 지속적 대기상태에 몰아넣는다. 24시간 정신장애인을 옆에서 지키고 보호해야 함은 가족의 정서와 행동에 제약을 가하는 커다란 부담이 된다(양옥경, 1996). 이런 맥락에서 정신장애는 환자 개인의 문제가 아닌 가족 전체의 문제라고 볼 수 있다. 그래서 정신장애인의 가족에 대한 관심과 돌봄, 치료와 교육 등과 같은 실천개입은 정신보건사회복지에서 매우 중요하다.

이 장에서는 우선 가족교육의 등장배경을 먼저 살펴본 후, 정신장애인이 있는 가족을 이해하고 지원하는 데 도움이 되는 이론 가운데 가족생활주기 이론에 대해 알아본다. 그다음으로 정신장애인의 가족구성원을 위한 교육에 대해, 치료적 · 복지적 관점에서 살펴본다.

1) 가족교육의 등장배경

가족을 정신질환의 원인으로만 인식했던 기존의 관점은 탈시설화와 지역사회 정신보건운동으로 인해 가족역할의 새로운 조명에 따라 점차 약화되었다(양옥경, 1996). 우리나라의 경우 1995년 〈정신보건법〉의 시행으로 지역사회 정신보건정책이 강화됨으로 인해 정신장애인이 퇴원 후 지역사회로 돌아가 생활할 때 가족이 1차적 보호체계로서 재활과 일상생활을 영위하는 데 중요한 체계가 되었다.

이러한 상황에서 가족이 경험하는 부양부담은 다양하며 기대하는 서비스도 서로 다르다. 그러므로 가족교육은 정신장애인의 가족에 대한 부담을 줄이고 정신장애인의 효과적 사회복귀를 위한 정신사회재활 프로그램 중 매우 중요한 치료 프로그램이다.

(1) 탈시설화의 영향

영국과 미국을 중심으로 한 서구 사회에서는 1960년대 정신질환자를 가정 및 사회생활로 통합하려는 탈시설화 및 정신건강 운동이 전개되었다(박선영, 1992). 당시 사람들은 전통적 병원치료에서 제시하는 의료진의 권위주의와 관료체계가 환자의 치료에 부정적 요소라고 주장하며 전통적 치료방법의 변화를 요구했다.

또한 약물치료를 통해 완치까지는 아니었지만 일정한 효과를 얻으며 굳이 병원에 입원하는 일이 필요 없게 되었다(Talbott, 1978). 이러한 과정에서 병원의 많은 환자가 가정으로 돌아갈 수밖에 없었고 체계적 지역사회의 서비스가 없는 관계로 가족은 그들의 1차적 보호자로서 도움을 주며 동시에 더 많은 책임을 지게 되었다.

그러나 가족은 정신질환자에 대한 1차적 보호자로서의 역할이 기대되지만 보호자의 역할을 어떻게 해야 하는지에 대해서는 준비되지 않았다(Simon & VonKorff, 1991). 또한 이 과정에서 환자와 가족 모두가 예측할 수 없는 문제와 고통을 받는 것이 주목되었고 가족은 전문가로부터 좀더 실질적 도움을 받고 싶어 했다(Hatfield et al., 1982).

(2) 병적 체질과 스트레스의 상호작용으로 인한 발병 이론

병적 체질과 스트레스의 상호작용으로 인한 발병 이론은 최근 정신의료 전문가로부터 각광을 받는 이론으로 심리교육 프로그램의 등장 배경이 되었고 가족교육의 주요 이론적 배경이 되었다. 이 이론의 주된 논리는 정신질환은 유전적·발달적 요인에 의해 결정된 뇌의 구조적 이상과 생화학적 기능의 취약성을 가진 상태에서 일상생활의 사건 및 가족 내의 부정적인 감정표현 혹은 신체적 질환 등의 내부적 요인이 스트레스로 작용해 발생한다는 것이다.

이러한 견지에서 보면 생물학적 취약성이 증가하고 환자의 적응능력을 능가하는 생활사건이 발생하며 환자에 대한 사회적 지지가 감소하면 증상이 악화된다는 것이다. 요약하면 정신장애의 발병원인은 '병리적 취약성'과 '스트레스'라는 두 가지의 상호작용 결과이며 가족의 요소가 정신질환의 절대적 원인이라기보다는 발병을 부추기는 요소이며 또한 재발에 영향을 주는 요소로 작용한다는 것이다(양옥경, 1996).

팔룬 등(Falloon et al., 1987)은 조현병의 경우에 모든 스트레스가 병의 원인이라는 확실한 증거는 없지만 가족의 긴장과 생활의 사건이 조현병의 과정에 영향을 끼치는 것임을 이야기하며, 특히 이러한 심리사회적 요인이 재발에 영향을 주는 것에 대해 설명했다. 따라서 환자의 가족에게 질병에 대해 효과적으로 적응할 수 있는 교육과 질병의 성질에 대한 정보를 제공하면 환자의 재발가능성을 감소시키며 그와 동시에 재발가능성의 감소는 가족의 안녕에 영향을 미칠 것이다.

2) 가족생활주기 이론

(1) 가족생활주기의 개념

한 개인의 일생은 연속적 과정이며 신체적·정신적 발달에 따라 몇 가지 주기로 나눌 수 있다.[1)] 마찬가지로 전형적 가족의 형성, 즉 두 남녀의 결합과 자녀의 출산으로 형성되는 가족생활도 몇 가지 기준에 따라 주기화할 수 있다.

가족생활주기는 시간과 함께 가족의 생활이 변화하는 과정을 가족구성원의 변화와 성장에 따라 발생하는 보편적 발달단계로 개념화한 것이다. 즉, 결혼에 의해 가족이 형성되고 출산에 의해 가족이 확대되며 다시 자녀의 출가에 의해 축소됨과 동시에 손자녀의 출산으로 확대된다. 그리고 1세대의 사망으로 다시 가족은 축소되는 일련의 과정을 되풀이한다. 만일, 자녀가 만성질병에 걸리게 되면 가족생활주기는 정체되고 부모의 부양부담은 지속되는 데 문제가 있다. 또한 부모 중 한 사람이 만성질병에 걸리면 자녀와 부모의 역할설정, 경계설정에 문제가 생겨 갈등이 심화된다.

이처럼 가족생활주기 개념은 다음의 발달과업과 연계되어 가족이 당

---

1) "2) 가족생활주기 이론" 부분은 2006년 정신보건사회복지사 수련 이론교육 교재 내용에서 발췌했다.

면한 주기와 적정한 발달단계에 이르지 못하는 요인 그리고 이로 인한 문제를 이해하고 사정하며 나아가 정신보건사회복지 실천개입을 실행하는 데 좋은 도구가 될 수 있다.

(2) 가족생활주기와 발달과업

개인이 사회에서 발달적 성취를 이루며 살아가듯이 가족도 발달시기에 요구되는 발달과업이 있다. 그러므로 가족생활주기에 따라 가족이 수행해야 할 과업은 다르다. 듀발과 밀러는 〈표 7-8〉과 같이 가족발달과업을 제시했다(Duvall & Miller, 1985).

〈표 7-8〉 가족생활주기에 따른 가족발달과업

가족주기	가족구성원	가족발달과업
1. 부부만의 시기	아내-남편	• 가정의 토대를 확립하기 • 공유된 재정적 체제를 확립하기 • 누가, 언제, 무엇을 할 것인가에 대해 상호적으로 수용가능한 패턴 확립하기 • 상호 간 만족스러운 성적 관계 확립하기 • 만족스러운 의사소통 패턴 확립하기 • 상호 배우자의 친구 관계망 인정하고 확립하기 • 친척과의 관계를 확립하기 • 미래의 부모역할을 어떻게 할 것인가 결정하기 • 서로에 대한 헌신의 본질과 의미를 탐색하고 결정하기
		• 한쪽 배우자가 정신장애가 있다면? • 한쪽 배우자의 부모가 정신장애가 있다면?
2. 자녀출산 및 양육기	아내-어머니 남편-아버지 영아기의 아버지	• 자녀양육으로 증가된 생활비용 충족하기 • 가사분담 재조정하기 • 부부-자녀, 부모-자녀의 세대 간 경계와 역할정립 • 자녀와 효과적 의사소통 개발하기 • 영유아 양육에 따른 생활변화에 적응하고 희생을 감내하기 • 맞벌이 부부의 경우, 영유아 양육 대체인력과 양육방식과 책임에 대해 조정하고 적응하기
		• 어머니/아버지가 정신장애가 있다면?

〈표 7-8〉 계 속

가족주기	가족구성원	가족발달과업
3. 미취학 아동기	아내 - 어머니 남편 - 아버지 딸 - 자매 아들 - 형제	• 확대되는 가족이 요구하는 공간과 설비를 갖추는 데 필요한 비용 충당하기 • 어린 아동을 포함해 가족생활의 예측 가능한 비용과 예측 불가능한 비용을 충족시키기 • 변화하는 가족욕구를 충족하도록 해야 하는 책임에 적응하기 • 가족구성원 사이의 의사소통 패턴에 적응하기
		• 어머니/아버지가 정신장애가 있다면? • 유아기 자녀에게 정신장애가 생긴다면?
4. 학동기	아내 - 어머니 남편 - 아버지 딸 - 자매 아들 - 형제	• 아동의 활동을 충족하게 하고 부모의 사생활을 보장하기 • 재정적 능력을 유지하기 • 아동의 변화하는 발달적 요구에 효과적으로 대응하기 • 아동의 발달을 돕기 위해 학교와 보조를 맞추기
		• 어머니/아버지가 정신장애가 있다면? • 학동기 자녀에게 정신장애가 생긴다면?
5. 청소년기	아내-어머니 남편-아버지 딸-자매 아들-형제	• 가족구성원의 다양한 요구에 대비하기 • 가족의 금전문제에 대처하기 • 모든 가족구성원이 책임을 공유하기 • 성인의 부부관계에 초점을 맞추기 • 청소년과 성인 사이의 의사소통을 중재하기 • 친척과의 관계를 유지하기 • 청소년과 성인의 변화하는 욕구에 맞춰 변화하기
		• 어머니/아버지가 정신장애가 있다면? • 청소년기 자녀에게 정신장애가 생긴다면?
6. 독립기	아내-어머니-할머니 남편-아버지-할아버지 딸-자매-숙모 아들 - 형제- 삼촌	• 가정의 물리적 설비와 자원을 재배치하기 • 성인생활로 들어가는 자녀에게 필요한 생활비용을 충족하기 • 자녀가 가정을 떠날 때 책임을 재할당하기 • 부부관계를 재조정하기 • 가족구성원 사이의 의사소통을 유지하기 • 자녀의 결혼을 통해 새로운 가족구성원을 받아들임으로써 가족범위를 확대하기
		• 가족원의 정신장애가 해결되지 않고 지연된다면?
7. 중년기	아내-어머니-할머니 남편-아버지-할아버지	• 빈 보금자리에 적응하기 • 부부 사이의 관계를 계속해서 재조정하기 • 조부모의 생활에 적응하기 • 성인 부모의 부모를 돌보기 • 은퇴에 적응하기 • 쇠퇴하는 신체적 · 정서적 기술에 대처하기
		• 가족원의 정신장애가 해결되지 않고 지연된다면?

〈표 7-8〉 계 속

가족주기	가족구성원	가족발달과업
8. 노년기	과부나 홀아비 아내-어머니-할머니 남편-아버지-할아버지	• 배우자의 죽음에 적응하기 • 계속되는 노화과정에 적응하기 • 특히, 자녀에 대한 의존에 대처하기 • 역할변화에 적응하기 • 문제에서의 변화에 적응하기 • 죽음에 대처하기
		• 가족원의 정신장애가 해결되지 않고 지연된다면?

이러한 발달과업에 대한 틀은 가족이 생활주기상 요구되는 사회적 기대를 충족하는지 이해하는 데 매우 유용하다. 가족생활주기와 발달과업의 판정은 발달단계에 따른 현재 가족의 기능이 적절한지, 무엇이 문제인지 사정할 수 있는 틀을 제공한다. 또한 과거의 가족생활, 현재 수행해야 하는 과업과 자원의 문제 그리고 가족이 지향하는 미래의 맥락에서 문제를 보는 데 도움이 되는 강점이 있다.

3) 가족교육의 개념과 모델

(1) 가족교육의 개념

가족교육이란 환자와 가족을 대상으로 질병에 대한 원인, 증상, 과정 그리고 치료에 대한 정보를 제공하는 것(Anderson et al., 1986)으로서 질병에 대한 교육적 워크숍과 관리지침 및 다른 서비스를 제공하고자 하는 장기적 접근이라 할 수 있다(Bellack et al., 1996).

이영호(1998)는 좀더 구체적으로 가족교육을 정의한다. 가족교육이란 정신장애인과 그 가족에게 일정기간 체계적으로 병에 대한 정보(*information*)와 지식(*knowledge*) 및 구체적 대처기술(*coping skills*)을 제공하며 동시에 상담(*counselling*)과 지지(*support*)를 해주며 반드시 가족교육의 효과를 평가하는 변인에 대해 분명하게 설정되어야 하는 하나의 치료기법이라고 했다. 결국, 정신보건 현장에서 '가족교육'이라는 용어는 가족정신교육, 가족심리교육, 정신교육적 가족치료, 행동적 가족치료 등을 포괄하는 개념이다.

(2) 가족교육의 목적과 목표 및 효과

가족교육의 목적은 다음과 같이 설명할 수 있다. 첫째, 질병, 필요한 치료자원, 지지적 서비스들에 대한 이해를 증진하며 정보를 제공한다. 둘째, 질병에 대해 환자와 그 가족의 알 권리 및 능력을 인식시킨다. 셋째, 환자와 가족 및 정신보건사회복지사 사이의 생산적 동맹관계를 창출한다. 넷째, 치료환경과 가정에서 고도로 조직되고 예측가능한 환경을 조성한다.

가족교육의 목표는 다음과 같이 설정할 수 있다. 첫째, 정신질환에 대한 현재까지의 정보를 참여자에게 제공한다. 여기에서는 생물학적 취약성과 스트레스 및 자극에 대한 과민성을 강조한다. 둘째, 참여자에게 증상 및 약물의 효과에 대한 교육을 통해 약물순응을 향상시키고 환자와 그 가족으로 하여금 재발의 초기 징후와 약물의 부작용에 대한 대비를 하게 한다. 셋째, 환경 내 스트레스와 이것의 재발과의 관계에 대한 참여자의 인식을 증진한다. 넷째, 환자와 가족, 치료자 사이에 치료적 동맹을 형성해 질환의 유동적 경과 중에 일어날 수 있는 절망이나 비난을 감소시키고 단기 치료목표를 세워 수행하며 지속적 치료에 대한 기초를 확립한다.

다섯째, 환자와 가족의 개개인의 강점을 찾아내고 그들에게 일상생활, 양성 및 음성 증상 및 다른 문제행동을 다룰 수 있는 전략을 교육한다. 여섯째, 환자에게 적응기술을 실행하고 반복하며 강화할 수 있는 기회를 제공해 퇴원 후에도 이런 적응기술이 일반화되고 지속될 수 있도록 격려한다. 일곱째, 최근의 연구에 대한 정보를 환자와 가족에게 제공해 그들이 실제적 희망을 갖도록 한다. 여덟째, 사회적 고립과 낙인을 감소하도록 하기 위해 가족 간의 연계를 격려한다. 아홉째, 환자와 가족이 지역사회에서 활동하는 정신보건사회복지사와 접촉하도록 격려한다.

가족교육을 함으로써 기대할 수 있는 효과는 다음과 같다. 첫째, 재발률이 감소될 것이다. 둘째, 가족의 높은 감정표현이 완화될 것이다. 즉, 타인의 인격을 향한 비난, 공공연한 적대감, 지나친 간섭 등이 상당 부분 약화될 것이다. 셋째, 가족이 효과적 대처방식을 습득할 것이다. 넷째, 정신질환에 대한 지식 획득, 주관적인 스트레스 감소, 환자에 대한 두려움 등이 감소될 것이다. 다섯째, 환자의 증상 및 기능상태가 호전될 것이다. 여섯째, 환자의 재활과정에 안정된 지지체계로서 기능할 것이다.

(3) 교육적 · 지지적 가족교육 모델

교육적 · 지지적 가족교육 모델(*educational and supportive model*)은 앤더슨 등(Anderson et al., 1986)이 체계화한 모델로서 가족의 이해를 증진하고 스트레스를 감소시키며 스트레스 요인이 되는 문제를 완화시켜 사회적 지지망의 확대를 목표로 한다(Falloon et al, 1984). 이 모델은 다음 4가지 접근방식으로 구분하는데 이러한 개념적 분류는 개입의 중심목표를 명확히 밝힌다.

첫째, '정보제공적 접근'은 기술적 측면보다는 1차적으로 정신장애인에 대한 이해와 관리에 관한 지식과 정보를 제공하기 위해 고안되었다. 따라서 목표는 정신장애인에 대한 가족의 이해를 증진시키고 이들의 보호에 기능적 역할을 할 수 있도록 돕는 것이다. 가족은 원인론, 증상, 정신장애의 과정을 배우는 한편, 약물치료, 정신치료, 심리사회적 재활 프로그램 등에 관한 다양한 학습을 통해 지식과 정보를 제공받는다.

둘째, '기술훈련적 접근'은 보호제공자로서의 가족의 능력을 향상하기 위해 직접적이고 체계적으로 특정한 대처행동을 가르친다. 따라서 목표는 가족이 정신장애인에게 더욱 효과적으로 도움을 주고 관리할 수 있는 능력을 증진시키는 일이다. 가족은 의사소통 기술과 문제해결 기술을 배울 뿐만 아니라 보상을 사용하는 방법이나 약속방법의 개발, 문제행동의 규정 등과 같은 기본적인 행동에 관한 훈련을 받는다.

셋째, '지지적 접근'은 가족이 정신장애인을 보호함으로써 얻는 스트레스를 극복하기 위해 가족의 감정적 능력을 증진하도록 고안되었다. 따라서 목표는 가족의 감정상태를 변화시키는 것이다. 즉, 가족은 보호에 따른 감정과 경험을 공유하는 과정에 참여해 보호제공이 힘들고 자신은 최선을 다했으며 더는 죄책감을 느낄 필요가 없다는 점을 확인한다.

넷째, 이른바 '사회적 개입'(*social intervention*)으로 부르는 '포괄적 접근'은 구조화된 포괄적 개입으로써 정보제공, 기술훈련, 지지적 접근 모두를 포함한다. 이 접근에서 가족은 세 단계를 통해 도움을 얻는다. 즉, 첫 번째 단계는 기본적인 정보제공을 위해 정신장애의 원인론과 증상 그리고 진단과 관련된 강좌에 참여하고, 두 번째 단계는 자신의 경험, 문제점, 해결점을 공유할 수 있는 기회를 제공하도록 고안된 지지집단에 참여하며, 세 번째 단계는 정신보건사회복지사로부터 일정한 횟수의 개별지도를 받는다. 이러한 과정을 통해 가족은 역동적 통찰력을 조합하고 실질적 행동에 대해 지도를 받는다. 이처럼 교육적·지지적 모델은 정신장애인을 가진 가족에게 치료적으로 접근하기보다는 필요한 정보, 기술 그리고 지지를 제공함으로써 효과적으로 그들의 욕구에 부응한다.

4) 가족교육 실천가로서 갖추어야 할 지식

가족교육 실천가가 가져야 할 지식체계에 대한 간략한 개요는 다음과 같다.

- 생리·심리·사회적 재활 모델에 관한 이론과 지식
- 사례관리에 대한 지식
- 정신과 재활치료에 관한 지식
- 정신과 직업재활에 관한 지식
- 조현병의 병리와 증상 단계에 따른 제반 치료방법에 관한 지식
- 사회사업적 지식을 응용한 정신의학적 면담에 관한 지식
- 집단사회사업에 관한 지식 중 치료 모델에 관한 지식(집단치료)
- 지역사회복지(응급의료체계, 지역사회 자원 정보 제공)에 관한 지식
- 조현병 환자 가족들의 심리와 극복과정에 대한 지식
- 가족욕구 파악 및 교육상담, 치료와 관련된 지식
- 〈정신보건법〉, 〈장애인복지법〉 내의 정신장애인 복지관련 내용과 전달체계에 대한 지식

- 교육 및 연수의 필요성

가족교육 실천가로서 정신보건사회복지사의 역할은 다음과 같다.

- 가족상담 및 치료자
- 교육 프로그램 조정자로서의 역할
- 환자의 사례관리자로서의 역할
- 옹호자로서의 역할
- 심리사회적 재활 모델의 실천자, 강조자, 교육자로서 역할
- 프로그램 안내자로서의 역할

정신보건사회복지사가 가족교육 실천가로서 가족교육을 실천할 때 가져야 할 자세는 다음과 같다.

- 가족을 수용하려는 적극적 태도
- 가족을 치료의 파트너로 인식
- 교육 수혜자인 가족의 입장에서 이해하기 쉽게 그들의 언어와 용어사용
- 대한 실천개입 과정을 통해 알게 된 각종 내용에 대한 비밀보장
- 잘못된 사회적 편견이나 낙인을 극복하고자 하는 노력 강화

5) 주요 가족교육 프로그램

가족에게 제공되는 많은 가족교육 프로그램 중에서 가장 일반적으로 제공하는 서비스는 다음과 같다.

(1) 가족 정신교육

가족에게 정신질환과 정신장애에 대한 교육으로 그들의 불안을 경감시키고 환자에 대한 현실적 기대를 갖게 해 환자로 인해 발생하는 가족 갈등을 감소시키는 필수 프로그램이다. 주로 정신질환이나 정신장애의 증상, 약물치료, 일상생활의 대처, 증상의 예후에 대한 교육적 내용으로 이루어지고 시청각 자료가 효과적이며 가능하면 전문용어는 피하도록 한다.

(2) 월례 평가회

가족의 힘을 치료체계로 활용함과 동시에 환자-가족 간의 상호이해와 수용을 증진하게 하는 것을 목적으로 환자와 가족, 치료진이 참여해 "환자-가족-치료자" 간의 공통적인 치료계획을 정하는 시간이다. 정보를 교환하기 위해서 집에 전화나 전자우편(e-메일)으로 편지보내기, 주말평가서 교환 등 가족-치료자 간의 빈번한 접촉이 필요하다.

(3) 가족지지 모임

같은 사회적 낙인의 경험을 공유하는 사람 간의 상호지지와 격려를 통해 정신질환자 가족을 원조하는 한 방법으로 주로 가족 간의 일상적인 관심사를 토로하며 환자로 인해 겪는 정서적·심리적 부담을 완화시키는 프로그램이다.

(4) 가정방문

가족 내의 문제로 환자가 갈등을 겪을 때 중재와 해결을 위해 정신보건사회복지사가 가정방문을 한다. 환자가 가정생활에 잘 적응하는지의 여부를 확인하고 주변 지지체계를 점검한다. 병원과 가정 간의 상호 유대관계를 형성해 협조적인 치료 분위기를 조성한다.

• 생각 다듬기 •

1. 자신이 일하는 정신보건센터(혹은 지역사회 정신건강증진센터)에 조현병을 앓는 장애인이 찾아왔다. 다른 지역에서 살다가 이사를 왔는데 클라이언트는 자신이 전에 살던 지역에서 받던 서비스를 모두 받고자 한다. 정신보건사회복지사로서 어떻게 대처해야 할지 생각해 보자.

2. 정신보건사회복지사의 직무연수를 실시하고자 한다. 당신이 정신보건사회복지사라면 어떤 내용을 위주로 직무연수를 받고 싶은가?

3. 정신보건 영역에 정신보건사회복지사로서의 사정과 사회복지실천에서의 사정의 구분되는 점은 무엇인가?

4. 정신보건센터 회원인 한 정신장애인이 가족과 대화를 전혀 하지 않아 외로움에 힘들어하는 것을 알고 정신보건사회복지사가 회원의 집에 방문해 가족과 대화를 시도하려는데 가족은 회원인 그 사람에게만 신경 쓰라고 대화를 거부한다. 이런 상황에서 정신보건사회복지사는 가족을 어떻게 대해야 할 것인가?

5. 다양한 정신보건 현장에서 이뤄지는 가족교육 프로그램에 대해 조사해 보자.

6. 실제 정신장애인 가족이 갖는 보호부담에 대해 생각해 보자.

제 8 장

정신보건사회복지의 개입방법과 기술 Ⅱ

1. 서 론

만성 정신질환은 장기적 치료가 필요하고 입원치료 후에도 지속적인 약물치료와 사후관리, 사회복귀에 이르기까지 정신사회재활에 많은 시간과 노력이 필요하다. 즉, 정신장애인은 지속적인 정신질환 때문에 사회적 상황에서 적응력과 자기관리 능력 그리고 타인과의 대인관계를 적절하게 유지하는 데 어려움이 있을 뿐만 아니라 직업을 갖지 못하거나 지역사회에서 효과적으로 통합하지 못하는 고통을 안고 사는 경우가 빈번하다.

이런 측면에서 정신장애인을 위한 재활 프로그램으로서 사회기술훈련과 직업재활, 지역사회 자원연계와 동원 등은 정신질환을 가진 개인이 생활하면서 겪는 스트레스나 적응상의 어려움, 가족 내 긴장이나 갈등을 극복하도록 도와주며 궁극적으로는 자립적 생활을 영위할 수 있게끔 지원하는 효과적인 정신보건사회복지 실천개입 방법이며 기술이다.

2. 사회기술훈련

정신장애를 가진 사람들은 사회기술이 부족해 사회에 적응하는 데 많은 어려움을 갖는다. 즉, 사회기술의 부족으로 가족이나 친구, 직장 동료, 기관의 직원 등과 적절한 관계를 갖지 못한다. 또한 사회기술의 부족은 정신장애인에게 스트레스를 유발하며 재발의 위험성을 주고 삶의 질을 저하시킨다.

그래서 정신장애인을 대상으로 하는 정신보건사회복지 실천개입에서는 정신장애인의 사회기술을 향상시키는 데 많은 노력을 기울인다. 이는 정신장애인이 적절한 사회기술을 가져야 대인관계가 원만하고 가정이나 직장생활을 잘 할 수 있기 때문이다. 정신장애인이 사회기술을 배우면 이로부터 사회에서 일어나는 문제를 해결하고 생존하는 데 도움을 받을 수 있으며 또한 사회기술의 향상은 병으로부터 회복에도 긍정적 영향을 미친다(김철권 · 변원탄, 1995; 이용표 · 강상경 · 김이영, 2006).

1) 사회기술훈련의 개념

사회기술훈련은 "인간의 모든 행동은 학습되는 것이며 인간의 모든 주관적이고 생리적 감정 역시 학습되는 것이다"라는 행동주의 학파의 사회학습 이론의 원칙에 근거를 둔 재활치료의 중요한 전략 중의 한 형태(Manderino & Bzdek, 1987)로서 1970년대 초부터 개발되었다. 최근 사회기술훈련은 현대 정신의학적 재활전략의 필수요소가 되었다.

사실 만성 정신질환자의 약물치료는 양성증상에서는 큰 효과를 보이나 음성증상을 치료하는 데는 효과가 없으며 사회적응을 위한 대인관계, 일상생활 기술, 문제해결 기술 등을 크게 호전되지 못하므로 재활에 어려움이 따른다. 즉, 환자의 증상이 호전되어도 재활이 자동적으로 이루어지지는 않는다는 것으로, 다시 말해 약물치료가 환자의 작업수행에 대한 직접적 효과를 주지는 못한다(Engelhardt & Rosen, 1976; 임규설, 2005). 만성 정신질환자의 부족한 사회적 기능은 퇴원 후의 사회적응력을 제한해 증상악화에 대한 취약성을 더욱 높이는 결과를 낳는다. 그러므로 사회적 대응력은 재활의 성패를 좌우하는 중요한 척도라고 볼 수 있다.

재활치료의 궁극적인 목적은 환자를 사회로 복귀시켜 그들이 속한 지역사회 내에서 의미 있는 인간관계를 맺고 가정, 직장, 사회생활에 성공적으로 적응해 독립된 한 인간으로서 살아갈 수 있게 하는 것이다. 리버먼(Liberman, 1992)은 사회기술에 대해 사회생활을 성공적으로 해나가는 데 필요한 실제적인 행동이며 여기에는 받는 기술(사회적 상황을 정확히 지각하는 기술), 처리하는 기술(대인관계에서 자신의 목표를 성취하기 위해 적절한 반응을 선택하는 것), 보내는 기술(대인 간의 만남에서 언어적·비언어적 행동을 사용해 효율적으로 자신을 표현하는 것) 등이 포함된다고 했다.

일반적으로 쓰는 사회기술의 정의는 '의사소통기술', '상호작용기술' 혹은 '사회적 행동기술'(*social behavior skill*)이다. 콤스와 살라비(Combs & Slaby, 1977)는 사회기술이란 사회적으로 수용가능한 동시에 자신과 타인에게 도움이 될 수 있는 것으로서 다른 사람과 상호작용하는 능력이라고 했다. 즉, 사회기술이란 자신이 느끼는 것, 원하는 것, 필요한 정보, 사실과 의견 그리고 다른 사람에게 원하는 변화 등을 전달하는 방식이다. 다시 말해, 자신의 감정과 욕구를 상대방에게 정확히 전달해 대인관계에서 어떤 목표를 성취하도록 도움을 주는 모든 행동을 말한다.

헐슨과 벨락(Hersen & Bellack, 1977)은 사회기술을 대인관계 상황 안에서 긍정적·부정적 감정을 지속적인 사회적 강화 없이 적절하게 표현할 수 있는 능력으로 정의한다. 또한 전석균(1994)은 사회기술이란 사회적 강화를 상실하지 않고서도 대인관계에서 긍정적이거나 부정적인 감정들을 적절하게 표현하는 능력이며 언어적·비언어적 반응을 조절해서 전달하는 능력을 포함한다고 말했다.

이러한 배경에서 사회기술훈련이란 대인관계를 만족스럽게 발전시키고 개인의 사회적 목적성취를 촉진하는 생활상황에서 적절하게 언어적·비언어적 반응을 형성할 수 있는 능력을 키우는 훈련이라고 정의할 수 있다(전석균, 1994). 따라서 사회기술훈련이란 사회적으로 역기능적인 환자가 지역사회에서 적절히 기능할 수 있는 능력의 향상에 목적을 두고 설계된 심리·사회적 개입이며 행동적 학습기술의 구조화된 적용을 나타낸다고 할 수 있다(이만홍, 1993).

만성 정신질환을 가진 사람은 병원에서 증상이 호전되어 퇴원해도 잔여적으로 남은 정신적·심리적 결핍을 가진 채로 사회에 복귀해야 하므로 일상생활을 유지하기 위한 다양한 생활기술 및 인간관계를 수립하고 유지하는 사회기술이 매우 부족하다. 또한 이들을 받아들여야 하는 지역사회는 정신장애인에게 별도의 배려보다는 사회적으로 적절하고 효과적인 상호작용을 요구하기 때문에 생활기술 및 사회기술이 결핍된 이들로서는 지역사회 내에서 만족스러운 생활을 유지하기가 어렵다.

이러한 사회기술의 부족에 대한 이유는 다양한 측면에서 찾아 볼 수 있다. ① 뇌기능 장애에서 오는 인지상의 왜곡된 지각, ② 불충분한 학습(배울 기회 및 역할 모델의 결여), ③ 강화의 결여, ④ 자신감의 결여, ⑤ 정신과적 증상(환각, 망상), ⑥ 스트레스에 대한 취약성, 부적절한 행동의 강화, 약물 부작용 등을 들 수 있다. 따라서 사회기술훈련에서는 음성, 시선접촉, 얼굴표정에서부터 감정표현하기, 정보요청하기, 주장하기, 대화하기, 대인관계에서의 문제해결하기 등과 같은 복잡한 대인관계 기술에 이르기까지 다양한 기술을 가르친다(Massel et al., 1991; Penn & Mueser, 1996; 박상규, 2000; 이용표 · 강상경 · 김이영, 2006).

특히, 사회기술에서 가르쳐야 할 중요한 내용은 사회적 조망능력이다(Harrow, Lanin-Kettering & Miller, 1989; 이용표 · 강상경 · 김이영, 2006 재인용). 사회적 조망능력은 대화할 때 상황과 상대방의 입장을 이해하고 상황과 상대방에 맞게 적절하게 표현하는 것을 말한다. 가령, 조현병 환자의 경우 이러한 조망능력이 많이 손상되었기 때문에 조망에 초점을 둔 사회기술훈련의 시행이 필요하다(박상규 · 손명자, 2000; 이용표 외, 2006 재인용). 또한 사회기술훈련에서는 예절교육도 시행해야 한다. 특히, 우리 사회의 문화는 예절을 중요시하기에 예의범절을 가르칠 필요가 있다(박상규, 2006; 이용표 · 강상경 · 김이영, 2006 재인용).

2) 이론적 배경

사회기술훈련의 주된 이론적 배경으로는 행동주의 이론과 사회학습이론을 말할 수 있다.

(1) 행동주의 이론

정신적 문제는 정상행동을 벗어나 비정상적 행동이 학습되어서 결과적으로 신체의 기능변화를 동반한 사고, 감정, 언어 및 행동의 장애가 발생한 것으로 보는 것이 학습이론이다. 이러한 학습이론에 따라 비정상적 행동을 체계적으로 교정해 건설적 행동으로 바꾸고 증상을 해소하게 하는 것이 사회기술훈련이다.

즉, 사회적 행동기술(언어적 · 비언어적 의사사통), 사회적 인지기술, 문제상황에 대한 대처기술 등을 다른 구성원의 피드백과 강화(목소리 크기, 목소리 고저, 시선처리, 제스처 등), 모델링에 의해 새롭게 학습하도록 해 자연스러운 사회기술을 형성하게 된다는 이론으로(이준우 · 임원선, 2011) 그러한 능력이 기본적으로 정신질환자에게 있다고 본다.

(2) 사회학습 이론

행동과학의 또 다른 특징은 사회학습의 개념이다. 인간은 대인 간의 상호작용, 동일시, 모델링을 통해 사회적 기능을 학습한다. 그 과정은 조건화(고전적 · 조작적)의 과정을 밟는다. 학습에서 어떤 행위는 다른 사람으로부터 격려를 받거나 칭찬받거나 무시당하거나 좌절하기도 한다. 사회기술훈련은 주장훈련뿐만 아니라 실제생활에서 마주치는 생활임무를 처리하는 여러 가지 기술을 가르치는 것이다.

사회기술훈련은 사회적 상황을 제시하면 각자가 역할시연이라는 직접적 행위를 하고 이에 대한 긍정적 · 부정적 강화에 의해 학습된 적절한 사회기술은 나중에도 수행할 수 있는 확률이 높아지지만 다른 환자의 역할시연과 강화를 통해서도 사회적으로 적절한 행동을 모델링할 수 있다. 또한, 기본입장뿐 아니라 실질적 방법론인 긍정적 강화, 부정적 강화, 관찰학습, 모델링 등의 사회학습 이론의 기법을 따른다(백은령, 1992; 임규설, 2005).

3) 사회기술훈련의 과정

사회기술훈련은 주로 집단수준의 사회복지 실천개입방법과 기술을 활용해 수행하기 때문에 집단의 발달과정과 집단지도력, 집단의 구성, 크기 등을 고려해야 한다. 사회기술훈련은 다음 세 가지 사항을 바탕으로 실시한다. 첫째, 인지적 장애와 심각한 정신질환적 증상이 경감된 후에 실시해야 효과적이다. 둘째, 환자의 기술습득에 맞는 수준의 사회기술훈련 과정이 필요하다. 환자의 욕구에 따른 사회기술훈련 절차가 필요하다. 셋째, 사회기술훈련을 실시하는 정신보건사회복지사는 프로그램의 효과를 높이기 위해 그들 자신이 재교육을 받아야 한다. 사회기술훈련의 과정은 다음과 같은 단계로 구성된다.

(1) 계획단계

① 사회기술의 사정 및 평가

사회기술훈련을 실시하기 위해서는 집단성원의 사회기술을 면밀히 사정하는 것이 필수적이다. 사정을 통해 개인의 손상정도와 기능제약을 확인할 수 있으며 집중적으로 다루어야 할 문제와 개입의 목적을 수립할 수 있다. 즉, 정신질환자가 부적절한 대인관계 행동을 보이는지, 부적절한 행동을 하거나 어려움을 느끼는 상황과 대상, 빈도, 근원은 무엇인지 등에 대해 자세한 사정이 선행되어야 한다.

사정에는 정형화된 사정과 비정형화된 사정의 두 가지 방법이 있다. 비정형화된 사정이란 첫째, 관찰에 의한 평가(병실생활 내에서 직원, 다른 사람과의 상호작용의 정도, 비언어적 행동-시선접촉, 얼굴표정, 자세, 몸

동작, 걸음걸이 등의 관찰, 고립 또는 주도적인 행동의 결핍정도, 극도로 수동적 태도를 관찰해 사정하는 평가) 이다.

둘째, 당사자의 진술을 통한 평가(고독감이나 친구의 부족, 부끄러움, 타인에게 이용당한다는 느낌, 대인관계에서의 불안 등에 대한 환자 자신의 표현을 통해 사정하는 것) 이다.

셋째, 면접을 통한 평가(가족과 친지 그리고 환자에게서의 중요한 인물로부터 정보를 얻어 사정) 이다.

정형화된 사정 및 평가(*evaluation*) 의 방법으로는 첫째, 설문지를 통한 평가로 객관적 평가도구로는 대인관계 변화척도(*relationship change scale* · RCS; 문선모, 1980), 자기주장척도(*rathus assertiveness scale* · RAS; Rathus, 1973), 문제해결에 대한 자기평가척도(*problem solving inventory* · PSI; Heppner & Petersen, 1982), 사회행동척도(*social behavior scale* · SBS; Trower & Argyle, 1978) 등을 활용한다.

둘째, 행동분석적 평가는 사회기술훈련을 더욱 효과적으로 평가하기 위해 면담하는 것으로 실제상황에서 직접 관찰하는 것 다음으로 가장 정확한 정보를 얻을 수가 있으며 환자, 가족, 평가자가 함께 문제가 되는 행동, 사회기술 및 적응수준, 자원과 강화물에 대한 조사, 의학적 병력, 환경적 스트레스 여부와 지지상태 등을 자유롭게 파악한다.

셋째, 역할시연을 통한 평가방법은 행동분석적 방법을 통해 환자에 대한 정보를 얻은 후에 환자나 가족이 제공한 정보가 어느 정도 신뢰가 있는지 실제 그 장면을 역할시연을 통해 파악하는 것이다.

넷째, 실제상황에서의 평가는 가장 이상적이고 신뢰성이 있지만 현실적으로는 대부분 불가능한 실정이다(이영실, 1995).

② 집단성원의 참여기준

사회기술훈련을 집단을 통해 실시할 경우에 해당하는 것이다. 이때, 유사한 문제를 갖거나 기능수준이 비슷한 사람들로 구성할 경우 서로 배우고자 하는 사회기술이 비슷하기 때문에 효과적이다. 그러나 너무 낮은 기능수준을 가진 사람들로 구성했을 경우에는 적절한 피드백이나 강화, 원활한 집단토론이 이루어지지 못하기 때문에 가능한 한 피하는 것이 좋다.

정신보건사회복지사는 집단의 기준과 목표를 잘 고려해 혼성으로 할 것인지 혹은 다양한 연령층을 포함할 것인지를 결정해야 한다. 집단을 분열시키는 사람이나 적대감을 전혀 통제하지 못하고 공공연히 표현하는 사람, 행동화(*acting out*) 하는 사람, 집중력이 짧은 사람, 장기간 동안 환각이나 망상이 심하고 잦은 사람 등을 제외한다.

③ 집단성원의 모집

집단에 대한 설명을 사전에 개개인에게 하는 것이 효율적이다. 보통 정신보건사회복지사가 1명인 경우는 4~6명의 환자가 적당하고 2명인 경우에는 6~12명의 환자가 참여할 수 있다. 훈련시간과 개별면담을 통해 지속적인 관심과 지지를 통해 자신감과 참여동기를 갖게 하는 것이 중요하다.

④ 훈련모임의 시간 및 빈도

1회당 40분에서 90분 정도의 시간이 적당하며 빈도는 매일하면 좋으나 일주일에 적어도 1회는 해야 한다. 반복학습은 사회기술훈련의 목적인 동시에 치료기법이기도 하다.

(2) 실행단계

집단 프로그램이 시작되면 긴장하지 않고 안정감 있는 분위기를 조성하도록 해야 하며 집단성원의 자발성을 격려하고 집단활동에 흥미를 갖게 하는 것이 중요하다. 여기서 분위기 조성에 도움이 되는 방법은 ① 훈련목적에 대한 재고찰, ② 훈련과정의 설명, ③ 각 환자가 집중적으로 관찰해야 할 부분에 대한 언급, 넷째 지금-여기의 경험에 대한 중요성과 실효성을 제시하는 방법이 있다. 실행단계는 다음과 같이 크게 준비, 중간, 평가 단계의 3단계로 구성된다.

① 준비 단계

'워밍업(*warming-up*) 단계'라고도 하는데 새로운 구성원이 있거나 불안수준이 높은 구성원이 있을 경우에는 필수적이다. 계획단계에서 제시된 사항에 대한 확인 및 주요 대인관계 문제점 등을 점검하는 일이 중요하다.

② 중간 단계

당일 훈련상황에 대해 설명한다(소개). 훈련의 목적과 어떻게 진행할 것인지, 집단이 진행되는 과정 속에서 성원이 무엇에 관심을 두어야 하는지를 설명한다.

다음으로 훈련상황에 따라 역할시연(*role playing*)을 한다. 각 구성원과 역할 모델은 각자의 역할실연을 통해 상호작용한다. 설정하는 문제상황은 과거에 집단성원이 경험했거나 현재 어려워하는 상황, 다른 대부분의 정신질환자가 어려워하는 문제상황을 설정한다. 각 환자는 개별화된 문제영역에 입각한 상황을 구성하고 상대 역할을 함께할 사람을 선택한다. 정신보건사회복지사는 미리 계획된 문제상황의 내용을 설명하고 1명의 성원과 역할대상자(흔히 보조정신보건사회복지사)가 각자의 역할을 맡게 한다.

기능수준이 대체로 좋은 환자는 교육, 역할시연, 피드백 등의 기법으로 다양한 반응을 잘 수행할 수 있으나 복합적 반응을 위해 또는 퇴행된 환자를 위해서는 시범이 필요하다. 성원이 어떻게 반응해야 하는지는 보조 정신보건사회복지사가 역할행동을 실제로 보여주거나 비디오 등을 이용하면 된다. 시범자가 여러 명이거나 시범자의 나이, 성별, 위치 등이 관찰자와 비슷한 경우에는 더욱 공감할 수 있다. 이때 정신보건사회복지사는 시범자의 행동 중에서 중요한 부분을 강조하기도 한다.

다음으로 녹화된 비디오테이프를 전 구성원이 시청한다. 다양한 도구활용은 구성원의 부족한 주의력을 채우는 데 도움을 준다. 녹화자료는 즉각적이고 객관적인 피드백을 줄 수 있으므로 중간중간에 테이프를 정지시키고 개개인의 역할극에서의 행동이 사회적으로 적절 또는 부적절한 행동인지에 대해 논의하고 반복확인, 질문 등을 한다.

다음으로 피드백을 주고받는다. 역할시연과 비디오테이프 시청이 끝난 후 본인이 자신의 시연에 대한 평가를 하고 다른 구성원(동료, 역할모델)이 적절하고 좋았던 점에 대해서 피드백(긍정적 강화)을 준 후에 부족했거나 보충해야 할 점에 대해서도 피드백(부정적 강화)을 준다.

피드백을 주는 방법은 집단구성원의 학습과 안정도에 매우 큰 영향을 미칠 수 있으므로 효과적으로 이루어져야 한다. 사회기술훈련에서 피드백은 매주 중요한 부분이다. 이는 다른 참석자나 정신보건사회복지사로부터의 지시나 피드백을 통해 대단히 세심하고 구체적 정보를 얻을 수 있기 때문이다.

조언방법은 지지적 태도로 긍정적 면과 이전보다 변화된 점을 격려한 뒤 개선점이나 부족한 점을 언급하도록 한다. 하지만 조언방법을 적용할 때는 개인적 특성을 고려하는 것이 필요하다. 예를 들면, 자신의 행동에 대해 부족한 부분에 초점을 맞추는 클라이언트의 경우 칭찬받은 점은 기억하지 않고 무조건 지적받은 문제점만을 기억함으로써 이후 사회적 상황에서도 같은 실수를 할까 두려워 시도조차 하지 않는 경우도 있고 반대로 적절한 개선점을 기억하지 못할 경우에도 훈련의 효과성을 드러내기 어렵다.

그러므로 정신보건사회복지사는 칭찬이나 승인을 적절히 활용해야 하지만 무분별한 사용은 억제해야 하며 긍정적 강화 없이 단지 비판적 강화만을 하지 않도록 한다. 또한 초점이 되는 행동에 대해 구체적이고 명확한 피드백을 해야 하지만 한 번에 세 가지 이상의 개선점을 요구하지 않는 것이 좋다.

호전된 부분에 대해 정확한 피드백을 주기 위해 비디오와 텔레비전을 사용하면 집단의 분위기도 전환할 수 있고 자신을 객관적으로 바라보는 데 효과적 수단이 될 수 있다. 도구를 이용할 수 없을 때는 말로써 긍정적이고 교정적인 피드백을 준다.

다음으로 정신보건사회복지사가 모든 내용을 정리, 총괄적 평가를 한다. 정신보건사회복지사는 사회적 강화를 적절하고 효과적으로 해야 한다. 정신보건사회복지사 또는 보조 정신보건사회복지사가 상황을 재연함으로서 모델링을 한다. 정신보건사회복지사는 시범자의 행동 중에 중요한 부분을 강조해 주는 것도 유용하다. 기존의 모델링 테이프를 이용할 수도 있다. 구성원 각자가 자신과의 차이점을 검토하고 평가하며 시간이 허락하는 범위에서 지적받은 내용을 염두에 두고 재현해 본다.

(3) 종료 단계

사회기술훈련 과정에 논의된 각자의 대인관계상의 문제점을 요약, 정리해 보도록 하고 가정 내에서 시행할 과제를 부여한다. 훈련상황뿐만 아니라 일반적 사회상황에서도 적용할 수 있도록 피드백과 강화점을 강조한다. 치료효과의 지속성과 일반성 모두를 증가시키기 위해서는 훈련상황에서도 조언받은 점을 시도해 보도록 격려하고 과제의 중요성에 대해서도 특별히 강조해야 한다. 과제는 실제 삶의 상황에서 배운 사회기술을 실시해 보도록 하는 것이 좋다. 이러한 과제는 집단의 마지막 부분에 부여되는데 구체적이고 실질적이며 성취가능한 과제를 주어야 한다.

과제수행의 방법은 클라이언트가 부여된 상황을 자신의 삶에서 만들 수도 있고 정신보건사회복지사와 함께 실제상황에서 수행하는 방법도 있다. 예를 들어, 은행이용법에 대한 기술을 학습했다면 직접 은행에 찾아가서 배운 현금인출 기술을 실시하는 방법이다. 조금은 번거롭고 시간이 소요된다는 단점이 있지만 실제상황에서 현실감 있게 적응기회를 얻는다는 점에서 효과적 방법이다.

(4) 평가 단계

정신보건사회복지사는 각 구성원의 행동을 자세하게 관찰한 후 적절한 평가를 해서 다음 훈련에 반영할 수도 있고 환자의 변화 정도를 평가해 볼 수 있다.

① 언어적 의사소통 행동

목소리의 크기, 질, 음의 고저, 음의 명확성, 말의 속도, 언어적 장애, 역할 모델에게 반응하는 전체 시간, 역할상대가 말을 끝낸 후부터

성원이 대화를 시작할 때까지의 시간, 말의 유창성 정도 등이다.

② 비언어적 의사소통 행동

상대방과의 거리, 상대방에 대한 몸의 각도, 외모, 얼굴표정, 시선, 자세의 긴장, 제스처, 구체적으로 역할 모델을 바라보는 시간의 길이, 역할시연 과정 동안의 미소 짓는 횟수 등이다.

③ 대화내용과 감정상태

대화의 길이, 대화내용의 일반성, 격식, 대화내용의 다양성, 유머, 상대가 요구한 내용에 따라서 반응하는지의 여부, 자신의 의사를 적절하게 밝히는지 여부, 전달내용이 분명한지의 여부, 비합리적 요구에 대해서 새로운 요구사항을 제시하거나 상대의 행동변화를 요구하는지의 여부, 상황에 맞는 충분한 감정을 나타내는지를 중심으로 평가한다.

전체 사회기술훈련 프로그램에 대한 평가는 실행했던 사회기술훈련에 대한 전체적 평가와 각 구성원의 평가로 구분할 수 있다. 집단과정, 집단지도력, 프로그램의 효과성 등에 대한 적절한 평가를 실시한다. 이를 통해 대상 구성원의 사회기술을 평가해 향후 요구되는 기술에 초점을 맞춰 사회기술훈련의 새로운 계획을 세울 수 있다.

4) 사회기술훈련의 장점과 단점

사회기술훈련의 장점으로는 다음과 같다. 첫째, 사회기술훈련은 이론적 근거를 갖고 행동지향적이고 더욱 실천적이며 훈련상황으로부터 실제생활로의 전달이 가능하다. 둘째, 설정된 상황에서 그 사람의 사회적 행동과 특수한 기술이 분석될 수 있다. 셋째, 적절한 사회적 역할과 자신과 타인의 역할에 대해 검토하게 한다. 넷째, 다양한 환자집단에 적합하다. 다섯째, 장기간의 치료형태에 반해 훈련의 결과가 비교적 빨리 나타난다. 여섯째, 개인으로 하여금 자신의 행동과 환경을 더욱 잘 통제할 수 있도록 한다.

사회기술훈련의 단점으로는 다음과 같다. 첫째, 프로그램의 진행을 위해서는 훈련된 정신보건사회복지사가 필요하다. 둘째, 프로그램에 대한 개인의 반응이 다양하므로 적절한 접근방법을 찾기 어려울 수 있다. 셋째, 실제 생활상황이 제한적이라면 훈련상황으로부터 실제상황으로의 전달이 어려울 수 있다. 넷째, 향상된 결과를 장기간 동안 유지하기가 어려울 수 있다.

5) 사회기술훈련을 담당하는 정신보건사회복지사의 태도와 자질

사회기술훈련을 담당하는 정신보건사회복지사는 정신장애인에 대한 존중심과 긍정적 사고를 가져야 한다. 정신장애를 가진 사람도 재활의 잠재력이 무한하다는 사실을 믿고 변화에 대한 희망을 가져야 한다. 정신장애인을 돕고자 하는 열정을 갖고 적극적으로 프로그램을 진행해야 한다. 정신장애인의 이야기에 귀 기울여주고 공감하려는 태도와 변화를 기다릴 줄 아는 인내심이 있어야 하며 스스로도 좋은 사회기술의 모범을 보여주어야 한다.

사회기술훈련을 담당하는 정신보건사회복지사는 환자의 생활 속에 기꺼이 뛰어들려는 마음의 자세를 가져야 한다. 이 세상에는 정형화된 사회기술의 방법은 없으므로 융통성과 창의성을 갖고 끈기와 희망을 지닌 가운데에 시행하는 것이 가장 좋은 사회기술훈련의 방법이다.

장기적으로 정신적 취약함을 지닌 환자의 기능을 향상하도록 도와 환자가 선택한 환경 속에서 최소한의 전문가의 개입을 받으면서 성공적이고 만족하게 살 수 있도록 해야 한다는 사명감을 가져야 된다. 아무리 심한 환자라고 해도 그 환자가 아직까지 사회적 기능을 유지하는 능력과 강점이 있으므로 이를 조장하고 이용해야 한다는 사실과 또한 보통 사람에게는 사소한 변화일지라도 환자에게 변화가 생기면 그의 삶의 질을 한 단계 올려놓을 수 있다는 사실을 반드시 기억해야 한다(임규설, 2005).

전문적 자질로는 학습행동 이론, 정신병리학적 지식, 사회기술훈련 경험 등이 있어야 한다(손명자 · 박동건 · 최영희 · 이선희 · 배정규, 2001; 이용표 · 강상경 · 김이영, 2006 재인용). 다음은 사회기술훈련을 담당하는 정신보건사회복지사에게 필요한 전문적 기술을 제시한 것이다(김철권 · 조진석, 2001).

- 행동원리에 대한 기본지식
- 조현병, 특히 병의 증상과 손상에 대한 지식
- 학습할 내용을 이해하기 쉽게 설명하는 능력
- 역할연기 시나리오를 계획하고 제시하는 능력
- 정신장애인에게 행동적 예행연습을 하게 하는 능력
- 역할연기 중 언어적 내용과 비언어적 및 준언어적 요소에 대해 구체적 피드백을 유도해 내는 능력
- 역할연기에서 원하는 행동변화를 일으키기 위해 적극적으로 지도하고 훈련하는 능력
- 정신장애인의 개인적 욕구에 맞게 과제를 내어주는 능력
- 치료시간 동안 일어날 수 있는 문제행동을 관리하는 능력

3. 직업재활

정신장애인에게 직업은 사회적으로 고립되고 활동이 위축된 상태에서 벗어나 사회구성원으로 소속감을 가지고 정체성을 확립할 수 있도록 한다. 또한 잠재된 다양한 능력을 발견하고 지역사회에서 자립하게끔 한다. 오늘날 직업은 정신장애인에게 사회적응을 가능하게 하는 지역사회 복귀의 수단이자 긍정적 재활치료의 효과를 주는 중요수단으로 자리매김했다. 따라서 직업재활을 통해 취업의 기회를 갖는 것은 정신장애인이 지역사회에서 정상적인 삶을 다시 시작하고 정신건강 및 정신보건사회복지 서비스에 대한 의존성과 기대를 감소하게 함으로써 사회통합을 촉진한다. 이렇게 정신장애인이 지역사회에 복귀하는 데 직업은 중요한 수단이며 방법이다.

1) 정신장애인의 직업적 특성

일반적인 기능적 제한점으로는 대인관계(협력, 지지) 기술, 신뢰성, 의사결정, 변화의 적응, 내구력, 판단력, 동기유발 또는 주도성, 업무실행 또는 지시를 따르는 능력, 자신감, 집중력, 기억력, 행동의 안정성과 일관성을 들 수 있다. 또한 이러한 기능적 제한점은 직업을 얻고 유지하는 데 매우 큰 장애가 된다.

(1) 직업적 문제

정신장애 때문에 흔히 나타나는 직업적 문제는 다음과 같다(Ford, 1995; 이용표 · 강상경 · 김이영, 2006 재인용).

첫 번째, 망상과 환각이다. 망상과 환각은 내부적 자극에 주의가 쏠리게 함으로써 작업과 개인적인 삶 모두를 방해한다. 정신장애인이 작업장에 있는 사람들과 망상이나 환각에 대해 이야기한다면 정신장애에 대한 사회적 통합을 억제하는 결과를 초래한다. 다른 증상이 안정된 시점에서도 망상과 환각을 계속해서 경험하는 경우가 많은데 환자가 작업환경 속에서 이런 자극을 무시하거나 통제하는 것을 배울 수 있다. 그러나 어떤 사람들은 그들의 환각이나 망상을 즐기고 마지못해 그것을 통제하기도 한다.

두 번째, 산만함이다. 산만함은 많은 진단과 관련된 증상뿐만 아니라 그 정신질환을 치료하기 위해 복용한 약물의 부작용에 의한 결과로 초래될 수도 있다.

세 번째, 사회적 고립 및 철수이다. 사회적 고립이나 철수는 많은 진단과 관련성이 있고 개인의 대인관계를 방해한다.

네 번째, 이상하거나 별난 행동이다. 이상하거나 별난 행동은 함께 일하는 동료와의 상호교류나 지지관계 형성에 일정한 장애가 될 가능성을 높인다는 의미에서 직업재활의 제한점이 될 수 있다.

다섯 번째, 의심과 편집증이다. 주로 정신분열이나 성격장애와 관련 있는 편집증은 칭찬 또는 비판을 인지하고 통합하는 능력을 방해한다.

여섯 번째, 위생에 대한 감소된 관심이다. 위생에 대한 감소된 관심도 일하는 동료와의 상호교류나 지지관계 형성에 일정한 장애가 될 가능성을 높여준다는 의미에서 직업재활의 제한점이 될 수 있다.

일곱 번째, 안절부절 못함이다. 안절부절 못함은 일반적으로 양극성 장애에서 조증양상과 관련이 있으나 정신분열이나 다른 정신질환에 복용되는 신경이완제 약물의 부작용으로 일어날 수도 있다.

여덟 번째, 수면장애이다. 수면장애는 일에 대한 집중력을 떨어뜨릴 수 있다.

아홉 번째, 역기능적 성격특성이다. 정서적 차가움, 대인관계에서의 불안, 반사회적 행동, 억제의 결핍 그리고 자기파괴적 충동은 성격장애에서 일어나는 역기능적 특질의 예이다. 이들 중 많은 것이 업무관계 수립이나 작업활동과 양립할 수 없다.

열 번째, 통찰과 판단 장애이다. 통찰의 결핍은 정신질환의 모든 종류에서 일어나는 증상으로 고용지원이 필요한 주된 이유이다. 부족한 통찰과 판단력을 가진 사람은, 문제를 해결하고 남으로부터 눈총을 받거나 주위에 존재하는 단서를 이해하며 직업의 목표를 수립하고 주어진 환경에 적합한 행동을 선택하는 데 어려움을 갖는다.

열한 번째, 느린 걸음걸이, 어설픈 움직임, 흐릿한 시력이다. 직업개발이나 직업선택 전에 이러한 신체적 제한점을 고려한다.

(2) 고려사항

직업재활을 수행할 때, 정신장애인의 직업적 특성을 토대로 고려해야 할 사항은 다음과 같다(김종인 · 우주형 · 이준우, 2004). 첫째, 처방된 약물에 대한 철저한 복용이 중요하다. 둘째, 가족 내에서 또는 보호자와 함께 지지체계를 조정한다. 셋째, 클라이언트를 지지그룹에 참여하게 한다. 넷째, 인지적 행동치료를 병행하면 직업능력 향상에 효과적이다. 다섯째, 면접연습과 고용과정에 사후지도를 포함하는 선택적 직업배치가 필요하다.

2) 정신장애인 고용의 형태

정신장애인 고용의 형태에는 ① 일반(경쟁) 고용, ② 보호고용, ③ 지원고용, ④ 자영창업 등이 있다. 이 중 일반(경쟁) 고용은 주로 할당제를 통한 의무고용을 활성화하는 방법으로 이루어지며 자영창업은 창업자금 대여와 창업 컨설팅, 창업이후 지도관리 등을 통해 권장되는 실정이다. 하지만 현실적으로 직업재활 분야에서 일하는 대다수 정신보건사회복지사의 영역은 보호고용과 지원고용 현장이라고 할 수 있다.

(1) 일반(경쟁)고용

우리나라는 일정수의 근로자를 고용하는 사업주에게 일정비율 이상의 장애인을 고용할 것을 강제로 하는 기준고용률 제도이며 할당고용제라 할 수 있는 장애인 의무고용제도를 채택한다. 자유경쟁을 원칙으로 하는 사회에서 취업의 어려움이 있는 정신장애인의 고용현장을 확보한다는 것은 어려운 일이다. 이러한 이유로 사회연대 책임의 원칙에 의해 장애인 고용의무를 국가 및 지방자치단체, 민간 사업주에게 부과하는 것이다(강위영 외, 1993).

이렇게 의무고용 제도를 시행함에도 불구하고 정신장애인의 취업은 기대만큼 활성화되지는 못했다. 이는 정신장애인 개인적 차원의 문제도 중요하나 정신장애인 고용을 둘러싼 노동시장 등 환경 요인이 더 크게 작용하는 듯하다. 이윤극대화를 추구하는 민간기업에서 생산성이 더 높은 노동력을 선호하는 것이 자본주의의 기본논리이므로 정신장애인의 고용은 크게 축소될 수밖에 없다. 따라서 국가가 더욱 강력하게 개입해 정신장애인 고용을 의무화할 뿐만 아니라 효과적 직업교육과 직종 개발을 통한 종합적 직업재활 대책이 필요하다.

(2) 보호고용

보호고용은 통상적 고용이 될 수 없는 정신장애인을 위해 보호적 조건에서 행해지는 훈련 및 고용으로 정신장애인을 병원이나 수용시설에서 생애를 마치게 하는 것보다 보호된 환경에서라도 직업활동을 통해 그들이 사회에 통합되게 하는 재활 프로그램을 의미한다.

① 보호고용의 이념

정신장애인은 비장애인과 동등한 권리를 가지며 이에 따라 동등한 고용기회를 갖게 하는 것이 직업재활의 주요 목적이다. 또한 개방된 노동시장에 정상적 조건으로 적절한 임무를 부여하지 못할 경우에는 보호고용이라는 수단에 의해서라도 고용의 기회를 제공해야 하는 것이다.

② 보호고용의 개념

보호고용은 노동시장의 경쟁에서 생존하지 못하는 정신장애인의 일시적이거나 영구적 고용욕구를 채우기 위해 특별히 계획된 조건에서 수행하는 훈련 및 고용을 의미한다. 이는 보수가 있는 취업기회를 제공해 정신장애인의 직업적 욕구를 충족시킨다.

③ 보호고용의 목적

보호고용의 1차적 목적은 정신장애인에게 일을 제공하는 것이다. 하지만 정신장애인을 보호고용의 형태로 취업하는 경우, 정신장애인의 개인적・직업적 적성 및 지역특성에 관해 충분한 주의를 기울일 필요가 있다. 이렇게 할 때 정신장애인은 자신의 노동능력과 취업을 통해 생계향상을 가져올 수 있고 유지할 수 있으며 노동력을 가진 인간으로서 건설적 분위기와 능력을 통해 더욱 높은 생산성을 자기 것으로 획득할 수 있을 것이다. 이러한 목적에서 의료·심리·사회·교육 및 재활과 같은 전문 서비스는 국가와 지방행정 체계의 상황에 따라 여러 자원이 동원되고 보호작업장이라는 현장이 정신장애인에게 제공된다.

④ 보호고용에 대한 국가책임

보호고용에 관해 기본적 책임을 갖는 것은 국가이다. 이 주도권을 국가가 갖지 않을 경우, 국가는 그것을 전담할 기관을 선정하고 효과적으로 지원함으로써 국가책임의 대행을 감당하게 해야 한다. 이 책임을 완수하기 위해 국가는 보호고용에 대한 국가적 계획수립, 연락조정, 조직, 행정 및 실천 서비스 발전방안 등을 지지하고 실천해야 한다. 또한 설치기준이나 필요한 법제의 정비나 조사에 대해서도 책임을 져야 한다. 이렇게 함으로써 보호고용에 맞는 기관이 국가, 지방자치단체 또는 민간단체 어디에 의해서든지 설치되어야 한다.

(3) 지원고용

① 지원고용의 목표

지원고용 제도는 정신장애인을 대상으로 '선 배치-후 훈련'을 실시해서 지역사회 내의 사업장에 고용기회를 확대하고 독립된 사회구성원으로서의 역할과 직업능력을 향상시켜 안정적 고용상태를 유지하도록 지원하며 사회통합을 촉진하는 데 있다. 목표는 다음과 같다(이준우, 2001).

첫째, 고용을 통한 사회구성원으로서 역할수행을 할 수 있다. 둘째, 직업생활을 통해 직업적응 능력이 향상되고 직업성취감과 만족감을 느낀다. 셋째, 직업과 관련된 다양한 경험으로 정신장애인의 삶의 질을 향상할 수 있다. 넷째, 정신장애인에 대한 통찰력을 갖고 능력향상을 위한 적절한 원조를 할 수 있다. 다섯째, 기업체는 안정적 노동력을 확보하고 정신장애인복지에 대한 연대책임을 실현한다는 측면에서 기업에 대한 이미지를 개선할 수 있다.

② 지원고용의 철학과 이념

지원고용의 핵심철학인 보편화(*normalization*) 이념은 정신장애와 같은 직업적 중증장애인을 비장애인과 더불어 경쟁고용으로 통합하는 것을 궁극적 목표로 한다. 뿐만 아니라 지원고용은 '직업재활 패러다임'과 '자립생활 패러다임' 모두를 만족하는 것으로 중증장애를 가진 피고용인이 지역사회에 존재하는 기업에 취업해 비장애인과 더불어 생산적이고 효율적으로 일하는 것이다. 또한 기업에 유용한 노동력으로서 역할을 다할 수 있도록 직업재활 전문가에 의해 전문적이고 집중적 지원서비스를 정기적으로 제공받는 것을 말한다(권선진, 2005).

'지원고용'은 정신장애인과 비장애인의 통합사회 조성에도 크게 기여하는 철학적 · 이념적 정신이 내포되고 직업재활과 사회복지 그리고 자립생활의 궁극적 목표인 사회복귀 실현에도 기여하는 것이다(김종인 · 우주형 · 이준우, 2010). 원래 지원고용은 도저히 통합 · 경쟁고용이 어려운 중증장애인을 대상으로 ① 비장애인과 통합해 고용하며, ② 1주일에 20시간 이상씩 정기적으로 일하고 정상적인 월급을 받으며, ③ 부족한 노동력만큼 정부가 계속 지원해 주는 제도를 말한다.

③ 지원고용의 모델

지원고용의 몇 가지 모델은 다음과 같다(이준우, 2001; 강위영 외, 2001; 손광호, 2004). 첫 번째 지원고용의 모델은 개별배치모델(*individual placement model*)이다. 지원고용 서비스를 전달하는 가장 보편적 방법이다. 이 모델은 직업코치가 정신장애인을 1명 단위로 배치되어 지역사회에 존재하는 직업현장에서 훈련을 시키고 그 사람이 그 자리를 계속 보유할 수 있도록 필요한 훈련과 사후지도 서비스를 제공하는 것이다. 이른바 선 배치-후 훈련(*place-train*) 서비스 전략이라고 말할 수 있다. 개별고용의 취업지는 각 개인의 구체적인 직업목표와 성과에 기초해 지역사업체 안에서 개발된다.

안정성을 지닌 적절한 취업지를 구한 후 지원고용 전문가는 만족스러운 작업수행을 보증하기 위해 사업장 내부에서 혹은 사업장 외부에서 직업훈련, 고용관리, 지원 서비스를 제공할 수 있어야 한다.

사업체는 각 지원자의 목표와 욕구에 따라 전일제나 시간제로 구별할 수 있다. 미국의 경우 전형적으로 개별배치 모델에 의한 지원고용 대상자는 최저임금 이상을 받아야 하지만 노동성의 규정에 의거해 그 이하의 임금을 받을 수도 있다. 지원고용 대상자 대부분은 해당 사업체의 고용인으로 배치되지만 특별한 상황에서는 정부관청에서 임금을 지급받기도 한다(이준우, 2001).

개별배치 모델의 긍정적 측면은 다음과 같다. 첫째, 낮은 생산성 때문에 고용되지 않았던 많은 정신장애인에게 고용기회를 제공했다. 둘째, 지원고용 전문가가 작업장에 배치되어 일 대 일로 지원이 이루어지므로 매우 효과적이다. 셋째, 지원고용 대상자의 월평균 임금이 다른 모델보다 높다는 점이다.

반면, 개별배치 모델의 한계점은 다음과 같다. 첫째, 과제가 매일 변하기 때문에 중증 정신장애인이 적응하기 어려울 수 있다. 둘째, 수용할 만한 행동기준이 지원고용 대상업체에 의해 정해지기 때문에 작업장에 적응하는 데 제한점이 있을 수 있다. 셋째, 슈퍼비전이 작업시간에만 부분적으로 주어지기 때문에 훈련을 하는 데 어려움이 있을 수 있다. 넷째, 프로그램의 효과는 소수의 지원고용 전문가에게 달렸다. 다섯째, 한 사람의 지원고용 대상자를 훈련하는 데 드는 비용이 다른 모델보다 많다.

두 번째 지원고용 모델은 '소집단 모델'(*enclave model*)이다. 소집단 모델은 보통 3~8명의 정신장애인을 집단으로 지역사회 내의 기업 내에 배치하는 것으로써 일반적으로 개별적 배치 모델에서보다는 심한 장애가 있어 개별적 통합이 어려운 경우에 사용하는 모델이다(이준우, 2001). 소집단 작업은 전형적으로 직업흥미와 프로그램 서비스의 유형이 비슷한 사람의 집단으로 구성한다. 작업장 안에 배치된 지원고용 대상자는 고용주와 서비스 제공자 사이에 만들어지는 협상에 따라 일을 수행한다. 이러한 협상은 다양한 작업상황과 작업생산 과정도 포함될 것이다.

소집단 모델의 긍정적 측면은 다음과 같다. 첫째, 작업수행 기준을 계속 유지하는 데 필요한 가장 집중적이며 지속적이고 믿을 만한 정도로 지원고용 전문가의 지도가 제공된다. 둘째, 광범위한 지원이 필요하기 때문에 작업장을 이용할 수 없는 중증 정신장애인에게도 작업장에 쉽게 접근할 기회를 부여한다. 셋째, 지원고용 대상자의 통합과 수용을 촉진할 수 있도록 사업체 내부의 전문직원이 투입될 수 있다. 넷째, 유사한 직업흥미와 목표, 서비스 욕구를 가진 사람이 모였으므로 고용전문가의 시간사용이 경제적이라는 점 등을 들 수 있다. 반면, 지원고용 대상자의 고용의 질이 그들을 위해 일하는 상급자의 능력에 의존하며 사업체가 지원고용 대상자 중 일부에서 나타날 수 있는 이상행동에 적절히 대처해야 한다는 한계점이 있다.

세 번째 지원고용 모델은 '이동작업대 모델'(*mobile crew model*)이다. 이동작업대 모델은 소집단 모델처럼 보통 3~8명의 작업자를 짝을 지어서 고용하게 하는 집단고용의 방식을 취하지만 고정된 장소에서 일하는 것이 아니라 공공건물 청소대행을 비롯해 빌딩이나 극장관리, 눈제거, 도색작업 등 지역사회를 이동해 다니며 하청 서비스를 수행한다는 점이 다르다.

이 모델의 긍정적 측면은 다음과 같다. 첫째, 직업상의 변수를 다소 쉽게 조절할 수 있다. 둘째, 서비스 제공자는 지역사회 안에서 작업하는 사람, 작업배치 계획, 특별히 생산수준이 낮은 고용인의 관리, 차량관리 그리고 고용의 가능성은 결정짓는 다른 요소를 더욱 잘 통제할 수 있다. 반면, 이 모델은 정신장애인끼리 이동하기 때문에 통합의 가치가 조금은 떨어지는 경향이 있으며 이동작업 대원이 비장애 근로자와의 접촉기회가 현저히 부족하다는 점이 한계점이다.

네 번째 지원고용 모델은 '소기업 모델'(*small business model*)이다. 소기업 모델은 상품을 생산하거나 서비스를 제공하는 소규모의 사업체를 설립·운영하는 형태이다. 이들 소기업은 사업체 운영을 통해 수익을 얻고 채용된 정신장애인 근로자에게 임금을 지급하는 식으로 통상적 일반기업의 형태로 운영된다(이준우, 2001).

소기업 모델은 기존 정신보건센터나 주간보호센터에서 서비스를 받던 정신장애인에게 유급 고용기회를 제공할 수 있다는 긍정적 측면을 갖는다. 반면, 작업장에서 작업과 프로그램이 동시에 수행되므로 작업하는 동안 사회적 통합을 위한 기회를 갖기가 부족할 가능성이 있으며 하청을 중심으로 이루어지는 일부 소기업은 하청물량에 따라 고용여부가 결정되는 기존 보호작업장의 단점을 그대로 갖는 한계가 있다.

④ 지원고용의 내용

지원고용은 중증 정신장애인이 경쟁고용에서 많은 어려움을 겪는 데 따른 적절한 고용 대안 프로그램으로 시작되었다(Whitehead, 1979; 김종인 · 우주형 · 이준우, 2004 재인용). 그래서 지원고용에는 효과적인 여러 직업재활적 요소를 포함한다. 트라크(Trach, 1989), 맥도널, 노프스, 하드먼, 그리고 챔블리스(McDonnell, Nofs, Hardman & Chambless, 1989), 바커, 프롬스티그, 베르크, 그리고 플린(Wacker, Fromm-Steege, Berg, & Flynn, 1989)은 다음과 같은 지원고용의 요인을 제시했다(김종인 · 우주형 · 이준우, 2004).

지원고용의 첫 번째 요인은 '지역사회 조사와 직무분석'이다. 취업가능성이 있는 직업배치 장소와 미래의 고용주와의 개별적 접촉을 위해 지역사회 노동시장에 대한 조사를 실시한다. 다음 단계로 취업에 요구되는 직업적 · 사회적 기술을 판별하기 위해 취업가능성이 있는 직업배치 장소에 대한 직접적 관찰을 실시한다.

지원고용의 두 번째 요인은 '직업연결 및 배치'이다. 근로자 특성은 직업이 요구하는 조건과 관련되었다. 고용전문가는 지역사회 조사에서 획득한 정보와 근로자의 직업적 · 사회적 기술을 평가한 정보를 비교해 적합한 직업연결을 하게 된다. 잠재력이 있는 근로자는 직업연결 과정의 한 부분이 된다.

정신지체인은 자신이 선호하는 직업을 표현하고 직업이 요구하는 조건에 자신의 직업적·사회적·개인적 강점을 맞출 수 있도록 교육된다. 이러한 교육은 자기계획 과정과 다양한 지역사회 작업장을 직접 방문하는 과정에서 이루어진다. 그 이후 실제로 직업을 수행하면서 자신의 선택을 검증하게 된다. 배제금지(*zero-reject*) 원칙에 따라 어떤 정신장애인도 취업에서 배제되지 않으며 승진과 임금향상의 기회가 고려된 후 지역사회 내의 적합한 직업에 배치된다.

지원고용의 세 번째 요인은 '취업능력의 신장'이다. 배치 후 일반적으로는 감독자가 훈련을 하는 데 반해, 지원고용에서는 직업코치(*job coach*) 혹은 직무지도원이 근로자의 의뢰기관에서 추가훈련, 작업행동에 대한 지원, 근로자에 대한 옹호 등을 제공함으로써 감독자를 더욱 많은 영역에서 지원한다.

직업코치는 감독자의 허락하에 행동분석, 직무조정을 실행하고 직업행동의 유지를 위한 계획을 수립한다. 대부분의 전통적 재활 서비스의 고용 모델은 훈련된 전문가가 직업적응 과정에서 배치 이후 즉각적인 훈련이나 지원을 제공하지 않았다. 고용주가 이러한 훈련을 모두 책임졌으며 배치기관은 배치 후 짧은 시간 동안 단지 비정규적 사후관리를 실시할 뿐이었다. 그러나 지원고용 모델은 근로자 개인의 직업환경에 대한 초기 적응력을 향상시키고 장기간 직업을 유지할 수 있도록 강화된 현장훈련과 지지 서비스를 강조한다.

지원고용 과정의 일반적인 첫 번째 단계는 직업과 관련된 요구조건을 결정하기 위한 현장평가를 실시하는 것이다. 직업코치는 면접과 근로자가 직무과업을 실제 수행하는 것을 관찰한다. 예를 들어, 정신장애인을 음식 서비스업에 배치했을 경우 감독자에게 그 직무과업이 시작되고 종료되는 시간을 명시해 달라고 요구한다. 감독자가 근로자가 제 시간에 과업을 완수하지 못했다고 한다면, 다음 단계는 근로자가 실제로 그 과업을 시작하고 완수하는 시간을 파악하기 위해 근로자를 관찰하는 것이다.

이러한 직접적 관찰의 결과 지원고용 근로자가 감독자의 기준을 대부분 넘지 못했다면 그 영역을 판별해 직업코치가 실제로 그 과업을 수행한 뒤 적합한 방법을 개발해 근로자의 수행능력을 향상할 수 있도록 전략을 수립한다.

여러 연구결과에 의해 지원고용 근로자의 독립적 작업수행능력을 향상시키기 위해서 적극적 참여자가 될 때 효율적 지원전략이 될 수 있다는 사실이 제시된다. 즉, 지원고용의 과정은 근로자가 의사를 결정하고 독립적으로 수행하며 자신의 수행을 평가하고 미래의 수행정도에 대한 적합한 계획을 스스로 세울 수 있도록 하는 과정이 되어야 한다는 것이다(Mithaug, Martin, Husch, Agran, & Rusch, 1988). 즉, 의사결정 단계에서 근로자는 자신의 과업을 판별하는 것을 배우고 독립적 작업수행 단계에서는 작업을 일과표대로 수행함으로써 완수하게 된다.

일반적으로 지원고용의 근로자는 처음에 효율적 계획수립, 일과표 짜기, 행동관리기법을 배운다(Rusch, Martin, & White, 1985). 자기평가 단계에서는 자신의 수행을 스스로 기록해 관찰한다(Connis, 1979). 이렇게 자신의 기대수준과 실제 수행정도를 비교해 봄으로써 근로자는 자신의 목표를 달성했는지 인식하고 이를 기초로 수행정도를 평가하고 미래에 대한 계획을 수립하는 기회를 갖는다. 조정단계에서는 과업수행을 위해 변화가 있어야 하는지를 결정한다.

즉, 과업시작과 완료시간, 과업선택, 조직, 완성의 정확성에 대한 변화를 결정하게 된다. 만일 근로자가 의사결정 단계에서 수립한 목표를 완수했다면 이러한 조정은 거의 요구되지 않는다. 반대로 목표달성에 실패했다면 과업수행 방법이나 과업 자체에 대한 변화가 요구된다. 직업코치는 장애근로자가 작업수행에 대한 기대수준의 변화와 책임감과 기회의 증대와 같은 요인에 적응할 수 있도록 이렇게 근로자의 능력을 향상시켜야 한다.

지원고용의 네 번째 요인은 '계속적인 지원과 사후지도'이다. 전통적인 배치모델에서는 직업코치가 정신장애인을 배치한 후 장애근로자의 작업수행의 적절성을 평가하기 위해 고용주와 만난다. 그러나 중증 정신장애인을 배치할 때에는 작업수행을 성공적으로 하기 위해 필요한 지원 서비스의 강도와 기간이 다르기 때문에 이러한 유형의 모니터링만으로는 평가가 불충분하다.

지원고용에서는 정신장애인 모니터링은 배치 이후 수년간 계속되는 지속적 활동이다. 배치 직후 직업코치는 발생할 수 있는 문제나 고용주의 불만족 사항을 판별하기 위해 2주마다 한 번씩 감독자의 평가를 받아야 한다. 그 후 직업코치는 정신장애인의 행동을 평가하고 개입전략을 수립하며 감독자에게 장애근로자를 재평가하도록 요청한다. 만일 문제가 소거되지 않고 지속된다면 이러한 과정은 반복된다. 정신장애 근로자와 부모 또한 자신의 직무만족 수준을 정기적으로 평가해야 한다.

지원고용의 다섯 번째 요인은 '기관 간 협력'이다. 지원고용에서 정신장애인을 지원하기 위한 기관 간 협력은 매우 효과적인 것으로 나타났다. 이는 아마도 지원고용이 장애근로자에게 서비스를 제공하는 데 매우 강화된 지속적인 기관 간 협력이 필요하기 때문인 듯하다.

3) 직업재활의 기능과 과제

정신보건사회복지사는 정신장애인의 사회복귀와 사회통합, 전인적인 재활실현에 영향을 미치는 결정적 난제의 핵심을 사회구조적 박탈이나 배제에서 연유하는 무기력이라고 본다(이준우, 2007). 이런 시각에서 보면 정신장애인의 치료와 재활문제는 임상적 증상의 해결에 의한 것이 아니라 어떻게 정신장애인을 무기력에서 벗어나도록 하는가의 문제가 되며 해결방법은 정신장애인의 자기역량을 강화하도록 함으로써 그들의 자신감을 회복시키는 것이다. 그리고 이를 위한 가장 뛰어난 실천방법으로는 정신장애인에게 직업을 가질 수 있도록 돕는 것이라는 사실이 널리 인식되었다(Black & Andreasen, 1999; 이용표 · 강상경 · 김이영, 2006).

(1) 직업재활의 기능과 치료적 효과

정신장애의 발생, 과정 그리고 결과를 생물학적 · 환경적 · 행동적 요인 간의 복합적 상호작용 관점에서 설명하는 스트레스-취약성-대처-능력 모형(Anthony & Liberman, 1986)이 정신보건 영역에서 일반적으로 받아들여지며 직업재활은 정신장애인 재활에서 경제적 능력의 회복이라는 의미를 넘어 사회적 능력의 강화는 물론, 정신병적 증상의 완화까지 가져다주는 중요한 치료 및 재활수단(이용표 · 강상경 · 김이영, 2006; 이준우, 2007)으로 정신보건사회복지사에 의해 널리 활용된다.

정신장애인의 심리사회적 기능과 자기역량의 강화, 적극적 사회참여 등을 위한 가장 강력한 재활수단은 바로 '직업재활'이라는 사실은 정신보건 분야의 실무자에게 일찍부터 인식되었다(Greenblatt, 1983; 장혜경, 1994). 직업은 정신장애인의 자아존중감과 자아개념을 향상시켜 '환자' 역할에 빠져 의존적 삶을 살고자 하는 것을 막아주며 의미 있는 직업활동을 통해 자신의 병을 극복할 수 있는 기회를 갖게 한다(Black & Andreasen, 1999).

특히, 유급의 직업활동은 무급보다 높은 수준의 직업 관련 행동(일 준비성, 직업태도, 대인관계, 작업의 질)을 가져오며(Shultheis & Bond, 1993), 무급집단에 반해 양성증상과 음성증상 모두 유의미하게 경감되었다(Bell et al., 1993)는 보고가 있다. 이는 정신장애인의 유급 직업재활 프로그램이 직업적 능력의 향상뿐만 아니라 임상적으로도 중요한 역량강화의 수단이 될 수 있음을 의미한다.

그렇다면 유급 직업재활을 통한 정신장애인의 심리사회적 기능의 향상과 다양한 삶의 상황에서 자신 있게 살아가도록 해주는 자기역량의 강화 등이 사고의 분열, 망상, 환청 등과 같은 조현병의 양성증상과 어떻게 관련되는가는 하는 것이 문제이다. 주로 정서적 형태로 표출되는 역량강화 상태의 반대인 무기력과 양성증상의 관련성은 시옴피(Ciompi, 1994)의 정서-인지(*affect-logic*) 이론으로 설명된다.

그에 따르면 정서란 기쁨, 공포, 슬픔, 분노 등의 전반적인 질적 상태로 이해되며 이는 뇌와 모든 신체에 영향을 미친다. 인지(*logic*)는 서로 다른 인지 요소를 연계하고 관련시키는 것으로서 인지기능, 정보처리 혹은 사고뿐 아니라 형식적 논리도 포함한다. 정서-인지개념에서 정서와 인지는 불가분의 관계로 연결된다.

그러므로 사고분열, 지리멸렬, 망상과 같은 조현병의 양성증상도 정서적 상태에 큰 영향을 받으며, 특히 조현병을 가진 정신장애인에게 자아존중감, 자기효능감, 따스함 등을 제공하는 직업재활, 사회적 지지 등은 중요한 치료수단이 될 수 있다. 이러한 정서-인지 이론의 관점에서 환경을 포함한 모든 치료수단에서 정서적 면이 새로이 강조되어야 하며(김철규 외, 1994), 유급 직업재활을 통한 정신장애인의 자기역량의 강화는 조현병의 양성증상을 감소시킬 것이다.

(2) 정신보건사회복지사의 역할

직업재활 담당 정신보건사회복지사는 정신장애인이 직업을 확보하고 유지할 수 있도록 직업능력의 회복지도, 직업지도, 직업훈련, 직업알선 등 직업적 서비스를 제공한다. 또한 직업정착에 지속적이고 종합적인 원조를 제공함으로써 정신장애인이 사회에 복귀해 정상적 생활을 하며 사회에 통합되도록 서비스를 제공하는 자를 말한다(이용표 · 강상경 · 김이영, 2006).

권범(1997)은 직업재활 영역에서의 사회복지사의 역할에 대해 단순한 입문 단계의 일을 제공할 수 있는 임시 취업장의 개발, 회원에 대한 초기개입 및 취업 후 사후관리, 고용주에 대한 개입, 가족에 대한 개입 등을 언급했다.

장혜경(1996)은 사례관리자 및 상담사로서의 역할수행을 강조하고 구체적으로 취업현장의 개발과 고용주관리, 직무분석, 클라이언트에 대한 개입, 가족에 대한 개입을 언급했다.

김규수(1996)는 직업재활 현장에서 일하는 정신보건사회복지사의 대표적 활동을 직업상담, 직업평가, 직업훈련, 직무개발 및 배치 그리고 사후지도로 분류하고 이를 정신보건사회복지사의 주된 개입역할로 정의했다.

양옥경(1996)은 정신보건사회복지사의 역할을 직접적 · 간접적 차원으로 구분했는데 직접적 개입은 이행자, 교육자, 안내자 및 협조자, 진행자, 정보전문가, 지원자로 세분화해 설명하고 간접적 개입은 중개자, 연결자, 조정자, 옹호자, 코디네이터, 협상 제공자로 구분했다.

결국, 정신장애인의 취업유지에서 개인과 환경체계와의 상호교류 중 생겨나는 문제가 영향을 미쳐 이러한 타인 및 환경과의 상호작용 속에서 사회적 역할의 어려움을 겪는 사람을 이해하고 원조하는 것이 바로 직업재활을 담당하는 실무자의 역할이다(류지수, 2003). 또한 직업재활 담당 정신보건사회복지사는 정신장애인이 직업생활에 적응할 수 있도록 직장에서의 불편한 관계를 확인하고 개선, 조정하는 역할과 장애인 자신의 갈등적 요소를 제거하고 나아가 만족스러운 직장생활을 경험하고 자립하도록 지원해야 한다.

(3) 정신장애인 직업재활의 과제

정신장애인도 비장애인과 마찬가지로 직업활동에 대한 동일한 욕구가 있다. 즉, 정신장애인도 사회에 성공적으로 복귀해 만족스러운 직업을 가져 일하기를 원하고, 향상된 주거환경에서 생활하기를 원하며, 우정을 나누기 원한다는 것이다.

대부분의 정신장애인은 높은 취업욕구와 동기를 가졌으나 고용시장에서 취업의 기회는 현실적으로 많은 제한이 있다. 더욱이 정신장애인에 대한 사회적 편견은 근로능력과 자격을 갖춘 정신장애인의 고용에 걸림돌이 된다. 사회의 부정적 인식이 단기간에 해결되기는 어려우나 다양한 직업재활 프로그램의 개발과 취업활성화를 통해 현실의 문제를 해결하는 방안이 모색되어야 한다.

앞으로 지원고용과 일반고용과 같은 경쟁취업을 통한 사회복귀가 더욱 광범위하게 이루어져야 하고 다양한 직업재활 프로그램이 개발되어 재활의 효과성을 확대해야 한다. 이를 통해 정신장애인의 정상적이고 행복한 삶이 효과적으로 실현되어야 한다. 이런 바람을 현실화하기 위해 정신장애인의 직업재활 활성화 방안을 몇 가지 제안하고자 한다.

첫째, 지역사회 내에 여전히 뿌리 깊게 박힌 정신장애인에 대한 편견의 극복이 무엇보다 중요하다. 현재 취업하는 회원의 대부분은 처음 취업 시 고용주에게 자신의 병에 대해 거의 이야기하지 않으며 취업 후에도 고용주에게 병에 대해 이야기하는 정신장애인은 극소수로 추정된다.

그런데 문제는 고용주의 이해정도에 따라 다르기는 하지만 정신장애인의 병에 대해 이야기 하고 난 후에 처우도 상당히 달라지는 것으로 나타난다는 점이다. 만약 취업면접 시에 자신의 병에 대해 이야기하면 일할 기회조차 주어지지 않는 경우가 대부분인 것이 현실이다. 아직도 정신장애인에 대한 편견이 지역사회 내에 많이 있으며 이를 극복하지 않으면 정신장애인의 다양한 직업재활 프로그램이 개발되기에는 상당한 제약이 따른다.

둘째, 정부나 관련 공공기관 그리고 장애인고용촉진공단 등을 통한 다양한 지원책과 제도가 필요하다. 지역사회 정신보건시설에서 기업과 직접 연계하는 것은 한계가 있다. 사실 고용주의 이해부족이나 정부의 지원책 미비로 정신장애인을 고용하고자 하는 기업은 극히 적은 것이 현실이다. 이를 위해서는 지역사회 정신보건시설이 정부의 지원책과 제도개선 그리고 공공기관(구청, 동사무소, 복지관 등)의 협조를 밑바탕으로 고용주에게 있는 정신장애인에 대한 편견의 극복을 위해 노력한다면 효과가 높을 것이다.

셋째, 고용주가 정신장애인임을 알고 고용했더라도 정신장애인에 대한 이해나 증상에 대한 이해가 부족해 지지하는 입장이던 고용주도 정신장애인을 고용하는 것에 대해 회의적으로 바뀌는 경우가 있다. 이는 고용주에 대한 접근이 이루어지지 못했으며 현실적으로도 고용주에 대한 면담도 잘 이루어지지 못한 것이다. 이를 위해 정신장애인에 대한 이해를 돕는 교육자료와 다양한 접근과 노력이 필요하다. 기업이 정신장애인의 고용으로 많은 혜택을 받고 고용주에게 만족을 가져다줄 수 있다면 정신장애인의 직업재활은 성공적으로 이루어질 수 있다.

넷째, 지역사회 내 기업에서 일하기를 원하지만 비장애인과 경쟁 취업하는 것에 대한 자신감이 부족하고 어려워하는 정신장애인에 대해서는 자기역량을 강화하는 정신보건사회복지 실천개입과 같이 정신장애인의 증상과 사회부적응 현상 등에 대해 옹호와 지지를 해줄 수 있고 개별적 접근을 통해 업무효율성을 높임으로서 높은 소득을 산출할 수 있는 창업도 좋은 모델이 될 수 있다.

새로운 직업재활 모형으로서 정신장애인의 창업은 소기업 모델을 적용해 일자리를 마련하고 취업 후에도 사례관리를 통해 계속적 원조를 제공함으로써 지역사회에서 직업을 유지하면서 독립적 생활을 가능하게 한다. 특히, 작업현장에서의 직접적인 기술훈련, 직무지도와 지속적 사후관리는 정신장애인의 직업유지의 취약성을 보완하며 스트레스 관리 및 위기개입으로 안정된 고용을 가능하게 한다. 이처럼 정신장애인은 취업을 통해 경제적 독립이 가능하다.

다섯째, 직업재활 담당 정신보건사회복지사의 사후지도나 전문적 서비스, 지지 등과 같은 실무자의 요인이 정신장애인 취업유지에 직접적 영향을 미친다고 할 수 있다(김민희, 2007). 직업재활 담당 정신보건사회복지사의 역할이 얼마나 중요한지 보여주는 것이다. 하지만 직업재활 담당 정신보건사회복지사에 대한 어떠한 전문적 교육이나 훈련 프로그램도 실상은 갖추지 못한 것이 현실이다.

직업재활 담당 정신보건사회복지사의 역할을 정의하면 다양한 취업장의 개발, 사후관리, 고용주개입, 가족개입, 사례관리자, 상담사, 직무분석, 직업평가, 직업훈련, 직무개발 및 배치, 교육자, 안내자, 협조자, 진행자, 정보제공자, 지원자, 중개자, 연결자, 조정자, 옹호자, 사회적 망 수립자 및 코디네이터, 협상제공자 등이라고 할 수 있다. 1~2명의 직업재활 담당 정신보건사회복지사가 제도적·정책적 지원이 없이 각 기관에서 개별적 직업재활 서비스 제공과 개발노력 그리고 업무과중으로 인해 쉽게 소진(*burn-out*)되는 현상을 보인다. 담당업무도 평균 1년 이상을 유지하지 못한다(김혁수·김현, 2005).

이러한 상황에서 우리나라 정신장애인 직업재활 서비스의 질적 향상이나 우리 사회에 맞는 재활모델 개발이나 네트워크 구축은 현실적으로 어렵다. 이러한 직업재활의 역할을 수행하고 문제를 해결하기 위해서는 무엇보다도 직업재활 담당 정신보건사회복지사의 전문성을 확보하는 일과 현실적인 인력보강이 필요하다.

직업재활 담당 정신보건사회복지사는 정신장애와 재활원칙 등에 대한 지식을 필요로 하며 결과적으로 직업재활 담당 정신보건사회복지사의 전문성이 향상된다면 현재의 서비스 전달체계의 질과 효과성도 향상될 수 있을 것이다(최희수, 1999). 정신장애인의 직업재활에서 직업재활 담당 정신보건사회복지사의 전문성 향상, 지역사회 네트워크 구성, 직업재활 정보공유 등은 우리나라 현실에서 정신장애인의 직업재활을 위한 중요한 사안이다. 아울러 지역사회 자원개발을 위한 직업재활 담당 정신보건사회복지사의 지속적 개입이 필요하며 이는 법·제도와 같은 정책적 지원이 뒷받침되어야 한다.

여섯째, 정신장애인을 관리·감독하는 정부기관은 다른 장애범주와는 달리 보건복지부 정신보건과, 서울시 의약과, 보건소 의약과(또는 지역보건과)와 같이 병원 요양원을 관리하는 기관에서 담당하며 이는 정신장애인에 대한 정부제도·정책이 재활 서비스라기보다는 의료 서비스를 우선한다고 볼 수 있다.

의료적 시스템이 우선되면서 사회복귀를 위한 재활 서비스는 제도와 정책 면에서 적극적으로 지원받지 못하는 것이 현실이다. 선진국의 모델처럼 정신장애인이 지역사회로의 복귀를 위해서는 의료적 서비스와 재활 서비스가 통합적으로 제공되어야 한다. 이외에 장기적으로 다른 삶의 영역에서의 독립적 생활이 함께 고려되어야 한다.

즉, 경제적 독립 이외에 부모로부터의 심리사회적 독립, 주거의 독립 문제가 제기된다. 특히, 주거의 독립과 관련해 지역사회 주거 서비스는 장기간 시설에 수용된 정신장애인의 지역사회 복귀 및 적응 그리고 가족과의 생활을 더는 지속하기 어려운 상황에 있는 정신장애인을 위해 필요한 재활 서비스이다.

정신장애인이 지역사회에 거주하면서 더욱 사회통합적인 것은 고용시장에 진출해 취업을 함으로서 사회에 적응하는 것이다. 정신장애인의 취업을 활성화하기 위해서는 직업재활 실천뿐만 아니라 정신장애인과 일의 관계성에 대한 연구가 함께 이루어져야 한다.

정신장애인이 일을 계속 유지하기 위해서는 어떤 환경이 제공되어야 하는가, 일에 대한 만족의 정도는 어떤 면에서 향상하게 할 수 있는가, 취업중단의 문제는 무엇인가 등에 대한 연구가 계속되어야 하고 직업재활의 효과성에 대한 실증적인 자료를 통해 우리나라의 상황에 적용

가능한 연구결과가 제시되어야 한다.

정신장애인의 탈시설화와 사회복귀에 대한 관심이 고조되는 현시점에서 정신장애인의 지역사회 내 고용지원 대책의 마련이 시급하지만 정신장애인의 취업이 법·제도적 측면에서 보호받기에는 아직까지 미흡하고 초기 단계이므로 앞으로 다양한 취업 관련 정책이 수립, 수행되어 많은 취업 기회가 제공되어야 한다.

더욱 많은 정신장애인이 지역사회에서 취업의 기회를 갖도록 하기 위해서 직업재활 담당 정신보건사회복지사는 보편화를 재활철학으로 삼아 정신장애인에 대한 높은 기대의 관점을 갖도록 하며 지역사회에 있는 정신장애인에 대한 편견을 극복하기 위해 정부와 관련공공기관의 다각적 협조와 노력이 필요하다.

4. 지역사회 자원연계와 동원

사회는 대단히 복잡하고 각 개인과 집단 그리고 여러 계층 간의 이해와 욕구에 따라 움직인다. 그러므로 정신장애 클라이언트의 문제를 해결해야 할 업무가 있는 정신보건사회복지사는 클라이언트 개인의 문제뿐만 아니라 문제로 만드는 사회적 상황에도 관심을 가져야 한다(Cooper & Lesser, 2002). 특히, 정신보건 영역에서는 개인이나 집단을 대상으로 정신보건사회복지 실천개입을 해 나갈 때도 지역사회복지 실천과 병행하지 않으면 큰 효과를 얻지 못한다.

클라이언트의 대변자로서 혹은 프로그램의 개발가로서 그리고 조직 개혁가의 역할을 통합적으로 하지 않으면 일 대 일 서비스의 효과도 기대할 수 없게 될 것이다. 가령 정신장애인을 위한 정신보건시설에서 일하는 사회복지사는 지역사회에 위치한 그룹홈을 하기 위해 지역사회의 지원과 지지를 얻어야 한다(Flynn & Nitsch, 1980). 이는 사회복지사가 기금조성과 로비, 지역사회 자원의 활용과 집단기술 및 정치적 기술 그리고 그 이상의 다양한 활동을 소화해야 함을 의미한다(Zastrow, 1995).

실제 정신장애인은 질병의 특성상 욕구충족에 필요한 자원을 적극적으로 찾는 동기가 매우 낮으며 가족 역시 지역의 공식적·비공식적 서비스 및 자원에 대한 인지도뿐만 아니라 실제로 이용하는 비율도 대체로 매우 낮다. 혹 자원을 이용하고자 하는 동기가 있다고 할지라도 구체적이고 정확한 정보를 모르거나 이용방법을 몰라 포기하거나 체념해 버리는 경우가 많다. 따라서 정신보건사회복지사는 이들이 지역의 자원에 쉽게 접근하고 필요한 자원을 획득하도록 도와야 한다(박미은, 2000).

1) 지역사회 자원연계와 동원의 개념과 유형

(1) 지역사회 자원활용의 필요성

지역사회에 거주하는 정신장애인 및 1차적 보호 부담자인 가족에게 자원활용은 무엇보다도 중요하다. 즉, 정신장애인에게 적절한 서비스와 지지가 전달되도록 하는 지역사회 내의 자원의 네트워크가 형성되는 것은 그들의 재활과 치료에 필수적 요소가 될 수 있다. 정신장애인 가족을 위한 자원활용은 ① 자원망을 개발하고 강화하는 것이며, ② 자원을 획득하거나 자원망을 활용하려는 정신장애인 및 가족의 능력을 강화시키는 데 있다(박미은 외, 2000).

지역사회 자원과 클라이언트의 욕구를 연결하는 데 자원활용의 의미는 정신장애인의 재활과 사회복귀를 위한 적극적 치료활동이다(이인해, 2000). 정신장애인을 위한 정신보건사회복지 실천개입의 과정에서 자원활용을 검토하는 경우 지역사회 자원의 요소와 범위를 어디까지 설정하는가는 중요하며 동시에 실천개입의 기반으로서 큰 관심 영역이다.

(2) 지역사회와 자원의 개념

'지역사회'(*community*) 라는 용어는 학자에 따라서 또 지역사회의 조건을 개선하기 위해서 일하는 전문가, 행정가, 정치인, 자원봉사자에 따라 매우 일반적으로 사용된다(소영숙, 2003). 교육학사전(1995) 에서 정의를 빌려오면 지역사회는 "한 지역의 일정한 범위 안에서 성립한 인류의 공동생활체"를 의미하며 "일정한 지역에서 거주하는 주민이 공동유대의식과 그 지역에 대한 소속감을 갖고 사는 인간집단"을 말한다.

그린(Green, 1954) 은 "지역사회란 상호관련되고 상호의존적인 집단의 결합체(*network*)"이며 "지역사회 내의 역동적 관계는 집단생활과 조직체에서 찾아볼 수 있다"라고 함으로써 지역사회의 개념에 구성원의 상호작용에 역점을 둔다. 장인협(1997) 은 "지역사회란 공통적 욕구 및 관심이 의식적으로 동일시된 인구집단이다"라고 했다. 여기서 지역사회는 생활기능의 포괄성과 사회관계의 통합성을 확보한다는 점에서 다른 집단과 구별된다. 이처럼 지역사회에 대한 정의는 강조되는 속성에 따라 다양하게 정의할 수 있다.

한편, '자원'(*resource*) 이란 일반적으로 인간의 다양한 생활상의 욕구충족과 문제해결을 목적으로 활용되는 각종 제도, 시설, 기관, 단체, 프로그램 및 사람들의 지식, 기술, 정보 등을 포함하는 인적·물적 그리고 정보의 모든 요소를 총칭한다(Siporin, 1975; 소영숙, 2003 재인용).

인간은 누구나 자신의 생활과업을 원만히 수행하고 사회생활에 필요한 다양한 욕구를 충족하기 위해 개인적・사회적 지원체계(*support system*)가 필요하며 이런 지원체계는 인간의 삶에 중요한 자원이다. 이런 측면에서 정신장애인에게 필요한 자원이란 정신질환의 예방과 치료 그리고 재활에 필요한 다양한 인적・물적 그리고 정보지원 체계를 말하며 이러한 자원에는 정신장애인이 그의 생활터전에서 일상의 과업과 사회적 역할을 원만히 수행하고 사회통합에 필요한 다양한 욕구를 충족하는데 없어서는 안 될 여러 지원체계를 포함해야 한다(박미은, 2000).

(3) 지역사회 자원의 유형

지역사회 자원의 유형에는 크게 의료 서비스, 사회적 서비스, 지역사회 재활 서비스로 분류할 수 있다. 여기서 지역사회 재활 서비스는, 정신장애인이 입원치료 후에도 지속적으로 재활 서비스를 받도록 일상생활 기술, 직업능력 기술, 여가활용 기술 등을 훈련하는 것이다(박미은, 2000). 정신보건사회복지 실천개입에 대한 욕구는 지역의 사회복귀시설, 사회복지관, 정신보건센터, 보건소 내 정신보건사업, 정신요양원, 장애인 직업재활기관 등과 같은 공식적 자원을 통해 활용할 수 있다. 이러한 자원을 활용해 정신보건사회복지 서비스를 충족할 수 있다.

(4) 자원의 접근성

자원의 접근성이란 제공될 서비스가 지리적・경제적・사회문화적・심리적・물리적 접근이 가능한가를 타진해 보는 것이다. 이러한 요인을 고려해 활용도를 검토해야 하며 클라이언트의 접근을 방해하는 장애요인을 전반적으로 제거해야 한다.

2) 지역사회 자원연계와 동원전략의 수립

정신보건사회복지 실천개입에서 가장 우선적으로 중요한 것이 있다면 바로 지역사회 상황을 있는 그대로 파악하는 일이며 이를 토대로 구체적인 지역사회 자원연계와 동원전략을 수립하는 것이다.

(1) 제 1단계: 지역사회 파악하기

정신보건사회복지 실천개입을 준비할 때, 가장 먼저 해야 할 일은 지역사회의 문제와 어려움을 사정하는 데 집중해야 한다. 지역 내의 관련 정신보건 기관과 시설, 병원 그리고 종교기관, 특히 성당이나 교회를 살펴보고, 필요하면 방문해서 구체적으로 조사해야 한다.

기관의 핵심적 직원을 만나야 하고 인구조사 자료를 수집할 필요도 있다. 지역 내에 대학교를 비롯한 학교가 있다면 방문하는 것도 좋다. 그리고 가능하다면 지방자치단체장이나 시·구의원 등과도 만날 수 있다. 여러 만남을 통해서 기본적으로 해야 할 질문내용은 "귀하의 기관에서는 어떤 유형의 정신보건사회복지 실천개입을 하나요", "귀하의 기관 또는 프로그램을 돕기 위해 저희 기관이 무슨 일을 할 수 있겠습니까", "귀하가 정신보건사회복지 실천개입을 하도록 자격을 부여하는 건 누구입니까" 그리고 "이 지역에게 가장 시급히 해결해야 할 어려움은 어떤 것인가요" 등으로 요약할 수 있다.

이러한 조사와 파악을 통해 기존의 정신보건사회복지 실천개입과 새롭게 실행하고자 계획 중인 정신보건사회복지 실천개입 간의 차이를 찾을 수 있으며 계획의 현실성을 담보하는 타당성을 파악할 수 있다. 효과적인 정신보건사회복지 실천개입은 현재의 상황과 개입대상이 되는 어려움을 얼마나 정확하게 아느냐에 따라 결정된다.

(2) 제 2단계: 자료분석과 문제판별

자료를 분석하고 문제를 판별하는 일은 시간이 많이 걸리며 어떤 기관이라도 감당하기 어려운 많은 문제를 노출한다. 지역사회 문제들의 우선순위를 매기는 일은 고통스러울 수 있다. 똑같이 절박한 어려움 중에서 선택을 해야 할 경우가 흔하기 때문이다. 지역의 어려운 일에 관한 정보는 세미나, 워크숍, 초청연사, 뉴스레터 그리고 각 사회복지 단체를 위한 설명회 등을 통해 공유할 수 있다.

(3) 제 3단계: 현실 가능한 정신보건사회복지 실천개입 방안모색

지역사회의 문제에 대해 어떻게 응답할 수 있는지에 대한 가능성이 주의 깊게 연구해야 한다. "그 문제가 정신보건사회복지사의 사명으로 정한 영역에 속했는가? 얼마의 경비가 들 것인가? 정신보건 영역에서 일하는 타 전문가가 자신의 시간과 재원을 들이며 응하겠는가?" 등의 질문을 진지하게 제기할 수 있다.

(4) 제 4단계: 프로그램 설계

정신보건사회복지 실천개입 프로그램 설계는 지역사회의 문제해결을 위한 활동에 합리적 기술을 제공하며 정신보건사회복지에 대한 책임성을 높인다. 나아가 정신보건사회복지의 효율적 실천을 가능하게 한다. 효율성이란 목적을 경제적으로 달성하는 것을 뜻한다. 최소의 비용과 노력으로 서비스 목표를 달성하기 위해서는 사전에 치밀한 계획이 필요하다. 또한 효과성을 증진시키며 책임성의 이행을 돕는 데도 프로그램 설계는 매우 중요하다.

(5) 제 5단계: 실행

프로그램이 설계되면 설계에 따른 구체적 실행이 이루어진다. 특히, 정신보건사회복지 실천은 정신보건사회복지사와 관련된 정신보건시설의 강점으로 지역에서 가장 절박한 어려움을 해결하는 데 초점을 모은다.

(6) 제 6단계: 평가

지역사회 내에 존재하는 문제와 어려운 일의 사정, 계획과 평가는 정신보건사회복지 실천개입에서 기본적으로 해야 할 중요한 업무이다. 한 가지 흔한 잘못으로는 정신보건사회복지 활동 그 자체에 너무 관심을 쏟은 결과, 이를 위한 준비를 시간낭비로 여긴다는 점이다. 평가는 계획과 설계를 통해 사용가능한 자원을 더욱 능률적으로 사용할 수 있도록 한다. 따라서 평가는 정신보건사회복지 실천개입에 필수적이어야 한다.

3) 지역사회 자원연계와 동원을 위한 정신보건사회복지사의 자질

(1) 거시적 실천 전문가

일 대 일 또는 집단보다 훨씬 더 넓은 범위의 일을 하는 것은 여러 사람과 함께 일하는 것이다. 다른 사람과의 효과적 의사소통을 할 수 있는 기술은 이 분야에서는 필수적이다(Flynn & Nitsch, 1980). 사회복지사가 자신 또는 지역사회 내의 인적 자원을 활용하는 능력은 정신보건사회복지 실천을 효과적으로 수행하는 데 매우 중요하다.

이는 모든 사람의 노력을 헛되이 낭비하지 않도록 효율적으로 통합하는 능력을 의미한다. 지역사회 내의 정신장애인을 도와 무엇이 문제인지를 명확하게 알려주고 문제를 해결하기 위한 중요한 방안을 생각해 낸다. 나아가 결정하고 가능성이 있는 목표를 정하며 활동을 위한 선택을 평가하고 실제적으로 수행하는 능력은 개인적 과업만큼이나 중요하다(이준우·임원선, 2011).

사람들을 도와 자조집단을 형성하는 일에도 정신보건사회복지사는 촉진자와 일을 가능하게 하는 자로서의 기술을 가져야 한다. 그러므로 정신보건사회복지사는 한 개인에 대한 사회복지실천 기술을 가져야 하고 집단에 대한 능력뿐만 아니라 거시적 실천에 유용한 다양하고도 특수한 기술과 지식을 가져야 한다. 그러므로 정신보건사회복지사는 다재다능한 능력을 개발하고 훈련해야 하며 이러한 능력이 거시적 실천까지 연결되어야 한다(이준우, 2001).

지역사회 자원의 연계와 동원을 통해서 수행해 나가는 거시적 실천에서 정신보건사회복지사가 가져야 할 중요한 가치는 사회복지사가 지역사회의 문제를 해결하는 주체가 아니라는 사실을 인식하는 것이다. 정신보건사회복지사는 지역주민 스스로가 문제를 해결하도록 돕는 조력자이며 대변자 그리고 촉진자일 뿐이라는 것을 항상 생각해야 한다(이준우·임원선, 2011).

거시적 실천의 모델들은 다음과 같다. 첫 번째 모델로는 '지역사회개발'이다. 지역사회개발은 자조가 목적이다. 즉, 지역사회의 능력을 통합해 지역사회 주민 스스로 문제를 해결해 나가도록 하는 것이다. 이 모델에서 정신보건사회복지사는 촉진자 그리고 조정자로서의 역할을 한다(김상균 외, 2001).

두 번째 모델은 '사회개혁'이다. 이 모델의 목표는 지역사회의 실제적 문제를 해결하는 것이다. 이 모델에서 정신보건사회복지사는 문제 사실의 수집자 및 분석가, 프로그램 수행자, 일을 용이하게 하는 사람으로 그 역할을 자리매김한다(최일섭 외, 1996).

세 번째 모델은 '사회행동'이다. 이는 불리한 상황에 처한 정신장애인 집단 때문에 발생하는 사회적 불공평, 불평등을 해소하고자 하는 것이다. 정신보건사회복지사는 이 모델에서 활동가, 옹호자, 중개인, 협상자의 임무를 수행한다(김상균 외, 2001).

(2) 지역사회에 관한 지식

지역사회의 특징에 대해 아는 것은 정신보건사회복지사에게 매우 중요한 일이다. 지역사회 인구의 특징이 무엇인가(예: 치매노인 인구수, 정신장애인과 외국인 노동자 수 등), 지역사회의 가장 주된 경제적 특징은 무엇인가, 고용의 주된 형태는 어떠한가, 실업률은 어느 정도인가, 주택유형은 어떠한가 등을 알아야 한다(이준우, 1997).

뿐만 아니라 지역사회 생활에 대해서도 알아야 한다. 가령, 얼마나 많은 신문이 있으며, 라디오와 텔레비전 방송국이 있는가, 그리고 자발적 복지조직은 있는가, 주된 공공 서비스 조직은 무엇이며 민간 복지기관은 얼마나 있는가 등을 알아야 한다. 그리고 사회복지사는 지역사회 내에 공공복지와 사회복지 서비스는 제대로 이루어지는가, 지역사회 내에 소외된 사람들을 위한 프로그램과 편의시설이 잘 구비됐는지 등을 알아야 한다(이준우, 2001).

(3) 조직에 관한 지식

거시적 사회복지실천과 관련해 정신보건사회복지사는 조직의 기능에 관한 정보가 필요하다. 또한 정신보건사회복지사는 조직을 만들 때, 조직에 대한 특별한 지식이 필요하다. 정신보건사회복지사가 알아야 할 조직에 관한 지식은 다음과 같다. 첫째, 모든 조직은 변한다. 둘째, 기회가 주어질 때 조직의 정책영향에 대한 조사를 시도할 수 있다. 셋째, 조직에서의 변화는 급작스러운 것이 아니라 점진적으로 일어난다(이준우, 1998).

(4) 대중매체의 활용

정신보건사회복지사는 다양한 매체를 사용함으로써 사회복지실천에 효율성을 가질 수 있다. 그러므로 사회복지사는 매체를 사용하는 기술을 터득해야 한다. 매체의 사용이 정신보건사회복지 실천업무의 중요한 영역이 된다(이준우, 2002).

사회복지사가 정신보건사회복지 실천 프로그램을 홍보할 때 첫 단계는 지역사회에 뉴스를 보도하는 사람들과 개인적으로 알아야 한다는 것이다. 정신보건사회복지사가 원하는 내용을 실어줄 수 있는 그 지역 주간지 편집장이나 신문기자에게 사회복지사인 자신을 소개할 필요가 있다. 지역 라디오와 텔레비전 방송국 그리고 인터넷 방송국 등에서 책임이 있는 일을 담당하는 사람을 아는 것도 중요하다.

또한 대중매체의 규칙과 친숙해지는 것은 좋은 방송을 타기 위한 하나의 방법이다. 정신보건사회복지사의 이야기가 신문이나 방송, 인터넷 매체 등에 저절로 소개되지 않는다. 정신보건사회복지사는 대중매체를 활용할 수 있는 기술이 있어야 한다(이준우, 2001).

정신보건사회복지사는 대중매체와 함께 일할 때 몇 가지 기본 규칙을 염두에 두어야 한다(Zastrow, 1995). 이는 다음과 같다. 첫째, 항상 정직하라. 둘째, 신문과 라디오, TV 뉴스의 마감시간을 알라. 셋째, 뉴스의 방향성을 알라. 넷째, 누구에게 이야기할지를 정하라. 다섯째, "감사합니다"라고 말하는 것을 잊지 말라. 여섯째, 신문사와 방송국의 성격이 다름을 알라.

(5) 기금마련과 운영에 관한 지식

정신보건사회복지사는 사회복지실천을 효과적으로 수행하기 위해서 기금을 마련해야 하고 잘 사용할 수 있어야 한다. 정신보건사회복지사는 기금을 마련하기 위해서 우선 기금의 출처를 생각해야 한다. 그리고 어디서 기금을 효과적으로 끌어낼 수 있는가를 알고 체계적으로 일을 수행해야 한다(Zastrow, 1995).

정신보건사회복지사는 다른 사람을 돕는 일에 사용할 정부 지원금의 한계에 대해서 잘 알아야 한다. 정신보건사회복지사는 기금을 모아야 하고 가능한 인상된 기금으로 일을 수행하기 위한 경비를 충당할 수 있어야 한다. 그러기 위해서는 정신보건시설이나 실천 서비스 집단이 정말로 유용하다는 것을 사람들에게 인식시키고 올바른 공익성을 창조해야 한다(이준우, 2001).

기금 모금을 잘 하기 위해 정신보건사회복지사가 염두에 두어야 할 몇 가지 원칙이 있다(Zastrow, 1999). 첫째, 창조적 사회복지사가 되어야 한다. 둘째, 돈을 모을 수 없을 것이라는 두려움을 없애야 한다. 셋째, 기금 모금활동이 정말 지역사회에 필요하고 적합하도록 해야 한다. 넷째, 즐겁게 일해야 한다.

(6) 정치적 활동과 로비

정신보건사회복지사는 때로는 정치적 활동을 해야 하고 적극적으로 로비해야 한다(Zastrow, 1995, 1999). 특히, 정신장애인의 문제 중 상당 부분은 인권이나 사회적 차별, 편견, 낙인 등에 관련될 경우가 많다. 그래서 정치적 활동과 로비를 통해 이런 왜곡된 사회적 인식과 반응에 대처할 필요가 있다.

(7) 문제해결을 위한 지역사회 계획

지역사회에는 여러 가지 문제가 있다. 이 문제를 해결하기 위해서 전문적 지식을 갖춘 정신보건사회복지사에 의해 문제해결을 시도한다. 지역사회 계획이란 사회복지사를 통해 문제해결을 도모하는 활동 전반을 의미한다. 지역사회 계획은 다음과 같은 단계를 통해 수립된다(Zastrow, 1995).

- 사전계획: 요청할 질문(*preplanning*: *The Questions to Ask*) — 계획을 세우기에 앞서서 면밀한 검토가 필요하다. 문제에 대한 정확한 인식을 위해 문제가 무엇인가를 물어볼 필요가 있다.
- 계획: 계획의 진행(*planning*: *Plan to Make*) — 1단계는 문제를 사정하는 것이다. 2단계는 문제를 명확히 하는 것이다. 3단계는 목적을 정하는 일이다. 4단계는 목적에 따른 구체적 목표를 세우고 5단계는 목표를 위한 전략을 정하는 것이다.
- 효과: 계획의 평가(*impact*: *Steps to Take*) — 계획과정의 마지막 단계는 목적 달성을 위한 전략을 이행하고 모니터하며 평가하는 것이다.

따라서 정신보건사회복지사는 한 개인의 가족 그리고 집단뿐만 아니라 지역사회라고 하는 거시적 차원에서도 관심을 가져야 하고 지역사회의 자원과 조직을 활용할 수 있는 능력도 가져야 한다. 어떤 면에서 정신보건사회복지사는 다재다능한 능력을 소유해야 한다.

더욱이 현대사회의 복잡함에 따른 클라이언트의 여러 문제점을 완벽하게 해결해 주는 사회복지사가 된다는 것은 어쩌면 불가능할지도 모르겠다. 그래서 현대 정신보건사회복지사는 문제를 가진 클라이언트가 스스로 문제를 분명하게 이해하고 자신의 능력을 개발해 자신의 힘으로 해결하도록 돕는 역할을 해야 하며 지역사회의 자원과 도구를 사용해 문제를 해결할 수 있는 범위를 더욱 넓혀주는 일을 해야 한다. 이제 정신보건사회복지사는 해결사가 아니라 코디네이터(조정자)이며 문제해결을 위한 조력자여야 한다.

• 생각 다듬기 •

1. 정신장애인에게 사회기술훈련이 왜 필요한지에 대해 논의해 보자.

2. 자원봉사자가 정신보건센터의 사회적응훈련을 함께한다. 사회적응훈련 도중, 자원봉사자와 정신장애인 사이에 조그만 다툼이 일어났다. 내가 정신보건사회복지사라면 이 다툼을 어떻게 중재할 수 있으며 대처법은 무엇인지 토의해 보자.

3. 자신이 일하는 정신보건센터에 신고가 들어왔다. 귀신에 씐 것 같다고 제발 빨리 조치를 취해 달라는 이웃의 신고이다. 바로 다음 날 신고장소에 도착하니, 신고한 이웃의 옆집에는 딸이 전형적인 조현병 증상을 보였고 딸의 어머니가 딸에게 엄청난 폭력을 가했다. 어머니에게 딸의 병을 알리며 병원에 데

려가야 한다고 했는데 어머니는 귀신은 때려야 잡을 수 있다고 정신보건사회복지사를 막무가내로 내쫓으려 한다. 어떻게 해서 무사히 딸을 병원으로 이송할 수 있을까.

4. 정신장애인의 사회기술훈련 과정을 단계별로 수행하는 과정을 따라해 보라. 예를 들면, 자기주장이 필요한 상황을 설정해 실제 역할극을 실시해 보자 (비디오 녹화를 통해 피드백을 주고받으면 더 효과적이다).

5. 정신장애인에게 직업의 의미와 직업재활의 현황과 문제점을 살펴보고 향후 개선방안에 대해 논의해 보자.

제 3 부

정신보건사회복지의 실천영역과 서비스

제 3부에서는 정신보건사회복지의 실천영역과 서비스에 따라 실시되는 다양한 현장과 문제대상에 따른 접근을 상세하게 정리했다. 정신보건 현장별 서비스, 정신보건 문제별 서비스, 실천대상별 서비스의 순으로 구체적 접근 내용과 절차, 전략 등을 설명했다. 한편, 정신보건사회복지 실천개입의 대상은 실로 다양하다. 그중에서 가장 많은 비중을 차지하는 대상으로는 청 · 장년이라 할 수 있다. 지금까지 이 책에서 다루었던 개입기술은 청 · 장년을 주대상으로 했다고 할 수 있다. 하지만 최근 아동과 청소년 그리고 노인의 정신건강 문제가 빈번하게 제기되는 상황에서 이들에 대한 특화된 실천개입 접근에 관한 설명이 필요해졌다.

제 9 장

정신보건 현장별 서비스

1. 서론

정신보건사회복지 실천개입의 기능은 정신보건 현장의 성격과 병원에서 일하는 정신과의사의 성향과 신념, 정신보건사회복지사의 기술, 신념, 능력 등에 따라 영향을 받는다. 최근 정신보건 영역의 확대에 따라 정신보건사회복지사는 실천현장의 특성에 따른 다양한 직무내용과 역할을 요구받는다. 그러므로 정신보건사회복지사는 정신보건 실천현장에서 정신건강 서비스 제공자로서 유용하고 적합한 역할과 기능을 수행해야 한다. 나아가 타 전문직과 차별화된 서비스를 제공함으로써 사회복지적 전문성과 독특성을 발휘할 수 있도록 노력해야 한다. 정신보건사회복지사의 기본적 기능은 다음과 같이 제시할 수 있다(Joan & Hofling, 1977; 김태일, 1980; 장원철, 2007).

첫째, 환자로 하여금 건설적 방법으로 자신의 사회적 환경을 이용하도록 개별적 접촉을 통해 돕는다. 둘째, 가족으로 하여금 환자에게 고용, 주택, 재정적 지원 및 보호를 제공할 수 있는가에 대해 알 수 있도록 개별적 접촉을 통해 돕는다. 셋째, 환자 자신과 그의 가족원에 대한 의도적 감정을 다루도록 개별적으로 지원한다. 넷째, 이용가능한 의료자원과 지역사회센터에 대한 이용방법과 목적 등을 환자와 가족에게 설명하며 돕는다. 다섯째, 환자와 가족이 거주하는 지역사회 내의 사회기관을 안내하거나 더욱 나은 치료와 보호를 위해서 이외의 사회자원을 안내한다.

여섯째, 환자가 입원 중인 기간에는 그의 가족 및 집단, 지역사회와의 관계를 유지하도록 돕는다. 일곱째, 환자에 대한 전반적인 프로그램에 중요한 기여를 하기 위해 환자의 사회력, 가족력, 직업력 등에 대한 정보를 수집한다. 여덟째, 정신과 팀의 다른 전문가와의 활동에 적극적으로 참여해 조사, 진단, 계획, 치료 및 사후보호 서비스에서 수평적 입장에서 상호협동적으로 참여한다. 아홉째, 환자의 치료목표를 충실하게 이행하기 위해 지역사회 내의 유력인사와 적극적으로 친화관계를 형성한다.

이 장에서는 우리나라에서 가장 보편적인 정신보건 서비스 실천현장인 정신의료기관과 지역사회 정신건강증진센터, 사회복귀시설, 중독관리통합지원센터(알코올상담센터), 정신요양시설에서 일하는 정신보건사회복지사의 기능과 역할, 직무 등에 대해 살펴봄으로써 정신보건현장별 서비스의 장단점과 특성 등을 설명해 보고자 한다. 이를 통해 실천현장에 따라 수행해야 할 정신보건사회복지사의 특화된 기능과 역할, 직무 등을 정립하려고 한다. 각 현장의 이용대상과 사업내용에 따라 정신보건사회복지사의 역할과 기능이 조금씩 상이하나 사회복지실천의 체계적 관점 아래에서 수행되는 전문직이라는 공통점을 갖는다.

2. 정신의료기관

정신의료기관이라 함은 의료법에 의한 의료기관 중 주로 정신질환자의 진료를 행할 목적으로 〈정신보건법〉의 시설기준에 적합하게 설치된 정신병원·정신과 의원 및 병원급 이상의 의료기관에 설치된 정신과를 말한다(김규수, 1996; 장원철, 2007). 급성 정신질환자를 정신의료기관에 입원 또는 통원치료시킴으로서 재활 및 사회복귀를 도모하는 것이 목적이다. 이러한 정신의료기관은 지속적으로 증가했고 현재 정신보건사회복지사가 가장 많이 활동하는 현장이기도 하다.

정신의료기관은 현장실습과 수련 등의 경험을 의료 모델과 정신사회재활이 접목된 상황에서 할 수 있는 곳이기도 하다. 정신건강의 관점에서 보면 치료영역에 속하며 정신질환을 가진 환자나 가족이 초기에 의료서비스를 제공받으면서 향후 치료와 재활계획에 대한 서비스를 제공받는 곳이기 때문에 정신사회재활과 치료의 첫 관문이라고도 할 수 있다.

1) 정신의료기관의 주요 실천기법

정신의료기관에서는 각 병원의 세팅(*setting*)에 따라 다소 간의 차이는 있을 수 있으나 대체로 다음과 같은 종류의 프로그램을 실시한다.

(1) 정신치료

'정신치료'(*psychotherapy*)에는 지지적 정신치료와 상담, 분석적 정신치료, 통찰 정신치료 등이 있다.

'지지적 정신치료와 상담'은 약해진 자아를 지지해 줌으로써 현실여건과 여기서 파생된 문제와 부딪혀 좀더 잘 견뎌나갈 수 있도록 하는 방법으로 주로 상담을 통해 이루어진다. 이 방법은 근본적으로는, 건전한 성격의 사람이 감당하지 못할 스트레스를 받다가 잠재적 동요를 일으킨 경우와 더욱 철저한 치료를 받아야 하는 환자이지만 지금 당장은 그것을 감당할 만큼 자아가 강하지 못해 우선 자아를 강하게 만들어야 할 때 쓴다.

'분석적 정신치료'는 환자의 과거가 환자의 정신생활에 어떠한 영향을 주었는지 원인을 분석해 환자가 깨닫도록 한다. 증상완화와 더불어 환자가 지닌 기본적 성격양상과 방어의 재건 또는 수정에 목적을 둔 치료방법이다. 이 방법은 조현병, 조울증 등에 좋으며 약물치료, 집단치료, 지지요법 등과 병행해 실시하는 것이 보통이다.

'통찰 정신치료'에서 '통찰'이란 환자가 억압된 감정이나 사회적으로 수용이 불가능한 사고, 분노 등에 대한 의식적인 자각이 있을 때를 말한다. 통찰치료에서는 환자의 무의식적 갈등을 노출시키고 상세히 검색해 해결하는 방법이다. 그리고 최후에는 더욱 효율적인 성격구조를 갖고 권위로부터 점차 독립하는 심리적 성숙을 이뤄 자신의 행동과 감정을 스스로 결정하는 능력이 증진되도록 한다. 또한 통찰치료는 환자의 증상에 대해 2차적 중요성만을 부여한다. 이것은 내재된 갈등이 해결되면 증상은 자연히 제거된다는 의미이다.

(2) 약물치료

1950년대부터 화학약물이 소개됨에 따라 정신병원은 종래의 소란, 무질서, 혼미, 파괴 등이 거의 자취를 감췄다. 약은 크게 정온제(*tranquilizer*)와 항우울제(*antidepressant*)로 나눌 수 있다. 약물치료(*psychochemotherapy*)는 오늘날 가장 광범위하게 사용하는 치료법이다.

(3) 집단 정신치료

1920년대 후반부터 여러 환자를 집단으로 치료하는 방법이 개발되었다. 집단 정신치료(*group therapy*)는 4~5명 혹은 20명 정도의 환자가 원형으로 앉아서 편안한 상태로 각자의 감정을 자유롭게 표현하는데 치료자의 지시는 최소한으로 줄이고 환자들끼리의 대화에 의존하는 방법, 치료자가 강력한 권위자로 군림해 환자에게 충고·지시하는 방법, 환자를 교육하는 것을 목적으로 하는 강의식 방법 등이 있다. 현재 이 방법은 개인 정신치료보다 더 각광을 받는다.

(4) 가족치료

개인보다는 가족체제에 초점을 두고 치료하는 모든 치료형태를 말한다. 가족원의 욕구를 더욱 만족시킬 수 있도록 가족의 구조를 변화시키는 것을 목적으로 한다. 정신치료자는 문제를 함께 해결하기 위해 모든 가족구성원과 유대관계를 맺기 때문에 한 가족의 식구가 나머지 식구에 대해 이야기하는 것에 대한 제한은 없다. 문제해결을 신속히 처리하기 위한 자료를 충분히 가져야 한다. 정신치료자와 가족원 모두가 상호신뢰적 관계를 이루어야 하며 가족원 각자가 따로따로인 개인적 관계가 형성되지 않도록 해야 한다.

(5) 정신치료극(사이코 드라마)

모레노(Moreno)에 의해 시작된 심리극(정신연극, *psycho drama*)은 환자가 직접 연극에 참여해 자기 자신을 객관적으로 인격의 구조, 대인관계, 갈등, 정서적 문제를 관조하게 하도록 하는 방법이다.

(6) 행동치료

생각하고 말하며 느끼는 것 외에 얼굴표정, 생리적 변화 등의 행동장애를 치료하기 위한 요법이다. 행동치료의 목표는 행동주의적 측면에서 인간의 행동을 볼 때 정신질환 또는 정신의학적 문제점은 정상행동을 벗어난 비정상적 행동으로 신체의 기능변화를 동반한 사고・감정 및 언행의 장애가 학습된 결과라고 본다. 이런 잘못 학습된 행동을 학습 이론에 따라 체계적으로 교정해 증상의 해소 및 건설적 행동으로 다시 학습도록 하는 것이 행동치료의 목표이다. 대표적 방법으로 체계적 둔감화, 토큰경제(*token economy*), 모델링, 자기주장훈련 등이 있다.

(7) 치료 레크리에이션

치료 레크리에이션은 인생을 풍요롭게 하기 위한 창조적 활동으로 예를 들면, 여가, 레크리에이션, 음악, 연극, 예술 등을 포함하며 단순한 게임이나 놀이에 그치지 않고 정신장애인의 치료에 다양한 여가활동을 체계적으로 구조화해 활용하는 전문적인 서비스 기법이다.

여가의 필수조건이라면 하고 싶은 욕망이나 충동이 일어나야 되며 자기 자신을 표현할 기회라고 생각하고 기쁜 마음, 가벼운 마음, 안정된 마음으로 즉시 활동이 이루어질 수 있어야 한다. 한편, 치료 레크리에이션은 환자가 힘들어하거나 무료해하는 일상생활과는 달라야 하며 변화를 줄 수 있는 창조적 활동이어야 한다. 환자의 흥미를 자극시키며 성취 및 승리에 대한 만족을 얻을 수 있는 창조적 활동치료 기법이다. 이는 환자의 생활적응을 돕고 성장과 발달을 증진시키며 상호 인간관계를 통한 사회화를 목적으로 한다.

(8) 작업치료

작업치료는 정신적 · 신체적 · 사회적 상처를 어떤 활동을 통해 빨리 낫게 하거나 개인의 요구와 능력에 따라 특별한 목적에 이바지하기 위해 안내되는 것을 말한다. 여기서 어떤 활동이란 모든 작업을 포함해 신체적 훈련, 오락, 수공예, 독서 등 모두를 가리키는 말이다.

작업치료는 진단, 치료 및 재활의 목적으로 활용되는데 작업선택과 작업과정을 통해 환자 개개인의 성격상의 장점과 약점을 알아내 심리적 문제가 어디에 있는지 파악하는 진단적 목적, 작업과정을 통해 환자의 정신병리를 치료하는 치료적 목적, 궁극적으로는 사회에서 생산적 직업을 갖도록 훈련시켜 건전한 사회생활을 할 수 있도록 도와주는 데 목적이 있다.

(9) 환경치료

치료자인 정신과의사뿐만 아니라 환자가 접하는 모든 것, 즉 의료직원, 다른 환자, 병원시설 등이 모두 치료적이어야 한다는 치료이론이다. 따라서 정신병원에서 시설은 환자의 생활에 장을 마련해 준다는 것 외에 치료의 역할을 담당한다는 점에서 의의가 크다.

(10) 음악치료

음악치료는 정신적 · 신체적 건강의 증진 · 유지 및 회복을 위해 또는 바람직한 행동의 변화를 가져오게 하기 위해 치료적 상황에서 음악을 과학적 · 기능적으로 적용해 감정적 · 사회적 성장을 꾀하는 것을 의미한다. 음악치료는 마음의 병을 치료하는 데 사용되며 철퇴(*withdrawal*), 억제(*inhibition*), 감정의 억압(*repression*), 해리(*dissociation*) 등으로 구분해 각 부분별로 전문화된 접근을 한다.

(11) 사회기술훈련

사회기술은 의사소통을 통해 대인관계의 효율성을 향상시키는 기술을 의미하는 것으로 상대방의 감정을 파악하고 적절한 자신의 감정표현을 하도록 한다. 또한 예측할 수 없는 상황에서의 적극적 대처와 자신의 부정적 감정을 적절한 수준에서 조절할 수 있는 기술 등이 포함된다(사회기술훈련에 대한 좀더 자세한 내용은 책의 제 8장을 참조하도록 한다).

(12) 가족교육

가족교육이란 단일가족 혹은 여러 가족(혹은 환자 포함)을 대상으로 병에 대한 정보와 지식, 구체적 대처기술을 제공하며, 동시에 상담과 지지를 해주며, 교육의 효과를 평가하는 변인이 분명하게 설정되어야 하는 개입기법이다.

가족교육의 목적은 환자의 재활에 가장 1차적 보호와 지지기능을 수행하는 가족에게 질환에 대한 정확한 이해를 돕기 위한 지식과 정보를 전달한다. 또한 환자의 발병에 대한 가족의 죄책감을 감소시키며, 질환에 대한 태도를 변화시키고, 비슷한 입장의 다른 가족과 문제공유를 통한 정서적 지지망을 형성해 치료진과 환자, 가족 간에 더욱 원활한 협조체계를 구축하는 데 있다. 또한 가족의 긍정적 기능을 개발・강화해 궁극적으로 재활과정에서 환자의 1차적 보호제공자로서의 효과적인 역할수행을 돕는 데 목적이 있다(가족교육에 대한 더욱 자세한 내용은 이 책의 제 7장을 참조하도록 한다).

(13) 약물교육

정신장애인이 복용하는 약물의 종류 그리고 약물의 기전 및 부작용 등, 약물에 대한 인지를 통해 자신의 병에 대한 인식을 제고할 수 있도록 돕기 위해 실시된다.

2) 정신의료기관의 서비스와 프로그램

〈정신보건법〉에 의한 정신의료기관은 정신병원, 정신과 의원, 종합병원의 정신과, 정신요양병원으로 구분하며 서비스의 종류는 입원 서비스, 응급 서비스, 부분 입원 서비스, 개방병동 서비스, 환자권익보호 서비스, 기타 서비스로 분류한다.

(1) 입원 서비스

〈정신보건법〉 제정 이전의 입원형태는 보호의무자와 동의입원 및 보호자가 없는 환자에 대해서는 응급입원 형태의 강제적 입원이 주축을 이루었으나 〈정신보건법〉에서는 입원형태를 자의입원, 동의입원, 평가입원, 시 · 도지사에 의한 입원, 응급입원으로 구분하며 평가입원 및 응급입원을 통한 입원기간의 연장 시에는 반드시 정신과전문의 2명 이상의 일치된 소견이 필요함을 명시한다. 또한 입원기간을 일정시한으로 한정한 점과 환자의 퇴원 청구권, 보호의무자의 퇴원 신청권 및 이의 신청권 등을 명시함으로써 환자의 인권침해 소지를 방지했다.

(2) 부분입원 서비스

부분입원 서비스는 '낮 병원', '밤 병원', '주말 병원' 등으로 구분하며 현재 우리나라 정신의료기관에서 가장 많이 행해지는 부분입원이 낮 병원과 밤 병원이다. 낮 병원과 밤 병원에 대해 구체적으로 정리하면 다음과 같다.

① 낮 병원

낮에는 환자들이 함께 생활하고 저녁에는 각자의 집으로 돌아가서 가족과 지내는 방법이다. 퇴원 후 바로 사회에 적응하기가 힘든 환자에게 적합하며 낮 동안 병원에서 재활치료를 받고 밤에는 가족과 함께 지내면서 사회에 대한 적응을 시도해 보는 방법이다.

낮 병원은 종합병원 정신과, 정신병원, 정신과 의원 등의 정신의료기관에서 운영하는 부분 입원시설이라고 할 수 있다. 낮 병원은 투약 서비스 등 집중적인 치료 서비스를 제공할 수 있기 때문에 1차적 입원 대체시설이라고 할 수 있다. 우리나라의 보건소, 정신보건센터, 사회복귀시설 등이 미국이나 일본과 달리 투약치료를 병행하지 않은 상황에서 약물치료와 재활 서비스의 통합적 제공이 중요한 정신질환자의 특성상 재활 서비스와 약물치료 서비스를 동시에 제공받을 수 있다는 것이 낮 병원의 가장 큰 장점이다.

② 밤 병원

치료의 특성상 낮 병원과 유사하나 병원과 독립되면서 사회복지적 성격이 더욱 강하고 의료적 치료기능은 제한적이라고 볼 수 있다. 만성 정신질환자의 재활을 목표로 작업치료, 사회기술훈련 등 다양한 서비스를 제공하며 경제적 측면에서도 일반적으로 낮 병원보다 부담이 적다. 프로그램으로는 주 1일에서 주 6일까지 다양하게 시행된다. 일상생활 기술훈련, 정신건강 교육, 사회기술훈련, 지역사회적응 훈련 등이 있다.

(3) 개방병동 서비스

〈정신보건법〉 시행규칙 제 6조 관련 별표2에 의한 정신의료기관의 시설규격에 "입원환자 50인 이상의 정신의료기관은 입원실의 100분의 10이상으로 개방병동으로 운영해야 한다"라고 규정한다.

개방병동 서비스는 일부 보호병동에 남기를 요구하는 환자를 제외하곤 대부분은 개방병동을 원한다는 점과 질환의 상태가 가볍거나 혹은 상당히 호전된 환자 대부분은 조화된 환경이 제공되는 병원에서 그들 스스로를 훌륭하게 조절할 수 있다는 점 그리고 감금, 쇠창살, 높은 담, 자물통과 같은 물리적 제약과 환의 착용, 사생활의 제약 등은 장점보다는 오히려 더 많은 단점을 갖는다.

또한 환자로 하여금 보호병동에서의 의존성과 타율성에서 벗어나 독립성·자율성의 촉진을 가능케 한다는 점, 만성 보호병동생활에서 습득된 느슨함, 게으름, 나태함을 차단하게 하는 치료적 힘을 제공한다는 점에서 필요성을 찾을 수 있다. 개방병동의 서비스 프로그램은 입원 서비스 프로그램과 같다. 그러나 개방병동의 특수성을 고려해 입원 서비스 프로그램에 덧붙여 치료공동체 프로그램을 실시하는 것이 더욱 효과적이다.

3. 정신보건센터(정신건강증진센터)

지역사회 정신보건사업의 실시를 위해 국가 및 지방자치단체는 시·군·구 단위로 정신질환자의 발견·상담·진료·사회복귀훈련 및 이에 관한 사례관리 등을 실시하기 위한 정신보건센터를 설치하도록 하는 〈정신보건법〉 제 13조의 2(정신보건센터의 설치)에 의해 설치·운영된다. 2013년 〈정신건강증진법〉의 발의 이후 명칭 등과 관련해 여러 가지 논란이 있었다. 2015년 정신건강사업 안내에 따르면, 지역사회 정신보건센터를 '정신건강증진센터'로 기술하며 광역형과 기초형으로 구분했다.

2016년 5월 〈정신보건법〉이 전부 개정되었다. 2017년 5월 30일에 시행될 〈정신건강증진 및 정신질환자 복지서비스 지원에 관한 법률〉(법률 제 14224호, 2016. 5. 29, 전부개정)에 따르면 정신건강증진사업 등의 제공 및 연계 사업을 전문적 수행을 위해 지역에 정신건강복지센터를 설치·운영할 수 있도록 했다. 정신건강증진센터를 정신건강복지센터로 명칭을 변경했다.

1) 이용대상

지역사회 내의 정신질환자와 그 가족 및 지역주민 전체를 대상으로 사업을 수행한다. 그러므로 정신질환자의 발생예방과 치료, 재활의 제일선 자원으로 볼 수 있다. 그러나 한정된 정신보건 관련 자원을 감안, 사업대상에 우선순위를 두고 사업을 추진하는데 입원환자의 약 70%가 조현병 및 조울병 등 만성정신병(*chronic psychosis*) 환자인 우리나라 정신보건 서비스 체계의 현황을 고려할 때 표적인구(만성 중증 정신질환자 및 가족)를 우선으로 하면서 위험인구(정신건강 위험 요인 보유 주민)와 일반인구(일반주민)를 위한 정신보건사업을 적절히 배치하도록 한다.

계층별로는 국민기초생활보장 수급권자 및 차상위 계층 등 취약 계층을 우선하며 지역적으로는 저소득층 밀집 거주지역 등 관내의 주민을 우선하되 인근 지역주민에게도 서비스 제공이 가능하도록 한다. 연령적으로는 청소년기 후기부터 장년기 초기까지의 경제활동 연령을 우선하되 지역특성에 따라 아동·청소년 또는 노년기 주민까지 포함하도록 한다.

이러한 대상의 한계로 인해 중점적 서비스 대상은 만성 정신장애인으로 볼 수 있으며 정신보건 전문요원의 경우는 사회복지사이든지 아니든 전문영역의 구분 없이 센터 내 역할과 직무가 공통적으로 이루어진다고 볼 수 있다. 〈2016년 정신건강사업안내〉에 따르면 광역형 정신건강증진센터는 15개소가 운영되며 기초형 정신건강증진센터는 전국에 209개소가 운영된다.

2) 사업내용

정신건강증진센터는 광역형과 기초형으로 구분하는데 광역형 정신건강증진센터는 시·도 단위로 설치된다. 정신건강증진센터의 사업내용은 자살예방 사업, 중증 정신질환자관리 사업, 아동청소년 정신건강증진사업, 정신건강증진사업, 중독관리 사업(중독관리통합지원센터가 없는 경우), 1577-0199 정신건강 핫라인이다. 시·군·구 단위로 운영되는 기초형 정신건강증진센터사업은 〈표 9-1〉과 같다.

〈표 9-1〉 기초형 정신건강증진센터의 사업내용

	기본사업
1) 중증 정신질환 관리	• 정신건강 문제 조기발견 및 사후관리 서비스 • 중증 정신질환 조기개입체계 구축 • 개별적 서비스 계획의 수립과 제공 • 위기개입 서비스 제공 및 위기대응체계 구축 • 포괄적 서비스 제공과 지역사회 네트워크 구축 • 정신보건심판위원회 업무 지원 • 긴급지원 대상자 발굴
2) 자살예방 및 정신건강증진	• 인식개선 사업 • 선택적(*selective*) 집단을 대상으로 하는 예방 및 교육 사업 • 지식수준(*knowledge*) 향상을 위한 교육 및 계몽 사업 • 고위험군 조기발견 및 치료연계 사업 • 중독관련 지역사회 네트워크 구축을 통한 의뢰 연계 체계 활성화 • 정신건강 상담전화 운영(1577-0199 정신건강 핫라인 운영)
3) 아동 · 청소년 정신건강증진	• 지역사회 내 아동 · 청소년 정신보건 서비스 제공체계를 구축함으로써 아동 · 청소년기 정신건강 문제의 예방, 조기발견 및 상담 · 치료를 통하여 건강한 사회구성원으로의 성장 발달 지원
4) 행복e음 보건복지 통합 전달체계 구축 사업	• 복지서비스(생계지원, 임대주택지원, 집수리지원, 의료지원, 교육지원, 양육지원 등) 의뢰가 필요한 자, 지역사회 내 복지서비스 이용자 중 정신건강서비스 이용이 필요한 자를 대상으로 지역사회 내 정신보건 서비스와 복지서비스 간 연계체계를 구축함으로써 정신보건 서비스 이용자에 대한 복지지원 강화 및 사회적 취약계층의 정신건강증진

출처: 보건복지부(2010).

3) 정신보건사회복지사의 역할

서동우(2001)는 지역사회 정신보건의 실천영역에 따른 역할 비교에서 정신보건센터는 지역사회 자원과의 연계 직무와 사회복귀 및 재활 집무에서 높은 수행정도를 나타냈으며 지역사회 자원과 관련해서는 정보수집 및 정보망 조성과 정신보건 홍보 및 교육에 대한 수행 정도가 높게 나타났다고 했다. 또한 지역사회 정신보건 영역의 정신보건사회복지사의 역할을 9가지로 규정하고 정신보건센터 영역에서의 정신보건사회복지사의 역할수행 정도를 다음과 같이 제시했다.

(1) 심리 · 사회 · 정서적 문제해결 역할

의료기관의 치료 중심적인 업무보다는 사회재활에 중점을 두는 직무가 우선한다. 심리, 사회적 사정, 사례관리, 가정방문은 가장 중점을 둔 직무이다. 정신보건센터에서는 사례관리에 대한 업무를 매우 중요하게 여기며 자조모임 관리와 가족집단 직무에 더 많은 필요성을 인식한다.

(2) 경제적 문제해결 역할

정신보건센터의 경우 사회보장 및 법적 제도에 대한 정보제공과 연계되어 수행정도가 매우 높다. 후원자, 후원단체를 통한 외적 자원과의 연결과 사회보장 및 법적 제도에 대한 정보제공과 연계가 많이 필요하다고 인식한다. 후원자 개발업무는 그 필요성이 증대되며 이는 지역사회 자원과 연결된다.

(3) 지역사회 자원 조직과 연계 역할

정신보건센터의 지역사회 자원에 관한 정신보건사회복지사의 역할은 지역사회 정보수집과 정신보건에 대한 계몽과 홍보가 주를 이룬다. 아울러 예방과 사회재활적인 직무에 중점을 둔 정신질환자 조기발견에 중점을 둔다.

또한 정신보건에 대한 계몽과 홍보, 지역사회 자원과의 연계, 지역주민을 위한 정신보건에 관한 상담과 교육에 대한 정신보건사회복지사의 전문적 접근이 필요하다.

(4) 사회복귀 및 재활문제 해결 역할

사례관리 서비스와 사회기술훈련 및 대인관계 훈련을 지도한다. 정신보건센터는 만성 정신장애인의 이용이 많기 때문에 사회에 적응하는 기간이 길다. 직업재활 계획 및 상담지도 등 사회재활 직무가 중점업무다. 또한 재발방지를 위한 환자와 환자 가족교육과 사회생활 훈련지도의 필요성이 높게 인식된다.

(5) 팀 접근

팀 접근(*team approach*)은 치료과정에 개입함에서 처음에 의사, 간호사, 임상심리사, 정신보건사회복지사 등 의료전문직 간의 정보 및 지식의 상호교환과 커뮤니케이션이 이루어져야 하고 각 환자에 대해 서비스를 제공하는 데 효과적 분업에 기초해 어떤 형태의 전문적 판단이나 결정이 반드시 따라야 한다. 이는 전문직 상호 간의 공동사고를 통해서만 가능하다.

(6) 순수 행정역할

행정적 업무의 과다로 인해 보고서를 작성하는 업무가 주를 이룬다. 이에 효과적 프로그램 개발에 대한 활동은 부족한 현실이다. 행정은 팀워크 행동체계에서 직접적 서비스를 효과적으로 수행할 수 있도록 프로그램을 위해 협력하고 지원하는 체계로서 지식과 기술이 요구되며 부서 간의 운영회의를 중요하게 여긴다.

(7) 교육 및 연구조사 역할

교육활동은 팀워크 구성원의 교육과 학생들의 임상훈련 프로그램에서 팀워크의 책임자와 협력해 사회복지학과, 의과대학생, 간호대학생

등의 교육훈련을 계획하고 실시해야 한다. 연구조사 활동은 팀워크 활동의 수요 욕구조사, 직접적 서비스의 평가, 환자 및 환자의 역할조사, 지역사회보건 향상을 위한 프로그램 개발을 위한 자료수집 등이다. 또한 정신보건센터에서는 실습생 지도훈련이 필요하다.

(8) 자원봉사 관련 역할

전문인력 부족으로 인해 여러 분야에서 교육된 전문 자원봉사자의 필요성이 증대된다. 이에 사회복지실천 중 자원봉사 관리에 대한 업무수행의 정도는 높다고 볼 수 있다. 지역사회 정신보건센터에서는 자원봉사자 교육·관리, 자원봉사 개발이 주 업무이다.

(9) 기타 업무

학교사회사업 집단 프로그램 지도나 지역사회 알코올중독 관리, 외부 프로젝트 등의 업무를 수행한다.

4. 사회복귀시설

정신의료기관에 입원시키거나 정신요양시설에 입소시키지 아니한 정신질환자에게 사회적응훈련, 작업훈련 등 재활훈련을 실시함으로써 사회복귀 촉진을 도모하기 위해 〈정신보건법〉 제 15조에 따라 국가 또는 지방자치단체, 사회복지법인 기타 비영리법인 등이 신고에 의해 2015년 12월 현재 전국에는 353개소(생활 226개소, 이용 127개소)가 설치·운영된다. 2016년 개정된 법에 의하면 '정신재활시설'로 명칭을 변경할 예정이다. 사회복귀시설의 종류와 성격은 〈표 9-2〉와 같다.

입소 및 이용대상은 만 15세 이상으로 정신의료기관의 정기적 치료를 받는 조현병, 조울증, 알코올 사용장애 등 만성 정신질환자로서 사회적응훈련이 필요하고 자해 및 타해의 우려가 적은 자이다. 알코올 사용장애를 동반한 정신질환자 및 만 15세 미만의 소아정신질환자는 특별 프로그램을 분리·운영하는 경우에 한해 입소·이용이 가능하다. 또한 장애인복지법에 의한 정신지체장애인은 제외하되 만성 정신

〈표 9-2〉 사회복귀시설의 종류와 성격

종류	성격
1. 정신질환자 생활시설(입소생활시설)	• 가정에서 생활하기 어려운 정신질환자에게 주거, 생활지도, 교육, 직업재활 훈련 등의 서비스를 제공하며 가정으로의 복귀, 재활, 자립 및 사회적응을 지원하는 시설
2. 정신질환자 지역사회재활시설	• 주간재활시설: 정신질환자에게 작업 · 기술지도, 직업훈련, 사회적응훈련, 취업지원 등의 서비스를 제공하는 시설 • 공동생활가정: 완전한 독립생활은 어렵지만 어느 정도 자립능력을 갖춘 정신질환자들이 공동으로 생활하며 독립생활을 위한 자립역량을 함양하는 시설 • 단기보호시설: 지역 내 정신질환자에게 일시 보호 서비스는 단기 보호 서비스를 제공하고 정신의료기관에서 퇴원한 정신질환자에게 다른 사회복귀시설로 연계하는 기능을 수행하며 이를 위한 주거제공, 생활훈련, 사회적응훈련 등의 서비스를 제공하는 시설
3. 정신질환자 직업재활시설	• 정신질환자가 특별히 준비된 작업환경에서 직업적응, 직무기능향상 등 직업재활훈련을 받거나 직업생활을 할 수 있도록 지원하며 일정한 기간이 지난 후 직업능력을 갖추면 고용시장에 참여할 수 있도록 지원하는 시설
4. 중독자 재활시설	• 알코올, 약물 등 유해약물이나 도박, 인터넷 게임 등 유해행위에 의존하거나 그 유해약물이나 유해행위를 남용해 중독된 정신질환자를 치유하거나 재활을 돕는 시설
5. 정신질환자 생산품 판매시설	• 정신질환자가 생산한 생산품을 판매하거나 유통을 대행하고 정신질환자가 생산한 생산품이나 서비스에 관한 상담, 홍보, 마케팅, 판로개척, 정보제공 등을 지원하는 시설
6. 정신질환자 종합시설	• 제1호, 제2호 가목부터 다목까지, 제3호부터 제5호까지의 사회복귀시설 중 2개 이상의 사회복귀시설이 결합되어 정신질환자에게 생활지원, 주거지원, 재활훈련 등의 기능을 복합적 · 종합적으로 제공하는 시설

출처: 법제처 국가법령정보센터 (20175).

질환을 동반하는 경우에도 포함이 가능하다. 기타 정신질환자의 주치의가 기능상의 장애로 인해 사회적응훈련을 포함한 사회복귀시설의 입소 및 이용을 특별히 의뢰하는 경우에 입소·이용이 가능하다.

사업내용을 살펴보면 다음과 같다. 정신장애인은 전통적인 입원 및 약물치료를 비롯해 장애의 정도를 경감하고 기능회복을 돕는 재활 서비스 영역뿐만 아니라 주거시설, 직업재활 등 사회보장 차원의 서비스까지 다양하고 포괄적이며 통합적인 서비스를 필요로 한다. 사회복귀

〈표 9-3〉 사회복귀시설의 사업내용

영역	세부내용
생활훈련	일상생활 기술훈련, 약물관리 교육, 정신건강 교육, 긴장이완 훈련, 여가활동 훈련, 사회기술 훈련, 지역사회적응 훈련
작업훈련	작업기능평가(일상, 증상, 정서, 작업 능력의 4개 영역), 취업준비 교육, 취업적응 훈련, 보호작업장 운영, 직업기능 훈련 및 사회교육 실시, 취업장 개발, 취업회원 사후관리, 고용주 및 취업장 방문, 임시취업, 일시취업, 독립취업, 취업회원 자조모임
주거훈련 프로그램	재활을 위한 지지적 주거, 지역사회 적응훈련, 일상생활 기술훈련, 독립생활 기술훈련
상담	회원 개별상담, 회원 집단상담, 가족상담, 심리극
교육	가족교육 및 상담, 가족회 모임
후원 및 홍보	기관방문자 대상 사업안내 및 홍보, 유관단체 및 관련 전문가 대상 홍보, 각종 지역사회 신문 및 정보매체의 활용, 후원자 및 자원봉사자 모집 홍보, 후원자 개발, 모금운동사업 개발
자원봉사자 양성 및 관리	자원봉사자 발굴, 자원봉사자 교육, 자원봉사자 월례회의, 자원봉사자 캠프
의료기관과의 연계사업	주치의와 연계해 응급상황 대처 및 입원 의뢰, 주치의 자문받기, 회원 타 기관 의뢰, 타 기관으로부터 의뢰받기, 의뢰회원 보고서 발송
조사연구	프로그램 모델 개발, 외부기관 원고발표, 워크숍 실시
자문위원회 구성	자문위원단 구성, 월례 슈퍼비전
기획사업	정신건강의 날 행사 참여, 연합체육대회 참여, 타 재활기관 행사 참여, 연합캠프 참여, 송년행사
사례관리	복합적이고 다양한 측면의 서비스를 제공하기 위한 개입기법으로서 사회복귀시설의 대상자에 대한 사례관리는 필수사업임

출처: 보건복지부(2006); 이영호·심경은·김태준(2006: 218).

시설은 이러한 다차원적 서비스를 지역사회에서 제공하는 가정의 대체물로 역할하기 때문에 개인의 심리 내적 영역과 일상생활 문제, 직업재활 문제, 기타 정신장애인 가족과의 협력 등 사업의 내용은 통합적이라고 볼 수 있다. 사회복귀시설의 종류에 따라 다른 개입이 이루어지지만 공통적으로 수행되는 사업내용은 〈표 9-3〉과 같다.

1) 정신보건사회복지사의 역할

정신보건사회복지사는 첫째, 상담가 사례관리자의 역할을 수행하는데 개별적 재활계획 상담이나 사회복귀 촉진을 위한 상담을 수행하며 대상자의 단기, 위기 개입뿐만 아니라 지속적이고 복합적인 욕구에 따른 통합적 서비스 계획 수립 및 자원연계, 모니터링, 평가 등의 사례관리를 수행한다.

둘째, 사회기술 및 사회적응훈련, 생활기술 및 대인관계 기술지도, 통원, 금전사용 및 여가활용 지도, 직업훈련과 취업훈련 등 수행, 가족교육 및 가족모임 운영지원, 지역사회를 위한 정신건강 강좌 및 교육 등을 담당한다.

셋째, 지역사회 자원 동원과 후원조직 육성, 의료기관 및 지역사회 정신보건 기관과의 연계 업무 등을 수행한다. 또한 중재자 및 옹호자의 역할로서 지역사회 주민의 정신건강증진을 위한 계몽활동 및 정신장애인의 인권 등을 옹호한다.

넷째, 지역정신보건심의위원회에서의 자문활동 등을 수행하며 사회복귀시설 프로그램 모델 개발 및 효과성 평가 등을 수행하는 연구자의 역할도 한다.

5. 중독관리통합지원센터

알코올의존자 및 기타 중독자와 가족 등 지역주민에게 알코올의존의 예방 · 치료 및 재활을 위한 상담과 훈련을 행하는 시설로 인구 20만 이상의 지역(시 · 구)에 중독관리통합지원센터(알코올상담센터)를 추가 설치 · 운영함으로써 알코올 및 중독문제 발생을 예방한다. 또한 발생된 알코올의존자 및 기타 중독자를 재활 · 사회복귀를 하게 함으로 국민건강증진을 도모하기 위해 〈정신보건법〉 제13조 및 제52조에 의거 설치 · 운영된다.

중독관리통합지원센터는 국가 또는 지방자치단체, 학교법인, 사회복지법인, 의료법인, 종교법인 등이 설치 · 운영할 수 있다(보건복지부 홈페이지, 2010). 2012년까지 '알코올(중독) 상담센터'로 운영했으나 2013년부터는 '중독관리통합지원센터'로 명칭을 변경했다.

1) 이용대상과 사업내용

지역사회 내 중독(알코올, 도박, 마약, 인터넷 등)에 문제가 있는 자, 중독자와 그 가족 등 지역주민, 의료기관 또는 시설 등에서 퇴원(소)한 중독자로서 사회적응훈련을 필요로 하는 중독자, 기타 중독관련 상담 및 재활훈련서비스가 필요한 자를 대상으로 한다.

이용자 우선순위는 국민기초생활보장 수급권자 및 차상위 계층, 이주여성 및 자녀 그리고 새터민 등 사회취약 계층이 대상자로 그들은 우선 서비스를 이용할 수 있다. 중독관리통합지원센터의 주요 사업내용은 〈표 9-4〉와 같다.

<표 9-4> 중독관리통합지원센터의 사업내용

영역	서비스 내용
중독 조기 발견 및 개입 서비스	• 신규 발견 및 이용체계 구축 • 고위험군 조기발견 및 단기 개입 서비스
중독질환 관리사업	• 사례관리 서비스 • 위기관리 서비스 • 재활 프로그램 • 직업재활 서비스
중독질환가족 지원사업	• 신규 가족발견 및 이용체계 구축 • 사례관리 서비스 • 가족교육 및 프로그램 • 위기관리 서비스 • 가족모임 지원 서비스
중독폐해 예방 및 교육사업	• 아동 · 청소년 예방교육 사업 • 직장인 중독폐해 예방지원 사업 • 지역주민 예방교육 사업 • 인식개선 및 홍보 사업
지역사회 사회안전망 조성사업	• 보건복지 네트워크 구축 • 지역 법무 연계 · 협력체계 구축 • 자원봉사 관리 · 운영체계 구축 • 경찰 및 응급지원 네트워크 구축 • 지역 인프라 구축
지역진단 및 기획	• 지역사회 진단 및 연구 • 지역 특성을 고려한 특화 서비스 기획 • 자원조성 및 중재

출처: 보건복지부(2016).

2) 정신보건사회복지사의 역할

첫째, 중독자 및 가족에 대한 상담, 중독자 선별 및 평가, 중독자 및 가족에게 중독문제에 대한 이해 및 정보제공, 응급상황 시 적절한 원조, 방문 상담을 통해 중독자 발견 및 치료체계 연계, 지속적 사례관리(전화, 내방, 가정방문, 지역사회 연계) 등을 담당한다.

둘째, 치료기관 의뢰, 지속적 치료 및 재활 서비스, 자조모임 지원, 가족모임 운영, NAT(No Alcohol Trip) 프로그램 운영, 가족성장 캠프 등을 시행한다.

셋째, 준법운전 및 음주운전 예방사업(보호관찰소, 경찰서 연계 프로그램), 청소년 알코올·약물예방 프로그램, 지역주민 대상 공개강좌, 전문가 대상 알코올 문제교육, 알코올중독 상담원 양성교육, 사례관리 워크숍, 정신건강 관련 심포지엄, 절주 캠페인, 사이버 예방활동 등을 담당한다.

넷째, 중독 문제예방 홍보물 간행, 소식지, 사업실행보고서 등 간행, 대중매체 홍보 등을 수행한다.

다섯째, 지역사회 중독 문제 실태조사, 지역사회 자원 현황조사, 중독 연구회 등의 활동을 수행한다.

여섯째, 유관기관 실무자 간담회, 중독 문제 자문, 의뢰 및 정보제공, 자문위원회 운영, 유관기관 및 지역사회 자원연계 등을 담당한다.

6. 정신요양시설

정신요양시설은 가족의 보호가 어려운 만성 정신질환자를 정신요양시설에 입소시켜 요양서비스를 제공함으로써 이들의 삶의 질 향상 및 사회복귀를 도모하고자 설치된 시설로, 정신의료기관에서 의뢰된 정신질환자와 만성 정신질환자를 입소시켜 요양과 사회복귀촉진을 위한 훈련을 행하는 시설을 말한다. 〈정신보건법〉, 〈정신보건법 시행규칙〉, 〈정신요양시설의 설치기준 및 운영 등에 관한 규칙〉에 의거해 사회복지법인, 비영리법인이 시장·군수·구청장의 허가를 받아 설치·운영하도록 규정한다.

1) 입소대상

입소대상은 정신건강의학과 전문의에 의하여 정신질환자로 진단된 자로서 본인이 당해 시설에 입소하기를 원하는 자, 정신건강의학과 전문의에 의하여 정신요양시설에 입소가 필요하다고 진단된 정신질환자

〈표 9-5〉 정신요양시설 종사자의 수 및 자격

구분	수 및 자격
가. 시설장	1명
나. 사무국장	1명
다. 정신건강의학과 전문의 또는 촉탁의사	1명 이상
라. 간호사	입소자 40명당 1명을 두되, 그 단수에는 1명을 추가한다. 이 경우 간호사 정원의 2분의 1 범위에서 간호조무사를 간호사로 대체할 수 있다.
마. 생활지도원 또는 생활복지사	입소자 25명당 1명을 두되, 그 단수에는 1명을 추가한다.
바. 영양사	1명 이상을 두되, 입소자가 50명 미만인 경우에는 영양사를 두지 아니할 수 있다.
사. 사무원	2명 이상(입소자가 100명 미만인 경우에는 1명 이상).
아. 전문요원	1명 이상을 두되, 여성이 입소할 수 있는 시설의 경우에는 여성 전문요원 1명을 두어야 한다.
자. 작업지도원	1명 이상을 두되, 작업치료사, 사회복지사, 간호사 또는 간호조무사의 자격을 가진 사람이어야 한다.
차. 조리원	입소자 150명까지는 2명 이상을 두고, 입소자가 150명을 넘는 경우에는 그 초과 입소자 100명당 1명을 추가하되, 그 단수에는 1명을 더 두어야 한다.
카. 위생원	입소자 100명당 1명
타. 관리인 또는 경비원	1명 이상
파. 안전관리요원	1명 이상

주 1: 정신요양시설의 장이 정신건강의학과 전문의, 간호사, 영양사 또는 전문요원의 면허 또는 자격을 하나 이상 가진 경우에는 해당 면허(자격)증 소지자의 업무를 겸할 수 있다. 다만, 전문요원의 자격과 간호사의 면허를 함께 가진 경우에는 그 업무 중 하나만을 겸할 수 있다.

주 2: 정신요양시설의 장 외의 종사자가 전문요원의 자격 또는 간호사의 면허를 가진 경우에는 그 업무를 겸할 수 있다.

출처: 법제처 국가법령정보센터(2017).

로서 〈정신보건법〉 제21조 제1항의 규정에 의한 보호의무자가 당해 시설에 입소시키고자하는 자, 정신건강의학과 전문의에 의하여 정신요양시설에 입소가 필요하다고 진단된 정신질환자로서 〈정신보건법〉 제21조 제3항의 규정에 의하여 시장·군수·구청장이 보호의무자가 되는 자로 규정한다.

〈정신요양시설의 설치기준 및 운영 등에 관한 규칙〉 별표 2 "정신요양시설의 종사자의 수 및 자격"에 근거에 의하면 정신요양시설의 전문인력 기준은 〈표 9-5〉와 같다.

2) 사업내용

정신요양시설은 만성 정신질환자에 대한 보호와 요양서비스를 제공을 목적으로 하는 시설로서 전문성과 투명성, 개방성, 효율성을 확보하여 정신질환자의 요양보호 수준을 향상시켜야 하는 목표를 가진다. 이를 위해 요양시설의 장은 입·퇴소관리를 철저히 하고, 입소자의 인권과 재산상의 권리를 보호하여야 하며, 입소자의 건강관리(진료, 약물복용, 건강진단 등)를 실시하여야 한다.

또한 요양보호를 통해 입소자의 건강유지와 정서함양을 도모하고, 효과적 요양을 위해 일정표에 의한 적절한 운동과 오락 등 규칙적 생활을 제공하여야 한다. 시설장은 입소자 개인의 신청 또는 동의 및 정신건강의학과 전문의의 지시에 따라 작업치료 및 사회복귀훈련을 실시하여야 한다. 기타 시설관리, 종사자관리, 물품관리, 회계관리 등 시설운영에 필요한 사업을 수행한다.

3) 정신보건사회복지사의 역할

정신요양시설에서 정신보건사회복지사는 작업치료 및 사회복귀훈련 프로그램 개발 및 실행자, 행정 및 시설관리 업무자, 일상생활지원, 자원연계 및 후원자 관리 등 시설 전반에서 업무를 수행한다. 사회적 지지체계가 약하고 지역사회재활에서도 어려움을 가진 클라이언트와 함께 일상생활지원에서 직업재활훈련까지 다양한 서비스를 제공한다.

현재 우리나라는 고령화 추세로 정신요양시설 입소자 또한 고령화 현상을 보인다(손덕순, 2013). 입소자의 특성상 사회적 지지체계가 부족하고 고령화되는 클라이언트를 위한 인권 중심의 서비스가 제공되기에는 어려운 상황이다. 이에 정신의료기관과 정신요양시설의 역할과 기능에 대한 깊이 있는 논의가 필요하고 재활이나 사회복귀 등의 목표보다는 고령화로 진행되는 정신장애인 요양서비스에 대해서도 관심이 요구된다.

• 생각 다듬기 •

1. 〈뻐꾸기 둥지 위로 날아간 새〉를 감상하고 그 속에서 실시한 집단 정신치료 부분이 무엇인지 말하고 그 부분에서 어떻게 느꼈는지 토의해 보자.

2. 본인이 앞으로 정신보건사회복지사가 되었을 때 어떤 프로그램을 하고 싶은지 말하고 그 이유에 대해서 토의해 보자.

3. 앞으로 정신보건사회복지사가 되었을 때 어떤 실천영역(정신건강증진센터, 중독관리통합지원센터, 사회복귀시설, 정신병원, 정신요양시설 등)에서 일하고 싶은지 말하고 이유를 함께 토의해 보자.

4. 앞으로 일하려는 정신보건사회복지 현장을 방문하여 현장에서 정신보건사회복지사의 역할을 조사해 보자.

제 10 장

정신보건 문제별 서비스

1. 서 론

이번 장에서는 중독과 학대와 방임, 성폭력, 자살 등과 같은 다양한 정신보건 문제에 대해 정신보건사회복지 실천개입으로 대응하는 실제적 접근내용을 고찰하고자 한다.

2. 중독: 알코올, 약물, 도박

중독에 관한 이슈는 수없이 많다. 그중에서 알코올, 약물, 도박을 중심으로 중독에 대해 고찰하고자 한다. 물론 알코올과 약물의 경우에는 여러 영역이 공통되지만 가장 흔한 중독의 사례이기 때문에 따로 분리해 정리했다. 또한 최근에 인터넷 중독 역시 큰 비중으로 확대되지만 도박중독의 진행과정과 상당히 유사해 별도로 제시하지는 않았다.

즉, 중독은 그것이 어떤 중독이든 진행과 치료과정이 유사하다는 특징을 갖는다. 다만 많은 사람이 중독되는 분야를 중심으로 살펴볼 때 알코올과 약물, 도박의 세 가지를 선정하게 된 것이다.

1) 알코올중독

우리나라는 '술 권하는 사회'라 불릴 만큼 전통적으로 음주와 그에 따른 문제에 대해 관대했다. 알코올에 대한 관대한 문화가 고착화되어 술을 권하는 사회분위기와 과음, 폭음 등 무절제한 음주습관이 전 연령층으로 확산되었다.

이러한 상황임에도 불구하고, 알코올중독에 대한 국민의 인식부족으로 알코올로 인한 폐해가 증가했다. 알코올중독은 인간의 심리사회적 · 경제적 · 신체적 · 영적 · 가족적 기능 등에 심각한 손상을 가져오는 중요한 사회문제이다.

(1) 개 념

알코올중독은 많은 양의 알코올의 반복적 섭취로 인해 자신의 신체 및 정신건강은 물론 가족과 직장 그리고 사회생활 전반에 걸쳐 심각한 문제를 야기한다. 실제로 알코올중독을 정의하는 데 알코올중독과 과음 및 정상적 음주와의 뚜렷한 구분은 매우 어렵고 마찬가지로 증상만으로 정의하는 데도 어려움이 있다. 이러한 어려움 때문에 알코올중독은 일원론적인 단일한 질환이 아닌 심리적 · 사회적 · 문화적인 다차원적 이해가 필요하다.

WHO에 의하면, '알코올중독'이란 전통적 음주습관의 영역을 넘거나 혹은 지역사회 전체의 사회적 음주습관의 범위를 넘는 경우를 말한다. 미국의학협회에 의하면 '알코올중독'이란 음주에 편향된 특징을 가진 질환으로서 음주가 시작되면 대개 중독상태가 되어야 끝나며 만성적·진행적으로 재발하는 경향이 있다. 또한 지속적이고 과도한 음주 때문에 전형적인 신체장애·정동장애·직업장애·사회부적응 등이 수반되는 특징을 갖는 것으로 규정한다(정원철, 2007).

한편, 미국정신의학회의 진단기준인 DSM-Ⅳ에 의하면 알코올중독을 크게 알코올남용(*alcohol abuse*)과 알코올의존으로 분류한다. '알코올남용'이란 알코올중독보다는 경미한 상태로 의존적 증상은 없으나 신체적·심리적·사회적 문제가 생길 정도로 과도하고 빈번하게 음주하는 경우이다. 금단증상과 심리적 의존도 나타나지 않는다. 알코올남용의 증상은 다음과 같다(이미형, 2003).

- 음주로 인해 학교나 직장에 결근하거나 지각한다.
- 전날의 음주로 인해 숙취와 두통을 참으며 업무에 임한다.
- 취한상태에서 선심성 카드를 사용한 후 후회한다.
- 친구나 가족들이 자신의 음주에 대해 걱정한다.
- 술로 인한 질환(췌장염, 간경화 등)으로 술이 해롭다는 사실을 알면서도 반복적으로 음주한다.
- 음주 후 넘어져서 다치는 경우가 잦다.
- 음주 후 폭력, 강간, 절도, 강도 등의 범죄를 저지를 경우가 있다.
- 술을 마시는 것을 숨기고 거짓말까지 하면서 술을 마신다.
- 술자리에서 상사에게 대들어 불리한 처우를 받는다.
- 취중에 운전을 하거나 기계를 작동한다.
- 취중에 배우자와 격렬하게 다투거나 자녀를 학대한다.

반면 알코올의존(*alcohol dependence*)은 목적 없이 술을 마시며 술을 마시지 않으면 환각, 무기력, 불안, 초조, 손 떨림, 불면, 우울, 신체적 통증 등이 나타난다. 그러나 본인의 의지로는 술을 끊기가 힘들며 다방면에서 심한 손상을 받는다.

여기서 '음주로 인한 사회적 · 직업적 기능손상'이란, 가령 취중 폭력 행사나 결근, 직업상실, 취중행동으로 인한 체포, 취중 교통사고로 인한 법적 문제, 과음으로 인한 가족과 친구와의 불화나 어려움이 있는 경우를 말한다. 또한 '내성'이란 바라는 효과를 얻기 위해 필요한 알코올 양이 현저히 증가했거나 같은 양으로는 이전보다 현저히 줄어든 효과밖에 얻지 못하는 경우를 말한다. 알코올의존의 증상은 다음과 같다(이미형, 2003).

- 자율 신경계의 기능항진(발한, 맥박 수가 100회 이상 증가 등)으로 신체적 불편감을 심하게 느낀다.
- 손 떨림이 증가해 일상생활에 지장을 준다.
- 불면증이 생겨 취침 전에 습관적으로 음주한다.
- 오심 및 구토로 적절한 음식 섭취가 어렵다.
- 일시적 환시, 환청, 환촉 혹은 착각 등을 경험한다. 흔히 벌레가 기어간다고 하거나 죽은 사람이 보인다고 하는 등 주위 사람도 쉽게 이상을 인식할 수 있다.
- 정신적 초조함으로 집중력이 떨어지고 한 곳에 오래 있지 못한다.
- 불안감이 심하게 나타나 일상생활을 수행하지 못한다.
- 대발작(간질)을 일으키기도 한다.

(2) 원인

알코올중독의 원인은 아직 밝혀지지 않았는데 단일한 원인이라기보다는 여러 가지 요인이 복합적으로 작용해 일어나는 것으로 대략 다음과 같은 측면을 이해해야 한다(정신보건실천연구회, 2005). 그러나 어떤 원인으로든지 중독된 이후에 나타나는 경과나 예후는 거의 비슷해진다는 사실이 더 중요하다고 볼 수 있다. 그러므로 중독의 어려움에 있는 개인을 도울 때 원인이 무엇인가라는 점보다는 술을 마시는 요인이 무엇인가를 찾고 이에 대해 개입하는 것이 더 중요하다. 알코올중독의 원인이 무엇인가에 따라 개입 모델이 달라지기 때문이다.

① 생물학적 요인

생물학적 요인으로는 '선천성 영양 장애설'로서 알코올중독자의 신체에는 유전적으로 대사장애의 패턴에 결함을 보충하려는 본능적 욕구가 있기 때문에 칼로리의 원천으로 섭취된 알코올은 다른 영양물질의 섭취를 제한하므로 결핍상태를 악화시키며 알코올 요구를 더욱 증가시킨다.

윌리엄(William, 1982)은 유전적 요인과 영양결핍의 개념을 혼합한 이론을 제시했는데 이 이론에 따르면 알코올중독자는 선천적 대사장애 때문에 일정 양의 비타민을 충족하지 못한다. 이들이 알코올을 섭취하면 알코올에 탐닉하게 되고 결국 알코올은 타 영양분의 공급을 차단하기 때문에 더 많은 알코올을 요구하게 됨으로써 점차 알코올중독자로 전락한다. 카이즈(Kaiz, 1971)의 연구에 따르면, 알코올중독자의 가족 일치율은 일란성 쌍생아에서 54%, 이란성 쌍생아의 일치율 28%, 아버지가 알코올중독자인 경우 50%, 형제가 알코올중독자인 경우 30%, 어머니가 알코올중독자인 경우 6%에서 유전적 경향을 보이는 것으로 나타났다(정원철, 2007 재인용). 그러나 아직 알코올중독이 어떤 특별한 양상으로 유전되는지, 소인이 얼마나 작용하는지 알 수 없다.

② 심리학적 요인

알코올중독의 원인을 심리학적 요인으로 설명하는 주요 이론으로는 정신분석학 계통의 이론과 학습 이론을 들 수 있다(노숙인다시서기지원센터, 2005). 알코올중독의 원인으로 설명을 할 수 있는 정신분석학

〈표 10-1〉 알코올중독의 원인을 설명해 주는 정신분석학 계통의 이론

학자	학설
프로이트	성장발달 과정상의 구순기 시기 때 부모의 애정이 부족하거나 입으로부터 생기는 충분한 만족을 얻지 못하는 경우, 이후의 구순애적 욕망의 고착으로 인한 습관적 음주가 알코올중독으로 전환된다
멘닝거	부모에 대한 적대감과 동시에 부모상실에 대한 공포감이 갈등상태를 일으켜 자기파괴욕구가 작동되며 이를 피하기 위해 습관적 음주를 선택하게 된다. 따라서 알코올중독은 결국 만성적 자살을 의미한다.
나이트	음주의 악순환 심리를 적대감 · 죄의식 · 자학적 경향 등이 애정을 갈구하는 방향으로 움직여서 음주탐닉이 되며 이러한 음주탐닉이 또한 심각한 욕구좌절을 유발시킴으로써 악순환이 반복된다.
메클렐란트	좌절된 욕구나 야망이 알코올을 섭취함으로써 심리적인 이완감과 성취감을 느끼게 해주기에 이를 계속 경험하고자 하는 반복적 심리경향으로 지속적인 음주를 하게 된다.

〈표 10-2〉 알코올중독의 원인을 설명해 주는 학습 이론

학자	학설
밀러, 바르로	술을 마심으로써 불안이 해소되어 좀더 자연스런 행동을 나타낼 수 있는 경험을 여러 번 반복하게 된다. 결국 이 행동이 강화되어 습관적 음주로 진행된다.
돌라드, 밀러	공포나 갈등에 직면해 술을 마셔본 결과 마음이 편해지는 경험을 얻으면 이후 공포나 갈등에 적응하기 위해 반복적으로 술을 마신다. 이 때문에 생긴 알코올에 대한 내성으로 알코올의 효능을 계속 유지하려는 방향으로 움직여 결과적으로 중독의 순환이 성립된다.
쇼벤	첫 음주에서 얻어지는 불안해소의 경험이 강화원리의 작용 때문에 결국 알코올중독으로 치닫는 요건이 된다.

계통의 이론은 <표 10-1>로, 알코올중독의 원인으로 설명을 할 수 있는 학습 이론은 <표 10-2>와 같이 간략하게 정리할 수 있다.

③ 사회학적 요인

사회학적 요인에서 알코올중독의 원인을 찾으려는 시도는 사회가 알코올의 사용을 격려하고 규제하는 방식이 매우 다양하다는 점 때문이다. 예로부터 술은 원만한 사회관계를 유지하기 위해 또는 현실 속의 자신으로부터 도피하기 위해, 약용으로서, 축제나 관혼상제 및 종교의식에서 자연스럽고 중요하게 사용했다. 이렇게 술은 인간의 기본 정서인 희로애락과 함께하며 삶을 정화시키는 긍정적 차원에서 평가된 것은 사실이다. 그러나 알코올의 대량생산과 장기저장의 기술발달 등으로 인해 음주자 층의 확대와 음주남용이 현재 많은 사회문제를 야기한다.

사회학적 요인으로서의 알코올중독은 문화권의 음주습관과 음주에 대한 관용성과 상당한 관련을 갖는다. 예를 들어, 알코올중독은 아일랜드인과 프랑스인에게는 많고 그리스인이나 이탈리아인, 중국인, 유태인 등에는 적다. 실제로 프랑스인과 아일랜드인은 알코올중독을 중대한 결점으로 생각하지 않으며 조직으로부터 이탈한 음주나 가정 외 음주가 많다(노숙인다시서기지원센터, 2005).

베일즈(Bales, 1944; 정신보건실천연구회, 2005 재인용)는 알코올중독의 발생에 기여하는 사회적 조건을 다음과 같이 제시했다.

- 문화가 산출한 스트레스와 긴장의 정도
- 음주에 대한 사람들의 태도
- 스트레스의 대처에 유용하고 만족을 얻을 만한 대체물의 정도

④ 가족적 요인

가족의 붕괴, 친부모의 상실, 비행성향 부모 등은 그들의 자녀에게 알코올중독을 발생하게 하는 선구적 유발 요인이 된다. 과거에 알코올중독자는 사회성이 낮고 가난한 무주택자나 범법자 또는 정신적으로 불안정한 사람에게 나타난다고 생각했다. 그러나 그 후의 가족적 요인에 대한 제반연구를 진행한 결과 다음과 같은 사실이 밝혀졌다(노숙인다시서기지원센터, 2005).

즉, 알코올중독 남편과 부인과의 관계에서, 남편이 단주하면 부인에게 정신적 문제가 발생하는 경향이 있다는 점 그리고 알코올중독 부모가 있는 자녀는 결혼 시 부모와 같은 남편이나 아내를 택한다. 특히, 알코올중독 남편과 이혼하고 재혼하는 경우에도 알코올중독이 된 사람을 남편으로 택하는 경향이 있다는 점이다. 따라서 이러한 점을 감안할 때, 알코올중독은 단순한 개인의 병리일 뿐 아니라 가족구성원 자체가 가지는 문제라고 볼 수 있다.

에드워즈와 스타인글라스는 알코올중독자의 가족에서는 음주를 하지 않을 때는 상호 간의 대화나 감정교류가 거의 없고 반면 음주 때만 대화를 하거나 감정교류가 이루어진다는 사실을 재확인했다(Edwards & Steinglass, 1995).

(3) 알코올중독의 진행단계

알코올중독자에 대한 정신보건사회복지사의 개입과정을 통해 알코올중독의 진행단계를 구체적으로 살펴보자(안영실, 2005).

① 사회적 음주 단계: 음주량이 늘어가는 시기

인생에서 처음으로 술을 입에 대기 시작할 때의 술맛은 좋을 수도 있고 그렇지 않을 수도 있다. 음주자는 마시는 술의 양에 따라 따뜻하고 좋은 느낌도 가질 수도 있고 어지럼증을 느낄 수도 있음을 점차 인식한다. 그러나 이 시기는 알코올의 영향이 사라지면 술을 마신 사람은 정상으로 돌아오며 술 때문에 어떠한 상처나 정서적 대가도 치르지 않는다. 그러므로 처음 술을 마신 경험이 긍정적 방향으로 기분변동을 일으켜 점차 술을 자주 찾는 계기가 된다. 술을 계속 마심에 따라 학습과정이 진행되는데 이러한 학습과정은 대부분 자신도 모르게 서서히 무의식적으로 진행되며 철저히 학습된다.

술을 마신 사람은 알코올이 항상 작용하고 알코올을 계속 사용하도록 허락함을 통해 알코올과의 관계를 더욱 발전시킨다. 이런 관계가 전체적 경험으로 흡수되고 어느 정도 시간이 지나면 술이 나쁜 기분을 해소 또는 개선시킴을 알게 된다. 따라서 알코올이 충분하지 않으면 기분이 개선될 필요성을 더 느끼며 한두 잔 더 마시게 된다. 이른바 기분개선의 정도와 알코올 양의 사용 정도는 비례해 음주량이 점점 늘어난다.

② 문제성 음주 단계: 일시적 기억상실이 시작되는 시기

알코올 때문에 일시적 기억상실이 시작되는 시기이다. 기억력에 장애를 일으키지만 일상생활은 가능하다. 즉, 업무를 처리하고 모임도 참석했지만 어떻게 일을 처리했고 무슨 말을 했으며 어떻게 집에 들어왔는지 정확히 기억해 낼 수 없다. 술은 저녁에 행하는 모든 오락의 중요 부분을 차지하며 식사 전의 반주가 일반화되는 양상을 띤다. 또한 술은 손님과 고객을 접대하는 데 없어서는 안 될 부분이고 사업에서 술을 제

외하는 것은 어리석은 일이라고 믿는다.

그리고 아내나 가족이 눈치 채지 못하게 몰래 마시거나 중요한 일을 처리할 때나 중요한 사람을 만날 때 자신감을 갖기 위해 남몰래 마신다. 첫잔을 비우자마자 다음 잔을 기다리는 등 술을 점점 더 빠르고 급하게 마시며 술잔도 커진다. 술을 마시는 행위에 대해 스스로 죄책감이 들기도 하지만 막상 배우자나 자녀, 부모님 또는 다른 사람이 언급하면 왠지 회피하고 싶거나 화가 나거나 기분이 상한다.

③ 중독의 단계: 조절능력이 상실되는 시기

사실상 우리가 흔히 말하는 알코올중독이란 질병에 걸린 상태이다. "딱 한잔만 하겠다", "한 병만 마시겠다"라고 약속하고 그렇게 하려고 최대한 노력한다. 가끔은 약속을 지킬 수 있다고 하더라도 거의 대부분은 곧 자제력을 잃고 취하도록 마신다.

술을 마신 이유에 대해 변명을 늘어놓거나 알리바이를 만들거나 거짓말을 하기도 하며 술을 마시기 위해서는 어떠한 핑계를 대서라도 정당화하는 반면, 자신에게 주어진 역할과 책임에서 벗어나려는 회피적 태도를 취한다.

자신이 다른 사람보다 우월하다는 느낌을 갖고자 하는 욕망에서 내일은 생각하지 않고 돈을 낭비하거나 과소비하는 과장된 태도를 취한다. 술에 취해 폭력적 · 폭발적 · 충동적 행동을 하며 이로 인한 죄책감, 수치감이 강하게 일어나고 이러한 고통에서 벗어나기 위해 다시 술을 찾는다.

한편, 이 시기에 어떤 이유로 잠시 술을 끊어보기도 하는데 이는 술을 마시기 위해 잠시 쉰다는 의미이다. 그런데 잠시 동안 술을 끊을 수 있었다고 해서 "나는 마음만 먹으면 언제든지 술을 끊을 수 있다"라는 의미를 부여하는 것은 대단히 위험한 생각이다.

음주를 조절하기 위해 소주에서 맥주나 포도주로 바꾸어 마시기도 하며 맛을 음미하기 위해 막걸리, 소주에서 맥주, 진토닉 등으로 메뉴를 바꿔 마셔보기도 하는 등 마시는 습관을 바꾸기도 한다.

술이 문젯거리가 된 이후 친구, 직장동료, 가까운 친구로부터 멀어지기 시작하고 점차 고립된다. 직장에서 술 문제 때문에 해고당하거나 스스로 퇴사하기도 하며 술이 없으면 반갑고 즐거운 것도 없고 술 마시는 것이 취미 자체가 된다.

자신의 현재 처지가 불공평한 사회 탓이라고 생각하며 자신을 마치 희생양인 양 불쌍하게 여기며 심각한 자신의 알코올 문제에 기인한 고통을 회피하기 위한 일환으로 이사하거나 직장이나 친구, 배우자 등을 바꿔보기도 한다.

술이 떨어지는 상황이 두려워 항상 자신이 원하면 술을 마실 수 있도록 술을 숨기기도 하며 식사를 거르거나 영양섭취를 무시하며 신체적 합병증이 나타나고 성적 능력이 떨어지고 의처증이 생기기도 한다.

여러 가지 심각한 알코올 문제로 병원이나 알코올 치료센터, 요양원 등에 입원하기도 하며 아침에 일어나 술기운이 빠지면 신체적으로 떨리며 공포감이 든다. 심지어는 손과 발, 내장기관까지 떨리지만 이를 다른 사람에게 감추기 위해 아침부터 술을 마셔야만 한다.

④ 중독 말기단계: 만성 중독의 시기

알코올중독에 대해 잘 모르는 사람이 보아도 단번에 알코올중독자임을 알 수 있으며 본인도 부정하지 않는다. 수일 동안 계속해서 술을 마시거나 종일 술에 취한 상태이다. 술을 마시기 위해서는 체면도 잊어 술 동냥도 하며 술을 훔치기도 한다.

현실에 대한 감각도 현저히 떨어져 정상적 사고에서 벗어났다고 생각한다. 자신의 사회적·경제적 지위와 어울리지 않는 사람과 함께 술을 마시며 술을 마시지 않으면 간단한 일도 할 수 없을 정도로 손이 떨리기도 한다. 내성이 오히려 감소되어 조금만 마셔도 취하고 알코올로 인한 치매, 의처증 등 알코올성 정신병이 오기도 한다. 정신적으로 자기가치를 상실해 책임감이나 수치심이 없어지고 술을 마시고 싶은 때는 돈을 훔치는 등 비윤리적·비도덕적 행동도 한다. 술을 마실 수 없는 상황에 도달하면 집 안에 있는 알코올이 포함된 화학제품(스킨로션, 향수 등)을 마시기도 한다.

막연한 공포에 시달리거나 극심한 공포에 휩싸이며 중독증에서 벗어나려는 바람은 있으나 구체적이지 못하다. 자고 일어나면 오로지 술병밖에 생각나지 않는 등 강박적이 되며 술을 마시기 위한 핑곗거리를 끄

〈표 10-3〉 알코올중독 진단양식

순	문항	예	아니오
1	자기연민에 빠져 이를 술이나 약으로 해결하려고 한다.		
2	혼자 술 마시는 것을 좋아한다.		
3	해장술을 마신다.		
4	취기가 오르면 계속 마시고 싶은 생각이 지배적이다.		
5	술을 마시고 싶은 충동이 생기면 참을 수 없다.		
6	최근 6개월 동안 2번 이상 취중의 일을 기억하지 못한다.		
7	대인관계나 사회생활에 술이 해롭지 않다고 여긴다.		
8	술 때문에 직업기능에 상당한 손상이 있다.		
9	술 때문에 배우자나 보호자가 나를 떠났거나 떠나겠다고 위협한다.		
10	술이 깨면 진땀, 손 떨림, 불안, 좌절 혹은 불면을 경험한다.		
11	술이 깨면 공포, 몸 떨림, 헛소리, 환청, 환시를 경험한 일이 있다.		
12	과거에 술 때문에 생긴 문제(골절, 창상)로 치료받은 적이 있다.		

집어내지도 못하는 등 구실을 못 찾고 완전한 패배를 인정한다.

〈표 10-3〉은 우리나라에서 일반적으로 사용하는 알코올중독 진단양식이다. 책에 제시하는 진단양식은 서울국립정신병원에서 사용하는 진단양식이다. 제시한 12개 문항 중 3개 문항에서 “예”라는 응답을 했을 경우 알코올중독일 가능성이 높고 4개 이상 “예”라고 응답한 경우 알코올중독 상태로 인정할 수 있다. 특히, 불안, 불면, 환청, 환시 등 금단증상을 나타내는 10, 11번 문항에 “예”라고 응답한 경우에는 다른 문항의 결과와 상관없이 알코올중독으로 진단하는 것이 좋다.

(4) 알코올이 가족에게 미치는 영향

환경의 중재에 관심을 갖는 사회복지사에게서 가족은 매우 중요한 정신보건사회복지 실천의 영역이다. 알코올의존은 친밀하고 밀접한 가족관계에 해를 끼치고 알코올중독자만큼이나 가족 내 다른 구성원에게도 손상을 입히는 가족병이다. 알코올중독자의 배우자 중에 대다수는 노이로제 증상을 나타내고 심한 성격적 문제를 가지기도 하며 자녀 중에는 정상적인 학교생활과 사회생활, 친구관계 등에 결함을 가지기도 한다(정신보건실천연구회, 2005).

① 배우자에게 미치는 영향

임상장면에서 발견되는 배우자의 대부분은 아내이며 그들에게서 전형적으로 나타나는 정신장애는 화병이다. 그들은 만성적 피로와 불안 및 우울, 걱정, 불면증, 초조, 공포, 혼동, 성욕감퇴, 정신운동 지연 등을 호소하며 상당한 수준의 분노를 인식하지만 이를 쉽게 표현하지는 못한다.

알코올중독자의 배우자는 알코올중독에 대한 지식이 부족한 경우가 많고 알코올중독자인 것을 알고 심각한 무력감과 두려움에 빠져든다. 알코올중독자의 배우자 중 상당수가 남편의 의처증을 호소한다. 아내는 중독자인 남편이 일부러 이런 행동을 하는 것 같기도 하고 진짜로 자신을 의심하는 것 같아 종잡을 수 없다고 한다. 또한 상당수 알코올중독자의 배우자는 삶의 목표를 상실하고 괴로운 나날을 보낸다. 그들에게 그나마 삶의 위로가 되는 것은 자신만을 의지하는 자녀이다. 따라서 알코올중독자의 배우자가 자녀에게 표현하는 사랑은 상당 부분 왜곡될 가능성이 많다(정원철, 2007).

② 자녀에게 미치는 영향

알코올중독자는 자신 그리고 타인에게 신체적 학대를 가하기도 하지만 무엇보다도 정서적 측면에서 많은 피해를 준다. 부정적 대상관계를 확립하고 이를 내재화한다. 감정표현을 억제하며 술이나 약물 등 자신에게 해로운 방법으로 두려움이나 분노를 표현한다. 당연히 의존적 성격을 갖게 되며 사람을 기만, 조정하는 것을 배운다(정신보건실천연구회, 2005).

③ 알코올중독자 가정의 문제점

다른 어느 질환보다도 알코올중독은 심리사회적 요인이 차지하는 비중이 크다. 알코올중독은 부정적인 정서적 상태나 실패감을 느낄 때, 사회적으로 고립될 때, 고통스러울 때, 무력감을 느낄 때, 술을 통해 해결하려고 하기 때문이다. 알코올중독으로 인한 가정의 문제점을 살펴보면 다음과 같다.

- 실업, 경제적 파탄 때문에 겪는 재정상의 어려움
- 건전한 정서발달과 자아성장의 어려움
- 성인 모델에 대한 안정된 행동의 동일시 결여
- 가족갈등 또는 욕설, 폭행, 구타, 가족원의 가출, 사고로 인한 죽음, 자살, 정신적 장애
- 부부 간의 성적 문제, 별거, 이혼, 배우자의 신경·정신적 문제 등의 부부갈등
- 음주운전, 범죄, 폭력, 싸움, 강도 등의 법적 문제

(5) 알코올중독 치료의 과정과 접근형태

알코올중독의 치료에서는 다른 약물사용 장애의 치료와 같은 원칙이 적용된다. 다른 정신과적 치료와 마찬가지로 가장 중요한 것은 치료적 동맹을 형성하는 것이다. 특히, 치료 프로그램에서 탈락하지 않도록 동기를 부여하는 것이 중요하다.

가장 먼저 클라이언트의 임상적 상황에 대한 정확한 평가가 필요하다. 초기의 치료는 중독 및 금단에 대한 것이다. 일단 술과 격리하고 해독이 중요하다. 술을 끊으면 심각한 금단증상이 생길 수 있기 때문에 대개 알코올의 해독은 입원치료 상황에서 하는 것이 안전하다. 환자에게 술로 인한 내과적 손상이 있을 수도 있으므로 환자의 신체 상태에 대한 철저한 검사와 진단이 필요하다. 중독자는 대부분 영양결핍이 동반되므로 적절한 영양공급을 해주어야 하고 금단증상을 줄이기 위한 정신과적 약물의 투여도 병행된다.

아울러 만성적 알코올 사용으로 인한 신체적·정신적·사회적 문제를 해결해야 한다. 대개 2~3주 정도면 알코올의 해독치료는 마무리된다. 해독과 병행해서 술을 끊기 위한 다양한 치료 프로그램이 제공되

어야 한다. 먼저 환자를 정신과적으로 면밀히 평가한 후 치료계획을 수립하고 개인면담, 교육, 집단치료, 인지행동치료, 환경치료, 심리극 등의 심리재활치료를 통해 환자 스스로 자신과 알코올중독에 대해 잘 알고 미래에 대한 계획을 세우도록 한다. 이런 치료는 입원상황에서 끝나는 것이 아니라 퇴원 후에도 재발방지를 위해 지속적으로 이루어져야 한다.

음주의 중단이나 절제가 알코올중독의 문제를 해결하고자 하는 궁극적 목표라 하겠으나 이것이 전부는 아니다. 클라이언트의 기능적 상태, 삶의 질, 클라이언트 및 가족의 주관적 만족도 등이 고려되어야 한다. 또한 초기치료 후에 재발의 방지 및 재활치료 기법의 중요성도 잊어서는 안 된다.

① 의학적 접근

의학적 접근은 알코올중독의 원인을 의학적 관점에서 이해하고 알코올중독을 하나의 기질적 질병으로 이해함에 기초한다(Gallant, 1982). 이 접근은 알코올중독 과정에서 응급적 개입을 통한 해독치료와 알코올중독의 원인적 요인이거나 혹은 결과로 파생하는 각종의 신체적 · 정신적 요인에 대한 대증치료법과 항주제(*aversion therapy*)의 처방이 대표적이다(정원철, 2007).

해독과정에서 알코올중독자는 상당수가 금단증상을 동반하며 환시와 환청을 보인다. 또한 이 당시에 알코올중독자는 환각상태에 따른 치명적 행동을 할 수도 있어 세밀한 보호와 관찰이 요구된다.

'대증치료법'은 알코올중독자에게서 개별적으로 나타나는 신체적 · 정신적 문제에 관심을 갖는 것이다. 알코올중독자에게 흔히 나타나는 문제는 내과적 질환, 신경과적 질환 그리고 불면증, 우울증, 불안 등이다.

'항주제치료법'은 알코올중독의 치료 가능성을 높여줄 것이라는 기대를 불러일으키기도 했으나 지금은 부작용 등으로 과거만큼 널리 처방하지 않는다. 항주제는 알코올의 체내 산화를 방해함으로써 체내에 불쾌한 이상반응(빠른 호흡, 홍조, 기관지 수축)을 초래하고 음주 때문에 발생하는 불쾌감을 경험하게 한다. 항주제치료는 반드시 정신과의사의 처방을 받아야 하며 먼저 본인에게 충분히 설명하고 시행되어야 한다.

② 심리적 접근

심리적 접근의 관심은 알코올중독을 유발하는 내재된 갈등의 제거와 알코올에 대한 왜곡된 이해의 교정 그리고 알코올을 극복할 수 있는 대처기술을 체계적으로 학습하도록 하는 것이다(Zimberg, 1994; 정원철, 2007 재인용). 심리적 접근은 개인이 음주하는 이유에 초점을 맞추는 정신치료적 접근과 알코올중독자의 음주에 대한 사고의 변화와 그에 대한 대처행동의 학습을 주된 목적으로 하는 인지행동적 접근이 있다.

정신치료적 접근은 주로 음주상황, 음주동기, 음주에 대한 기대, 이러한 상황을 다룰 수 있는 대안적 상황에 관심을 가진다. 인지행동적 접근에서는 주로 긴장이완 훈련, 자기주장 훈련, 자기통제기술, 환경통제기술, 화, 분노조절 프로그램 등이 있다.

③ 단주 친목회적 접근

알코올중독자에게서 단주는 일생에 걸쳐 해결해야 할 과업이다. 마찬가지로 원인도 다양하고 증상도 다방면에서 나타나므로 일상의 삶에서 이루어져야 한다. 그러나 알코올중독자는 자신이 술을 끊으면 모든 것이 정상으로 돌아갈 것이라고 믿기 때문에 알코올을 권하는 사회적 분위기에서는 쉽게 재발될 가능성이 높다.

알코올중독자의 자조모임을 통해 서로의 경험, 힘과 희망을 함께 나누는 모임으로서 단주 친목회(AA)는 알코올에 대한 일관된 초점을 유지할 수 있도록 도와주고 단주에 필수적인 강한 지지망을 제공하며 부정과 고립, 소외 등의 문제를 효과적으로 해결해 준다는 점에 의의가 있다.

2) 약물중독

(1) 약물중독의 개념

약물중독은 많은 양의 약물을 지속적이며 반복적으로 섭취함으로써 자신의 신체 및 정신건강은 물론 가족과 직장 그리고 사회생활 전반에 걸쳐 심각한 문제를 자신의 의지와 상관없이 야기하는 현상을 의미한다. 약물중독과 관련해 흔히 사용하는 것으로는 오용, 의존, 남용, 내성, 금단증상 등이 있다.

'오용'은 약물의 사용목적에는 맞으나 양, 복용횟수, 강도와 방법이 부적합한 경우이다.

'의존'은 크게 두 가지로 구분해 설명할 수 있다. 바로 심리적 의존과 신체적 의존이다. 심리적 의존은 약물을 얻기 위한 갈망이나 강박적 행동반응을 말한다. 자각적 즐거움뿐 아니라 약물사용을 지속시키는 정서적 욕망까지도 포함한다. 신체적 의존은 약물을 중단하였을 때 해당 약물에 특징적인 금단증상이 나타나는 상태를 말하며 종종 내성을 동반하기도 한다.

'남용'은 약물을 신체기능이나 건강에 위험한 방법으로 원래 목적과는 다르게 의도적으로 사용하는 것을 말한다.

'내성'은 알코올이나 약물을 반복사용함에 따라 신체의존이 점점 강해지고 약물효과가 점차적으로 감소해 동일한 효과를 얻기 위해 약물의 사용량이 증가하는 것을 말한다.

'금단증상'은 과도하게 장기간 사용하던 약물의 중단으로(또는 감소로) 발생하는 물질 특유의 신체의존성으로 사회적 · 직업적 및 다른 중요한 기능영역에서 임상적으로 심각한 신체적 고통이나 장애로 나타나는 현상을 말한다.

(2) 약물남용의 종류 및 특성

약물남용의 종류 및 특성[1)] 으로는 담배, 중추신경 흥분제, 중추신경 억제제 등이 있다.

① 담배(니코틴)

정기적으로 흡연하면 내성이 빠르고 심하게 나타나는 니코틴 때문에 담배에 대한 의존이 생긴다(김성이, 2003). 니코틴을 중단하면 불안, 두통, 메스꺼움, 불면, 몽롱함, 집중력 상실 등과 함께 담배에 대한 강한 욕구가 찾아온다. 니코틴 자체도 위험하지만 담배연기는 그보다 더 유해하다. 흡연은 폐질환과 심장질환으로 인한 죽음과 장애의 주범이다. 다른 약물에 중독된 사람 중 대다수가 10대 때의 흡연에서부터 시작한 경우이다(고병인, 2004).

---

1) 약물 중에서 가장 흔한 것으로는 술, 즉 알코올을 들 수 있으나 알코올은 앞서 자세히 다루었으므로 여기에서는 제외한다.

② 중추신경 흥분제

중추신경 흥분제는 매우 다양하다(김성이, 2003). '코카인'은 강력한 중추신경 흥분제로서 흥분효과는 마약성 진통제와는 다르고 암페타민과 유사한 약리작용을 나타내 혈관과 신경체제에 심각한 영향을 준다.

'암페타민제제'는 우리에게 '필로폰'이란 이름으로 알려진 약물이다. 항정신성의약품으로 우리나라와 중국, 일본을 중심으로 아시아 지역에서 많이 남용되는 대표적 약물이다.

'카페인'은 커피, 카카오, 코코아, 차 등에 포함되었고 무색, 무취이며 약간 쓴맛이 난다. 중추신경계에 대하여 흥분제적 역할을 수행해 정신기능을 향상하게 하고 감각을 예민하게 하며 정신을 맑게 해 정신적 피로를 제거해 준다.

'대마초'는 미국에서 가장 널리, 자주 사용되는 불법약물로 담배보다 훨씬 많은 자극제와 두 배나 많은 타르를 함유했다. 대마가 많이 남용되는 이유는 퇴약증후가 별로 없고 구하기 쉽기 때문이다.

'환각제'는 주로 엑스터시를 말하는데 알약형태의 약품으로 필로폰보다 3~4배의 중추신경 흥분작용과 환각효과를 나타낸다. 흡입제, 휘발성 용매로 유기용매와 가스는 남용할 때 정신의존성을 유발한다. 이들을 흡입하면 해방감 및 고무감, 환각상태의 체험을 가지며 강박적 약물욕구를 유발한다.

③ 중추신경 억제제

마약과 신경안정제 및 수면제, 진통, 진해제 등을 들 수 있다(고병인, 2004). '마약'은 아편과 모르핀을 말한다. 아편은 마약의 원료가 되는 생약으로 양귀비에서 얻는다. 과거에 세계적으로 남용되었던 대표적 약물이다. 모르핀은 아편에서 얻은 합법적 마약이며 우수하고 강력한 진통제이다. 의료용으로 처방이 엄격하게 제한되었지만 남용하기 쉽다.

'신경안정제 및 수면제'는 중추신경을 억제해 신경증 치료와 수면제로 사용하는 약물이다. 불안, 초조 등과 같은 정신증상과 그것에 수반되는 신체적 증상을 신속히 경감시켜 평온감을 유발하는 물질이다.

'진통, 진해제'는 최근에 남용되는 약물로 약국, 병원 등에서 쉽게 구할 수 있다. 이런 부류의 약은 약품의 관리와 유통이 엄격하게 제한된 마약류 관리에 관한 법률에 저촉되지 않는다. 이런 약물은 치료효과가 우수해 질병치료에 많이 사용되고 치료효과를 나타내는 상용량에서는 쾌감, 도취감, 환각작용 등이 나타나지 않는다.

(3) 실천개입 단계

① 사정 단계

선별과정이나 의뢰를 통해 약물사용과 관련된 잠재적 위험이 있는 경우보다 종합적 사정을 실행한다. 사정은 선별이나 진단보다 개인의 독특한 상황에 대한 이해를 돕기 위한 절차이다.

'정보수집'은 클라이언트의 약물남용 관련 문제의 본질과 복합성을 규명해 나가는 과정으로서 중요한 차원의 어느 지점에 클라이언트가 위치하는지를 알려준다. 의뢰상황, 약물 사용력과 사용유형, 약물남용 치료력과 치료준비성, 의료력 및 현재 상태, 정신건강력 및 현재 상태, 개인적 상황, 가족력과 현재 관계, 범죄 혹은 비행, 교육력, 직업력 등의 사실이 포함된다.

'자료분석'은 실천적 목적에서는 약물을 전혀 사용하지 않은 상태와 만성적 의존상태를 연결하는 '약물사용 연속선'상의 어느 지점에 클라이언트가 위치하는지를 평가하는 작업이다. 또한 알코올 및 약물남용에 기여하거나 관련되는 위험요소와 보호요소가 확인되어야 한다. 이 단계에서 전문가는 개입에 대한 클라이언트의 준비성에 대해서도 의견을 제시하며 사정에 근거해 치료의 필요성 여부도 결정한다. 분석에는 다양한 문제, 클라이언트의 강점과 이용가능한 지지체계 등도 포함되어야 한다.

② 치료 단계

약물중독의 치료에는 반드시 전문적 프로그램이 필요하다. 약물을 통해 금단증상을 줄이거나 갈망감을 줄이는 것도 중요하지만 궁극적으로는 개인과 가족의 중독에 대한 이해와 인식, 치료동기와 가족의 지지가 동반되어야만 중독의 굴레에서 더욱 빠르고 쉽게 벗어날 수 있다. 중독치료 때는 인지치료, 동기강화치료, 가족치료 등의 정신과적 치료방법이 사용되며 일부에서는 정신역동적 혹은 정신분석적 치료를 시행하기도 한다.

'치료계획의 수립'은 직접적 계획과 장기적 계획을 정하며 이용가능한 치료과정과 활용할 수 있는 자원을 결정한다. 클라이언트에게 사정의 결과를 알려주고 클라이언트의 개인적 욕구에 기반을 둬 문제를 구체화하고 순위를 매겨 치료계획을 문서화한다.

'위기관리'는 치료의 과정 중에 심리적 · 신체적으로 위기에 처한 약물남용자의 욕구에 반응하는 서비스로 재활노력을 위험에 빠뜨리거나 파괴할 수 있는 중요하고도 결정적 위기에 개입하는 과정이다. 이러한 위기는 알코올 및 약물사용과 직접적으로 관련되었거나(약물의 과용,

재발 등), 간접적(사랑하는 사람의 사망, 별거, 이혼, 체포, 자살기도, 치료를 끝내라는 외부의 압력, 정신병적인 증세 등)으로 관련된다.

'개별 · 집단 상담'에서 상담은 기본적으로 클라이언트가 자신의 문제를 해결하거나 태도나 가치를 수정하도록 정신보건 전문가가 도와주는 것이다. 전문가는 클라이언트와 가족, 집단이 문제의 탐색과정을 통해 목적을 달성할 수 있도록 다양한 상담접근법(감정, 태도의 검증, 대안적인 해결책의 고려, 의사결정 과정 등)을 사용하기 위한 풍부한 지식을 가지고 자신이 사용하는 특수한 접근법을 클라이언트에게 설명할 수 있어야 하며 개인 · 집단 · 가족도 활용할 수 있어야 한다.

③ 관리 단계

약물중독의 관리는 다음과 같은 내용으로 진행된다. 사례관리는 설정된 목표를 달성하기 위해 계획된 행동구조틀 안에서 서비스, 자원 또는 사람 모두가 하는 활동을 말하며 의료적 관리, 직업훈련과의 연계, 아내학대 담당 사회복지 기관과의 협력 등과 같은 다양한 서비스가 포함된다.

정보제공과 교육은 공식적 또는 비공식적 과정을 통해 클라이언트에게 알코올 및 약물남용과 연관된 정보와 이용가능한 서비스 자원을 제공하는 것으로 교육은 여러 가지 방식으로 행해질 수 있다. 입원이나 외래 프로그램에서 읽기, 쓰기, 영화관람 등의 교재를 활용하거나 외래 상담원이 비공식적 · 개인적으로 클라이언트에게 교육을 제공할 수도 있다.

관련기관 의뢰는 클라이언트의 욕구가 정신보건 전문가나 기관에 의해 충족되지 못하면 이용 가능한 지지체계나 지역사회 자원을 활용하도록 도와주어야 한다. 이를 위해서 전문가는 지역사회 자원과 이들의 한계 및 여건까지도 잘 파악해야 한다. 타 기관으로 의뢰 시에는 치료의 연속선상에 있는 것으로 간주해 예상되는 결과나 비밀보장 요구 등을 잘 숙지해야 한다.

보고서 작성 및 기록 관리는 사정과 치료계획, 문서화된 보고서, 기타 다른 관련 자료를 기록하고 유지하는 것으로 매우 중요하다. 전문가는 클라이언트의 진행상황을 기록을 통해 파악하고 그의 목적이 달성된 정도를 알 수 있다. 또한 기록은 동료 전문가 사이에서 원활한 의사소통을 촉진시키고 슈퍼비전을 위해서도 필요하다.

3) 도박중독

2006년 대한민국을 온통 뒤덮었던 '바다이야기'와 수많은 게임방, 경마, 경륜, 경정, 카지노 등의 도박중독과 관련된 심각한 문제가 사회적 이슈로 점차 확대된다. 도박중독 때문에 나타나는 가산탕진, 가정파괴, 직업상실, 폭력, 범죄 등은 심각한 사회문제로 대두된다. 도박문제에 대한 사회적 인식이 낮고 도박의 위험성, 대처방법에 대한 홍보부족, 관련 전문가의 부족 등이 도박중독 피해를 양산하는 실정이다(이준우 외, 2007).

(1) 개 념

도박중독(*gambling addiction*)은 알코올이나 약물 중독의 의존상태와 같은 물질의존이나 중독 개념을 도박에 적용한 것으로 볼 수 있다. 이 용어는 신체가 물질에 중독되는 것과 유사하게 도박행동에도 중독이 된다는 의미가 들었다. 그러나 단도박협회(GA)에서는 도박중독이란 용어대신 강박적 도박(*compulsive gambling*)을 사용하는데 강박장애의 강박행동과 같이 본인의 자발적 의사에 반해 도박 행동을 할 수밖에 없는 성질을 표현하려는 의지가 담겼다.

도박중독과 관련한 또 다른 개념으로는 병적 도박(*pathological gambling*)을 사용한다. 병적 도박은 1980년에 미국의 정신의학적 진단기준 3판인 DSM-Ⅲ에 처음으로 포함되었고 이를 계기로 정신의료계에서 도박문제를 처음으로 병적 개념으로 받아들였다.

그러나 DSM-Ⅲ에서는 병적 도박자의 행동적 특징만을 주요 진단기준으로 삼았다. 따라서 정신의학적 진단기준 4판인 DSM-Ⅳ에서는 병적 도박을 외적 행동 특징뿐만 아니라 자제력의 장애와 금단증상, 내성 그리고 일상생활의 기능손상까지를 포함했다.

즉, 병적 도박을 "주기적으로 도박에 대한 자기통제력을 상실하는 것", "도박과 도박으로 딸 돈에 대한 집착과 도박에 대한 비합리적 신념", "부정적 결과에도 불구하고 계속되는 도박행동" 등을 중요한 기준으로 삼았다. 또한 DSM-5에서는 행위중독 속에서 도박중독을 설명하면서 도박중독 때문에 나타나는 실제적인 행동상의 문제를 매우 강조한다.

(2) 유형

사람마다 도박에 빠지는 정도, 도박패턴이나 이유, 도박행위에 대한 태도나 도박문제를 받아들이는 태도는 다양하다. 도박중독은 도박의 개입정도에 따라 분류되는 것이 보편적이다. 개입정도에 따른 도박행동은 세 단계로 구분된다.

첫째, 병적 도박(강박적 도박)이다. 병적 도박은 가장 심각한 도박행동 수준으로 흔히 강박적 도박이라고 부른다. 억제할 수 없는 압도적인 도박충동에 휩쓸려 도박행동을 하며 충동의 강도와 절박함이 점점 커지면서 더 많은 시간과 에너지, 정서적, 재정적 자원을 소비하는 상태를 의미한다. 결국, 도박행동의 몰입은 개인의 삶에서 의미하는 모든 것을 잠식하고 때로는 파괴한다.

둘째, 문제성 도박(습관성 도박)이다. 문제성 도박은 병적 도박보다는 덜 심각한 수준으로 습관성 도박이라고도 부른다. 도박자 자신의 개인생활, 가족, 직업과 관련된 행위를 손상시키거나 해로운 결과를 초래하는 상태로 사교성 도박과 병적 도박 사이의 중간수준에 해당되는 도박행동 상태를 의미한다. 문제성 도박과 병적 도박 간의 차이는 알코올중독의 경우 알코올의존과 문제성 음주를 구분하는 것과 유사하다.

셋째, 사교성 도박(유희성 도박)이다. 사교성 도박이란 제한된 기간 동안 서로 받아들일 수 있는 손실액을 미리 정해 놓고 친구나 동료 사이에서 이루어지는 활동을 말한다. 또한 돈을 따거나 승리를 노리기 위한 목적에서가 아닌 즐거움이나 여흥 혹은 친목을 목적으로 행해지며 도박에 대한 보상가치가 적어 대박에 대한 기대 역시 적거나 없다. 따라서 도박에 대한 통제력이 유지된다.

(3) 도박중독의 진행과정과 도박의 동기

① 도박중독의 진행과정

병적 도박자는 갑작스럽게 통제력을 상실하거나 점진적으로 진행될 때 대부분의 경우 예측 가능한 경로를 밟는다. 레지울과 르젠탈은(Lesieur & Resenthal, 2003) 병적 도박중독에 이르는 과정을 4단계로 구분한다.

- 1단계(승리단계) : 우연히 도박을 하여 승리하였을 때의 흥분을 맛보고 점차 베팅액이 증가하며 승리하고 빈도가 높아지며 도박에 대한 환상에 빠진다.
- 2단계(패배단계) : 승리에 대해 과장하며 실패를 숨기고 거짓말을 하면서도 도박을 멈추지 못하고 실패가 계속되면서 가정이나 직장생활에 문제가 생기고 부채상환이 늦어지며 상환능력을 상실하고 불법적 혹은 합법적으로 빚을 진다. 초조, 불안, 허탈감에 빠지면서 성격의 변화가 오며 혼자서 도박을 하고 오직 도박만 생각한다.
- 3단계(절망단계) : 도박에 투자하는 시간의 증가, 신용을 잃고 가족과 친구로부터 멀어져도 남을 탓하거나 법적 소송에 연루된다.
- 4단계(포기단계) : 절망, 이혼, 자살, 자살시도 실패, 약물남용, 감정파괴, 금단현상, 법적 구속의 문제를 갖는다.

② 도박의 동기와 병적 도박의 관계

도박을 하려는 이유를 설명하기 위한 시도는 많았으나 일관된 결과를 찾지 못했다. 그 이유는 도박을 하려는 이유나 동기가 다양하게 작용하기 때문이다. 불확실한 상황에서 내기를 거는 도박은 인간내면에 잠재한 자극추구 욕구를 충족하는 기능을 하고 게임에 이겼을 때는 즉각적 보상이 주어짐에 따라 중독성이 발생한다.

이홍표(2002)는 도박동기를 5가지로 구분한다. 알코올중독에도 작용하는 것으로 알려진 사교동기, 유희동기, 회피동기 그리고 도박중독에만 나타나는 금전동기와 흥분동기가 있다. 특히, 병적 도박자의 경우 금전동기와 흥분동기가 강하게 나타나는데 이는 '정서적 쾌락'과 '금전획득'이라는 두 가지 강화물을 동시에 획득하려는 것이다.

이들은 단일한 동기를 가진 사람보다 생활기능의 손상, 경제적 손실이 더욱 심각하며 자제력이 쉽게 손상되고 우울, 불안, 알코올중독, 집중력 장애와 같은 심리적 상해유발이 쉽게 나타난다. 또한 그들은 순수한 재미나 유희가 목적이 아니라 부적 정서와 스트레스를 회피하거나 경제적 이득을 취하고자 하는 분명한 목적을 가지고 도박을 한다.

병적 도박자와 사교도박자의 도박동기를 비교해 보면 병적 도박자는 성별이나 도박성 게임의 종류에 상관없이 더 높은 '돈 추구동기'와 '회피동기'를 가진 것으로 나타났다. '돈 추구동기'는 도박행동이 갖는 고유한 목표로 도박으로 큰 경제적 손실을 입은 병적 도박자가 비합리적 신념 속에서 필사적으로 추구하는 가장 최상의 목표이다. 또한 성별에 따라 도박동기에 차이를 나타내는데 남성의 경우 위험을 감수하고 흥분을 유지하는 수단으로 도박을 하는 경우가 많은 반면, 여성의 경우 문제나 불쾌한 감정으로부터 회피하려는 동기가 더 많은 것으로 알려졌다.

(4) 도박중독의 심리적 · 환경적 특징

병적 도박자의 '심리적 특성'은 대체로 계획하고 조직화하며 결과를 예측할 수 있는 능력이 부족하거나 결여되었다. 도박에 깊이 빠질수록 미성숙하고 충동적 변화가 나타났다. 또한 도박에 접할수록 점점 더 욕구좌절에 대한 인내력이 낮아지고 경험으로부터 배울 수 있는 능력이 떨어져 더욱 도박에 빠지는 악순환을 가져온다.

또한 도박을 계속하기 위해 자신의 행위를 합리화하고 언제든 만회가 가능하다는 근거 없는 낙관주의에 빠지거나 더 심하면 자동적으로 해결될 것이라는 초낙관주의에 빠지거나 비합리적 신념체계를 가진다. 또한 병적 도박자는 심리적 보상이 주어지는 어떤 행위를 반복하는 습관수준이 높다.

브라운과 코벤트리(Brown & Conventry, 1997)는 많은 문제성 도박자가 지루함, 극도의 외로움 또는 고립감을 달래기 위해 도박을 한다는 연구결과를 보고했고 트레보로와 무어(Trevorrow & Moore, 1998)도 삶의 스트레스에 취약한 계층이 도박중독에 이르기 쉽다는 점을 지적했다. 병적 도박자의 정신과적 문제로 종종 '우울'이나 '알코올 및 약물 중독'의 상태에 있는 경우가 많으며 정서장애나 인격장애 등이 동반되는 경우 흔한 것으로 나타나 이들 문제를 가진 집단이 도박중독의 예측위험 요인임을 알 수 있다.

병적 도박자의 '환경적 특성'을 살펴보면 사교성 도박자보다 부모의 도박행위를 자주 접하고 부모가 돈을 따기 위한 목적으로 도박행위를 하는 경험을 더욱 빈번하게 목격하면서 성장했다. 또한 도박장소의 접근성이 용이했으며 20~40대의 젊은 연령, 실업, 낮은 학력과 낮은 사회·경제적 위치에 있는 경우가 많다.

성별의 경우, 여성보다 남성의 경우가 많았다. 특히, 이민규(2003) 등은 DSM-Ⅳ에 의한 병적 도박자의 발병률 증가가 합법화된 도박 가능성의 증가와 밀접한 영향이 있음을 보고하면서 도박중독 발생과 도박에 대한 접근성이 밀접한 상관관계가 있음을 입증했다.

(5) 도박중독의 사회적 문제

도박중독의 사회적 문제로는 첫째, '가족 내 문제'를 들 수 있다. 알코올중독으로 인해 별거하거나 이혼하는 비율이 일반인의 7배에 이른다는 보고가 있다. 도박중독 역시 비슷한 가족해체율을 보였다. 도박중독자는 도박에 집착하기 때문에 가족 간에 깊은 관계를 맺고 지속할 정신적·시간적 여유가 없으며, 특히 경제적 어려움으로 더욱 심각한 문제가 발생한다.

따라서 가족은 배신감, 우울, 분노, 신체적·언어적 폭력, 채권자의 압력, 병적 도박자의 회피, 자살위협, 별거, 이혼, 가정파괴의 문제가 발생한다. 특히, 이영분과 김유순(2002)에 의하면 도박문제로 가족의 자살이나 자살시도를 한 경우도 30.6%에 이르며 배우자학대는 31.8%, 자녀학대는 30.1%로 도박문제가 더는 당사자 개인의 문제가 아닌 가족 모두의 심각한 문제로 확대되었음을 알 수 있다.

둘째, '직장 내 문제'를 들 수 있다. 병적 도박자는 항상 도박할 생각과 빚에 대한 걱정으로 인해 일에 대한 집중력과 능력 그리고 의욕이 저하된다. 또한 도박의 한탕주의로 노동의 의미와 근로윤리를 상실하는 경우가 많다.

셋째, '범죄행위'를 들 수 있다. 병적 도박자의 범죄행위는 대체로 도박자금이나 빚과 관련된다. 공금횡령, 절도, 문서위조, 장물죄 등의 재물범죄가 있으며 가장 흔하게는 은행이나 카드회사에서 돈을 대부하고 갚지 못해 채권자에게 고발당하고 민·형사상 처벌을 받는다. 또한 사기, 세금포탈, 매춘, 인신매매의 비율도 높다.

넷째, '거짓말'을 들 수 있다. 병적 도박자는 도박자금이나 빚과 연관해 거짓말을 하고 도박사실을 부인하는 거짓말을 가장 흔하게 한다.

(6) 도박중독의 치료

병적 도박에 대한 치료를 여러 가지로 나눠보면 개인치료와 가족치료, 약물치료와 각종 교육 및 재활치료, 집중치료와 재발방지 치료 및 자조모임 등으로 나눌 수 있다.

‘약물치료’는 최근 병적 도박의 신경생물학적 측면에 대한 연구가 많아지면서 약물치료에 대한 관심이 높아졌다.

‘개인치료’에 적용되는 12단계 치료는 자신의 중독을 인정하는 것으로부터 시작해 절대자에 대한 의미가 강하게 내포되었으므로 영적인 치료의 접근이 좀더 용이할 것으로 보인다. 인지행동치료는 비합리적 사고를 수정하는 것으로 시작해 실제적으로 적용할 수 있는 다양한 기술을 습득하고 실천할 수 있어야 한다.

또한 도박으로 개인의 성격적 문제뿐만 아니라 대인관계 등의 문제 등이 복합적으로 나타나기 때문에 이를 지속적으로 관리하고 훈련하기 위한 충동조절 훈련, 대인관계 훈련, 자기주장 훈련, 분노조절 훈련, 스트레스 관리 훈련 등이 통합적 제고되어야 하며 건전한 여가활동의 새로운 개발이 필요하다.

재발방지를 위해 1984년부터 시작된 한국 단도박 친목모임 등과 같은 자조집단 모임은 도박으로 고통받는 사람이나 고통에서 벗어난 사람들이 모여 어려움을 나누고 힘을 얻는 자발적 모임으로 가족도 함께 모임을 가지며 서로 경험을 나누는 것이 병을 극복하고 예방하는 데 큰 힘이 된다. 이처럼 ‘가족치료’는 먼저 가족이 환자의 도박에 대해 비난하거나 집착, 과거 빚에 대한 잘못된 행동을 하는 것 등, 가족의 행동은 환자의 도박행동을 더 강화시킨다는 것과 함께 일관성 있는 모습으로 단호하게 대처해야 함을 교육해야 한다.

만성적으로 지속된 도박으로 가족 간 의사소통은 비생산적이고 파괴적으로 변질되었을 뿐만 아니라, 분노와 좌절감, 의심 등으로 정서적으로 매우 심각하게 황폐화된다. 그러므로 가족에 대한 치료 및 관계 회복을 위한 교육 및 훈련이 절실히 필요하다.

3. 학대와 방임, 성폭력

1) 학대와 방임

학대란 신체적·성적·정신적·정서적으로 상대방에게 의도적으로 고통을 주는 행위를 말한다. 방임이란 상대방을 유기하거나 무관심한 채 방치하는 것을 의미한다. 학대와 방임은 전혀 다른 양상으로 표현되지만 실제 그 이면에는 미움과 분노, 과거에 받은 상처, 집착 등과 같은 심리적으로 동일한 요인으로 구성되었다고 본다. 때문에 일반적으로 학대의 개념 속에 방임을 포함한다. 학대하거나 무관심으로 방치하는 일은 이를 받아들여야 하는 클라이언트의 삶을 망가뜨리는 일이다.

(1) 아동학대의 개념과 유형

아동학대란 보호자를 포함한 성인에 의하여 아동의 건강, 복지를 해치거나 정상적 발달을 저해할 수 있는 신체적·정신적·성적 폭력 또는 가혹행위 및 아동의 보호자에 의해 이루어지는 유기와 방임을 말한다(〈아동복지법〉 제2조 제4호). 즉, 아동에 대한 적극적 가해행위뿐만 아니라 소극적 의미의 방임행위까지 아동학대로 명확히 규정하며 이는 아동의 신체적·심리적 잠재력을 발휘하지 못하도록 막은 모든 행위를 포괄한 것이다 아동 학대의 유형으로는 신체적 학대, 정서적 학대, 성적 학대, 방임 등을 들 수 있다.

① 신체적 학대

보호자를 포함한 성인이 아동에게 우발적 사고가 아닌 상황에서 신체적 손상을 입히거나 또는 신체손상을 입도록 한 모든 행위를 말한다. 생후 12개월 이하의 영아에게 가해진 체벌은 어떠한 상황에서도 심각한 신체적 학대이다.

② 정서적 학대

보호자나 양육자가 아동을 대할 때 부정적 태도로 임하며 아동의 정서발달이나 사회성 발달에 심각한, 경우에 따라서는 치명적 손상을 가져올 수 있을 정도로 언어적으로 혹은 정서적으로 공격하는 것이다. 아동이 공포를 느낄 정도로 고립시키거나(예를 들어, 다락방에 감금하거나 장시간 의자에 묶어두는 것) 아이가 감당할 수 없는 모욕을 주는 것 등이 포함된다. 그러나 이는 눈에 보이는 것도 아니고 당장 결과가 나타나지도 않기 때문에 심각성을 잘 모르는 채 지나칠 수도 있다는 점에서 문제가 더욱 심각하다.

정서적 학대가 방임으로 나타나면 적절한 보호를 받지 못하거나 위험한 환경에 처하거나 또는 아동이 충분한 영양을 공급받지 못하며 일반적으로 홀로 방치된다. 이 때문에 발육부진(*failure to thrive*) 현상이 나타날 수도 있다. 이러한 아동은 발육이 늦어지는 이유가 될 명백한 질병을 갖지 않더라도 동일 연령 중의 가장 작은 아동이 되기 쉬우며 건전한 정신과 감정표현을 발달하는 데 실패한다. 이들은 부모로부터 떨어져 시설이나 위탁부모 밑에서 자랄 때 더욱 빠른 성장률을 보인다.

③ 성적 학대

성적 학대는 "미성년의 미성숙한 아동과 청소년을 그들이 동의할 수 없는, 또는 가족 간의 사회적 금기를 어기는, 이해하지 못하는 성적 활동에 개입시키는 것"(Schechter & Roberge, 1976)을 뜻한다. 일반적으로 언론을 통해 접할 수 있는 근친강간의 경우를 떠올리면 된다. 여기에 가족구성원 외의 양육자나 교사로부터 행해지는 가정 밖 성폭력도 이에 속한다고 하겠다. 성적 학대의 문제점은 겉으로 잘 드러나지 않을 뿐만 아니라 성에 대한 언급을 금기시하는 사회분위기와 피해아동과 가족이 이를 숨기려는 경향 때문에 대부분 은폐되어 조기에 발견과 해결이 되지 않는다는 점이다.

성적 학대의 유형을 언급해 보면 아이의 음부를 애무하거나 성교를 하는 짓, 근친상간, 남색, 아이 앞에서의 노출 그리고 성적 착취 등이 있다. 특히, 이 유형은 아이의 보호와 관계가 있는(유모, 부모, 탁아소 부양자 등) 사람에 의해 성립될 수 있는 학대이다. 만약 타인이 이러한 유형의 범죄를 저지르면 성폭력(*sexual assualt*)이 성립되며 형사상 처벌을 받는다.

④ 방 임

방임은 음식, 위생, 난방, 의복, 감독, 자극, 안전주의, 의료보호 등 아동의 건강과 안전과 행복을 위해 필요한 것을 제공하지 않는 것이다. 방임은 아동이 음식을 제대로 먹지 못하거나 위험하고 불결한 주거환경에 그대로 방치된 신체적 방임과 정기적 검사는커녕 아픔을 호소해도 적절한 조치를 받지 못하는 의료적 방임이 포함된다.

아울러 아동에게 말을 걸지 않거나 쓰다듬고 안아주지 않는 정서적 · 신체적 접촉이 결핍된 정서적 방임과 아동의 교육에 필요한 교육적 · 물질적 자원이 제대로 제공되지 못하는 교육적 방임, 마지막으로 성적 교육을 거의 혹은 전혀 받지 못하거나 불건전한 성관계를 다룬 매체의 자극에 그대로 노출된 성적 방임 등이 포함된 개념이다.

(2) 아동학대의 증상과 후유증

① 신체적 학대

외상으로 두개골 골절 및 복부, 흉부, 고막파열, 열창, 화상, 시력상실, 치아 지골절, 담배 불로 지진 상처, 할퀴거나 깨문 상처 등이 나타난다. 심리적으로 집에 들어가기 싫어하고 살기 싫다고 하며 화가 나서 물건을 부수거나 누군가를 때려주고 싶다고 한다. 성인과의 신체적 접촉을 경계하거나 극단적 행동을 나타내고 의존적이며 무분별한 애착관계를 갖고자 하며 부모나 보호자를 두려워한다. 등교거부, 학습부진 등의 행동장애를 보이기도 하며 두통, 식욕부진, 호흡곤란, 말더듬, 빈뇨, 복통을 호소하며 우울증, 자살행동, 공포증상을 보이기도 한다.

② 성적 학대

공포와 불안, 악몽, 무력감, 퇴행, 공격적 행동을 포함한 외상 후 스트레스장애와 성적 이상행동과 같은 징후를 보이기도 한다. 급격한 성격변화와 행동변화를 보이며 복부통증, 구토, 요도관 감염, 외음부의 출혈 및 상처 인두감염, 성병 등이 나타난다. 또한 갑작스런 체중감소나 증가를 보이고 수면장애, 강박적 자위행위, 조숙한 성적 놀이 등을 한다. 퇴행, 배변훈련의 실패, 잦은 목욕, 원인 없이 울거나 집안에만 머물려고 한다. 우울증과 무단결석, 가출을 하며 자기파괴적 행동과 약물남용에 쉽게 빠진다. 성도착증을 보이거나 이성에게 공포반응을 나타내기도 한다.

③ 정서적 학대

아동의 심리적 상태에 부정적 영향을 주는 정서적 학대의 후유증은 신체적 학대 때문에 나타나는 신체적 증상 및 후유증 이상으로 아동의 성장발달에 치명적 결과를 가져올 수 있다. 낮은 자존감, 발달지체, 자살행동 등을 보이며 도덕발달의 결함을 보이거나 수동적이면서도 공격적, 도전적인 행동을 나타낸다. 거의 웃지 않고 놀지 않으며 깊이 잠들지도 못하고 다른 성인과의 관계에서 관심을 끌려고 한다. 항상 뭔가 더 필요하고 부족하다는 느낌을 보인다.

④ 방 임

영양부족으로 신체가 허약하고 몸이나 옷이 더럽고 머리모양이 단정치 못하며 계절이나 날씨에 맞지 않는 옷을 입는다. 배고프다며 간식이나 점심을 더 달라고 한다. 상처가 났을 경우 이를 치료하지 않은 채 등교하기도 한다. 지각을 자주하고 아무 연락 없이 결석하며 준비물을 자주 가져오지 않는다. 방과 후 집에 가지 않고 서성거린다. 거의 대부분의 방임은 지속적이고 천천히 피해를 주기 때문에 아동은 세상에 대한 탐색과 다른 사람과의 관계를 맺고자 하는 의지를 상실한다.

(3) 청소년 학대의 개념과 유형

청소년이란 아동과 성인의 중간, 즉 신체적·정신적·사회적으로 아동에서 성인으로 되어가는 과도기적 존재로서 대략 9~13세에서부터 22~24세이다. 청소년 학대의 개념을 살펴보면 다음과 같다. 협의의 개념으로는 부모나 양육자, 교사 등 고의에 의해 주로 신체적 손상을 당하는 것이다. 그러나 광의의 개념으로는 부적절한 환경적 조건에 의해 청소년의 발달적 지체와 손상, 주로 신체적 학대, 정서적 학대, 성적 학대 및 방임 등을 모두 포함할 수 있다.

청소년 학대의 유형은 첫째, 신체적 학대로 심한 신체적 상해를 주는 것으로 구타와 동일한 개념이다. 둘째, 정서적 학대로 습관적이거나 극단적인 말로 청소년을 경멸하거나 무시, 위협하고 욕하는 것 등 자아존중감의 손상을 가져오고 정상적인 사회적 상호작용을 저해하는 손상을 가져오는 것이다. 셋째, 성적 학대로 청소년에 대한 성적 폭력, 노출에서부터 근친상간, 강간 등이다. 마지막으로 방임은 부모나 양육자가 보호나 감독의 결여로 영양부족, 지도감독의 소홀, 부적절한 위생관리, 교육적 무관심을 말한다.

(4) 노인 학대의 개념과 유형

노인 학대는 다른 가족 학대의 형태와 유사하게 복잡한 현상이기에 어떤 단일한 정의로 많은 측면을 포괄하기는 어렵다. 2004년에 개정된 〈노인복지법〉에 의하면 "노인 학대라 함은 노인에 대하여 신체적·정신적·성적 폭력 및 경제적 착취 또는 가혹행위를 하거나 유기 또는 방임을 하는 것을 말한다"라고 정의한다. 즉, 노인 학대는 노인의 가족 또는 타인이 노인에게 신체적·언어적·정서적·성적·경제적으로 고통이나 장해를 주는 행위 또는 노인에게 필요한 최소한의 적절한 보호조차 제공하지 않는 방임, 자기방임 및 유기를 의미한다.

노인 학대는 발생공간에 따라 나눌 수 있다. '가정 학대'는 노인과 동일가구에서 생활하는 노인의 가족구성원인 배우자, 성인 자녀뿐만 아니라 노인과 동일가구에서 생활하지 않는 부양의무자 또는 기타 사람에 의해 행해지는 학대 등을 말한다. '시설 학대'는 노인에게 비용을 받고 제공하는 요양원 및 양로원 등의 시설에서 발생하는 학대 등을 말한다. 그 밖의 가정 및 시설 외의 공간에서 발생하는 학대 등이 있다.

노인 학대의 유형은 다음과 같다. 우선, '신체적 학대'는 물리적 힘 또는 도구를 이용하여 노인에게 신체적 손상, 고통, 장애 등을 유발하는 행위(폭행, 폭력, 흉기사용, 감금, 화상 등 신체적 손상을 주는 행위)를 말한다. 언어·정서적 학대는 비난, 모욕, 위협, 협박 등의 언어 및 비언어적 행위를 통하여 노인에게 정서적으로 고통을 주는 행위이다.

'성적 학대'는 성적 수치심 유발행위 및 성희롱, 성추행, 성폭력 및 강간 등 노인의 의사와 달리 강제적으로 행하는 모든 성적 행위를 의미한다. 재정적 학대는 노인의 자산을 노인의 동의 없이 사용하거나 부당하게 착취해 이용하는 행위 및 노동에 대한 합당한 보상을 제공하지 않는 행위이다.

'방임'은 부양 의무자로서의 책임이나 의무를 의도적 혹은 비의도적으로 거부, 불이행 혹은 포기해 노인의 의식주 및 의료를 적절하게 제공하지 않는 행위(필요한 생활비, 병원비 및 치료, 의식주를 제공하지 않는 행위)이다. '자기방임'은 노인 스스로가 의식주 제공 및 의료 처치 등의 최소한의 자기보호 관련 행위를 의도적으로 포기 또는 비의도적으로 관리하지 않아 심신이 위험한 상황 또는 사망에 이르는 경우이다. 유기는 보호자 또는 부양의무자가 노인을 버리는 행위이다.

(5) 개입실천의 과정

① 개입준비 단계

정신보건사회복지사는 가능한 클라이언트와 대치하는 방법을 피해 끈기를 가지고 대처한다. 대화의 방법은 대화 중간에 말을 끊는 것을 피하고, 차분하고 조용하게 대화해야 하며, 클라이언트와 부양자에게 학대사실을 부정할 수 있는 기회를 주지 않도록 한다. 전문가는 가능한 클라이언트와 계약, 설득, 적절한 탐색수행 등 현재 제안할 수 있는 서비스에 대한 전략을 가져야 한다. 동시에 사회복지사는 클라이언트와 부양자에게 라포(*rapport*)를 형성해 편안하게 할 수 있는 시간을 주어야 할 필요가 있다.

② 개입초기 단계

정신보건사회복지사는 클라이언트로부터 학대와 관련된 타당한 자료를 수집해야 한다. 동시에 클라이언트로부터 일상적 일과를 설명하게 함으로써 클라이언트의 일상적 활동에 대한 정도를 사용가능한 척도를 이용해 사정한다.

또한 가족생활에서 최근의 어떤 위기적 상황에 대한 것을 설명할 수 있도록 하며 가족구성원 가운데 알코올중독 문제, 약물남용 문제, 질병문제, 행동적 문제 등에 대해서 질문할 수도 있다. 특히, 학대 사실에 대하여 개방형과 폐쇄형으로 적절하게 질문해 클라이언트의 정신적 상태를 사정해야 한다.

③ 치료 단계

정신보건사회복지사는 치료 단계에서 클라이언트와 신뢰관계를 형성하여 클라이언트가 학대와 관련된 사고, 감정, 행동 등을 다룰 수 있도록 도와야 한다. 이를 통해 클라이언트가 학대에 관련된 문제를 직면할 수 있도록 돕는다.

학대나 방임이 심각한 경우는 학대하는 사람으로부터 분리하고 쉼터

나 보호기관에 의뢰해 신체적 · 정신적 치료를 받을 수 있도록 도와야 한다. 또한 학대받는 자와 가해자에 대한 접근을 통해 사후 학대발생을 방지하는 작업도 필수적 개입이다.

④ 관리 단계

학대로 고통을 받는 클라이언트에게 장기적으로 영향을 줄 수 있는 요인은 다음과 같다. 클라이언트는 이러한 경험을 지속적으로 해결해야 한다.

- 친척, 친구, 전문가, 지역사회 반응
- 신체적 피해와 영구적인 신체적 상해
- 부모나 가족의 기소 혹은 저버림으로 인한 상실감
- 가족으로부터의 이별과 집 이외의 시설에 배치되는 것
- 클라이언트의 학대경험을 수용할 수 없는 부모나 가족의 태도
- 형사법원에서 조사 및 판결과정에 참여

정신보건사회복지사는 이러한 과정에서 학대받는 클라이언트에 대한 옹호자로서의 역할을 수행하거나 대변자의 역할을 수행함으로써 학대의 고통에서 빨리 벗어날 수 있도록 지원하는 것이 필요하다.

2) 성폭력

정신보건 영역에서 성폭력과 관련된 사항이 점차 높은 비중을 차지한다. 성폭력에 대한 전반적 내용을 간략하게 고찰하고자 한다.

(1) 성폭력의 개념

성폭력은 강간은 물론, 성적 희롱, 성추행, 성기노출, 강도, 강간, 음란전화 및 음란물 등 성을 매개로 하여 가하는 모든 신체적 · 정신적 · 언어적 폭력 등을 말한다. 즉, 상대방의 의사에 반하여 행한 성적 신체 접촉, 성기노출, 성적 농담 등도 성폭력에 포함된다. 특히, 형법 제 297조에 명시된 강간죄의 구성 요건을 살펴보면, “상대방의 반항을 불능, 현저히 곤란하게 할 수 있는 폭행 또는 협박으로 부녀를 간음하는 것”으로 되었다.

사실상 강간의 법적 정의는 여성의 동의 없이 여성의 성기에 남성의 성기를 삽입하는 특정 성 접근행위로 규정한다. 〈성폭력특별법〉에서의 성폭력 범죄는 형법 제 22장 성 풍속에 관한 죄(음행매개, 음화 등의 반포 등, 음화 등의 제조 등, 공연음란), 형법 제 31장 약취와 유인의 죄 중, 추행 또는 간음을 목적으로 하거나 취업에 사용할 목적으로 범한 죄(영리 등을 위한 약취, 유인, 매매 등과 이의 수수 및 은닉, 상습범), 형법 제 32장 강간과 추행의 죄(강간, 강제추행, 준 강간, 준 강제추행, 미수범, 강간 등 상해치사, 강간 등 살인치사, 성년자 등에 대한 간음, 업무상 위력 등에 의한 간음, 미성년자에 대한 간음, 추행), 형법 제 339조 강도 강간의 죄, 〈성폭력 특별법〉 제 5조, 특수강도 강간과 제 14조 통신매체 이용 음란의 죄 등이다.

(2) 성폭력의 유형과 피해 후유증

① 유형

성폭력의 유형으로는 첫째, 강간으로 여기에는 단순 강간, 윤간 등이 있다. 둘째, 성추행이 있다. 성추행에서는 통신이나 인터넷 매체 등을 이용한 음란전화나 채팅 등을 통해 벌어지는 언어 추행이 있다. 셋째, 대상별 성폭력으로서 어린이 성폭력, 친족 성폭력 등을 들 수 있다.

② 피해 후유증

성폭력 피해자는 자주 악몽을 꾸고 불면증에 시달리며 정서적으로 우울하고 항상 불안해한다. 또한 죄의식과 자책감에 시달리며 대인관계에 자신감이 없어 사람들을 회피한다. 매사에 의욕이 없고 삶에 대한 희망이 없어져 자살하고 싶은 충동을 느끼기도 한다. 또한 사람을 신뢰하지 않고 마음속에 해결되지 않은 심한 분노와 적개심을 가지며 기억상실이나 현실감 상실 등의 장애를 보인다. 성기능과 성생활에 심한 손상이 나타난다.

음식을 마구 먹거나 알코올이나 마약에 빠지며 자포자기하는 심정이 되어 성적으로 방탕한 생활에 빠져들기도 한다. 특히, 어린 시절에 성폭력을 당한 경우는 피해가 훨씬 더 심하고 장기적으로 영향을 미친다. 흔히, 어린이는 성폭력을 당한 것에 대한 정확한 판단을 하지 못하며 그것을 애정과 혼동함으로써 정서상의 혼란을 겪는다. 그리고 성폭력의 책임을 자기 잘못으로 생각해 죄책감과 수치심에 빠지고 이를 숨긴다. 어린이 성폭력이 알려졌을 경우에도 주변 사람이 이를 믿지 않거나 심지어 피해 어린이를 꾸짖음으로써 상처가 더욱 심해지는 경우도 빈번하다.

성폭력을 당한 어린이는 성격형성이 올바로 되지 못하고 대인공포증이나 불안장애, 우울증 혹은 반사회적 성격장애나 경계선적 성격장애 그리고 심하면 조현병을 일으키기도 한다. 이들은 적절한 치료를 받지 못하면 대인관계 능력에 심각한 손상이 나타나며 성인으로 성장해도 결혼을 기피하거나 결혼한 뒤에도 정상적인 부모역할을 하기가 어렵다. 성폭력 피해의 심리적 후유증을 영역별로 분류하면 다음과 같다.

- 정서영역: 불안, 강박증상, 무기력, 우울증상, 분노, 적개심, 양가감정, 수치심, 죄책감, 낮은 자기 존중감 등이 성폭력 피해 후유증으로 나타난다.
- 인지지각 영역: 해리, 부정, 감정억압, 인지왜곡, 환각 등이 나타난다.
- 신체영역: 심인성 통증, 수면장애, 신체에 대한 왜곡된 이미지 등을 드러낸다.
- 대인관계 영역: 거부공포, 친밀공포, 과잉책임, 통제행동, 희생반복, 불명확한 자아경계 등이 나타난다.
- 행동영역: 자해행동, 공격행동, 섭식 장애, 알코올 및 약물남용 등이 드러날 수 있다.
- 성적영역: 왜곡된 성정체감, 성기능장애 등이 나타난다.

(3) 성폭력 치료 프로그램의 형태

① 약물치료

정서 및 인지적 어려움이 클 때에는 상담치료와 함께 약물치료가 병행되거나 우선되는 것이 좋을 수 있다. 이러한 경우, 전문의의 진료를 통해 적절한 약물치료를 제공한다.

② 집단치료

비슷한 경험과 어려움을 가진 또래 클라이언트들 4~5명이 집단을 이루어, 겪고 있는 어려움을 잘 소화해 내고 다룰 수 있도록 도와주는 치료이다. 집단치료이기 때문에 전문가와 클라이언트와의 관계뿐 아니라 클라이언트 간의 상호작용과 역동이 치료적 도움을 줄 수 있다.

③ 놀이치료

특히, 학령 전기나 초등학교 저학년 아동의 경우, 아직 언어발달이 충분히 이루어지지 않았으며 오히려 비언어적 의사소통 방법을 많이 사용한다. 따라서 아이에게 자연스러운 의사소통의 매개체인 놀이나 활동을 통해 이들의 어려움을 탐색하고 이해하며 아이 스스로 감정과 어려움을 표현하고 도움을 받을 수 있는 치료적 환경을 제공한다.

④ 상담치료

가령, 언어적 표현방법을 주로 사용하는 초등학교 고학년 아동의 경우, 주로 필요한 정도의 놀이활동을 접목한 상담치료가 이루어진다. 마찬가지로 아동은 언어적 매개체로 자신의 어려움을 표현하며 전문가와 상호작용할 수 있으며 전문적인 치료적 개입을 통해 어려움을 잘 풀어낼 수 있도록 도움을 받는다.

⑤ 예술치료

독일에서 발달한 게슈탈트 치료법으로서 다양한 예술적 매체를 사용하는 통합적 예술 심리치료로 음악, 무용, 시, 인형, 드라마 등의 예술적 매체를 사용하여 심리치료를 실시한다. 청소년집단, 노인집단, 만성 정신장애인 집단 등 다양한 치료집단에서 효과적으로 사용된다.

4. 자 살

그리스의 스토아 철학자들은 자살이란 '자유로운 인간의 마지막 선택'이라고 했다. 자살문제는 역사가 오래되었으며 인류 사회에서 항상 최대 과제 중의 하나였다. 자살은 자기 자신(*sui-*)을 죽이는(*-cide*) 살인행위이다. 자신에 대한 폭력인 자살이 문제해결의 한 방법처럼 용인되어서는 안 된다. 자기에게든 남에게든 폭력을 용인하지 않는 사회가 안정된 사회이다. 그러므로 자살은 개인적 행위이지만 결과가 사회적 현상으로 나타난다.

모든 죽음과 자살은 '홀로 죽음'일 수 없다. 한 사람이 자살을 하면 그의 가족에게는 그의 자살을 막지 못했다는 평생 동안 지울 수 없는 무거운 죄책감과 고통을 안겨준다. 더욱이 주변 사람에게는 정신적 충격과 다른 사람의 자살을 유발시키는 경향이 있다. 또한 자살은 우리 사회를 지탱하는 정신적 기초인 생명존중의 가치관을 흐리고 삶의 의미와 가치를 혼란스럽게 한다(한상훈, 2004).

이는 19세기 뒤르켐(Durkheim)이 주장한 자살이 개인의 도덕적 행동이라기보다 사회적 행동이라는 것과 맥락을 같이한다. 그러므로 자살 행동은 개인적 행위이지만 그 행위가 생명의 존엄성에 대한 자기파괴적 행위임과 동시에 자해행위로서, 가족과 사회공동체에 미치는 파급효과도 매우 크며 사회통합을 저해하는 요인이다(한상훈, 2004).

1) 자살에 대한 이해

(1) 사회학적 이해

자살에 관한 체계적 연구는 프랑스의 사회학자 뒤르켐(Durkheim, 1897)이 사회학적 연구를 통해 내놓은 《자살론》(*Le Suicide*)에서 시작된다. 그는 개인이 자기가 속한 사회에 통합된 정도와 자살률이 반비례한다는 '사회통합가설'(*hypothesis of social integration*)을 제안하고 이러한 사회통합의 정도와 차원에 따라 자살을 이기적 자살(*egoistic suicide*), 이타적 자살(*altruistic suicide*), 아노미성 자살(*anomic suicide*)의 세 가지 유형으로 구분했다(한상훈, 2004).

① 이기적 자살

이기적 자살은 개인이 그가 속한 사회에 통합되는 정도가 약한 것으로, 개인적 자아가 사회적 자아보다 강력해 지나친 개인주의 때문에 발생된 자살을 말한다. 즉, 지나친 개인주의로 사회가 개인을 통제할 수 있는 힘이 약하기 때문에 자살이 증가한다는 것이다. 그러나 개인 간의 응집력이 강하고 상호 유대관계가 형성된 사회는 정서적 안정감을 주고 치료적 효과를 발휘하지만 개인주의적인 사람은 이러한 사회적 지지를 받지 못하고 소외된다는 것이다.

② 이타적 자살

이타적 자살은 개인이 그가 속한 사회에 지나치게 통합된 나머지 그 사회를 위해 자신을 희생하는 심정으로 자살한 경우이다. 고대 그리스인이나 로마인의 영웅적 자살, 일본인의 할복, 전쟁에서 국가나 전우를 위한 희생이 이러한 범주에 든다. 이러한 자살은 사회적 압력 때문에 생겨난 것으로, 자살자는 자신이 속한 사회의 최고 규범을 따랐기 때문에 타인의 칭송을 받는다.

③ 아노미성 자살

아노미성 자살은 사회와 개인 간의 통합상태의 평형이 깨어짐으로써 개인이 그의 통상적 규준의 행동을 할 수 없을 때 일어난다. 뒤르켐(Durkheim, 1987)은 "인간은 번영할수록 욕망도 따라서 증가하며 전통적 권위가 그 권위를 잃는 순간 보상이 크면 클수록 욕망은 통제되지 못하고 견디기 어려워진다. 그러므로 규제가 가장 필요한 상황에서 욕망이 규제받지 못하므로 무규율 상태인 아노미 현상이 고조된다"라고 했다. 종교의 권위와 같은 강력한 권위가 상실될 때 아노미 현상을 촉진하며 이런 현상은 자살의 증가로 이어진다는 것이다.

한 집단 내의 자살은 그 사회의 아노미성을 보여주는 척도가 된다. 청소년 집단의 높은 자살률은 청소년이 학교생활에서 사회적 유대를 갖지 못하며 약한 결속력을 보여주는 신호일 수도 있다. 청소년의 자살은 사회와 학교의 아노미성을 드러내는 것이다.

결국, 이기적 자살은 존재의 근거를 삶에서 찾지 못함으로써 나타나고 이타적 자살은 존재의 근거가 외부에 존재하기 때문에 일어난다. 끝으로 아노미성 자살은 개인적 열망에 대한 사회적 영향력의 결핍으로, 사회가 개인을 충분히 규제하지 못하고 제동 없이 방치함으로써 발생한다.

뒤르켐 이후 많은 연구자가 그의 가설을 토대로 여러 가지 사회경제적 조건과 자살의 관계를 규명하는 후속연구를 통해, 열악한 사회적 ·

경제적 조건과 자살행동과의 연관성을 입증했다.

(2) 심리학적 이해

프로이트(Freud)는 자살에 대한 심리적 통찰을 처음으로 제시했다. 1917년 그의 논문 "애도와 우울증"(Mourning and melancholia)에서 우울증 환자로부터 관찰할 수 있는 자기증오(*self hatred*)는 본래 사랑하던 대상에 대한 분노에서 연유한 것이며 대상자에게 향했던 분노가 자기 자신에게 전향된 것이라는 점을 지적했다. 즉, 정신적으로 혼란에 빠진 사람에게서 거의 의식적 차원에서 느끼는 살인적 분노(*murderous rage*)가 반전되어 상대를 무의식적으로 자신과 동일시해 자신을 죽임으로써 상대방을 죽이는 목적을 달성한다. 따라서 다른 사람을 죽이고 싶었던 억압된 욕망이 선행되지 않은 자살이란 없다고 했다.

매닝거(Menninger, 1966)는 《자신에 대항하는 사람》(*Man against Himself*)이라는 저서에서 자살행위를 일으키는 정신역동적 동기를 죽이고자 하는 소망, 죽음을 당하고 싶은 소망, 죽고 싶은 소망으로 구분했다. 죽이고자 하는 소망은 공격성, 비난, 규탄, 제거, 파멸, 복수 등으로 기술되며 죽임을 당하고 싶은 소망은 복종, 피가학성, 자기비난, 자기규탄으로 기술되고 죽고 싶은 소망은 절망, 공포, 피곤, 낙망, 고통 등으로 기술된다.

또한 쉬나이드먼, 파베로, 그리고 니트먼(Schneidman, Farberow & Litman, 1976)은 정신역동적 측면에서 자살을 다음과 같이 4가지 형태로 나누어 설명했다. 첫째, 자살을 더욱 나은 생으로의 이행으로 믿거나 명성을 위한 것으로 보는 경우이다. 둘째, 정신병적 환상이나 망상을 충족하기 위해 자살하는 경우이다. 셋째, 사랑하는 사람에게 애통한 슬픔을 갖게 하리라는 앙갚음의 입장으로 자살하는 경우이다. 넷째, 늙음과 사별의 아픔이나 질병의 고통으로부터 해방되리라고 생각하는 경우로 자살을 받아들이는 경우이다.

이외에도 자살을 징벌을 받고자 하는 욕구가 있을 때 속죄의 뜻으로 일어난다는 이론, 이미 저승에 간 사랑하는 사람과의 재결합을 위해 자살을 한다는 이론, 다른 사람을 벌주기 위함, 가치관의 상실 등의 다양한 학설이 있다.

자살에 관한 인지적 관점에서 연구한 바우마이스터(Baumeister, 1991)는 《자기로부터의 도피》(*Escaping The Self*) 라는 책과 이 책이 나오기 한 해 전에 발표한 논문 "Suicide as escape from self"(1990)에서 인간이 자살에 이르는 심리적 과정을 '자기로부터 도피로서의 자살'이라는 가설로 설명했다. 즉, 인간은 자신의 고통으로부터 도피하는 수단으로서 자살행동을 한다는 것이다.

그는 자살에 이르는 도피과정을 다음과 같이 보았다. 첫째, 개인이 이루고자 하는 기대수준은 높은 데 반해 현실적 상태는 그에 미치지 못할 때 기대와 현실 간에 괴리가 생기게 된다. 둘째, 기대와 현실 간에 괴리가 생긴 이유를 자신의 탓으로 돌려 자기비난과 부정적 자기평가를 내린다. 셋째, 주의의 초점이 자기에게 돌려져 고통스런 자기지각이 더욱 첨예화되고 자신에 대해 더욱 부정적으로 평가한다. 넷째, 그러한 결과로 자신에 대한 부정적 정서상태가 초래된다. 다섯째, 개인은 이런 고통스런 생각과 감정을 없애줄 수 있는 강력한 수단을 찾는데 이 과정에서 인지적 몰락(*cognitive deconstruction*) 상태가 유발된다.

'인지적 몰락'이란 '정신기능의 협소화'(*mental narrowing*)로서 모든 사상에 대해 의미를 부여하기를 거부하고 모든 것을 피상적 · 무가치적으로 지각하고 해석하는 정신상태를 말한다. 이러한 상태는 자살을 저지하는 여러 가지 내적 억제력을 약화하는 기제가 되어 결국은 부정적으로 인식된 자신과 부정적 감정으로부터 탈출하려는 수단으로서 자살과 같은 극단적이고 자기파괴적 선택을 한다. 자살뿐 아니라 알코올 및 약물남용, 성적방종, 충동적 과식 등 다양한 자기파괴적 행위도 인지적 몰락상태와 관련이 있다.

에이먼과 에이먼은(Eyman & Eyman, 1991)은 모든 인간은 개인이 자신과 세계에 부여한 희망이며 신념체계인 삶의 환상을 갖는데 자살이란 이러한 삶의 환상을 위협하는 내적 표상을 제거하기 위한 것이라고 했다. 자살행위를 하는 사람은 ① 제한적이고 비현실적이며 깨지기 쉬운 삶의 환상을 가지며, ② 이들의 삶의 환상을 깨버리는 외적 사건이 있으며, ③ 이러한 딜레마를 해결하기 위한 방법으로는 죽음 이외에는 다른 방법이 없다고 생각하며 이러한 조건이 충족된 경우 자살 가능성이 높아진다.

(3) 생물학적 이해

자살에 취약한 유전적 특질이 있다는 이론도 있다. 배흘러(Baechler, 1979)는 자살자와 그 가족의 자살 또는 자살 기도자와의 관련성을 연구한 결과, 일반적으로 자살자 가족이 다른 사람보다 자살률이나 자살 기도율이 현저하게 높게 나타났다.

이는 자살을 일으킬 수 있는 특질이 존재하며 이런 특질은 유전된다고 본다. 즉, 똑같은 스트레스를 경험하더라도 어떤 사람은 불안이나 신체증상을 일으키는데 어떤 사람은 우울증을 일으키기도 하고 자살하기도 하는 차이점 때문에 유전적 소인과 관련되는 것이 아닌가 하고 추측하게 한다.

그는 자살자의 사례연구에서 어떤 이는 살아가는 동안 자살의 생각이 잠시도 머리에서 떠난 적이 없다고 고백하는 경우도 있다고 밝혔다. 로이 등(Roy et al., 1991)은 자살성향 자체가 유전인자를 통해 후대에 전달된다는 가설로 자살성향의 배후에는 정신질환에 약한 유전인자가 있으며 이 인자가 계속 유전된다고 했다.

또한 생화학적 관점에서 볼 때 자살은 세라토닌(*serotonin*)과 밀접한 관련이 있다(민성길 외, 1999). 인간의 뇌는 수많은 신경세포로 구성된다. 각 신경세포는 신경전달물질을 통해 서로 정보를 교환하는데 이 중 하나가 세라토닌이다. 자살자의 뇌를 해부한 결과 세라토닌이 뇌에서 평균치보다 낮게 검출되었다. 세라토닌의 대사물질인 5-HIAA(*5-hydroxyindole acetic acid*) 역시 낮게 검출되었다(Van Praag, 1986). 그런가하면 뇌척수액 중에서 5-HIAA의 수준이 낮은 사람을 추적·조사했는데 이들 중에서 20%가 1년 내에 자살했다고 한다(Traskman et al., 1981).

애즈베르그 등(Asberg et al., 1976)은 낮은 양의 5-HIAA 수치를 보인 우울증 환자 가운데 50%가 자살을 기도했음을 발견한 반면, 정상수치를 보인 우울증 환자는 단 15%만 자살을 기도했다. 이러한 사실은 세라토닌의 양과 자살행동의 연관성을 말해 주는 것이다.

그러나 우울증 환자 중 자살기도를 한 집단에서 세라토닌 결핍이 있다는 보고가 있지만 총기나 뛰어내리기와 같은 강렬하고 공격적인 방법으로 자살기도를 한 집단이 덜 강렬한 방법으로 기도한 집단에서보다 뇌척수액에서 5-HIAA 수치가 더 낮다는 보고도 있다. 그러므로 낮은 5-HIAA의 양은 자살자에게만 발견되는 것이 아니라 다른 성격적 요소와도 관련이 되는 것으로서 뚜렷하게 결론을 내리기가 어렵다.

(4) 종합적 이해

인간의 행동이란 지극히 개인적이면서도 사회적 산물로서, 인간은 사회적 환경과의 상호작용 속에서 여러 가지 복잡한 심리적 작용을 일으키고 이를 행동으로 나타낸다. 자살행동을 잘 이해하기 위해서는 이러한 사회환경과 개인적 특성의 두 가지 측면을 모두 고려해야 한다. 자살은 개인의 특정한 부적응적 과정과 특정한 환경적 조건과의 복잡한 상호작용으로부터 일어난다.

그러므로 자살충동과 행동은 사회적·대인관계적·환경적 변인의 계속된 교류를 통해 일어나는 다차원적 과정으로서 가장 잘 개념화된다고 할 수 있다(Beck, Kovacs, & Weissman, 1979; Kovacs, & Garrison, 1985; Beck, Steer, Beck & Newman, 1993; Braucht, 1979; Bonner & Rich, 1987, 1988; Schotte & Clum, 1987).

2) 자살 위기개입 방법과 자살예방

(1) 자살 위기개입 방법

보통 자살은 자연스러운 행동이 아니라는 점을 기억해야 한다. 즉, 사람들은 자신의 종말을 갑작스럽게 결정하지는 않는다. 정신보건사회복지사는 다음과 같은 자살 위기개입 방법을 숙지하고 일해야 한다.

① 위기상황에 대한 파악

위기상황을 파악해야 한다. 상황에 대한 파악을 통해 클라이언트가 자살계획을 실행할 가능성이 높으면 전문가는 개입해야 한다. 클라이언트와 자살에 대해 애기하는 것을 두려워하지 말아야 한다.

② 개방과 정직

클라이언트에게 개방적이고 정직해야 한다. 이를 위해 진실해야 하며 클라이언트와 공감해야 할 뿐만 아니라 감정에 민감하고 신뢰감을 주며 권위가 있어야 한다.

③ 감정에 대한 평가

클라이언트들의 감정에 대한 심각성을 평가해야 할 필요가 있다. 클라이언트는 아마 자살하려는 게 아니고 매우 화가 난 것일 수도 있다. 또한 어떤 이는 별로 화가 난 것처럼 보이지는 않지만 자살성향이 높을 수 있다. 전문가는 이 상황을 평가할 수 있어야 한다.

④ 비판이 아닌 수용하기

클라이언트의 모든 내용과 감정을 진지하게 받아들여야 한다. 전문가는 클라이언트의 말에 동의하지 않더라도 클라이언트의 말을 기꺼이 들어야 한다.

⑤ 폭넓은 전망

클라이언트가 위기상황에 대해 더 넓은 전망을 갖도록 해야 한다. 전문가가 클라이언트의 당면한 위험에 대해 경청하고 충분히 이야기할 때, 클라이언트는 이 상황에 대해 더 넓은 시야를 갖게 된다.

⑥ 기대 갖기

클라이언트의 미래는 희망이 있고 많은 가능성을 지닌다는 것을 믿어야 한다. 클라이언트는 자신의 감정을 이야기함으로써 위기를 감소하며 이전에 보지 못하던 것과 미래의 희망을 본다.

⑦ 대안 마련

클라이언트가 희망을 갖고 미래를 바라봄에 따라 자살의 대안을 생각하게 해야 한다. 자살이라는 말을 언급하는 것을 두려워하지 말고 다른 대안을 선택할 수 있도록 한다.

⑧ 문제해결 계획수립

클라이언트가 문제를 해결할 수 있는 계획을 세우도록 도와줄 필요가 있다. 클라이언트의 문제에 딱 맞게 해결해 주는 것이 전문가의 책임은 아니지만 클라이언트가 당면한 문제에 관한 가능한 해결책을 산출해 낼 수 있도록 인도해야 한다.

⑨ 자원조사

클라이언트가 이용할 수 있는 지역사회 내의 이용 가능한 자원을 조사하고 언제라도 도움을 줄 수 있는 사람이나 기관의 연락처나 전화번호 등을 제공해야 한다.

⑩ 적극적인 지원요청

실천개입을 하는 동안 항상 지원을 요청할 수 있고 지원요청에 대해 두려워하지 않아야 한다. 특히, 위기개입의 목표는 클라이언트와 다른 사람에게 아무 피해 없이 위기가 지나가도록 하는 것이다. 따라서 도움을 받는 것에 대해 주저하지 않아야 한다.

(2) 자살예방

자살예방은 한 개인이나 기관이 할 수 있는 것이 아니고 사회적 관심과 대책을 세워나감으로써 실효를 거둘 수 있다. 정부를 비롯한 다양한 사회주체가 자살예방을 위해 함께 연대하고 조직적 활동을 전개해 나가야 한다. 특히, 자살충동에 사로잡힌 사람에게 사회적 지지망(*social support system*)을 연결해 주어야 한다. 자살예방을 위한 제언은 다음과 같다.

① 국가적 차원의 전략수립

국가적 차원에서 전략을 수립해야 한다. 자살은 예방할 수 있는 중요한 공공의 정신건강 문제로 바라보고 적극 대처한다.

② 자살예방센터의 설립과 운영

예방센터를 지역단위로 설립해 센터를 중심으로 사회적 지원 네트워크를 구성한다. 경찰서, 소방서, 병원, 학교, 정신보건센터 등과 긴밀한 협조체계를 구축한다.

③ 자살예방 교육실시

학생, 학부모, 일반인을 대상으로 한 스트레스 관리교육, 생명존중 교육과 자살예방 인지교육 등을 실시한다. 우울증 및 스트레스 관리, 분노 및 충동조절 능력향상 프로그램 보급 등과 더불어 학교교육, 사회교육, 매스컴의 활용을 통해 자살을 예방한다.

④ 사회적 안전망의 확충

사회적 안전망을 확충한다. 경제적 · 정신적 어려움에 처한 사람이 극단적 선택을 하지 않도록 계속적 지원과 대책을 마련한다.

⑤ 자살예방을 위한 안전장치의 마련

자살수단의 접근 가능성을 정책적으로 통제하고 안전장치를 마련한다. 지하철, 한강, 아파트, 독극물, 총기류 등 자살수단을 통제하고 자살 사이트에 대해 지속적으로 관리한다.

• 생각 다듬기 •

1. 알코올중독은 단순한 개인의 병리일 뿐 아니라, 가족구성원 자체가 갖는 문제라고 하는 이유에 대해 정신보건사회복지사의 입장에서 토론해 보자.

2. 정신보건사회복지사인 나는 어느 날 직장에서 늦게 귀가했는데 학교에서 돌아온 내 자녀가 방안에서 우는 것을 보았다. 이야기를 들어보니 자녀가 하굣길에 낯선 이성에게서 성폭행을 당한 것이었다. 자녀의 엄마이면서 정신보건사회복지사인 나는 어떻게 이 문제에 대처할 것인가?

3. 이 장에서는 알코올, 약물, 도박, 학대, 방임, 성폭력, 자살에 대한 문제를 살펴보았는데 이 문제 중 한 가지를 골라 정신보건 서비스에 대한 접근방법에 대해 토의해 보자.

제 11 장

실천대상별 서비스

1. 아동 · 청소년 정신건강

아동 · 청소년은 건강한 성인이 되기 위한 준비기간으로서 어린 시절의 경험이 인격성숙과 정신건강 유지에 결정적으로 중요하다는 인식이 확산되면서 아동 · 청소년의 정신건강에 대한 관심과 염려가 증가했다(이영호 · 심경순 · 김태준, 2006).

1) 아동 · 청소년 시기의 정신질환

정신적으로 건강한 아동은 학습, 학교생활 등을 자신의 능력 안에서 해 낼 수 있고 적절하게 놀이를 즐기며 가족 및 친구와의 관계를 원만하게 맺을 수 있다. 반면, 정신적으로 건강하지 않은 아동은 자신의 성과 연령에 맞지 않는 생각과 행동, 감정을 보이고 정신적 발달이 정지 또는 지연 · 퇴행 · 왜곡되는 것을 말한다(한국보건사회연구원, 2006).

아동·청소년 시기에 나타나는 정신의학적 평가가 필요한 정신건강 문제의 신호는 다음과 같다. 첫째, 학업에 어려움이 있다. 학교성적의 뚜렷한 저하, 열심히 하는 데도 불구하고 성적이 안 좋을 때 등을 말할 수 있다. 둘째, 심한 걱정과 불안감이 생긴다. 학교 가는 것, 잠자는 것, 연령에 맞는 활동참여에 지장을 주는 정도의 불안이 나타난다. 셋째, 우울신호가 나타난다. 무표정하며 사람과 어울리기를 싫어하는 경향을 드러낸다. 넷째, 행동조절에 어려움이 있다. 과다활동, 꼼지락거리기, 보통 놀이 시간을 넘어 지속적 움직임이 계속된다.

다섯째, 지나치게 공격적으로 변한다. 지속적 반항 또는 공격성(6개월이 넘는) 그리고 권위자에 대한 도발적 반항, 설명할 수 없는 잦은 떼쓰기 등이 반복적으로 나타난다. 여섯째, 입맛이 급격하게 변한다. 식욕상실과 증가, 체중저하와 증가, 이물질을 먹는 행동 등이 나타난다. 일곱째, 성적인 행동에 변화가 생긴다. 지나친 자위행위, 과다노출 등을 한다. 여덟째, 수면문제가 발생한다. 과다수면, 불면증, 지속적 악몽, 야뇨증 등이 발생한다.

한편, 성장과 발달을 저해하는 가장 흔한 문제로는 분리불안과 학교공포증, 우울증과 강박증, 틱장애, 품행장애, 주의력결핍 과잉행동장애, 학습장애 등이 있다.

2) 치료

아동·청소년 환자의 정신과적 치료를 결정하기 전에 전문가는 환자의 정신과적 문제 및 가족병리를 철저하게 조사·분석해야 한다. 이로써 환아(患兒)나 가족배경을 포괄적으로 이해한 후에 치료방침을 세워야 최대한의 치료효과를 얻을 수 있다.

아동의 발달과 발달과제의 성취여부를 평가하고 학교, 사회, 가정 내에서 아동의 역할이나 상호관계 그리고 이들의 영향을 체계적으로 평가해야 한다. 또한 선천적 요인과 생리심리사회적(*biopsychosocial*) 에서 통합적 접근이 필요하며 의사, 사회복지사, 임상심리사, 특수교사, 언어치료사, 작업치료사 등의 다학제 간 협력이 아동·청소년 정신건강 치료에 효과적이다.

아동 및 청소년을 둘러싼 1차적 관계망인 가족에 대한 치료적 접근은 매우 중요하다. 부모를 포함한 가족이 치료의 협력자로서 적극적으로 참여할 수 있도록 해야 한다.

(1) 정신치료

대화가 가능한 아동과 청소년에게는 정신치료가 가능하다. 아동정신치료는 정서장애에 대한 정신분석학 이론, 사회적·행동적 학습이론, 정신병리와 치료에 대한 이론, 가족구조 간의 상호작용 이론 및 발달학적 이론 등에 근거를 둔다. 어떤 이론에 근거하든 치료자는 소아 및 청소년의 나이에 해당하는 정상적 행동양식, 감정, 지적 능력, 사회적·성적 기능, 도덕수준 등과 관련해서 풍부한 지식이 있어야 한다.

(2) 치료 레크리에이션

대체로 10세 미만의 아동과 대화의 한계가 있을 경우에는 정신치료가 어렵기 때문에 놀이나 레크리에이션을 통해 치료를 수행한다. 아동은 놀이나 레크리에이션 등을 통해 간접적으로 자기를 표현할 수 있기 때문이다. 진단에도 도움이 된다. 놀이나 레크리에이션을 통해 관계형성이 촉진되고 감정적 혹은 의식적 갈등의 표현, 생각, 행동, 불안에 대한 방어기제를 관찰할 수 있다. 놀이나 레크리에이션은 또한 성인의 정화와 같은 치료효과를 갖는다.

(3) 가족치료

아동의 치료에서 가족이 대단히 중요하다. 아동이 어릴수록 아동을 치료하기보다 부모를 치료하게 된다. 학령기 전의 치료는 거의 부모를 대상으로 이루어진다. 대체로 남근기 연령의 아동으로서 스스로 정신치료를 받을 수 있는 경우는 매우 드물기 때문이다. 치료는 부모 또는 부모-자식(환자) 간의 상호작용 또는 가족과 환자와의 상호관계에 대해 행해진다. 소아가 치료대상이 아니라 가족집단이 치료대상이다. 치료자에게 아동은 가족전체를 대표한다.

(4) 집단치료

소수의 아동을 함께 치료하는 방법이다. 같이하는 놀이, 예술활동 등을 통해 아동이 각자의 문제해결을 도모할 때 이를 집단치료라고 부른다. 과거에는 이들 집단은 가족처럼 간주되고 치료자는 대리부모 같은 역할을 하며 집단 내 현상은 가족 내에서의 행동양식이 재현된다고 보았다. 그러나 최근 집단치료의 집단은 친구 간의 집단으로 간주되고 여기서 사회화 과정이 촉진된다고 보았다.

대인관계 경험이 부족한 환자는 개인 정신치료를 받게 하는 것이 좋다. 사춘기 환자에게는 개인치료와 집단치료를 겸할 때 치료효과를 볼 수 있다. 부모의 이해와 협조를 위해 그리고 아동과 관련된 자신의 적응문제를 해결하기 위해 부모의 집단치료도 많은 도움이 된다.

(5) 입원, 거주치료 및 낮 치료

장애가 급성이거나 응급인 경우 우선 병원에 입원하는 것이 필요하다. 입원 후 급성상태가 회복되면 이어서 교육, 치료 레크리에이션, 재활치료 등이 시행할 수 있다. 그러나 장기치료가 필요하면 거주치료나 낮 치료로 옮겨서 치료한다.

장애가 심하거나 체계적 약물치료를 요하는 장애라면 장기 입원치료가 바람직하다. '거주치료'란 아동이 정신과적 치료원칙에 입각해 체계화된 거주환경 안에서 거주하며 받는 치료를 의미한다. '낮 치료'는 환자를 가정에서 격리시키지 않은 채 매일 낮 동안만 병원에서 통합적 치료를 하는 것이며 낮 병원과 같은 개념으로 볼 수 있다.

(6) 생물학적 치료

약물치료가 최선이라 해도 약물 자체만으로는 치료의 전부가 될 수 없다. 즉, 약물치료를 할 때도 아동에게 간단한 정신적 측면의 치료와 더불어 부모상담 등의 치료를 겸해야 더욱 큰 효과를 얻을 수 있다. 약물을 처방하려고 할 때 정확한 진단과 증상에 대한 평가는 물론 위험과 이익을 고려해야 한다.

아동 자신뿐 아니라, 가족과 학교에서 반대가 있을 가능성을 잘 고려해야 한다. 약물 역학적으로 아동은 대개의 정신활성 약물을 성인보다 빨리 대사하며 비교적 높은 용량을 잘 견딘다. 부작용으로는 성인의 경우와 유사하다.

3) 아동 · 청소년 정신보건체계

아동 및 청소년의 정신건강에 관해서는 아동의 보호자인 부모와 가장 많은 활동이 이루어지는 학교의 교사 등이 매우 중요한 가교역할을 한다. 그런데 이러한 아동 및 청소년을 둘러싼 환경체계에서 정신건강에 대한 적절한 인식과 연계체계가 미흡하다면 아동 및 청소년의 정신건강 서비스에서 질적 차이를 가져온다. 이는 교사나 부모의 정신건강에 대한 인식이 아동 및 청소년의 서비스의 첫걸음이 되고 향후 발달단계에 중요한 역할을 하기 때문이다.

〈그림 11-1〉 아동 · 청소년 정신보건체계

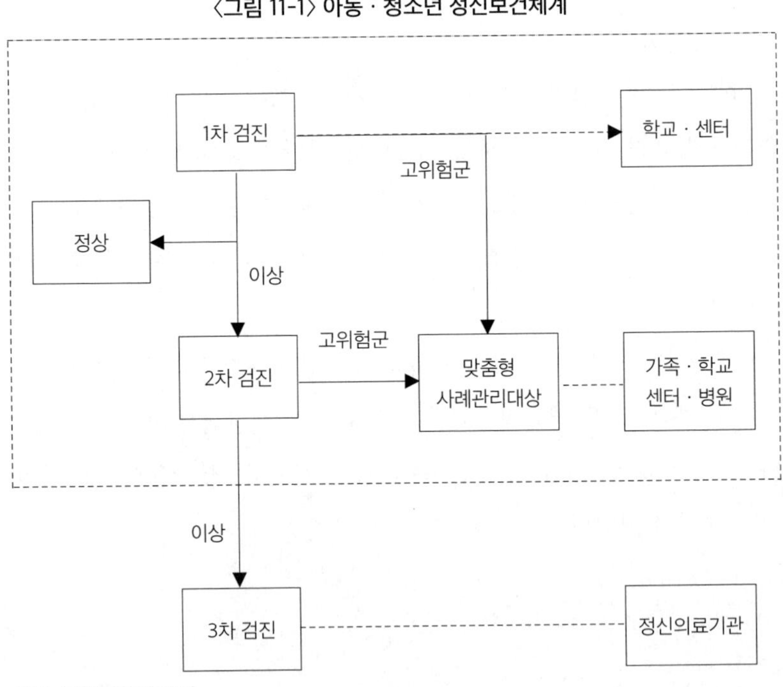

출처: 보건복지부(2007).

4) 정신보건센터를 중심으로 이루어지는 아동 · 청소년 정신보건 서비스

아동 · 청소년 정신보건사업은 정부의 주요 정책 중 하나이다. 전국 정신아동 · 청소년 정신보건센터는 130개소이다(보건복지부, 2016). 정신보건센터를 중심으로 이루어지는 아동 · 청소년 정신보건 서비스 가운데 지역사회의 아동 · 청소년의 정신건강 유지 및 예방을 위한 홍보와 교육으로는 '아동 · 청소년 정신건강 캠프', '청소년을 위한 정신건강 음악회', '대시민 강연회', '아동 · 청소년 정신보건 관계자 교육', '아동 · 청소년센터 직원교육', '학교교사 및 학부모 교육' 등이 있다.

학교 정신보건사업을 통한 정신건강 서비스에는 '사회성 증진 프로그램', '음주 및 금연 프로그램', '인터넷 중독 예방 프로그램', '학습 효율성 향상 프로그램'이 있다. 지역사회 내의 아동 · 청소년을 위한 연계구축을 통한 통합적 협력체계 만들기에는 '학교-가정-청소년 상담기관-지역사회복지관 연계망 구축'이 있다.

끝으로 주요 정신장애를 조기에 발견 및 치료하기 위한 지역사회 관리체계 구축하기로는 '학교교사 및 부모를 대상으로 한 정신건강 교육, 부모역할 교육, 효과적인 자녀양육 방법 등에 대한 교육'과 '지역사회를 대상으로 정신보건체계에 대한 정보제공' 등이 있다.

2. 노인 정신건강

노년기에는 젊은 성인기에 볼 수 있는 여러 정신장애가 전부 나타날 수 있다. 조현병이나 우울증뿐만 아니라 조증, 알코올이나 약물의존 등 모두 나타날 수 있으나 노년기에 흔히 발생하는 대표적 정신장애로 기질성 정신장애인 치매와 기분장애인 우울증이다. 그 외의 인지장애와 자살, 약물 때문에 나타나는 정신장애도 노년기 정신장애로 대두된다.

노년기 정신장애의 유발인자로는 사회적 역할의 상실, 자발성의 상실, 친지 및 배우자의 죽음, 건강의 약화, 고립, 경제적 압박, 인지기능 저하 등이 있다. 그러므로 노년기 정신장애는 신체적 요소의 체계적 진단은 물론 사회・문화적 요소를 포함한 포괄적인 진단 및 치료대책이 수립되어야 한다.

그러나 노인의 정신건강과 정신보건 문제에 대해서는 사회적으로 묵인했고 전문가도 노인의 정신의학이나 노인의 정신건강 문제에 대해서는 기본적으로 회의적으로 생각하는 경우가 많다. 특히, 심리적・정서적 부분에서 소외와 사회적 문제가 복합적으로 작용함으로써 나타나는 노인의 정신건강 문제는 개입의 효과성을 드러내기 어렵고 문제의 양상도 다양하기 때문에 노인정신의학을 선택하는 전문인력 또한 부족한 실정이다.

향후 노인인구의 증가와 더불어 노인 의료비의 증가는 노인의 신체적・정신적 예방 차원에서 접근할 필요성을 제시한다. 여기서는 노년기의 주요 정신장애인 치매와 노년기 우울증에 대한 이해와 더불어 노인전문병원에서 노인의 심리적 안녕과 정신건강을 위한 정신사회 재활치료 프로그램의 하나인 회상치료 프로그램의 실제를 통해 노년기 정신건강의 접근방법을 살펴보고자 한다.

1) 치 매

(1) 치매의 개념

치매는 대표적인 신경정신계 질환으로 의식의 장애가 없이 후천적으로 나타나는 현상으로 통상적 사회생활이나 대인관계에 장애를 초래할 정도로 기억을 비롯한 여러 인지기능의 장애가 있는 상태로 정의한다. 주요 증상으로는 기억, 추상적 사고, 판단 및 고등대뇌피질 기능의 장애와 성격변화, 불면, 망상, 행동장애 등도 흔히 동반되는 것이 특징이다. 역학조사에 따르면, 중등도 내지 중증치매의 유병률은 65세 이상에서 5~7%인데 연령의 증가에 따라서 유병률은 급증해서 80세 이상에서는 20~30%에 이른다고 보고된다.

치매의 원인으로 노년기에 가장 흔한 것은 알츠하이머병과 다발성경색치매이며 입원한 환자를 대상으로 한 사후연구에 따르면 50%가 알츠하이머병, 20%가 다발성경색질환, 15~20%는 두 질환을 모두 앓았다는 보고가 있다. 우리나라에서는 알코올성 치매도 흔하며 각종 산업재해 및 교통사고 등으로 나타난 외상 후 치매 역시 주요 원인으로 지적된다.

(2) 치매의 유형

① 알츠하이머병

신경병리학적·신경화학적 소견을 갖는 원인 미상의 원발성, 퇴행성 대뇌질환이다. 대개 서서히 발병하며 대부분 10~15년에 걸쳐서 천천히 그러나 꾸준히 진행된다. 노년기에 생기는 알츠하이머병은 65세 이후에 생기는 원발성 퇴행성 치매의 대표적인 경우이다. 65세 이전에 발병한 경우는 유사한 치매의 가족력이 있는 경우가 많다. 더 빠른 경과를 보이고 언어실조나 운동실조처럼 측두엽이나 두정엽 손상의 양상이 두드러진다. 늦게 발병하는 경우는 과정이 좀더 느리고 고위피질 기능에서 더욱 전반적 장애로 드러나는 것이 특징적이다.

치매와 건망증의 차이의 차이는 다음과 같다. 우선 치매는 사건 자체를 잊고 귀띔을 해줘도 기억을 못한다. 기억력 저하를 모르거나 인정하지 않는다. 건망증 이외에도 다른 인지기능 저하가 있다. 반면, 건망증은 사건의 세세한 부분만 잊는다. 귀띔을 해주면 금방 기억하며 기억력에 문제가 있음을 인정한다. 치매와 건망증 분명히 다르다. 나이가 들면서 건망증이 심한 경우, 특히 계속해서 건망증이 발전하거나 판단력이 떨어진다면 치매로 발전할 수 있으므로 진찰을 받는다.

② 혈관성 치매

치매의 원인 중 가장 흔한 형태이다. 병리조직학적으로는 뇌의 전반적 위축, 뇌실의 확장, 신경섬유 농축체(*neurofibrillary tangle*)와 노인성 반점(*neuritic plaque*) 등이 특징이다. 미국의 전 대통령 로널드 레이건(Ronald Reagan)이 이 질환을 앓았다고 알려지면서 세인의 관심을 더욱 끌게 되었다.

임상적 특징은 점진적인 기억, 판단, 언어능력 등 지적 기능의 감퇴와 일상생활 능력, 인격, 행동양상의 장애 등이다. 병에 걸리면 초기에는 이름, 날짜, 장소와 같은 것이 기억에서 사라지고 심해지면 화장실을 가거나 요리를 하거나 신을 신는 일 등의 일상생활조차도 잊는다. 동시에 우울증세나 인격의 황폐화, 격한 행동 등의 정신의학적 증세도 동반된다.

이러한 증세가 점진적으로 진행되어 결국은 죽음에 이르게 된다. 발병 후 서서히 죽음에 이르는 기간은 8~10년 정도이지만 사람에 따라 20년이 넘는 경우도 있다. 특히, 노년인구의 증가와 함께 급격히 증가하는 이 질환은 환자 자신과 가족 그리고 의학적·사회적 측면에서의 다각적 접근을 강구해야 할 질환이다. 원인규명과 치료를 위한 노력을 기울이지만 아직 뚜렷한 해답을 찾지 못했다. 다발성경색치매를 포함하는데 알츠하이머병의 치매와 발병, 임상양상, 경과에서 구별된다. 전형적으로 잠깐 동안의 의식장애, 잠깐 지나가는 마비 혹은 시력상실 등을 동반하는 일과성 허혈발작의 병력이 있다.

치매는 일련의 급성뇌혈관발작 후에 오거나 덜 흔하지만 한 번의 뇌졸중 후에 올 수도 있다. 대개 만년에 일어나는 발병은 급작스럽게, 한 번의 특정한 허혈성 에피소드 후에 오거나 좀더 서서히 올 수도 있다. 치매는 대개 고혈압성뇌혈관질환을 포함한 혈관질환으로 인한 뇌경색의 결과이며 경색소는 대개 작지만 축적되어 영향을 나타낸다.

(3) 증상

일반적 증상으로서 대표적인 모습은 첫째, 기억력에 문제가 생긴다. 사람이름, 전화번호 기억이 어려움, 며칠 전에 들었던 이름을 잊고 같은 질문을 반복한다. 또한 어떤 일을 하고도 금방 잊거나 드라마나 코미디 프로가 재미없어진다. 둘째, 말을 하거나 글을 읽기가 어려워진다. 물건의 이름이 잘 생각나지 않고 하고 싶은 말이나 표현이 잘 떠오르지 않는다. 셋째, 방향감각이 떨어진다. 길을 잃거나 헤맨다. 넷째, 계산이 힘들어진다. 돈 관리를 못하며 거스름돈을 받아올 때 실수를 자주 한다. 다섯째, 성격이 달라지거나 어린아이처럼 행동한다.

〈표 11-1〉 치매의 진행단계별 증상

단계	증상
제 1기 (1~3년)	• 기억력과 위치에 대한 감각이 점차 사라짐(새로운 학습의 장애) • 어휘력은 떨어지나 언어장애는 나타나지 않음 • 성격이 약간 변함 (무관심, 과민성) • 운동기능은 정상적임 • 물건의 위치를 알지 못해 집안일이 조금 어려움 • 낯선 곳에 가면 길을 잃음 • 예전에 하던 세밀한 일은 못하고 집중력이 감소
제 2기 (65세 미만 3~4년, 65세 이상 8년)	• 장기 기억력 장애가 심해지고 시간과 장소에 대한 지남력 손실 • 말의 조리가 없어지고 의미가 통하지 않음 • 세밀한 일은 못하나 간단한 일은 가능함 • 쉽게 흥분하거나 주변에 대해 관심이 없어짐
제 3기	• 대소변장애 • 운동장애, 전신의 강직

치매가 심해진 경우의 증상으로는 망상, 우울증, 때리거나 욕설을 하는 등 공격적 행동을 한다. 쓸데없이 밖을 돌아다니거나 멍하니 있고 밤에 잠을 못 자며 가만히 있으면 안절부절 못한다. 감정의 기복이 심해지며 목욕이나 세수를 하지 않는다. 성적 행동이나 충동적 행동을 조절하지 못하는 경우 등이 있다.

(4) 진단과 치료

진단은 기본적 검사나 뇌 영상검사 외에 신경심리학적 검사, 임상적 특징 증상과 간이정신상태평가(*minimental state examination* · MMSE) 가 유용한 지표가 된다. 감별진단으로는 대표적으로 섬망, 가성 치매 및 혈관성 치매를 들 수 있다. 치료는 크게 약물치료와 정신사회적 치료로 나눌 수 있으며 약물치료에는 인지기능에 관한 약물치료와 정신증상을 완화시키는 약물치료 등이 있다. 정신사회적 치료에는 인지치료, 미술치료, 음악치료, 회상치료, 치료 레크리에이션 등이 있다.

2) 노년기 우울증과 치료방법

우울증상은 노인 중에서도 약 15% 정도 나타난다. 늙는다고 다 우울한 것은 아니다. 이것은 편견이며 이러한 편견으로 노인우울증 환자가 적절한 치료를 받지 못한다. 노인우울증은 적절한 치료로 호전될 수 있는 질환이다. 노령 자체가 우울증을 일으키는 위험 요인은 아니지만 혼자가 되거나 만성적 내과질환을 앓을 때 우울증이 발생하기 쉽고 노년기에 발병된 우울증은 재발률이 높다.

노년기 우울증의 흔한 징후와 증상은 에너지와 집중력의 저하, 이른 새벽이나 밤중에 자주 깨는 수면장애, 식욕저하, 체중감소나 신체증상 등이다. 노인은 훨씬 더 신체증상을 호소하고 강조한다. 주요 우울증 삽화가 심하게 나타날 때는 우울증, 건강염려증, 자존심 저하, 무가치감, 자기비난과 편집사고나 자살사고를 보인다. 노년기 우울증의 치료방법으로는 정신치료, 단기치료, 가족치료, 집단치료, 정신사회적 치료로 나눌 수 있다.

(1) 정신치료

프로이트는 50세 이상이 되면 정신기능의 탄력성이 없기 때문에 정신분석을 할 수 없다고 했지만 후학은 노년기에도 정신분석이 가능하다고 했다. 특히, 융(Jung)은 35세 이후에는 내면을 성찰하고 자기실현의 과정을 밟아나가는 개성화가 중요하다고 강조했다.

노년기의 중요한 치료목표는 친지나 친구, 사랑하는 사람들과 사별하는 데 대한 대처방안과 은퇴로 오는 새로운 역할에 잘 적응하도록 돕는 것이다. 정신치료로 생물학적 · 문화적 바탕에서 오는 긴장을 해소하도록 돕고 과거의 사회에서 훈련, 활동했던 자신에 대한 관념과 기능수준의 한계성을 알고 현실을 받아들여 활동하도록 한다.

노인환자의 45%가 정신치료로 요실금이 적어지고 보행이 좋아졌으며 정신적으로 예리해지면서 기억장애, 청력장애와 인지장애가 좋아졌다는 보고가 있다. 치료자는 활발하고 지지적이며 융통성이 있어야 한다. 노인을 치료하는 사람은 먼저 자신의 인생에서 노인에 대한 해결되지 못한 분노와 무의식적 화, 죽음에 대한 공포를 해결해야 하고 인생의 마지막 주기에 대한 낙관적 견해와 노인도 사회에서 중요한 사람이라는 순수한 믿음을 가져야 한다.

때로 노인은 치료자의 무한정한 지지와 재확인과 인정을 원하기 때문에 치료자가 모든 것을 알고 대단한 힘이 있어 마술적 치료를 할 수 있다는 불합리한 믿음을 가질 수도 있지만 대부분의 환자는 결국 치료자도 인간이라는 것을 인식하고 행동하려는 노력을 하게 된다. 치료할 때 직접적 격려, 재확인, 충고를 할 수 있고 갈등을 해소함으로써 환자의 자신감을 북돋울 수 있다.

정신치료 중 대부분의 노인은 젊은 치료자라도 부모화하는 전이감정이 생겨 의사와의 현 관계를 과거의 부모관계로 재현해 유아적 반응을 나타내기도 하며 어린애 같은 의존, 반항, 불복종을 보일 때도 있다. 치료자에 대해 형제, 자매, 삼촌 또는 조부모 같은 태도로 대할 때도 많다.

노년기 정신치료의 원칙은 다음과 같다.

- 자기-조절, 자기-효율성, 희망을 고취시킨다.

- 보호자, 가족, 간병인과의 관계를 증진시킨다.
- 삶의 의미를 밝힌다.
- 주위환경에서 작더라도 생산적인 일에 참여시킨다.
- 치료목표를 과도하게 설정하지 않는다.
- 환자가 의미 있는 관계에서 대화하는 것 자체가 중요하다.
- 치료자가 적극적이고 지시적으로 접근할 필요하다.

(2) 단기치료

인지치료와 같은 단기치료 접근이 노화과정에 대한 자신의 편견과 왜곡된 사고를 수정하는 데 도움이 될 수 있다. 운동이나 성생활 및 새로운 일이나 기술을 배우고 습득하기에 너무 늙었다고 생각하는 사람에게 직접적 치료중재는 인지적 왜곡을 개선시킬 수 있다.

(3) 가족치료

가족치료의 주안점은 가족 중 한 사람만이 책임을 떠맡는 것이 아니라 골고루 환자를 돌볼 수 있도록 인적 자원을 배분하게 하고, 환자를 대하는 자식의 태도에 대한 문제점이나 가족들의 갈등을 다루며, 치료의 필요성을 인식시키는 것이다.

(4) 집단치료

노인의 집단치료는 상호지지를 받을 수 있는 기회를 주기 때문에 여러 가지 능력이 쇠잔해 가는 노인환자 치료에 도움이 된다. 때로는 집단 구성원이 새로운 친구가 될 수 있고 다른 사람을 도움으로써 자존심을 세울 수도 있다. 경증의 치매 환자는 집단 상호작용으로 자극을 받아 활동적으로 되며 지남력을 유지할 수 있도록 도움을 받는다.

(5) 정신사회적 치료

보호시설에서도 임상심리사, 사회복지사, 정신보건간호사, 직업·작업요법사, 영양사, 운동요법사와 같은 모든 전문요원이 통합적 치료를 함으로써 환자의 인생의 질을 향상시킬 수 있다. 예를 들면, 원예치료, 음악치료, 미술치료, 회상치료, 신문읽기 등이다.

3) 노인을 위한 회상치료 프로그램

(1) 회상의 개념

회상이란 특별히 개인적으로 의미 있는 과거경험을 떠올리거나 연관시키는 것으로 구술적·서술적 혹은 조용한 명상으로서 최고의 안녕수준을 성취하기 위해 상대방에게 과거의 경험을 이야기하는 것이며 인지과정, 정서과정, 언어를 통한 사회적 상호작용이 포함된다.

루이스(Lewis, 1973)는 회상을 과거의 경험을 근거로 자아정체감을 확보하는 것으로 보았는데 이러한 현상은 회상하는 내용을 들어주는 사람이 있을 때 성취되며 노인이 혼자서 조용히 과거를 생각하는 것만으로는 충분하지 못하다며 회상치료에서 상호작용 요소를 강조했다.

버틀러(Butler, 1981)도 들으려는 사람이 있을 때 회상에 참여하는 사람 자신의 사고와 느낌을 표현할 수 있으며 이를 통해 자신이 떨쳐버릴 수 없는 고통스러운 문제들을 재통합하고 재조직하려는 의도를 가지고 생을 되돌아볼 수 있다고 주장했다(Butler, 1981; 엄명용, 2000 재인용).

회상치료는 감각, 지각의 변화, 사회적 고립, 우울, 부적절한 개인적 대응, 두려움, 슬픔, 자아개념 장애, 자가관리 결핍, 기억결손 등의 다양한 심리적 측면에 이용할 수 있는 프로그램이다.

또한 회상치료는 자신에게 의미 있는 과거를 되돌려 생각하는 정신과정과 이를 다른 사람과 의사소통하는 대인관계 과정을 통해 내적 성찰을 가능하게 한다. 뿐만 아니라 회상치료는 노인 본인의 과거환경, 문화, 생활양식을 생각하거나 되짚어봄으로써 노인성 치매의 진행속도를 완화시키거나 그 치료법의 한 가지로, 의미 있는 과거 경험을 고찰하면서 역사적으로 자신을 성찰하게 한다.

특히, 노인에게 과거를 돌이켜보게 함으로서 시간의 흐름에 따른 개인의 발달과정을 이해하게 해주고 추억, 감정에 대한 자아성찰, 함께 이야기 나누기를 통해 내적으로 연속적 자원을 제공해 자신의 독자성과 가치를 발견하도록 돕는다.

(2) 회상치료의 목적

회상의 목적은 여가활동의 환경적 결여, 장기입원, 우울, 비활동의 증상을 나타내는 동기의 결여, 기술부족, 감각기능의 장애, 사회적 고립 등과 같은 요인을 지닌 환자에게 자존감의 유지, 사고의 자극과 자연치유 과정의 강화 및 지지, 의사소통 기술의 증진, 사회참여의 용이, 일상생활의 흥미유발에 목적이 있으며 회상치료를 통해 삶의 의미와 가치를 깨닫고 수용하도록 한다.

또한 최고의 안녕수준을 성취하기 위해 걱정, 두려움, 의심을 표현하게 하고 질병이 주는 의미와 새로운 희망을 발견하도록 대상자에게 계속 추억을 불러일으키며 회상현상을 활용한다. 노인의 우울감소, 자아존중감 증진, 죽음에 대한 접근수용, 인지적 기능증진, 삶의 만족도 증가, 자아통합에 효과적이며 고립으로 받는 고통과 외로움을 잘 극복하도록 돕는 데 있다.

(3) 회상치료의 적용대상

상실을 경험한 사람, 시설 수용자, 죽음이 가까운 사람, 노인 환자에게 가치 있는 접근법으로 치매노인의 경우에는 인지능력이 상대적으로 남은 초기에 적용할 수 있다. 인생회고가 고통스럽거나 절망적인 사람은 제외한다. 적용대상을 구체적으로 살펴보면 다음과 같다.

- 치매, 우울 외에 다른 정신질환이 없는 자
- 시청각장애나 언어장애가 없는 자
- 향정신성 약물이나 콜린계 약물을 복용하지 않는 자
- 교육수준과 연령, 증상의 심각성 고려하여 선정

(4) 회상치료의 방법

개인 또는 집단별로 실시할 수 있으며 장기건강관리 집단이나 노인시설 등에서는 집단 회상치료가 효과적이다. 회상치료를 실시하는 면담자의 자세는 개방적이고 친근한 태도로 회상이 자연스럽게 이루어지도록 해야 하며 대상자에게 민감한 내용의 회상을 나누는 일에 도움이 될 수 있도록 관계형성을 잘 해야 한다. 구체적 시행절차와 방법은 다음과 같다.

- 시행주체는 시행목표와 환경, 집단의 크기, 대상 집단의 성격, 시행보조자를 둘 것인가에 대한 계획을 세워야 한다.
- 시행주체는 대상자 개개인의 기초정보(취미, 운동, 습관, 직업)를 알아야 한다.
- 시행장소를 선정할 때 목적에 맞도록 환경설정을 해야 한다.
- 시행은 일주일에 1, 2회 실시하며 시간은 1시간 정도로 한다.

- 회상에 필요한 시청각 자료를 준비하도록 해야 한다.
- 대상자의 중도 탈락을 막기 위해 시행주체의 대상자에 대한 관심과 주의를 필요로 한다.
- 시행주체는 대상자가 자연스럽고 화기애애한 분위기에서 회상하고 토론할 수 있는 분위기를 조성해야 한다.

(5) 회상을 촉진하기 위한 의사소통 방법

회상을 촉진하기 위한 의사소통 방법으로 경청, 강화, 수용이 있다. '경청'은 우선 노인의 이야기를 잘 경청하는 것이다. 회상을 유도하기 위한 질문은 "당신의 생활 중에서 생각나는 추억을 말씀해 주시겠어요?", "가장 행복하게 느끼는 추억은 어떤 것인가요?", "어린 시절에 살던 고장에 대해서 말씀해 주세요", "어린 시절에 같이 지낸 가족에 대하여 말씀해 주세요" 등과 같이하는 것이 좋다.

'강화'는 다음과 같은 언어적 논평을 통해 회고행위를 격려 또는 지지한다. 지지의 표현으로는 "당신의 과거를 저와 나누게 된 것에 대해 감사드립니다", "지금까지 회상한 것은 현재를 더욱 편히 느끼도록 도울 것입니다" 이와 동시에 비언어적 행동(접촉, 손잡기, 가까이 앉기, 미소 짓기) 을 통해 대상자와의 관계를 더욱 강화할 수 있다.

'수용'은 회고를 통해서 표현된 부정적 · 긍정적 감정을 인지하고 수용하는 것이다. 수용의 말로는 "고통스런 사건을 회상하는 것은 매우 힘들 것입니다", "멋진 추억을 가지신 당신은 정말 행복하시군요", "어려운 시절에도 당신은 인생에 대해 긍정적으로 생각하셨군요" 등을 예로 들 수 있다.

(6) 회상치료의 효과

회상치료는 노인에게 외로움을 경감시키고 자존감이나 기분, 인지 능력, 삶의 만족 및 죽음에의 접근 수용을 증가시키는 등 노인의 다양한 요구를 충족시키는 치료요법으로 활용된다. 또한 이 치료를 통해 노인은 사회화의 증진, 우울의 감소, 의사소통의 증가 등, 특히 심리적인 부분에서 효과를 나타낸다.

• 생각 다듬기 •

1. 본인의 청소년 시기에 정신적으로 가장 스트레스 받았던 경험을 생각하면서, 그 시기에 어떤 치료를 받았으면 좀더 쉽게 극복했을지 토의해 보자.

2. 성인의 우울증도 있지만 요즘에는 아동의 우울증도 드물지 않은 상황이다. 우울증에 대한 본인의 생각을 자유롭게 토의해 보자.

3. 주변에 치매나 우울증을 앓는 노인이 있는가? 만약 없다면, 영상매체에서 본 것을 떠올려보자. 이 책에서 소개된 어떤 프로그램을 적용하고 싶은지 말해 보고 만약 없다면 그 이유를 토의해 보자.

제 4 부

정신보건정책의 체계와 과제

정신질환 또는 정신장애는 지속적으로 관리하지 않으면 일상생활은 물론, 사회적 기능에 손상을 입기 때문에 무엇보다도 효과적이고도 장기적 관리체계가 필요하다. 이런 점에서 정신보건 서비스가 더욱 발전하고 확대되기 위해서는 정책과 서비스 전달체계의 개선이 필수적이다.

제 12 장

정신보건정책과 정신보건사회복지 인력체계

1. 정신보건정책과 서비스 전달체계

우리나라 정신보건정책의 중요성은 1980년대에 들어 모 방송국의 고발 프로그램에서 기도원에 수용된 정신질환자의 인권실태를 방영한 이후에 부각되었다. 정신질환자의 비인간적 수용생활 이후에 사회적 관심과 더불어 국가의 체계적 정신보건정책의 필요성이 제기되었다(이영호 · 심경순 · 김태준, 2006).

1) 정신보건정책의 흐름

우리나라의 경우 1970년대까지는 농경사회에서나 흔히 볼 수 있는 정신질환에 대한 질병관이 있었다. 대부분 미신적 질병관이었지만 정신질환자는 대가족 제도의 농촌형 지역사회에서 속에서 비교적 함께 살았다. 특히, 농사는 노동의 특성상 공간적 · 시간적 제약이 적어 정신질환을 가진 사람도 수행에는 큰 어려움이 없었고 기본적 생산성을 얻기 위한 노동력만으로도 살아갈 수 있었다. 정신질환 때문에 처한 가족의 부담은 대가족 제도 아래에 있는 가족구성원이 공동으로 흡수해 분산되는 결과를 가져왔다.

그러나 1970년대에 들어 우리나라는 다른 선진국보다 사회경제적 변화를 압축적으로 경험하면서 짧은 기간 동안 농경사회에서 자본주의의 산업사회로 급속하게 전환되었다. 따라서 우리나라는 광범위한 변화가 사회의 모든 분야에서 빠르게 일어났다.

산업화와 도시화가 빠른 속도로 일어나며 전통적 가족형태인 대가족 제도의 붕괴, 핵가족화, 공업화를 통한 인구유동성 등으로 정신질환자에 대한 지역사회의 태도가 변화했다. 급속한 산업화는 정신질환자가 참여할 수 있는 생산활동의 범위를 급속히 감소시켰다. 따라서 정신질환자의 생산성, 예를 들면 지역사회와 가족 내에서의 경제적 효용성 등이 감소하면서 정신질환자는 사회와 가족의 '더 무거운 짐'으로 여겨졌다(김기태 외, 2001; 이영호·심경순·김태준, 2006; 정원철, 2007).

또한 도시화로 발생한 거주지역의 인구밀도 증가는 정신질환자의 물리적 위험성에 대해 더 민감하게 만들었다. 사적·공적 지지체계에서 유리되어 적절한 치료와 기초적 생활보장 없이 방치된 일부 정신질환자가 폭력이나 범죄에 연루되었지만 실제 빈도보다 더욱 과장되어 매스미디어에 보도되면서 정신질환자는 위험하다는 사회적 편견이 심화되었다. 이는 다시 정신질환자의 기본적 삶의 토대를 약화시키며 악순환의 고리를 형성했다(신창식 외, 2007).

그동안 전통적 가족제도와 지역사회가 흡수하던 정신보건 서비스에 대한 수요가 사회로 표출되기 시작했으나 체계적인 정신보건 서비스의 미비와 정신병상의 부족, 의료보장제도 및 시설보호제도의 미비는 지역사회에서 격리된 미인가시설로 하여금 정신질환자 관리를 담당하도록 했다. 결국, 미인가 시설에서의 비치료적·비인권적 정신질환자 관리가 만연했고 미인가 시설에서 격리되었으며 인권침해를 받았던 정신질환자의 제보로 방영된 시사 고발 프로그램을 통해 비참한 기도원의 실상이 사회의 관심을 받았다.

국가는 더는 정신질환자를 최소한의 인권보장도 없는 상태에서 방치할 수 없었다(김규수, 2004; 신창식 외, 2007). 그리하여 1984년에는 "정신질환자관리종합대책"이 수립되었다. 정신과 의원, 보건소, 상담소를 1차 기관으로 정신질환자의 발견, 진료, 상담을 담당하게 하고 정신병원, 일반병원의 정신과, 정신요양시설을 2차 기관으로 해서 진료와 재활, 훈련을 전담하게 하는 정신질환관리체계를 확립했다. 하지만 실시는 매우 미비했다.

1980년대 중반 이후 2000년대에 이르기까지 지속된 정신병상 확대 정책은 많은 대형 정신병원과 정신요양시설을 갖추도록 했고 부랑인시설의 정신질환자 수용을 증가시켰다. 이에 따라 우리나라의 정신보건 서비스 체계를 장기입원과 수용위주의 서비스 체계로 만들면서 우리나라는 서구 선진국의 산업사회적 특성에 맞는 정신보건체계의 정점에 다다랐다. 이러한 수용위주의 정신보건정책에서 벗어나 지역사회 정신보건의 새로운 장을 열었던 것은 1995년 12월 30일 법률 제 5133호로 제정, 입법된 〈정신보건법〉이다. 1965년 〈정신위생법〉이 입법 건의되기 시작했던 때부터 여러 단체와 전문가의 합의가 이루어지 못해 유보되었던 〈정신보건법〉의 제정은 우리나라 정신보건 역사에서 큰 전환점이 되었다.

우리나라 〈정신보건법〉은 정신질환과 정신보건시설에 대한 규정을 명확히 했으며 대부분의 국가의 〈정신보건법〉과 같이 헌법이 보장하는 인권이 정신질환자에게도 적용될 수 있도록 하는 조항과 타인과 사회일반 대중의 인권을 보장하기 위해 정신질환자의 인권을 법적 절차에 의해 제한하는 절차를 규정하는 조항이 모두 있는 법이라고 할 수 있다.

정원철(2007)에 따르면 〈정신보건법〉이 제정됨으로써 정신보건 영역은 다음과 같은 변화를 맞이했다. 첫째, 정신질환자와 정신장애인을 치료와 재활, 사회복귀의 대상으로 간주하고 이에 따라 체계적으로 노력하게 되었다. 둘째, 일반인은 정신질환으로부터 예방하는 체계적 노력, 즉 전 국민의 정신건강을 증진하기 위해 조직적으로 노력하게 되었다. 셋째, 정신질환자의 입, 퇴원과 정신보건시설을 개방적 · 인간적 운영을 명시함으로써 정신질환자의 인권을 보호할 수 있는 제도적 장치가 마련되었다. 넷째, 정신보건사업과 관련된 전문가 집단의 직무와 자격을 명시함으로써 다양한 전문가에 의해 정신보건사업이 활성화되었다.

그러나 우리나라 〈정신보건법〉의 전체적 성격은 대체로 정신질환에 대한 산업사회의 사회방위적 질병관에서 후기 산업사회의 과학적 질병관으로 이행하는 과도기적 성격의 법이라고 할 수 있다. 왜냐하면 기존의 장기입원 중심의 산업사회적 정신보건체계에서 지역사회 정신보건으로서의 전환을 지향하고 지역사회 정신보건체계 구축, 개방적 치료를 통한 인권과 권익보호 등을 규정했지만 행정적 부담과 실질적인 예산이 뒷받침이 되지 않은 선언적 수준에 그치는 조항이 많기 때문이다(서동우, 2007).

〈정신보건법〉은 1995년 제정 이후 수차례 개정을 통해 국가정신건강증진을 위한 기본적인 법으로서의 기능을 강화해 갔다. 또한 1994년에 지역사회 정신보건사업이 강화지역에서 시범으로 실시되었으며 1996년에는 경기도(수원, 양평)에서 지역사회 정신보건사업을 시작했다. 1998년 이후 지역사회 정신보건센터와 사회복귀시설의 설치와 운영이 확대되면서 정신요양시설이 정신병원으로 전환되어 정신보건사업의 확대를 가져왔다. 이러한 지역 정신보건사업은 정신의료기관과 지역사회의 상호연계를 통해 정신질환자가 병원에서 지역사회로 복귀했을 때 치료의 연속성을 확보해 정신질환자의 회복에 중추적 역할을 수행했다.

2000년 이후에는 정신보건사업의 치료와 재활영역뿐만 아니라 정신질환 예방에 대한 관심이 증가했는데 이 결과는 1997년 IMF 경제체제 때문에 발생한 심리 내적 요인뿐만 아니라 사회환경적 요인의 과도한 스트레스로 나타난 자살과 정신건강의 황폐화 등이 가족체계와 사회전반에 큰 영향을 미쳤기 때문이라고 볼 수 있다.

또한 컴퓨터와 인터넷의 발달로 초・중・고교, 학령기 아동・청소년의 사회적 관계에 대한 학습기회의 부족은 정신건강에 대한 예방적 차원의 접근을 요구하게 되었다. 또한 노인인구의 증가로 발생한 의료비 부담은 노년기 정신건강의 중요성을 방증하는 결과로 나타났고 이에 따른 정부의 정책적 접근도 활발하게 진행되었다.

이 밖에도 2001년, 2006년 및 2011년에는 전국 규모의 정신질환실태 역학조사를 실시해 정신건강 정책의 기초자료를 수집했고 2008년에는 〈정신보건법〉을 개정해 정신질환자 인권보호 제도를 강화하고 퇴원 및 처우개선 심사청구 제도를 개선하는 등 정신건강증진 서비스 향상을 위한 제도적 기반을 마련했다.

2009년 3월에는 개정 〈정신보건법〉의 시행을 위해 하위법령인 시행령 및 부령의 개정을 완료했고 2010년 12월에는 정신질환자의 면허・자격취득 기회를 확대하기 위해 '기능저하 정신질환자' 개념을 도입했다. 또한 정신의료기관 및 정신요양시설 입・퇴원 기간 및 절차를 합리적으로 개선하는 등 현행 제도의 운영상 나타난 일부 미비점을 개선 보완하기 위해 〈정신보건법〉 전부개정 법률안을 마련해 국회에 제출했다.

2011년은 지역사회 정신건강증진사업에 필요한 인적, 물적 자원을 더욱 확충했고 〈자살예방 및 생명존중문화 조성을 위한 법률〉을 제정하여 자살예방정책 강화를 위한 법적 기반을 마련했다.

2012년에는 '정신건강증진 종합대책'을 발표해 정신질환자 개념축소, 생애주기별 정신건강 자가 체크 제도도입 등 향후 정부의 정신건강 정책방향을 제시했으며 광주광역시에서 통합 정신건강증진사업을 실시해 정신건강증진, 자살예방, 중증 정신질환자 관리 및 재입원 방지 등을 위한 단일 지역 기반의 정신건강증진 체계를 구축했다.

2013년에는 일부 중증 정신질환자의 입원・치료 위주에서 모든 국민의 정신건강증진 및 정신질환 조기발견을 중심으로 정책 전환을 위해 현행 〈정신보건법〉 전부개정을 추진했다.

2014년에는 지역사회 정신건강증진사업 인프라를 확충해 광역 정신건강증진센터를 13개소, 기초 정신건강증진센터를 199개를 운영했다. 또한 세월호사고 피해자 및 희생자 가족 등에 대한 심리지원을 실시하고 '안산정신건강트라우마센터'를 설치하는 등 사회적 문제에 대해 적극적으로 대응했다. 이와 더불어 자살의 구체적 원인을 분석하기 위해 심리부검 사업을 실시했고 정신건강 분야의 R&D를 추진하는 등 정신건강에 대한 투자를 확대했다.

보건복지부는 제 3차 국민건강증진종합계획(2011~2020)을 수립해

〈표 12-1〉 HP 2020의 정신건강증진 목표 및 주요 사업

목표	2020년까지 주요 표치	관련 세부사업
정신건강 및 정신질환에 대한 국민의식 개선	• 우울증을 치료 가능한 질환으로 인식하는 국민의 비율: 2011년 대비 30% 향상 • 정신질환에 대한 긍정적 인식도: 75%	• 정신건강 인식개선을 위한 공공마케팅 사업 지원확대 • 정신장애인에 대한 차별감소를 위한 범국가적 사회운동 전략추진(Mental Illness No Difference · MND)
정신질환에 대한 조기개입을 통한 정신건강증진	• 중증 정신질환 치료율: 40% • 성인우울증 치료율: 40% • 청소년 스트레스 인지율(13~18세): 39% • 인지율(19세 이상 성인): 25%	• 광역 및 지역정신보건센터 기능강화(조기 정신병에 대한 개입 강화/아동 · 청소년 정신건강 사업 확대/노인 정신건강 사업 확대) • 지역사회 정신건강 네트워크 구축(지역사회 조기 정신질환 발견 네트워크 체계구축/정신건강관련 협의체 구성)
중증 정신질환자의 사회통합 촉진과 삶의 질 향상	• 정신의료기관의 평균 재원기관: 110일 • 정신질환자 지역사회 등록 관리율: 30% • 정신질환자 취업률: 20%	• 지역정신보건센터 확충(정신보건센터 인프라 확대/적극적 사례관리 서비스 제공 체계구축) • 정신의료기관 평가 • 정신요양시설 기능전환 • 사회복귀시설 확충(사회재활 프로그램 서비스 기관 확충/거주 프로그램 확대) • 정신장애인 대상의 사회적 기업 활성화
자살위험 없는 안전한 사회구현	• 인구 10만 명당 자살사망률: 18명 • 노인인구 10만 명당 자살사망률: 60명	• 광역형 24시간 위기관리 서비스 강화(광역정신보건센터 확충/자살 상담전화 및 24시간 응급개입 서비스 제공 및 체계 구축) • 자살시도자를 위한 공공의료 서비스 체계 구축(응급의료센터 기반의 자살시도자 사례관리팀 구축/지역사회 네트워크 구축) • 아동 · 청소년 정신보건 서비스 강화(지역기반의 아동 · 청소년 정신보건 서비스 팀 구축/정부부처 간 협력을 통한 정신건강관리 체계 구축) • 지역정신보건센터 사례관리 강화(중증 정신질환자의 자살예방을 위한 응급개입 서비스 강화/사업요원을 위한 자살 관련 상담 및 교육기회 확대)

〈표 12-1〉 계 속

목표	2020년까지 주요 표치	관련 세부사업
알코올 문제의 적극적 관리	• 고위험 음주행동 비율: 15% • 알코올 중독 평생 유병률: 12%	• 알코올상담센터의 기능과 인적 구성조항 재정립(알코올 사용 장애환자의 선별 및 사례관리 전문기관으로의 위상 공고화) • 알코올 문제에 관한 각 지방자치 단체의 지역책임성 구현(알코올상담센터의 설치 혹은 권역화, 정신보건센터의 알코올 사업 활성화 등) • 알코올 사용장애를 위한 다양한 수준의 사회복귀시설 확충(주간 재활시설, 직업훈련 시설, 쉼터 및 거주시설 등) • 건강검진 항목에서 음주 관련 설문시행 및 결과에 따른 의뢰체계 구축

출처: 보건복지부(2011).

국민건강증진을 위한 정책적 노력을 기울였다. 정신보건 영역을 살펴보면 ① 정신건강 및 정신질환에 대한 국민인식을 개선, ② 정신질환에 대한 조기개입을 통한 정신건강증진 도모, ③ 중증 정신질환자의 사회통합 촉진과 삶의 질 향상, ④ 자살위험 없는 안전한 사회구현, ⑤ 알코올중독 문제의 적극적 관리를 통한 국민의 정신건강증진을 도모하고자 했다. 제 3차 국민건강증진종합계획(2011~2020)의 정신건강증진사업의 내용을 구체적으로 살펴보면 〈표 12-1〉과 같다.

2014년 정부는 〈정신보건법〉 전부개정 법률안과 2015년 김춘진 의원의 정신장애인 복지지원에 관한 법률안을 통합해 2016년 4월 국회상임위에서 〈정신보건법〉을 정신건강증진 및 정신질환자 복지서비스 지원에 관한 법률로 제명을 변경, 2017년 5월 30일부터 시행될 것이다. 주요 내용을 보면 강제입원제도 개선으로 인권보호 장치 획기적 강화, 정신질환자에 대한 차별해소 및 복지서비스 근거마련, 전 국민에 대한 생애주기별 정신건강증진사업 근거마련 등이다. 국가의 정신건강 정책에 대한 기본적인 방향과 내용을 제시한다.

2) 정신보건 서비스 전달체계

국민 정신건강 문제의 해결을 통한 개인 삶의 가치 향상과 사회적 비용 절감 및 국가 경쟁력 확보를 미션으로 설정하고 정신건강증진을 위한 국가정책의 추진 기본원칙을 다음과 같이 정했다. 첫째, 전체 국민을 대상으로 한 정신건강증진과 예방, 환경조성을 강조한다. 둘째, 지역사회 인프라 강화-정보시스템-협력체계 구축을 통해 서비스 접근성을 확보한다. 셋째, 국가 정신건강증진사업의 리더십을 강화한다. 넷째, 정확한 정보와 근거를 기반으로 해서 정신건강 정책과 사업을 수행한다.

국가 정신보건 전달체계를 살펴보면 중앙정부는 보건복지부에서 총괄하며 시·도를 거쳐 시·군·구 보건소 및 지역사회 정신보건 기관을 통해 정신질환자와 그 가족 및 지역주민을 대상으로 정신건강증진 서비스가 이루어진다. 정신건강증진을 위한 전달체계를 구체적으로 보면 정신보건시설, 보건소, 정신보건사업지원단, 정신보건심의위원회, 국립정신건강센터 등이 있다(유수현 외, 2014).

(1) 정신보건시설

정신의료기관, 정신요양시설, 사회복귀시설, 정신건강증진센터, 중독관리통합지원센터 등 지역사회 정신보건시설로 정신질환을 가진 클라이언트와 가족, 모든 지역주민을 위해 예방, 치료, 재활 서비스를 제공하는 기본적 체계이다.

(2) 보건소

국가 및 지방자치단체는 보건소를 통해 정신보건시설 간 연계체계를 구축하고 정신질환의 예방과 정신질환자의 발견, 상담, 진료, 사회복귀훈련 및 이에 관한 사례관리 등 지역사회 정신보건사업을 기획 및 조정하는 역할을 담당한다.

(3) 정신보건사업지원단

지역사회 정신보건사업의 집중적이고 전문적 지원을 위해 보건복지부 장관은 중앙정신보건사업지원단을 시·도지사는 지방정신보건사업지원단을 설치·운영할 수 있다.

(4) 정신보건심의위원회

정신보건에 관해 보건복지부 장관, 시·도지사 및 시장·군수·구청장의 자문에 응하고 정신보건에 중요한 심의와 심사를 하기 위해 보건복지부 장관 소속하에 중앙정신보건심의위원회를, 시·도지사 소속으로 광역정신보건심의위원회를 그리고 시장·군수·구청장 소속으로 기초정신보건심의위원회를 각각 둔다. 또한 정신의료기관 등에서 퇴원심사·재심사 등의 심사와 시장·군수·구청장에 의한 입원조치의 해제를 위한 심사를 하기 위해 광역정신보건심의위원회 및 기초정신보건심의위원회 안에 정신보건심판위원회를 각각 둔다.

(5) 국립정신건강센터

정신보건의 정책 및 서비스에 대한 연구와 전문인력 양성을 중점적으로 총괄하는 기관으로 2016년에 직제개정(대통령령 제27026호, 공포, 2016. 3. 1, 시행)으로 기존 국립서울병원을 국립정신건강센터로 명칭을 변경해 운영 중이다. 국립정신건강센터는 국가기관으로서 민간의료기관이 기피하는 필수 정신보건 서비스의 제공기능을 강화하고 정신건강 정책과 서비스 질을 향상하기 위한 체계적 연구 및 지원에 대한 요구에 선제적으로 대응하기 위해 설치되었다. 또한 지역단위의 다양한 정신보건시설 및 서비스 제공기관을 유기적으로 연계해 정신보건 서비스의 누수방지 및 시너지 효과의 극대화가 목적이다. 국립정신건강센터 직무범위는 다음과 같다.

- 정신질환 예방 및 진료
- 정신질환 진료 관련 조사연구
- 지표 및 표준개발·보급

- 국가 정신보건 기관 간의 정신보건사업 수행 관련 총괄
- 정신건강증진 및 지역사회 정신건강 사업지원
- 중앙정신보건사업지원단 업무지원
- 정신건강 관련 교육 프로그램 개발·보급
- 정신건강 관련 전문 인력양성 및 훈련
- 정신보건 전문요원 자격 관리 및 수련기관 관리
- 정신건강 연구·개발기획 • 제 교류 및 협력
- 지원 및 관리, 정신건강 연구 수행 및 성과 확산
- 정신보건시설 지도·감독 등 보건복지부장관으로부터 위임을 받은 업무수행

3) 정신보건시설 현황

우리나라 정신보건시설의 현황을 살펴보면 〈표 12-2〉과 같다.

〈표 12-2〉 정신보건 기관 · 시설 현황(2015년 12월 말 현재)

(단위: 개소)

구분		기관수	주요 기능
계		2,052	-
정신건강 증진센터		224	• 지역사회 내 정신질환 예방, 정신질환자 발견 · 상담 · 사회복귀훈련 및 사례관리 • 정신보건시설 간 연계체계 구축 등 지역사회 정신보건사업 기획 · 조정 • 기초 209(국비 184, 지방비 25), 광역 15(국비 14, 지방비 1)
정신의료 기관	국 · 공립	18	• 정신질환자 진료, 지역사회 정신보건사업지원
	민간	1,384	• 정신질환자 진료
정신요양시설		59	• 만성 정신질환자 요양 및 보호
사회복귀시설		333	• 병원 또는 시설에서 치료 · 요양 후 사회복귀 촉진을 위한 훈련 실시
중독관리 통합지원센터		50	• 알코올중독 예방, 중독자 상담 및 재활훈련

출처: 보건복지부(2016).

2. 정신보건사회복지 인력체계

1) 정신건강전문요원의 법적 근거

정신보건 전문요원은 〈정신보건법〉 제7조에 의거해, 보건복지부 장관이 자격을 인증한다고 명시한다. 2017년 5월 시행될 정신건강증진 및 정신질환자 복지서비스 지원에 관한 법률 제17조에 따르면 정신건강전문요원으로 명칭이 변경될 예정이다.

> 제17조(정신건강전문요원의 자격 등)
> ① 보건복지부장관은 정신건강 분야에 관한 전문지식과 기술을 갖추고 보건복지부령으로 정하는 수련기관에서 수련을 받은 사람에게 정신건강 전문요원의 자격을 줄 수 있다.
> ② 제1항에 따른 정신건강전문요원(이하 "정신건강전문요원"이라 한다)은 그 전문분야에 따라 정신건강임상심리사, 정신건강간호사 및 정신건강사회복지사로 구분한다.

정신보건사업의 전문적 수행을 위한 국가의 법과 정책은 〈정신보건법〉과 정신보건정책의 수행으로 이루어지며 이러한 전문적 서비스를 수행하는 사람들이 바로 정신보건 전문요원이다.

〈정신보건법〉에서 정신과의사 외에 정신보건사회복지사, 간호사 및 임상심리사가 정신보건 전문요원으로 분류한다. 정신보건 전문요원의 양성은 〈정신보건법〉에 의한 정신의료기관이나 보건소, 지역사회 정신건강증진센터, 정신요양시설에서 이루어지며 정신보건 전문요원을

〈표 12-3〉 전문요원의 자격기준(〈개정 2013.3.23.〉)

등급	정신보건임상심리사	정신보건간호사	정신보건사회복지사
1급	1. 〈고등교육법〉에 따른 대학원에서 심리학을 전공(보건복지부장관이 정하는 임상 심리관련 과목을 이수한 경우에 한한다)한 석사학위 이상 소지자로서 보건복지부장관이 지정한 전문요원 수련기관에서 3년 이상 수련을 마친 자.	1. 〈의료법〉에 따른 간호사면허를 취득하고 〈고등교육법〉에 따른 대학원에서 간호학을 전공한 석사학위 이상 소지자로서 보건복지부장관이 지정한 전문요원 수련기관에서 3년 이상 수련을 마친 자.	1. 〈고등교육법〉에 따른 대학원에서 사회복지학 또는 사회사업학을 전공한 석사학위 이상 소지자로서 보건복지부장관이 지정한 전문요원 수련기관에서 3년 이상 수련을 마친 자.
	2. 2급 정신보건임상심리사 자격취득 후 정신보건시설, 보건소 또는 국가나 지방자치단체로부터 지역사회 정신보건 사업을 위탁받은 기관이나 단체에서 5년 이상 정신보건 분야의 임상실무 경험이 있는 자. 3. 〈국가기술자격법 시행령〉 제10조 제1항에 따른 임상심리사 1급 자격소지자로서 보건복지부장관이 지정한 전문요원 수련기관에서 3년 이상 수련을 마친 자.	2. 2급 정신보건간호사 자격취득 후 정신보건시설, 보건소 또는 국가나 지방자치단체로부터 지역사회 정신보건 사업을 위탁받은 기관이나 단체에서 5년 이상 정신보건 분야의 임상실무경험이 있는 자. 3. 2급 정신보건간호사 자격소지자로서 간호대학에서 5년 이상 정신간호 분야의 조교수 이상의 직에 있거나 있었던 자(자격취득 이전의 경력을 포함한다).	2. 2급 정신보건사회복지사 자격취득 후 정신보건시설, 보건소 또는 국가나 지방자치단체로부터 지역사회 정신보건 사업을 위탁받은 기관이나 단체에서 5년 이상 정신보건 분야의 임상실무경험이 있는 자.
2급	1. 〈고등교육법〉에 따른 대학 또는 이와 동등한 학력이 있다고 교육부장관이 인정하는 학교에서 심리학을 전공(보건복지부장관이 정하는 임상심리관련과목을 이수한 경우에 한한다)한 학사학위 이상 소지자로서 보건복지부장관이 지정한 전문요원 수련기관에서 1년 이상 수련을 마친 자. 2. 〈국가기술자격법 시행령〉 제10조 제1항에 따른 임상심리사 2급 자격소지자로서 보건복지부장관이 지정한 전문요원 수련기관에서 1년 이상 수련을 마친 자.	1. 〈의료법〉에 따른 간호사면허를 가진 자로서 보건복지부장관이 지정한 전문요원 수련기관에서 1년 이상 수련을 마친 자. 2. 〈의료법〉에 따른 정신 전문간호사 자격이 있는 자.	1. 〈사회복지사업법〉에 따른 사회복지사 1급 자격소지 자로서 보건복지부장관이 지정한 전문요원 수련기관에서 1년 이상 수련을 마친 자.

주: 외국에서 전문요원과 유사한 교육 · 수련을 받았거나 유사한 자격을 취득한 자는 보건복지부장관이 정하는 바에 의해 전문요원과 동등한 자격을 인정받을 수 있다.

양성할 수 있도록 수련인정 기관에서 정해진 기간에 전문적 훈련을 받고 자격검정을 거쳐 정신보건 전문요원 1, 2급 자격을 부여받는다.

2) 역할과 업무, 양성 및 관리 현황

정신보건 전문요원은 정신보건 분야에 관한 전문지식과 기술을 가진 자로서 정신보건사회복지사, 정신보건임상심리사, 정신보건간호사로 한다고 〈정신보건법〉 제7조 2항에 명시한다. 정신보건 전문요원의 업무범위와 한계를 살펴보면 〈표 12-4〉와 같다(시행령 제2조 1항).

지역사회 중심의 정신보건사업을 수행하기 위해서는 지역사회에서 정신질환자를 관리할 전문요원의 확보가 필수적이다. 지역사회 정신보건정책 수행 이후 가장 크게 변화한 환경요인은 정신보건 전문 인적

〈표 12-4〉 정신보건 전문요원의 업무범위와 한계

(개정 2010.3.15.)

종별	업무의 범위 및 한계
공통	1. 사회복귀시설의 운영 2. 정신질환자의 사회복귀 촉진을 위한 생활훈련 및 작업훈련 3. 정신질환자와 그 가족에 대한 교육 · 지도 및 상담 4. 법 제25조 제1항의 규정에 의한 진단 및 보호의 신청 5. 정신질환 예방활동 및 정신보건에 관한 조사 · 연구 6. 기타 정신질환자의 사회적응 및 직업재활을 위하여 보건복지부장관이 정하는 활동
정신보건사회복지사	1. 정신질환자에 대한 개인력 조사 및 사회조사 2. 정신질환자와 그 가족에 대한 사회사업지도 및 방문지도
정신보건임상심리사	1. 정신질환자에 대한 심리평가 2. 정신질환자와 그 가족에 대한 심리상담
정신보건간호사	1. 정신질환자의 병력에 대한 자료수집, 병세에 대한 판단 · 분류 및 그에 따른 환자관리 활동 2. 정신질환자에 대한 간호

〈표 12-5〉 정신보건 전문요원 현황 (2015년 12월 말 현재)

(단위: 명)

정신보건사회복지사	정신보건간호사	정신보건임상심리사	합계
4,777	9,545	2,808	17,130

출처: 보건복지부 (2015).

자원의 변화이다(이영문, 2006).

〈정신보건법〉 제정과 더불어 정신보건 전문요원의 양적 · 질적 성장은 향후 정신보건정책에 중요한 영향력을 발휘할 것이다. 2015년 12월 말 현재 전체 정신보건수련기관 및 수련과정은 275개소 369과정, 수련정원 총 1,328명이다. 1997년 정신보건 전문요원 수련제도를 도입한 후, 2015년 12월 말 현재 총 17,130명의 정신보건 전문요원이 배출되어 정신보건관련 기관에서 활동한다.

• 생각 다듬기 •

1. 내가 사는 동네에 정신보건센터를 세운다는 시(市)의 결정이 났다며 동네주민 전부가 데모한다. 정신보건사회복지론을 공부한 사람으로서 나는 어떻게 대처할지 토의해 보자.

2. 정신보건사회복지사 2급의 조건은 사회복지사 1급 자격소지자이며 1급 이상 수련을 마친 자이어야 한다고 명시되었다. 만약 2급에 대한 조건을 새로 정해야 된다며 본인의 의견을 묻는다. 어떠한 의견을 내고 싶은지 말하고 그 이유에 대해 토의해 보자.

제 13 장

정신보건사회복지의 문제점과 해결과제

1. 서 론

1995년 〈정신보건법〉이 제정된 이후 정부는 정신보건의 기조를 지역사회 정신보건으로 정하고 기존의 장기입원과 장기수용 위주의 서비스 체계를 축소하며 지역사회 정신보건 서비스를 확대하는 정신보건 서비스 체계의 구조조정을 추진했다.

그러나 정신질환자가 병원에서 지역사회로 복귀하기 위해서는 이를 지지해줄 수 있는 사회복지제도의 제 역할이 필수적으로 뒷받침되어야 하는데 현재의 불완전한 정신보건사회복지 체계는 지역사회로 돌려보낸 정신질환자와 가족이 장기입원과 수용 위주의 서비스 체계로 다시 편입될 수밖에 없는 결과를 초래한다(김상아 · 박웅섭, 2006).

이런 측면에서 정신보건의 문제점을 구체적으로 정리해 보고 이에 따른 해결과제를 설정했다. 이를 바탕으로 우리나라 정신보건사회복지 발전을 위한 과제를 제시하고자 한다.

2. 우리나라 정신보건의 문제점

우리나라 정신보건의 문제점을 구체적으로 정리하면 다음과 같다.

1) 탈시설화에 대한 인식 부족

정신보건사회복지사와 관련된 대다수의 시민단체는 정신보건시설 정책의 궁극적 방향이 '탈시설화'로 가야 한다는 입장을 견지한다. 하지만 탈시설화를 통한 지역사회 중심의 정신보건사회복지 실천개입은 쉽게 실현되지 못하는 실정이다. 그 이유로는 첫째, 상업적 의료체계에서 정신질환자나 정신장애인을 중심으로 형성된 시장이 상당히 크다는 점이다. 둘째, 정신질환자나 정신장애인을 지역사회에 돌려보낼 수 있을 만큼 지역사회의 여건이 충분치 못하다는 점이다(배안 외, 1999).

탈시설화를 통한 지역사회 중심의 정신보건 서비스는 지금처럼 대상자를 입소하게 하는 정신의료기관이나 정신요양원 중심의 획일적인 수용의 개념이 아니라 다양한 욕구를 가진 사회복지 수요자에게 서비스의 선택권을 주는 것이다.

2) 정부정책의 구체성 미흡

정부에서 정책적으로 지역사회 정신보건사업의 확대를 위한 방침에 대한 구체적 대안이 없고 매년 반복되는 방침에 지나지 않는 인상을 준다. 한 가지 예를 들면 정부에서 지역 정신보건사업의 기본방침으로 내세운 정신보건센터나 사회복귀시설의 설치지원의 속도도 정신장애인의 욕구를 생각할 때 많이 미흡한 것이 사실이고 지역적으로 균형 있는 설치지원을 위해 어떠한 계획이 있는지도 분명하지 않다. 또한 정신보건을 위한 보건소의 역할도 전문인력의 배치가 필수적인 것은 물론 보건소 체계의 이미지 개선과 노력 없이는 실효를 거두기 어려운 실정이다(최현미, 2001; 신창식 외, 2007).

새로 개정된 〈정신보건법〉도 정신장애인의 복지혜택의 기반을 마련하기 위해 법의 목적과 이념으로 잘 표현되었지만 구체적 조항은 미비하다. 현재 모든 보건소에 정신보건사업을 시행하도록 의무화되었으나 보건소에 여러 가지 업무들이 계속 늘어나는 반면 인력은 오히려 줄어 정신보건사업에 관심을 기울이기가 불가능하다. 또한 중앙 및 시·도 보건과의 관리와 지원이 거의 이루어지지 못하거나 미흡한 실정이기 때문에 지역사회 정신보건사업을 수행하는 데 많은 어려움을 겪는다.

또한 만성 정신장애인이나 무연고 정신장애인을 위한 제도가 마련되지 않아 가족의 지원이 없거나 경제적 뒷받침이 어려운 만성 정신장애인의 지역사회 복귀는 제한을 받는다. 이러한 무연고 환자 또는 행려 정신장애인에 대한 입·퇴원제도 역시 개선이 필요하다.

현행 〈정신보건법〉은 시장, 군수, 구청장 등 기초자치 단체장이 이들에 대한 보호의무자의 의무를 수행하도록 하지만 실질적 보호의무자의 의무이행에 대한 제도적 뒷받침 없이 방치되는 실정이다. 특히, 이들이 충분한 정신과 증상의 개선으로 퇴원이 필요한 경우에도 퇴원 이후의 막연한 사고 가능성에 대한 법적 책임 때문에 퇴원이 매우 어려워지는 실정이다(서동우 외, 2004).

3) 취약한 공적 정신보건 서비스 체계

정신보건센터와 보건소 등과 같은 정신보건 서비스 체계는 최근 구축되기 시작한 공적 체계이다. 공적 정신보건 서비스 체계를 통해 지역사회에 방치된 정신질환자를 조기에 발견하고 적절한 치료와 재활 체계에 편입시킴으로써 사회안전망의 사각지대에 있는 정신질환자를 사회안전망으로 연결하는 역할을 수행한다고 할 수 있다. 특히, 정신질환 예방 서비스와 정신건강증진 서비스를 통해 정신질환의 발생이전 단계에서 국민의 정신건강수준 악화를 방지하는 역할도 수행한다(김상아·박웅섭, 2006).

그러나 정신질환이나 정신건강 문제의 사회적 부담정도나 개인적 고통정도에 반해 충분한 사회투자가 부족했기 때문에 아직도 양질의 공적 정신보건 서비스 체계가 전국적 전달체계를 구축하지 못한 상태이다(국가인권위원회, 2003; 중앙정신보건사업지원단, 2006). 가령, 무허가 기도원 등의 무인가 시설의 정신장애인 일부는 당장 치료가 필요하나 치료에 따른 과중한 경제적 부담과 잘못된 종교적 맹신 등의 이유 때문에 치료를 받지 못하고 정신장애가 만성화되어 무인가 시설에 수용된 정신장애인에 대한 대책이 필요하다.

우리나라는 장기입원 위주 서비스 체계의 주요한 정책수단으로 〈정신보건법〉의 계속 입원심사제도와 같은 행정적 규제에 의존하는 상황에서 더욱 뚜렷한 정신보건 서비스 체계의 변화를 담보해 내기는 어려운 상황이다. 정신요양시설의 기능 재정립을 위해서도 〈정신보건법〉의 제도적 변화가 필요하다. 〈정신보건법〉에서 정한 정신보건정책의 기본적 내용을 구체화한 정신보건사업 지침의 내용이 1997년 이래 큰 변화 없이 부분적으로 나아지는 것이 사실이며 이런 점에서 점진적 변화를 추구할 수밖에 없는 제한점을 재차 확인할 수 있다.

또한 중앙정부에서 정신보건사업을 담당하는 중앙정신보건심의위원회의 기능이 부족한 상황이며 지방에서도 아직 정신보건 관련 업무를 담당하는 정신보건계가 신설되지 않은 곳이 많다. 지역사회 정신보건사업의 효율적 수행을 위해 운영하는 지역 정신보건사업 기술지원단도 몇 개 지역에서만 운영되어 정신보건사업의 활성화에 어려움이 있으며 정신보건업무를 담당하는 행정조직의 전문화도 마련되지 않았다(신창식 외, 2007).

4) 재가 정신질환자에 대한 미흡한 사회복지 서비스 체계

정신질환자 가운데 중증 및 만성 정신장애인은 병의 악화와 재발의 반복 때문에 신체능력의 감소, 일상생활 기술의 결여, 사회적 지위의 상실, 실업, 빈곤의 과정을 겪는다. 따라서 이들을 위한 적절한 사회적 대안이 없는 경우, 가정에서 장시간 돌봐주기 어려운 관계로 자칫 버림받거나 생활시설 등지에 유기될 가능성이 높다. 그러므로 국가는 이들을 사회복지 서비스 체계를 통해 우선적으로 관리해야 한다.

하지만 많은 정신질환자가 불필요하게 정신병원에 입원되었거나 정신요양시설, 부랑인시설 등에 수용되었을 것으로 추정하며 이 때문에 수요를 정확하게 파악하지 못한 실정이다. 또한 정신질환자가 가정에서 생활이 가능하기 위해서는 독립적 생활을 영위하는 데 필요한 일상생활 전반에 관한 기술을 알아야 한다. 뿐만 아니라 은행을 이용하고 관공서를 찾아야 하는 사회기술도 익혀야 한다.

그러나 이들이 설사 이러한 일상생활 기술이나 사회기술을 익혔다 할지라도, 충분히 익숙해지기 전까지는 주위의 도움이 절실하다. 특히, 정신질환자는 스트레스에 매우 취약해 가정 내 생활에서 오는 어려움이 재발로 이어진다(김상아 · 박웅섭, 2006). 병원처럼 안전한 환경이 아닌 가정에서는 조그마한 일에도 스트레스 수준이 높아지기 때문에 이들에게 가정도 안전한 재활환경이 될 수 있도록 지원하는 정책적 접근이 필요하다.

5) 부족한 입소 서비스로 인한 수요와 공급의 불균형

정신보건시설은 절대적으로 부족한 실정이다(보건복지부, 2005). 이런 현실은 수요자가 시설을 선택함에서 선택권의 상실을 의미한다. 시설보호가 이루어지는 과정에서 시설의 도움을 받아야 하는 보호대상자가 시설을 선택하지 못하고 행정기관에 의해 시설에 보호 조치된다. 즉, 공급자에 의해 시설입소가 이루어지는데 이러한 과정은 시설에서 생활해야 하는 사람의 선택권을 제한하는 문제점을 갖는다. 또한 경쟁이 없는 공급자 측에서는 질 낮은 서비스를 유지할 수밖에 없는 상황이 나타난다.

6) 특화되지 못한 우리나라 정신보건 서비스 프로그램

우리나라는 정신보건시설 간의 프로그램의 차별성이 없고 다양한 프로그램이 미흡한 실정이어서 정신장애인이 여전히 시설의 장기수용을 벗어나지 못하거나 사회복귀에 어려움을 갖고 재입원하는 예가 많다. 정신장애인은 사회적 기능상의 심각한 문제를 가지면서도 가족으로부터 소외되거나 지역사회에서 적절히 보호받지 못하며 일상생활 기술과 인식능력이 결여되어 정상적이고 인간적 삶을 영위하지 못하는 경우가 많다. 또한 사회적 기능의 심각한 손상으로 상당히 다양한 욕구를 복합적으로 지닌다(이근홍, 2000).

정신장애인의 욕구에 맞는 서비스가 부족하며 정신보건 서비스 각각의 운영체계가 전체의 틀 속에서 어떻게 통합되고 조정되어야 하는지, 프로그램은 서비스 전달체계 내에서 어떻게 기획되고 전개되어야 하는지에 관해서는 아무런 대책이 없다. 단지, 편의주의에 입각한 단위 프로그램을 제공하는 데 그칠 뿐이다(임혁, 2001). 정신장애인이 정신요양시설이나 정신병원에 수용되는 것보다 지역사회에서 생활할 때 더 다양한 서비스가 요구된다는 것이다.

실제적으로 정신장애인 서비스의 근본적 초점은 서비스를 제공하는 장소의 문제가 아니라 그들이 구체적으로 어떠한 서비스를 필요로 하며 서비스가 제공되는 환경을 어떻게 구성하는 것이 정신장애인에게 더욱 효과적인가 하는 점이다(이용표, 2004). 그러나 아직 우리나라는 이러한 사항을 고려하지 않고 서비스 프로그램만 늘리는 실정이며 각 기관마다 중복된 프로그램을 실시한다(신창식 외, 2007).

3. 우리나라 정신보건의 해결과제

이상에서 다룬 여러 문제점을 바탕으로 우리나라 정신보건사업이 활성화되기 위한 해결과제를 다음과 같이 제시한다.

1) 탈시설화를 촉진하는 중장기 정신보건정책의 수립과 실천

정신보건사회복지 실천개입은 지역사회를 중심으로 포괄적이고 연속적인 정신보건체계를 구축함으로써 효과적으로 수행할 수 있다. 이러한 측면에서 볼 때, 정신장애인의 탈시설화를 기반으로 두는 지역사회 중심의 중·장기적인 정신보건사회복지 정책을 국가적 차원에서 수립해야 한다. 이에 따른 예산확보 및 사회적 합의 도출을 위한 노력도 병행해야 한다. 또한 동시에 정신보건사업에 대한 중앙정부와 지방자치단체의 우선순위를 높이는 일도 시급하다. 이는 곧 정신보건의 모든 영역에서 지역사회 정신보건을 중심으로 하는 정신보건사회복지 실천개입에 대한 우선순위를 높이는 일이다(신창식 외, 2007).

정신보건 서비스 체계의 효율성을 높이기 위해 장기입원과 수용중심의 서비스 체계에서 지역사회 정신보건 서비스 중심체계로의 구조조정이 필요한 시점이라고 할 때 지역사회 정신보건 서비스 체계의 구축을 위해 정신보건 예산의 통합과 집행을 담당할 행정조직의 뒷받침은 반드시 필요하다.

미국도 1960년대 정신질환자의 탈시설화를 시도하면서 시행착오를 경험했다. 지역사회는 탈시설화의 정책으로 정신병원에서 나온 정신질환자를 맞을 준비가 되지 않았기 때문에 정신질환자가 거리의 빈민

〈그림 13-1〉 정신질환자의 종합적 사회보장 모형

관련법 제도정비	사회보험	공공부조	사회복지 서비스
• 〈정신보건복지법〉으로 개정 • 법에 따른 지도 및 감독체계 강화 • 국가 차원의 정신질환 관련 연구기관 설치	• 국민연금의 사각지대 해소 • 건강보험의 보장성 강화 • 산재보험 당연가입 대상 확대 • 고용보험의 당연 적용 및 전문 취업상담 제공	• 국민기초생활보장 수급자의 권리보장 강화 • 의료급여의 적용 및 혜택확대, 남용과 도덕적 해이 최소화 • 장애수당 확대	• 보건 및 복지서비스의 통합제공(정신보건복지센터 설립) • 관련시설 서비스의 제공 • 직업재활 강화 • 재가 서비스 확대

출처: 김상아 · 박웅섭(2006: 293).

으로 전락하거나 적절한 치료 및 재활 서비스를 받지 못하고 정신병원이 아닌 장소만 바뀐 지역 내 사회복지시설에 수용되기도 했다. 따라서 정신질환자가 지역사회에서 치료와 재활을 통해 원만한 사회통합을 이루기 위해서는 사회보장의 근간을 이루는 제 요소가 각각 정신질환자의 특수한 욕구를 충분히 반영할 수 있도록 많은 변화가 필수적이다(김상아 · 박웅섭, 2006).

그 결과 첫째, 〈그림 13-1〉과 같이 현행 〈정신보건법〉을 정신질환자의 사회보장을 포괄적으로 규정한 정신보건 및 보건법으로 개정하는 작업이 무엇보다도 우선 되어야 한다. 정신보건 및 복지법으로의 개정은 보건과 복지의 연계를 통한 정신질환자의 재활과 사회통합을 촉진하며 이 과정에서 사회보험, 공적부조, 사회복지 서비스, 관련제도인 정신보건 서비스가 제 역할을 수행할 수 있도록 촉진시킬 것이다.

〈정신보건법〉이 지니는 법적 성격이 정신장애인의 인권을 담보하지 못하고 정신장애인의 인권을 침해하는 구조를 제공한다는 문제제기로 최근에는 〈정신장애인 복지지원 등에 관한 법률〉의 제정을 위한 토론회(2015. 7. 25) 등을 통해 치안입법적 성격에서 복지입법적 성격으로 바꾸기 위해 노력했으나 실효성이나 실제적이고 구체적 방안을 제시하는 데는 매우 부족한 실정이다.

둘째, 현대 의학의 발전으로 정신질환자의 장기입원은 불필요한 뿐만 아니라 장기입원으로 인한 시설증후군으로 사회복귀 적응력이 감소되는 등 역기능에 대한 인식이 높아졌다. 따라서 정신질환자가 일정기간의 입원치료 후 사회로 복귀해 외래치료와 재활치료를 병행할 수 있도록 단기입원에 이은 외래 및 재활서비스는 물론 정신질환의 예방, 조기발견, 조기개입, 상담, 사례관리, 가정방문, 응급상황에서의 위기개입, 약물관리 및 증상관리 교육, 가족에 대한 교육과 지지, 정신질환자나 가족에 대한 사회지지체계, 직업훈련, 직업알선, 거주지 제공, 정신질환자의 사회참여를 위한 사회 프로그램 등 다양한 지역사회 정신보건과 사회복지 서비스 등을 확대해야 한다.

셋째, 장기입원과 장기수용이 필요한 의학적 이유 외의 이유로 장기입원과 장기수용이 일어나지 않도록 지도 및 감독체계를 구축해야 한다(김상아 · 박웅섭, 2006).

2) 서비스 전달체계의 개선

우리나라는 정신보건정책의 기조를 지역사회 정신보건으로 정하고 기존의 장기입원과 장기수용 위주의 서비스 체계를 축소했다. 또한 지역사회 정신보건 서비스를 확대하는 정신보건 서비스 체계의 구조조정을 추진했다. 그러나 지역사회 정신보건을 위한 재원조달과 지역사회 거주 재가 정신장애인에 대한 사회경제적 지원이 부족해 횡수용화가 일정부분 이루어졌고 정신의료 수가체계와의 연계성 역시 미흡한 실정이다. 또한 현재 지역사회 내에서의 정신의료 서비스 체계와 사회경제적 지지체계가 마련되지 않아 정신장애인이 지역사회에 편입되기보다는 장기입원과 수용위주의 서비스 체계에 편입되었으며 정신의료적 증상의 충분한 개선은 되었으나 퇴원 이후 투약중지와 치료중단으로 인한 재입원이 생겼다.

때문에 정신병원과 정신요양시설이 대형화되고 집중화되어 정신병상이 늘어났다. 실례로 퇴원환자보다 입원환자가 더 많다는 것이다. 이러한 현상은 서비스 전달체계의 개선을 필연적으로 요구한다. 따라서 지역사회 정신보건사업을 활성화하기 위한 서비스 전달체계의 개선 방안을 다음과 같이 제시한다(정원철, 2007; 신창식 외, 2007).

첫째, 지역사회에 거주하는 정신장애인과 가족이 장기입원과 수용위주의 서비스 체계에 편입되기 이전에 지역사회 내에서 정신보건 서비스 체계의 사회경제적 지지체계를 통해 지역사회 거주를 지탱할 수 있는 유인체계를 구축해야 한다.

둘째, 정신장애인이 수용시설에서 퇴원했을 때 치료의 지속성을 유지하기 위해 시·도의 관련기관이 지역에서 정신장애인 관리를 안정적으로 제공하기 위한 구체적 지침을 마련하고 보건과 복지 서비스가 지속적으로 제공될 수 있도록 보장하며 주거시설을 제공해 줄 수 있어야 한다. 또한 지역사회 내에 만성 정신장애인을 위한 사회복귀시설을 마련하며 기본적인 환자 관리 업무 이외에도 정신장애인의 추후관리와 부분입원, 사회복귀를 위한 여러 가지 재활 서비스를 제공해야 한다.

셋째, 지역 내에서 쉽게 정신보건 서비스를 받을 수 있어야 한다. 즉, 치료의 접근을 용이하게 정신보건사업을 일반보건 사업에 포함시켜 보건소 및 보건지소의 보건요원으로 하여금 정신장애인에 대한 보건서비스를 지역사회 수준에서 제공하도록 해야 한다. 또한 지역사회 내 유력인사와 적극적인 친화관계를 유지해 정신장애인과 그의 가족이 지역사회와의 관계를 유지하도록 돕고 퇴원 후 정신장애인의 직업재활에도 기여할 수 있도록 지역사회 자원조직과 연결해야 한다.

중증·만성 정신장애인의 관리를 위해 관할지역 내 기존 1차 보건시설과 정신과 치료시설 및 수용시설의 유기적 연대를 맺음으로써 정신장애인의 발견, 치료 및 재활에 이르기까지 그 서비스의 지속성이 유지되도록 협조체계를 구축하며 지역사회 내의 각종 지지시스템을 구축해야 한다.

3) 입·퇴원제도의 보완

무연고 정신장애인 또는 행려 정신장애인에 대한 입·퇴원제도의 보완이 필요하다. 〈정신보건법〉에 따라 보건소에 위촉하는 정신보건 자문의를 활용해 시장, 군수, 구청장의 보호의무자 역할을 지원해야 하며 시장, 군수, 구청장과 보건소장은 퇴원할 때 이들의 사회복귀와 재활을 적극적으로 지원해야 한다.

정신요양시설의 제도적 변화로 지역사회 내 또는 지역사회와 근거리에서 비교적 개방적으로 운영되는 시설을 중심으로 정신요양시설을 개방적 거주시설로 유도하기 위한 제도적 유인책이 필요하다. 〈정신보건법〉에 규정된 정신의료기관의 300병상 이상으로의 신·증설 금지조항은 규모의 경제상 비효율적이라는 비판이 있으나 원칙적으로 존속되어야 한다. 특히, 300병상 이하의 정신병원이라 할지라도 기존의 대형 정신병원이 있는 지역에 추가로 건립될 경우에는 신설이 규제되어야 하는 등 제도적 보완이 필요하다(신창식 외, 2007).

4) 특화된 정신보건사회복지 서비스의 개발과 시행

지역마다 정신보건 서비스의 수요와 공급이 다르고 인력, 조직, 재정 등 자원의 조달 및 관리가 다르기 때문에 지역사회 단위의 정신보건 서비스 체계 역시 지역사회의 특성을 잘 반영하는 것이어야 한다. 정신장애인은 약물치료, 심리사회적 서비스 외에도 주거, 직업, 의료보호 등의 서비스가 포괄적으로 요구된다. 그런데 이러한 서비스는 지역사회 내에서 광범위하게 흩어져 이를 활용하는 것이 쉽지 않고 더욱이 정보가 없이는 이의 존재조차 모르는 경우가 더 많다. 따라서 전문적인 관리체계를 갖추어야 지속적인 장기 서비스를 받을 수 있다.

정신보건시설 간의 프로그램의 차별성이 없고 다양한 프로그램이 미흡한 실정이어서 정신장애인이 여전히 시설의 장기수용을 벗어나지 못하는 경우가 있기 때문에 시설별 다양한 서비스의 제공과 서비스 간 조정을 통한 팀 서비스에 주목해야 한다. 정신보건 서비스 프로그램의 중복성 때문에 불필요한 경쟁력을 유발할 수도 있다.

정신장애인이 필요로 하는 것이 무엇인지 공급자 중심이 아니라 소비자 중심의 욕구를 파악해 정신보건 서비스에 반영해야 한다. 또한 정신장애인 관리를 위해 부적절한 요양원이나 전문병원 시설은 지역사회에 기반을 둔 포괄적인 지역사회 정신보건 서비스로 대치되도록 노력해야 한다(신창식 외, 2007).

4. 우리나라 정신보건사회복지사의 역할과 과제

앞에서 우리나라 정신보건사업에 대한 평가와 해결과제를 살펴보았다. 여기서는 이러한 정신보건사업의 현장에서 사회복지사로의 역할과 향후 과제를 제시한다.

1) 전문직으로서의 정체성 확립과 전문성의 제고

정신보건사회복지사는 정신보건 현장에서 사회복지적 관점을 갖고 사회복지실천 지식과 기술을 활용해 정신장애인의 삶의 질 향상을 돕는 전문직이다. 사회복지사로서 정신보건 현장에서 일하는 정체성과 사회복지사로서의 전문성 향상을 위한 노력은 계속되어야 한다.

그러나 정신보건 현장에서 의료모형을 지나치게 따르며 다양한 역할을 수행하기 때문에 사회복지 고유의 서비스라는 관점을 상실하기 쉽다. 또한 지나치게 좁고 깊이 있게 업무를 수행하기 때문에 사회복지가 갖는 정신보건문제를 사회문제로서 대응하는 데 미흡해지는 문제가 발생한다(김기태 외, 2001).

최근의 지역사회 정신보건사업의 활성화로 '환경 속의 인간' 관점인 생태학적 관점이 주를 이루었으나 아직도 정신장애인의 문제를 보는 관점은 전문직의 특성에 따라 상이하다. 그러므로 정신보건 현장에서 사회복지사로서의 정체성을 확립하고 정신보건사회복지 전문직의 전문성을 향상하도록 하는 노력은 매우 절실히 요구된다.

이러한 노력은 정신보건사회복지사협회의 보수교육과 정신보건사회복지학회의 학술활동 등을 토대로 이루어져야 한다. 따라서 정신보건사업에 대한 정책적 흐름과 방향 및 정신보건 현장에서 필요한 주제와 필요한 전문적 지식 및 기술들이 교육과 훈련을 통해 이루어져야만 정신보건사회복지사로서 정신보건 현장에서 자신의 정체성을 발휘할 수 있다.

최근 자격제도화로 정신보건사회복지사의 배출이 지속적으로 늘어난다. 이러한 전문가의 배출은 매우 의미 있는 일이지만 정신보건 전문요원 수련기관의 질적 차이가 매우 심각하다. 수련기관에 대한 철저한 평가와 지속적 관리를 통해 정신보건 전문요원의 전문성을 확보하고 클라이언트를 제대로 사정하고 개입할 수 있는 전문인력을 확보해야 한다.

2) 1차 사회복지 현장과의 효과적 연계와 연계망 구축

정신보건의 문제는 전 생애발달주기에 모두 해당되는 문제이며, 특히 사회복지의 대상인 도움이 필요한 클라이언트의 경우 심리·정서적·환경적 문제를 동시에 안는 경우가 많다. 특히, 1차적 사회복지 현장에서 이러한 정신건강에 대한 문제를 사정하고 평가할 수 있는 지식과 관점이 없다면 정신보건 현장으로 연계하기 어려워지고 이는 클라이언트의 삶의 질에 영향을 미친다.

또한 정신의료기관에서 치료를 받았다고 할지라도 결국 다시 지역사회로 복귀하는 클라이언트와 그 가족을 위해 지역사회 정신보건 현장에서만의 접근은 제한적일 수밖에 없다. 그러므로 1차 사회복지 현장과 정신보건 기관과의 연계망을 구축해, 이들에 대한 서비스의 질을 높이고 적절한 시기에 대처할 수 있는 역량을 갖추는 것이 필요하다.

또한 사회보장체계와 행정체계 등의 지역사회 네트워크를 통해 정신장애인이 지역사회에서 사회의 구성원으로서 역할을 할 수 있는 지원망이 필요하다. 그러므로 지역사회 정신보건센터, 사회복귀시설, 정신의료기관, 사회복지관, 주민센터 등 각 지역의 관련 기관단체 간의 연계는 필수적이다. 이러한 역할을 가장 잘 할 수 있는 사람도 정신보건사회복지사이다. 개인과 그를 둘러싼 환경을 조정하고 연계하는 작업을 통해 정신보건사회복지사로서의 정체성을 잘 발휘할 수 있도록 1차적 지역사회 관계망과의 연계가 필요하다.

또한, 2000년 〈장애인복지법〉에서도 정신장애가 장애범주에 들면서 사회복지제도 내에서 정신장애인에 대한 논의가 되었다. 전체 장애인복지 내에서 한 분야로 정신장애인을 보는 관점은 매우 제한적일 수밖에 없다. 장애범주 내에서 판정을 받은 사람으로만 생각하기 때문이다. 그러나 정신보건의 문제는 모든 사람에게 적용되며 정신보건 현장에서 만나는 많은 클라이언트는 〈장애인복지법〉의 범주에 속하지 않는 경우가 더 많다.

그러나 사회복지적 관점에서 클라이언트를 보는 것은 동일하다. 그러므로 장애인복지 분야와 정신보건사회복지 분야 전문인력의 효과적 교류를 통해 그동안의 각 영역에서 쌓은 노하우를 서로의 전문성을 향상시키는 데 시너지 효과가 있을 수 있도록 노력해야 한다.

3) 다양한 대상과 사회정책과의 연계강화

벌써 10년도 더 지난 사건을 떠올려 본다. 바로 2006년 당시 한국사회를 온통 뒤흔들었던 '바다 이야기'이다. '바다 이야기'는 우리의 삶에 아주 가까이 있었고 이에 대한 접근은 매우 미비했다. 일부 사행산업 주체가 수행하는 상담실과 클리닉 등이 운영되었지만 정신보건사회복지 분야에서 많은 관심을 갖지 못했다.

도박중독 또한 심리·정서적 문제뿐만 아니라 가족과의 문제, 사회적 관계와 직업의 문제 등 삶의 모든 장면에서 장애요인으로 작용한다. 그러므로 사회문제 속에서 정신건강 서비스가 필요하지 않은 영역은 없다고 할 수 있다. 또한 노인인구의 증가로 인해 노인의 정신건강에 대한 전문적 관심이 절실히 필요하다. 노인 분야에서 정신건강에 대한 관심은 다른 생애주기 클라이언트보다 더욱 부족한 실정이다.

이는 노년기에 직면한 죽음에 대한 부분이 전문가로 하여금 희망을 갖지 못하게 하는 원인이 되기도 한다. 노인의 정신건강에 대한 변화 가능성을 기대하지 않는 경향이 강하기 때문일 수 있다. 그러나 향후 노인인구의 증가와 더불어 치매나 우울증 등 다양한 문제가 예상된다. 따라서 정신보건 전문영역에서 노인에 대한 이해와 노인성 정신질환에 대한 이해와 교육이 절실하다.

그러므로 이러한 사회변화와 사회문제 양상에 대한 관심과 그에 따른 전문적 지식과 기술을 습득하는 계기를 마련해야 하며 이를 위해 정신보건사회복지학회나 정신보건사회복지사협회의 노력이 뒷받침되어야 한다. 특히, 정신보건사회복지사 수련교육에 최근의 정신건강의 이슈에 대한 교육과 훈련이 필수적이다. 이는 다양한 정신보건사회복지 현장을 확대하는 데 중요한 계기가 될 수 있다. 그러므로 향후 정신건강 문제는 다양한 영역에서 발견될 것이며 이에 대한 정신보건사회복지 분야의 준비와 관심이 필요하다.

• 생각 다듬기 •

1. 정신보건시설을 동네 도서관이 있는 수만큼 설립하려는 정부의 정책이 발표됐다. 정신보건사회복지사로서 정부의 이런 정책을 어떻게 생각하는지 토의해 보자.

2. 정신질환자의 사회보장안으로 나온 '관련법 제도 정비', '사회보험', '공공부조', '사회복지 서비스'가 있다. 추가로 생각하는 사회보장안이 있는지 생각해 보고 가장 급하게 실시해야 될 안이 어떤 것인지 토의해 보자.

3. 지역사회에서 환영받지 못하는 정신장애인에 대한 고정관념을 깨뜨리기 위한 적절한 방법이 무엇인지 토의해 보자.

구상 시인이 쓴 〈마음의 눈을 뜨니〉라는 시는 이렇게 시작한다.

> 이제사 나는 눈을 뜬다. /마음의 눈을 뜬다.

그리고는 시인은 계속 노래한다.

> … 무심히 보아 오던 마당의 나무/넘보듯 스치던 잔디의 풀/아니 발길에 차이는 조약돌 하나까지/한량없는 감동과 감격을 자아낸다. …만물의 그 시원(始原)의 빛에 눈을 뜬 나/이제 세상 모든 것이 기적이요/신비 아닌 것이 없으며/더구나 저 영원 속에서 나와 저들의/그 완성될 모습을 떠올리면 황홀해진다.

한국사회에서 정신질환 내지 정신장애를 안고 살아가는 사람만큼 힘든 삶을 사는 경우는 흔치 않다. 사회적 편견과 낙인은 여전히 견고하고 의료적, 정서적, 경제적 지원체계는 열악하기 그지없다. 아직도 정신병원은 수용과 사회적 배제의 상징으로 인식되고 있으며, 당사자와 그 가족은 고통을 당당하게 드러내고 치료와 회복, 나아가 자립을 향한 힘찬 발걸음을 내딛기보다는 숨기고 숨죽이며 살아간다.

이제는 정신장애에 대한 시각이 바뀌어야 한다. 당사자도 위축되지 않고 자신감을 가져야 한다. 한국사회의 구성원도 잘못된 인식을 과감하게 개선해야 한다. 마음의 눈, 우리의 사고의 틀을 새롭게 바꾸어야 한다. 정신장애인에 대한 병리적이고 문제중심적 입장에서 긍정적이고 강점중심으로 전면적 변화를 이루어내야 한다.

그런 맥락에서 정신보건사회복지를 실천해 나가는 사회복지사는 정신장애 클라이언트의 존엄과 그 개인에 대한 존경을 인식으로부터 개입활동을 시작해야 한다. 아울러 클라이언트의 자기결정에 대한 관점을 갖고 사회복지실천을 수행해야 한다. 정신장애 클라이언트의 자기결정은 정신보건사회복지의 계획을 수립하고 개입실천 서비스를 이행하는 데 클라이언트자의 목표와 대상을 우선순위에 놓고 정하는 것을 포함한다.

클라이언트 중심의 정신보건사회복지는 클라이언트인 정신장애인이 문제 및 강점을 확인하고 구체적 사정 그리고 개입계획에 적극적 역할을 선택할 수 있도록 격려하는 것을 중요하게 생각한다. 정신보건사회복지사는 정신장애 클라이언트의 강점을 만들어나가는 것을 인식하고 중립적 특성을 존중한 내용에 기초하는 사회복지실천을 수행해야 한다.

특히, 정신보건사회복지에서는 클라이언트인 정신장애인에 대한 강점 사정이 반드시 요구된다. 클라이언트의 강점에 초점을 맞추는 일은 정신보건사회복지사가 클라이언트에게 힘을 주어서 클라이언트가 스스로 행동할 수 있도록 동기화하는 것을 돕는다. 동시에 동기화 과정을 통해 클라이언트가 누군가에 의해 행동이 강요되고 타의적으로 행동을 수행했다면, 이러한 수동적 자세를 능동적 자세로 바꿀 수 있도록 도움이 될 수 있어야 한다.

따라서 정신장애 클라이언트에게 도움이 되는 당사자의 역량강화는 심리적이고 사회·경제적 자원 이 두 가지를 가지는지를 확인하는 일과 이 두 가지 모두를 효과적으로 사용하는지를 확인하는 일과 관련된다. 그리고 개입과 관련해서는 심리적 요인, 경험적 요인 그리고 환경과 관련된 요인 모두에 개입해야 한다.

끝으로 정신보건사회복지에서 반드시 활용하기를 소망하면서 다음과 같은 몇 가지 유용한 원칙을 제시하고자 한다.

첫째, 정신장애 클라이언트를 격려하고 그들의 욕구를 세심하게 파악해야 한다. 사회복지사는 정신장애인을 대상으로 정신보건사회복지 실천을 수행할 때, 클라이언트가 자신의 문제에 대처하는 능력을 향상하도록 도우며 문제에 대한 적응능력을 증진시킴으로써 사회변화에 적응하고 대처하는 능력을 함양할 수 있도록 한다.

궁극적으로 자신의 문제를 스스로 해결해 나가도록 애써야 한다. 그러므로 정신보건사회복지를 실천할 때, 사회복지사는 클라이언트를 격려해 자신의 문제나 욕구를 파악하도록 할 뿐만 아니라 억압받거나 자기역량이 되지 못한 상황에 대해서도 충분히 이해할 수 있도록 지원해야 한다.

둘째, 문제가 아닌 강점중심의 사정을 해야 한다. 사정은 클라이언트의 기본적 욕구를 해결하기 위해 클라이언트의 기본적 욕구가 무엇인지를 클라이언트의 입장에서 확실하게 파악하는 개입활동이다. 사정을 효과적으로 수행하기 위해서는 클라이언트 자신이 진정으로 원하는 기본적 욕구와 이를 해결하기 위해 서비스대상자 스스로가 내리는 자신의 문제에 대한 정의를 인식하게끔 돕고 문제해결을 위한 동기를 부여해 주는 노력 등 클라이언트의 경험세계를 공유할 수 있도록 공감적 반응을 해야 한다.

여기에서 강점 사정을 활용하는 것이 동기부여를 위한 도구로서 매우 효과적이다. 다만 강점 중심의 사정을 성공적으로 해 나가기 위해 개발된 실제적 사정도구가 미흡하다는 어려움이 있다. 향후 정신보건사회복지 분야에서 강점 시각에 기반을 둔 다양한 사정도구가 만들어져 널리 보급되어야 한다.

셋째, 억압과 피해의식을 해소하기 위한 접근을 추구해야 한다. 클라이언트에게 가해진 억압의 원천과 자기 자신을 탓하는 내면적 고통을 객관화하도록 이끌어냄으로써 정신적 안정과 자기존중을 유지하게끔 한다. 이를테면, 정신장애에 대한 잘못된 사회적 편견과 낙인 등에 맞설 수 있는 역량을 강화시키며 실제적 피해상황을 극복할 수 있도록 지지하고 지원해야 하는 것이다. 나아가 정신장애인이 행복하게 살 수 있는 지역사회를 만들기 위해 구체적 사회변화를 추구하는 것도 필요하다. 이를 위해서는 무엇보다도 억압의 인식과정에 대해 파악해야 한다.

클라이언트가 자신의 정체성을 인식하는 일을 포함해 억압이나 학대 혹은 방임 등의 경험을 인식하는 과정에 대한 파악은 클라이언트와 함께 일하는 데 정신보건사회복지사가 반드시 고려해야 할 쟁점 가운데 하나이다. 억압을 비롯한 학대와 방임 등과 같은 경험은 그 자체는 말할 것도 없고 이것은 클라이언트와 가족구성원 그리고 다른 관련된 사람들에게 영향을 미친다. 따라서 억압의 인식과정은 구체적으로 조사되고 사정되어야 한다.

넷째, 사례관리 실천을 강화해야 한다. 사례관리 실천은 정신장애 클라이언트의 욕구가 정신장애로 인해 생겨난 욕구, 욕구가 심각한 상태 그리고 이 욕구가 클라이언트의 기능 전체에 영향을 미쳐 욕구가 확대될 가능성이 있는 경우 등에 매우 유용하다. 또한 정신장애로 여러 가지 삶의 문제를 안는 클라이언트가 다양한 관계에서 직면하는 문제와 해결을 위한 서비스를 제공받아야 한다. 아울러 자립생활 설계와 실제적 일상생활을 어떻게 펼쳐가야 하는지에 대한 고민을 해소하고 정서적, 경제적 지원을 제공받기 위한 경우에는 일반 사회복지실천의 사례관리 모델을 정신보건 영역에 적극 활용해야 한다.

특히, 정신장애 클라이언트는 다양한 서비스가 요구되는데, 예를 들면 의료적 치료와 보호, 여가 서비스 제공, 교통수단, 주택 혹은 영양관리, 자립적 생활과 정서적 지원을 제공하는 타인과의 연계망 등의 서비스가 요구된다. 이러한 서비스가 제공되는 경우 각각의 서비스가 개별적으로 제공되기보다는 클라이언트의 문제가 복합적일 경우를 염두에 둔, 각각의 서비스를 상호연계해 통합적으로 제공할 수 있어야 한다.

사례관리는 서비스대상자의 욕구충족을 위해 서비스의 내용이 포괄적, 지속적이어야 하며 동시에 다른 서비스와의 협조와 연계가 요구되는 특징이 있기 때문에 다각적 서비스 개입이 정신보건사회복지 분야에서 매우 유용하다.

앞서 언급했던 구상 시인의 마지막 시 구절이 희망의 메시지로 다가온다. "그 완성될 모습을 떠올리면 황홀해진다." 정신장애인이 온전한 인격으로 대우받으며 힘 있게 자립하며 살아갈 그날을 떠올리면 행복해진다. 정신보건사회복지가 그런 현실을 이루어내는 데 의미 있는 방편으로 소중하게 여겨지기를 소망한다.

참고문헌

강인숙 · 김지영 · 유영금 · 정인숙 · 정태근 (2006), 《인간행동과 사회환경》, 서울: 태영출판사.

강철희 · 윤민화 (2001), "사회복지사와 임파워먼트에 영향을 미치는 요인에 관한 연구: 지역사회복지관 사회복지사를 중심으로", 〈한국사회복지학〉, 41, 7~42.

경기도노인복지상담실 (2005), 〈제 1회 노인전문상담원교육자료집〉.

경찰청 (1993~2002), 〈경찰통계연보〉.

고병인 (2003), 《중독자 가정의 가족치료》, 서울: 학지사.

국가법령정보센터 (2015), 〈정신보건법〉 시행규칙 〔별표 6의2〕, "사회복귀시설의 구체적인 종류 및 사업(제 10조의 2관련)", URL: www. law. go. kr.

국가인권위원회 (2013), "정신요양시설 기능과 입소자 인권보호를 중심으로", 〈정신장애인 인권증진을 위한 토론회 자료집〉.

국가인권위원회 조사기획담당관실 편 (2003), 〈정신질환자 인권보호를 위한 청문회 자료집〉.

권 범 (1997), "직업재활이 퇴원한 우성정신장애인에게 미치는 삶의 만족도에 관한 비교연구: 태화샘솟는집 사례를 중심으로", 숭실대학교 대학원 석사학위 논문.

권복순 (1998), 《심리사회적 사정》, 한국정신보건사회사업학회.

권선진 (2005), 《장애인복지론》, 서울: 청목출판사.

권혜숙 (2003), "정신장애 근로자의 직무만족과 정신장애인 고용풍토와의 관계", 평택대학교 대학원 석사학위 논문.

김경희 (2011), "중독자의 사례관리 실제", 한국중독정신의학회 연수교육 및 학술대회 자료집.

김규수 (1998), 《의료사회사업론: 이론과 실제》, 서울: 형설출판사.

_____ (2004), 《정신보건사회사업 실천론》, 서울: 형설출판사.

김금수 (1999), "임파워먼트가 조직성과에 미치는 영향에 관한 연구", 경원대학교 대학원 박사학위논문.

김기태 · 황성동 · 최송식 · 박봉길 · 최말옥 (2001), 《정신보건복지론》, 서울: 양서원.
김도연 (2003), "취업한 정신장애인의 직무스트레스가 직업유지에 미치는 영향에 관한 연구", 숭실대학교 대학원 석사학위 논문.
김동연 · 임호찬 (2000), 《재활심리학개론》, 서울: 동아문화사.
김명식 · 황태연 · 박애순 · 송진우 · 여운태 (2000), "한국판 정신사회적 기능: 증상 평가척도의 신뢰도와 타당도 연구", 〈용인정신의학보〉, 7(1), 49~59.
김 명 · 고승덕 · 서미경 · 서혜경 (2004), 《노인보건복지 이론과 실제》, 서울: 집문당.
김민희 (2007), "임파워먼트가 정신장애인의 직무만족과 직무몰입에 미치는 영향에 관한 연구", 강남대학교 사회복지전문대학원 석사학위 논문.
김상균 · 최일섭 · 최성재 · 조흥식 · 김혜란 · 이봉주 · 구인회 · 강상경 · 안상훈 (2001), 《사회복지개론》, 서울: 나남.
김상아 · 박웅섭 (2006), 《정신질환과 사회보장》, 서울: 보문각.
김성이 (2002), 《약물중독총론》, 서울: 양서원.
김영종 (2000), "한국 사회복지조직들의 혁신을 위한 과제와 조건", 〈한국사회복지행정학〉, 2, 75~102.
김우택 (1997), "조직구성원의 역량 제고를 위한 임파워먼트 과정에 관한 연구: 자기효능감을 중심으로", 서강대학교 대학원 박사학위 논문.
김이영 (2004), "통합정신재활서비스와 재활성과 및 삶의 질에 관한 연구", 계명대학교 대학원 박사학위 논문.
______ (2005), "정신장애인을 위한 기초교육프로그램의 효과 연구", 〈지역사회정신보건〉, 8, 23~35.
김인숙 · 우국희 (2002), "사회복지사가 인식하는 임파워먼트의 의미에 관한 질적 연구: 한국에서 임파워먼트 실천은 가능한가?", 〈한국사회복지학〉, 49, 34~61.
김정진 (2000), "정신사회재활", 한국정신보건사회사업학회 (편), 《정신보건사회복지사를 위한 정신보건 전문요원 수련교재》, 서울: 양서원.
김종인 · 우주형 · 이준우 (2004), 《재활복지개론》, 서울: 인간과복지.
______ (2010), 《장애인복지론》, 고양: 서현사.
김 진 (1997), 《정신분열증에 대해 나누고 싶은 이야기》, 서울: 뜨인돌.
김창곤 (2003), "정신장애환자의 심리사회적 문제사정 도구개발에 관한 연구", 숭실대학교 대학원 박사학위 논문.

김창엽 · 정근식 · 오츠루 타다시 · 김선민 · 유동철 · 김정열 · 권선진 · 김형수 · 신영전 · 정도상 · 허태자 · 박영희 · 안은자 · 김은정 (2003), 《나는 나쁜 장애인이고 싶다》, 서울: 삼인.

김철규 · 최용성 · 신용구 (1994) "정신분열증 환자의 문제해결 능력평가를 위한 예비적 연구", 〈신경정신의학〉, 33(4), 789~795.

김청송 (2002), 《정신장애 사례연구: DSM-Ⅳ를 중심으로》, 서울: 학지사.

김혁수 · 김 현 (2005), 《지역기관 연계를 통한 정신장애인 아웃리치(out-reach) 훈련모형 개발》, 성남: 한국장애인고용촉진공단 고용개발원.

김혜련 · 신혜섭 (2001), 《정신건강론》, 서울: 학지사.

나은영 (1996), "만성정신질환자의 능력고취를 위한 자조집단의 형성과정에 관한 연구", 서울대학교 대학원 석사학위 논문.

노숙인다시서기지원센터 (2005), 《알코올 관련 질환자의 특성과 그 접근법》.

류상열 (1999), 《재가복지와 사례관리》, 서울: 학문사.

류지수 (2003), "정신장애인의 직업유지에 영향을 미치는 요인에 관한 연구", 서울여자대학교대학원 석사학위 논문.

문인숙 · 양옥경 (1999), 《정신장애와 사회사업》, 서울: 일신사.

민성길 외 (1999), 《최신정신의학》, 서울: 일조각.

박경선 (2002), "정신지체근로자의 고용유형에 따른 직무만족도 비교 연구", 나사렛대학교 대학원 석사학위 논문.

박경애 · 구본용 · 김원중 · 송종용 (1993), "청소년자살행동연구", 〈청소년상담문제연구보고서〉, 서울: 청소년대화의광장.

박경일 (2001), "사회복지기관 사회복지사의 임파워먼트에 대한 토론", 한국사회복지행정학회 추계 학술대회 자료집, 63~67.

박미애 (1998), "만성정신질환자의 재활준비도 측정을 위한 척도 개발 연구: 척도의 요인구조와 타당화 중심으로", 계명대학교 대학원 석사학위 논문.

박미은 (1996), "학대받는 아내의 심리사회적 대응과정과 사회사업적 임파워먼트", 〈정신보건과 사회사업〉, 3, 53~80.

______ (2000), 〈정신보건임상수련 사례에 대한 이론적용의 가이드라인〉, 정신보건사회사업학회.

박상규 (2000), "조망적 사회기술훈련이 정신분열병 환자의 사회기술 향상에 미치는 효과", 계명대학교 대학원 박사학위 논문.

박상칠 · 박상철 · 조용범 (1998), 《자살, 예방할 수 있다》, 서울: 학지사.
박소영 (2006), "치료레크리에이션이 정신장애인의 임파워먼트에 미치는 영향", 중앙대학교 대학원 석사학위 논문.
박원우 (1999), 《임파워먼트 실천 매뉴얼》, 서울: 시그마인사이트컴.
박태영 (2001), "부랑인복지시설의 현황과 발전적 과제", 〈사회과학연구〉, 9(3), 349~374.
박훈희 (2001), "취업한 정신장애인의 직무 만족도에 관한 연구: 사회복귀시설을 중심으로", 숭실대학교 대학원 석사학위 논문.
배 안 · 김진학 · 박수희 · 김명규 · 김중원 (1999), "치료환경에 따른 만성정신질환자의 삶의 질", 〈신경정신의학〉, 38(6), 1273~1281.
배정규 (1996), "정신사회재활에서의 임상심리학자의 역할", 〈대구대학교 사회과학연구〉, 3(1), 311~325.
배정규 · 손명자 (2003), 《정신분열병과 가족》, 서울: 도서출판 정신재활.
배 희 (2000), "지체장애인의 보호고용과 일반고용에 따른 직무만족의 차이에 관한 연구", 성균관대학교 대학원 석사학위 논문.
보건복지가족부 (2009), 〈정신보건전문요원제도 운영안내〉, 보건복지백서.
보건복지부 (2005), 〈국민건강증진종합계획 2010〉.
______ (2005), 〈사회복지시설관리안내〉.
______ (2005), 〈정신보건전문요원양성현황〉, 보건복지백서.
______ (2007), 〈정신보건전문요원제도 운영안내〉, 보건복지백서.
______ (2011), 〈제 3차 국민건강증진종합계획(2011~2020)〉, 서울: 보건복지부.
______ (2015), 〈2015년 정신건강사업 안내〉.
______ (2016), 〈2015 보건복지백서〉.
______ (2016), 〈2016년 정신건강 사업안내〉.
보건복지포럼 (2006), 〈장애인의 취업실태와 개선방안〉.
서동우 (2001), "사회 인구학 및 임상적 특성과 입원시설 종류에 따른 정신보건시설 입원환자의 재원기간 분포", 〈신경정신의학〉, 41(6), 31~43.
______ (2001), "지역사회정신보건 서비스체계 구축방안", 지역사회정신보건 사업 활성화 방안 정책세미나.
______ (2007), "정신보건의 역사적 변화선상에서 본 우리나라 정신보건법의 문제와 개선", 〈보건복지포럼〉, 123, 19~27.

서동우 외 (2004), 《2003년 지역사회정신보건사업 기술지원단 사업보고서》, 서울: 지역사회정신보건사업기술지원단 · 한국보건사회연구원.

서유미 (2002), "정신분열 정신장애인에 대한 정신사회재활훈련 효과성의 메타분석", 경성대학교 대학원 석사학위 논문.

세계보건통계연감 (2002), 〈주요사안별 국제비교〉, 통계청.

소영숙 (2003), "정신장애인 가족의 지역사회자원 활용 정도에 영향을 미치는 요인 연구: 임파워먼트 요인을 중심으로", 서울여자대학교 대학원 석사학위 논문.

손덕순 (2005), "입원노인 환자를 위한 집단회상요법 프로그램의 효과성에 관한 연구", 〈한국사회복지〉, 10, 23~35.

_____ (2013), "정신요양시설 입소자 인권과 종사자 처우에 관한 토론", 〈정신장애인 인권증진을 위한 토론회 자료집〉, 133~139.

손명자 (2004), "정신장애인을 위한 약물증상 관리 교육 프로그램의 효과연구", 〈한국심리학회지: 임상〉, 23(4), 731~749.

손명자 · 박동건 · 최영희 · 이선희 · 배정규 (2001), "정신장애인 기능평가도구 개발연구", 〈한국심리학회지: 임상〉, 20(4), 675~689.

신경숙 (2001), "가정방문교육이 재가만성정신분열병 환자의 복용이행과 가족의 치료자 역할에 미치는 효과", 강원대학교 교육대학원 석사학위 논문.

신복기 (2002), 《사회복지행정론》, 서울: 양서원.

신영화 (1999), "학대받는 아내의 능력고취를 위한 집단사회사업의 효과성", 서울대학교 대학원 박사학위 논문.

신창식 · 김도환 · 노병일 (2007), 《지역사회 정신보건정책 및 서비스》, 서울: 다운샘.

심경순 (2001), "정신분열병 환자의 직업유지에 영향을 미치는 요인에 관한 연구", 대구대학교 대학원 박사학위 논문.

안동선 (2005), "이중몰입 집단의 특성에 관한 연구: 조직몰입과 직무몰입을 중심으로", 한양대학교 대학원 석사학위 논문.

안영실 (2005), 〈알코올중독의 개입과 치료〉, 익산알코올상담센터.

안향림 · 박정은 (2002), 《정신보건사회복지》, 서울: 홍익재.

양옥경 (1996), 《지역사회정신건강》, 서울: 나남.

_____ (2000), "공중정신보건을 위한 지역사회 정신건강 모형개발 연구", 〈정신보건사회사업〉, 9, 13~26.

______ (2006), 《정신보건과 사회복지》, 서울: 나남.
양옥경 · 김미옥 (1999), "사회복지실천에서의 권한부여 모델에 관한 고찰", 〈한국사회복지학〉, 44, 87~92.
양옥경 · 최명민 (2005), "사회복지실천모델의 재검토: 전통모델과 임파워먼트 모델의 재검토", 2005년 추계한국사회복지학회, 111~142.
엄명용 (2000), "뇌졸중 노인을 위한 회상그룹 운영과 평가: 노인복지관을 중심으로", 〈한국노년학〉, 20(1), 21~35.
______ (2000), "사회복지실천의 효율성 증대방안 모색을 위한 사회복지기관의 숨은 규칙 찾기", 〈한국사회복지학〉, 46, 236~261.
엄명용 외 (2001), 《사회복지실천의 이해》, 서울: 학지사.
엄미선 (2003), "자기옹호집단 프로그램을 통한 도시빈민의 임파워먼트 연구", 가톨릭대학교 대학원 박사학위 논문.
엄윤경 (2005), "가족교육이 정신장애인 가족의 태도에 미치는 영향에 관한 연구", 대구대학교 사회복지대학원 석사학위 논문.
오경자 · 이혜련 (1989), "주의력 결핍 과잉 활동 중 평가도구로서의 단축형 Conners평가 척도의 활용", 〈한국임상심리학회지: 임상〉, 8(1), 135~142.
오수정 (1999), "정신장애인의 직업유지에 영향을 미치는 요인에 관한 연구", 숭실대학교 대학원 석사학위 논문.
오은경 (2002), "자살생각 경험자의 심리사회적 특성 연구", 가톨릭대학교 대학원 사회복지대학원 석사학위 논문.
오혜경 (2002), "사회사업실천에 있어서 세력화에 관한 연구: 한국사회복지전망", 〈한국사회복지학〉, 52, 54~69.
______ (2005), 《사회복지윤리와 철학》, 서울: 창지사.
왕수경 (2004), "지역사회정신보건 사업의 활성화 방안", 조선대학교 정책대학원 석사학위 논문.
유수현 · 서규동 · 유명이 · 이봉재 · 이종하 (2014), 《정신보건사회복지 총론》, 서울: 신정.
윤명주 (2005), "정신장애인의 직무만족에 관한 연구", 이화여자대학교 대학원 석사학위 논문.
윤민화 (1999), "사회복지사의 임파워먼트에 대한 연구", 이화여자대학교 대학원 석사학위 논문.

윤 진 (2003), “만성정신장애인의 재활에 영향을 미치는 요인과 관련 가족서비스의 개선방안에 관한 연구”, 연세대학교 행정대학원 석사학위 논문.

은종군 (2000), “장애인 의무고용 적응기간에 취업한 장애인의 직무만족에 영향을 미치는 요인 연구: 정부투자출연기관을 중심으로”, 숭실대학교 대학원 석사학위 논문.

이곡지 (2004), “정신장애인의 사회복귀프로그램에 대한 가족의 욕구에 관한 연구”, 대구대학교 사회복지대학원 석사학위 논문.

이근홍 (2000), “정신보건에서의 케이스 매니지먼트 실천방안”, 한국사회복지학회 학술대회 자료집, 741-754.

이금진 (2000), “정신장애인의 직업유지기간에 영향을 미치는 요인에 관한 연구”, 이화여자대학교 대학원 석사학위 논문.

이 문 (1998), “지역사회 정신보건센터의 사회복지사 업무에 관한 연구”, 숭실대학교 대학원 석사학위 논문.

이미형 (2003), 《알코올! 끝없는 사랑(2권)》, 서울: 알코올상담센터.

이민규・김교헌・김정남 (2003), “도박중독 실태와 도박 중독자의 심리사회적 특성”, 〈한국심리학회지: 건강〉, 8(2), 399~414.

이민수 (2005), 《마음의 감기치료법 우울증119》, 서울: 가림출판사.

이성규 (2000), 《사회통합과 장애인복지정책》, 서울: 나남.

______ (2001), 《장애인복지정책과 노말라이제이션》, 서울: 홍익재.

이성규・김상희 (2001), 《정신장애인 지원서비스》, 서울: 홍익재.

이영문 (2006), 《한국정신사회재활프로그램의 현황과 미래》, 홍성: 한국정신사회재활협회.

이영호 (2003), 《정신건강론》, 서울: 현학사.

이영호・심경순・김태준 (2006), 《정신보건사회복지의 이해》, 서울: 학지사.

이용표 (2000), “지역사회 정신보건프로그램이 정신장애인의 재활효과에 미치는 영향”, 서울대학교 대학원박사학위논문.

______ (2003), “현장과제를 활용한 정신장애인 사회기술훈련 프로그램의 효과: 역량강화와 증상에 관한 훈련효과를 중심으로”, 〈정신보건과 사회사업〉, 15, 77~105.

이용표・강상경・김이영 (2006), 《정신보건의 이해와 실천 패러다임》, 서울: EM커뮤니티.

이윤로 (2000), “역량강화적 접근의 효과성에 관한 연구: 지역사회복지관 자립지원 프로그램 중심으로”, 연세대학교 대학원 박사학위 논문.
______ (2002), 《정신보건사회복지론》, 서울: 학지사.
______ (2005), 《정신보건과 사회복지》, 서울: 창지사.
이윤로·이선영 (2002), 《정신보건사회복지론》, 서울: 학지사.
이윤화 (2000), “지역사회복지관 이용자의 역량강화적 변화에 영향을 미치는 요인”, 〈한국지역사회복지학〉, 8, 115~138.
이은진 (1993), “장애인 직업재활의 직무만족에 관한 연구”, 연세대학교 대학원 석사학위논문.
이정균 (1994), 《최신 정신의학》, 서울: 일조각.
이주연 (1995), “가족교육프로그램이 정신분열병환자 가족부담감소에 미치는 효과에 관한 연구”, 가톨릭대학교 대학원 석사학위논문.
이준우 (1997), 《장애인을 책임지는 사회》, 서울: 여수룬.
______ (1998), 《더 이상 그들만의 아픔이 아니다》, 서울: 한국밀알선교단출판부.
______ (2001), 《장애인과 지역사회》, 서울: 한국밀알선교단출판부.
______ (2002), 《농인재활복지개론》, 서울: 농아사회정보원.
______ (2007), 《장애인복지실천론》, 서울: 인간과복지.
______ (2009), 《사회복지실천기술론》, 서울: 파란마음.
______ (2012), 《장애인 복지정책과 실천》, 파주: 나남.
이준우·임원선 (2011), 《전문 사회복지실천론》, 서울: 인간과복지.
이준우·정지웅 (2014), 《한국 장애인복지정책의 실제와 대안》, 서울: 신정.
이준우·채준안 (2007), 《치료레크리에이션의 이해와 실천》, 서울: 파란마음.
이철우 (2000), “호텔 조직구성원의 임파워먼트가 직무만족, 조직몰입, 이직의도에 미치는 영향에 관한 연구”, 동아대학교 대학원 박사학위논문.
이혁구 (2000), “권력장치로서의 사회복지: 푸코의 권력이론에 입각한 권한부여비판”, 〈한국사회복지학〉, 43, 45~59.
이현주 (2002), “정신장애인의 취업여부에 영향을 미치는 요인에 관한 연구”, 숭실대학교 대학원 석사학위논문.
이홍표 (2003), 〈한국심리학회지: 건강〉, 8(1), 169~189.
임규설 (2005), “직업재활실무자요인이 정신장애인 취업유지에 미치는 영향에 관한 연구: 정신장애인사회복귀시설을 중심으로”, 가톨릭대학교 대학원 석사학위 논문.
임성현 (2003), “역량확대수준이 직무만족, 직무몰입 그리고 직무성과에 미치는 영향에 관한 실증적 연구: 직무특성과 조직문화를 중심으로”, 연세대학교 대학원 석사학위논문.
임정기 (1998), “사회적 지지가 정신장애인의 임파워먼트에 미치는 영향에 관한 연구: 거주유형별 비교”, 이화여자대학교 대학원 석사학위 논문.
임 혁 (2001), “정신장애인을 위한 정신보건서비스의 개선방안: 장애범주확대와 관련하여”, 부산대학교 일반대학원 석사학위 논문.
장세진 외 27인 공저 (2005). “한국인 직무 스트레스 측정도구의 개발 및 표준화”, 〈Annals of Occupational and Environmental Medicine〉, 17(4), 297~317.
장인협 (1997), 《(지방화시대의) 지역복지실천방법론: 케어/케이스 관리(재가복지실천)》, 서울: 서울대학교출판부.
장혜경 (1996), “정신장애인의 직업재활 모델 개발에 관한 연구”, 가톨릭대학교 대학원 석사학위 논문.
전라남도사회복지사협회 (2001), 〈사례관리교육교재〉.
전석균 (1994), “정신불열증 환자의 재활을 위한 사회기술 훈련 프로그램의 효과성에 관한 연구”, 숭실대학교 대학원 박사학위 논문.
전영환 (1996), “시각장애근로자의 직무만족과 이직에 관한 조사연구”, 가톨릭대학교 대학원 석사학위 논문.
정덕진 (2006), “정신장애인이 인식한 임파워먼트 실천의 효과성”, 가톨릭대학교 대학원 석사학위 논문.
정무성 (1999), “사회복지조직의 책임성”, 한국사회복지행정학회 추계 학술대회 자료집, 22~40.
정미숙 (1999), “만성정신질환자의 사회복귀를 위한 사례관리에서 임파워먼트의 적용: 단일사례연구”, 청주대학교 대학원 석사학위 논문.
정선영·손덕순·김지영 (2006), 〈국가사행산업정책이 도박중독에 미치는 영향 및 실태조사〉. 서울: 국회사무처.
정순돌 (2006), 《강점모델: 노인장기요양보호와 사례관리 실천》, 서울: 집문당.
정승예 (2002), “가족교육프로그램이 정신분열병 환자 가족의 지식과 부담감에 미치는 영향”, 전북대학교 대학원 석사학위 논문.
정신보건실천연구회 (2005), 〈부랑인시설 종사자들의 Empowerment를 위한 프로그램교육 교재〉.
정원철 (2000), 《정신보건사회사업론》, 서울: 학문사.
______ (2007), 《정신보건사회사업론》, 서울: 공동체.
정지영 (2000), “정신보건센터를 이용하는 정신장애인의 가족을 위한 전문적 도움에 관한 연구”, 경희대학교 행정대학원 석사학위 논문.
정해주 (1998), “임파워먼트가 직무만족 및 조직몰입에 미치는 영향에 관한 연구”, 서울대학교 대학원 석사학위 논문.
조미경 (1998), “취업장애인의 직무만족도에 영향을 미치는 요인에 관한연구: 지체장애인을중심으로”, 연세대학교 대학원 석사학위 논문.
조수철 · 이영식 (1990), “한국형 소아우울척도의 개발”, 〈신경정신의학〉, 29(4), 943~956.
______ (1990), “한국형 소아우울척도의 개발”, 〈신경정신의학〉, 29(4), 943~995.
채서일 (1996), 《사회과학조사방법론》, 서울: 현학사.
천덕희 (1998), 〈정신보건사회복지사 임상수련 지침서〉, 연세대학교 의과대학 세브란스 정신건강병원 사회사업실.
최동표 (2002), “지역사회 정신보건 사업에 대한 지역주민의 인식과 참여방안에 관한 연구: 서울시 서대문구를 중심으로”, 강남대학교 사회복지전문대학원 석사학위 논문.
최말옥 (2002), “정신장애인의 임파워먼트 증진을 위한 자기옹호 프로그램의 효과”, 부산대학교 대학원 박사학위 논문.
최소연 (1987), “지체부자유자의 직무만족요인에 관한 연구”, 이화여자대학교 대학원 석사학위 논문.
최원기 (2002), 〈청소년 자살원인 및 예방정책에 관한 국제 비교연구〉, 한국청소년개발원.
최은영 (2002), “정신장애인의 직업유지에 영향을 미치는 직업재활요인 탐색”, 서울여자대학교 대학원 석사학위 논문.
최일섭 외 (1996), 《지역사회복지론》, 서울: 서울대출판부.
최현미 (2001), “장기근속 장애인의 직업재활 영향요인에 관한 탐색연구: 직업재활 강화요인, 위기요인, 극복요인 중심으로”, 이화여자대학교 대학원 석사학위 논문.
최홍수 (2001), “장애인 공무원 직무만족에 관한 연구: 국가 및 지방자치단체에 근무하는 장애인 중심으로", 한양대학교 대학원 석사학위 논문.
최희수 (1999), "정신분열병 환자의 직업재활 성과의 예측 요인에 관한 연구", 서울여자대학교 대학원 박사학위 논문.
최희철 외 (2002), "정신장애인의 직업유지연구: 근거이론적 접근을 중심으로", 태화임상사회사업연구, 9.
통계청 (1999), 〈2001년 사망원인 통계자료〉.
한국보건사회연구원 (1993), 〈지역사회정신보건 시행방안연구〉.
______ (2005), 〈2005년 장애인 실태조사〉.
한국정신건강복지연구 (1994), 《만성 정신장애와 사회복지서비스》, 서울: 인간과복지.
한국정신보건사회사업학회 (2000), 《정신보건사회복지사를 위한 정신보건 전문요원 수련교재》, 서울: 양서원.
한국형사정책연구원 (1995), 〈정신질환자에 대한 법정 치료 및 보호에 관한 연구〉.
한상훈 (2004), "안락사의 허용성에 대한 비교법적 고찰: 미국, 네덜란드, 독일, 일본을 중심으로", 〈형사법연구〉, 21, 158~184.
한은선 · 황태연 역 (1996), 〈현대정신보건과 지역사회-정신장애인을 위한 정신사회재활치료프로그램〉, 수원시정신보건센터.
한인영 · 최현미 · 장수미 (2006), 《의료사회복지실천론》, 서울: 학지사.
함수진 (1999), "임파워먼트연구에 대한 비판적 고찰", 고려대학교 행정대학원 석사학위 논문.
함철호 (2004), "노인대상서비스에 있어서 보건의료와 복지의 연계", 제 2회 광주광역시 노인복지시설합동세미나 자료집, 8~21.
홍강의 (1987), "미국의 사회정신의학", 〈서울대학교 의과대학 정신과학교실〉, 12(2), 15~28.
홍선미 · 김상곤 · 민소영 · 박지영 · 한소정 · 성은미 (2010), 《무한돌봄센터 사례관리 교육교재 Ⅰ》, 수원: 경기복지재단.
홍선미 · 하경희 (2009), "지역사회네트워크 중심 통합사례관리에 대한 탐색적 연구", 〈한국사회복지행정학〉, 11(1), 29~61.
홍숙기 (1994), 《일과 사랑의 심리학》, 서울: 나남.
홍지영 (1995), "정신장애인 대상의 사회복지관 프로그램 개발에 관한 연구: 환자 및 가족의 욕구를 중심으로", 가톨릭대학교 대학원 석사학위 논문.

황구주 (1997), "임파워먼트의 수행방법에 관한 연구", 창원대학교 대학원 석사학위 논문.
황성철 (2001), "임파워먼트 모델과 사회복지조직관리", 한국사회복지행정학회 추계 학술대회 자료집, 3~23.
황태연 (1997), "직업재활 프로그램이 만성정신분열증 환자의 삶의 질에 미치는 영향에 관한 연구", 고려대학교 행정대학원 석사학위 논문.

김경숙 · 민승남 (역) (2006), 《미친 뇌가 나를 움직인다》, 서울: 사이.
김철권 · 변원탄 (역) (1995), 《만성 정신과 환자를 위한 정신재활》, 서울: 신한.
김형석 · 여지영 (역) (2001), 《인권과 사회복지실천》, 서울: 인간과복지.
남기철 · 정선욱 · 조성희 (역) (2005), 《사회복지실천 기법과 지침》, 서울: 나남.
배도희 (역) (2006), 《뇌의 기막힌 발견: 머릿속으로 뛰어든 매혹적인 심리 미스테리》, 서울: 네모북스.
서미경 · 김영란 · 박미은 (역) (2000), 《사회복지실천윤리》, 서울: 양서원.
성명옥 (역) (2004), 《정상화 원리의 연구》, 서울: 창지사.
손명자 (역) (1998), 《정신재활》, 서울: 성원사.
온누리회복사역본부 (역) (2005), 《참을 수 없는 중독》, 서울: 두란노서원.
이상욱 (역) (1997), 《효과적인 권한이양》, 서울: 21세기북스.
이용표 (역) (2000), 《부하직원 동기부여》, 서울: 알파경영혁신센타.
이팔환 외 (역) (1999), 《사회복지실천이론의 토대》, 서울: 나눔의집.
임상사회사업연구회 (역) (2000), 《임상사회복지 사정분류체계(PIE매뉴얼및 PIE체계론)》, 서울: 나남.
임희섭 (역) (1976), 《세계사상전집14: 자살과 사회분업론》, 서울: 삼성출판사.
정성준 (역) (2005), 《숨겨진 감정의 회복》, 서울: 두란노서원.

Adams, R. (1996), *Social Work Empowerment*, Houndmills, Basingstoke, Hampshire: Palgrave Macmillan.
Alexander, F., & Selesnick, S. T. (1966), *The History of Psychiatry*, New York: Harper & Row.
Anderson, C. M., Hogarty, G. E., Reiss, DJ. et al. (1986), Family psycho-

education, social skills training and maintenance chemotherapy in the aftercare treatment of schizophrenia. *Arch Gen Psychiatry*, 43, 633~642.

Anthony, W. A. (1982), Explaining 'psychiatric rehabilitation', *Psychosocial Rehabilitation Journal*, 5(1), 61~65.

Anthony, W. A., Buell, G. J., Sharratt, S., & Althoff, M. E. (1972), The efficacy of psychiatric rehabilitation, *Psychological Bulletin*, 78, 447~456.

Anthony W., Cohen, M., Farkas, M., & Gagne, C. (2002), *Psychiatric Rehabilitation*, Boston, MA: Boston University, Center for Psychiatric Rehabilitation.

Anthony, W. A., & Liberman, R. P. (1986), The practice of psychiatric rehabilitation: Historical, conceptual, and research base, *Schizophrenia Bulletin*, 12, 542~559.

APA (1994), *Diagnostic and Statistical Manual of Mental Disorders* (4th ed.), Washington DC.: American Psychiatric Association.

Appleby, M., & Condonis, M. (1991), *Hearing the Cry: Suicide Prevention*, Gerard Freeborn.

Asberg, M., Thoren, P., Traskman, L., Bertilsson, L., & Ringberger, V. (1976), "Serotonin depression": a biochemical subgroup within the affective disorders?, *Science*, *191*, Issue 4226, 478~480.

Authony, W. A., Cohen, M. P., & Farkas, M. D. (1990), *Psychiatric Rehabilitation*, Boston University: Center for Psychiatric Rehabilitation.

Baechler, J. (1979), *Suicides*, New York: Basics Books.

Bales, R. F. (1944), The therapeutic role of Alcoholics Anonymous as seen by a sociologist, *Quarterly Journal of Studies on Alcohol*.

Bandura, A. (1982), Self-efficacy mechanism in human agency, *American Psychologist*, 1(37), 122~147.

Bandura, A., & Walters, R. (1963), *Social Learning and Personality Development*, New York: Holt, Rinehart and Winston.

Baumeister, R. F. (1990), Suicide as escape from self, *Psychological Review*, 97, 90~113.

Beck, A. T. (1976), *Cognitive Therapy and The Emotional Disorders*, New

York: International University Press.

Beck, A. T., Kovacs, M., & Weissman, A. (1979), Assessment of suicidal intention: The scale for suicide ideation. *Journal of consulting and clinical psychology*, 47(2), 343.

Beck, A. T., Steer, R. A., Beck, J. S., & Newman, C. F. (1993), Hopelessness, depression, suicidal ideation, and clinical diagnosis of depression, *Suicide and Life-Threatening Behavior*, 23(2), 139~145.

Beck, A. T. (1967), *Depression: Clinical, experimental and theoretical aspects*, New York: Harper & Row.

Bell, M., Milstein, R., Lysaker, P., Bryson, G., Shestopal, A., & Goulet, J. B. (1993). Work capacity in schizophrenia. *Psychiatric Services*, 44(3), 278~280.

Bellack, Alan S., Haas, Gretchen L., Tierney, Ann M. (1996), A strategy for assessing family interaction patterns in schizophrenia, *Psychological Assessment*, 8(2), 190~199.

Berlin, I. (2002), *Liberty*, Oxford: Oxford University Press.

Black, D. W., & Andreasen, N. C. (1999), Schizophrenia, schizophreniform disorder, and delusional (paranoid) disorders, *American Psychiatric Press textbook of psychiatry*, 425~477.

Block, P. (1987), *The Empowered Manager*, San Francisco: Jossey-Bass.

Bonner, R. L., & Rich, A. (1988), Negative life stress, social problem-solving self-appraisal, and hopelessness: Implications for suicide research, *Cognitive Therapy and Research*, 12(6), 549~556.

Bower, G. H., & Hilgard, E. R. (1981), *Theories of Learning*, Englewood Cliff, NJ: Prentice-Hall.

Braucht, G. N. (1979), Interactional analysis of suicidal behavior. *Journal of Consulting and Clinical Psychology*, 47(4), 653.

Brown, S., & Coventry, L. (1997), *Queen of hearts: The needs of women with gambling problems*, Financial & Consumer Rights Council.

Churchill, G. A. (1979), A paradigm for developing better measures of marketing constructs, *Journal of marking research*, 16(1), 64~73.

Ciompi, L. (1994), Affect logic: An integrative model of the psyche and its relations to schizophrenia, *The British Journal of Psychiatry*, Supplement, 51.

Cnaan, R. A., Blankertz, L., Messinger, K., & Gardner, J. R. (1989), Psychosocial rehabilitation: Towards a theoretical base, *Psychosocial Rehabilitation Journal*, 13(1), 33.

Cockerham, W. C. (1981), *Sociology of Mental Disorder*, Englewood Cliffs, NJ: Prentice-Hall, Inc.

Cockerham, W. C. (1996), *Sociology of Mental Disorder* (4th ed.), Englewood Cliffs, NJ: Prentice-Hall, Inc.

Combs, M. L., & Slaby, D. A. (1977), 5 Social-skills training, *Advances in Clinical Child Psychology*, 1, 161.

Compton, B. R., & Galaway, B. (1999), *Social Work Process* (6th ed.), Pacific Grove, CA: Brooks/Cole Publishing Company.

Conger, J. A., & Kanungo, R. N. (1988), The empowerment process: Intergrating theory and practice, *Academy of Management Review*, 13, 471~482.

Conners, C. K. (1969), A teacher rating scale for use in drug studies, *Journal American Academic Child Psychiatry*, 16, 353~411.

Cooper, M. G., & Lesser, J. G. (2002). *Clinical social work practice: An integrated approach*, Boston: Allyn and Bacon.

Corey, G., Corey, M. S., & Callanan, P. (1988), *Issues and Ethics in the Helping Professions* (3rd ed.), Pacific Grove, CA: Brooks/Cole Publishing Company.

Corrigan, P. W., & McCracken, S. G. (1997), *Interactive Staff Training: Rehabilitation Teams that Work*, New York: Plenum Press.

Coursey, R. D., Curtis, L., Marsh, D. T., Campbell, J., Harding, C., Spaniol, L., Luchsted, A., McKenna, J., Kelly, M., Paulson, R., & Zahniser, J. (2000), Competencies for direct service staff who work with adults with severe mental illness in outpatient public mental health/managed care system, *Psychiatric Rehabilitation Journal*, 23(4), 370~377.

Cox, E. O. (1988), "Empowerment interventions in agine", *Social Work With Groups*, 11(3/4), 111~125.

Cutterbuck, D. (1994), *The Power of Empowerment*, New York: Kagan Paul.

Davison, G. C., & Neale, J. M. (1990), *Abnormal Psychology* (5th ed.), NY: John Wiley & Sons, Inc.

Davison, G. C., & Neale, J. M. (1997), *Abnormal Psychology* (7th ed.), NY: John Wiley & Sons, Inc.

Dunst, C. J., Trivette. C. M., & Deal, A. G. (1994), "Resource-based family-centered intervention practices", In C. J. Dunst, & C. M. Trivette, & A. G. Deal (Eds.), *Supporting and Strengthening Families* (pp. 140~151), Cambridge, MA: Brookline Books.

Durkheim, E. (1897), *Suicide*, New York: The Free Press.

______ (1951), *Suicide: A Study in Sociology*, New York: The Free Press.

Duvall, E. R. M., & Miller, B. C. (1985), *Marriage and family development*, New York: Harper & Row

Edwards, M. E., & Steinglass, P. (1995), Family therapy treatment outcomes for alcoholism, *Journal of Marital and Family Therapy*, 21(4), 475~509.

Engelhardt, D. M., & Rosen, B. (1976), Implications of drug treatment for the social rehabilitation of schizophrenic patients, *Schizophrenia Bulletin*, 2(3), 454.

Eyman, J. R., & Eyman, S. K. (1991), Personality assessment in suicide prediction, *Suicide and Life-Threatening Behavior*, 21(1), 37~55.

Falloon, I. R., Boyd, J. L., & McGill, C. W. (1984). *Family care of schizophrenia: A problem-solving approach to the treatment of mental illness.* New York: Guilford Press.

Falloon, I. R., McGill, C. W., Boyd, J. L., & Pederson, J. (1987), Family management in the prevention of morbidity of schizophrenia: social outcome of a two-year longitudinal study, *Psychological Medicine*, 17(01), 59~66.

Farkas, M. D., O'Brien, Cohen, M. R., & Anthony, W. A. (1994),

Assessment and planning in psychiatric rehabilitation, In J. R. Bedell (Ed.), *Psychological Assessment and Treatment of Persons with Severe Mental Disorders* (pp. 3~30), Washington, DC: Taylor & Francis.

Fast, R., & Chapin, R. (2002), "The strengths model with older adults-critical practice components", In D. Saleebey (Ed.), *The Strengths Perspective in Social Work Practice*, Boston: Allyn and Bacon.

Flynn, R. J., & Nitsch, K. E. (1980), Normalization. Accomplishments to date and future priorities, *Normalization, social integration, and community services*, 363~393, Baltimore: University Park Press.

Freud, S. (1917), *Mourning and Melancholia, General Psychological Theory: Papers on Metapsychology*, New York: Macmillian Publishing Company.

______ (1960), *The Ego and the Id*, New York: Norton Publishing Company.

Friedman, L. (1992), *Group Psychology and The Analysis of Ego*, London: International Psychoanalytic Press.

Fuller, J. B. et al. (1999), "The Effects of psychological empowerment on transformational leadership and job satisfication", *The Journal of Social Psychology*, 139(3), 389~391.

Gallant, D. M. (1982), Psychiatric aspects of alcohol intoxication, withdrawal, and organic brain syndromes, Solomon, J. (Ed.) *Alcoholism and clinical psychiatry*, 141~162, Boston, MA: Springer US.

Gamwell, L., & Tomes, N. (1995), *Madness in America: Cultural and Medical Press Fits of Mental Illness before 1914*, Ithaca, NY: Cornell University Press.

Germain, C. B. (1979), *Social Work Practice: People and Environments*, NY: Comulbia University Press.

Ghaemi, S. N. (2003), *The Concepts of Psychiatry: A Pluralistic Approach to the Mind and mental Illness*, Baltimore: Johns Hopkins University Press.

Goyette, C. H., Conners, C. K., & Ulrich, R. F. (1978), Normative data on Revised conners Parent and Teacher Rating Scales, *Journal of Abnormal Child Psychology*, 6, 221~236.

Green, H. D. (1954). *Social work practice in community organization*. New

York: Whiteside, Inc., and W. Morrow.

Greenblatt, M. (1983), Psychiatric Rehabilitation: Some Personal Reflections, *Psychiatric Annals*, 13, 7, 530~538.

Guterman, N. B., & Bargal, D. (1994), *Are We as Barefooted Shoemarkers?: Social Worker Own Empowerment and Their Education*, Atlanta: Grace Press.

Gutierrz, L. (1988), Coping with Stressful Life Events: An Empowerment: perspective, Ann Arber, MI: Workong Popers Series (87-88-05), University of Michigan.

Harrow, M., Lanin-Kettering, I., & Miller, J. G. (1989), Impaired perspective and thought pathology in schizophrenic and psychotic disorders, *Schizophrenia Bulletin*, 15(4), 605.

Hatfield, A. B., Fierstein, R., & Johnson, D. M. (1982), Meeting the needs of families of the psychiatrically disabled, *Psychosocial Rehabilitation Journal*, 6(1), 27.

Hepworth, D. H., & Larsen, J. (1993), *Direct social work practice*, CA: Brooks.

Hersen, M., & Bellack, A. S. (1977), Assessment of social skills, *Handbook of behavioral assessment*, 509~554.

Hersen, M., Himmelhoch, J. M., Thase, M. E., & Bellack, A. S. (1984). Effects of social skill training, amitriptyline, and psychotherapy in unipolar depressed women, *Behavior Therapy*, 15(1), 21~40.

Hoeffer, A., & Pollin W. (1970), Schizophrenia in the NAS-NRC panel of 15,900 veteran twin pairs. *Archives of General Psychiatry*, 23(5), 469~477.

Holloway, F. (1991), Case management for the mentally ill: looking at the evidence, *International Journal of Social Psychiatry*, 37(1), 2~13.

Huitt, W., & Hummel, J. (1997), An introduction to classical (respondent) conditioning, *Educational Psychology Interactive*, Valdosta, GA: Valdosta State University.

Johnson, J. G., Cohen, P., Dohrenwend, B. P., Link, B. G., & Brook, J. S. (1999), Longitudinal investigation of social causation and social selection processes Involved in the association between socioeconomic status and psychiatric disorders, *Journal of Abnormal Psychology*, 108(3), 490~499.

Johnson, L. C. (1992), *Social Work Practice: A General Approach* (4th ed.), A Division of Simon & Schuster, Inc.

Kanter. R. M. (1983), Power failure in management circuit, *Harvard Business Review*, Jul-Aug, 65~75.

Kaplan, H. I., & Sadock, B. J. (1998), *Synopsis of Psychiatry* (8th ed.), New york: Williams & Wilkins.

Kovacs, M. (1983), *The children's depression inventory: A self-rated depression scale for school-aged youngsters*, Unpublished Manuscript, University of Pittsburgh, 1983.

Kovacs, M., & Garrison, B. (1985). Hopelessness and eventual suicide: a 10-year prospective study of patients hospitalized with suicidal ideation. *American journal of Psychiatry*, 1(42), 559~563.

Lewis, C. N. (1971), Reminiscing and self-concept in old age, *Journal of gerontology*, 26(2), 240~243.

Liberman, R. P. (1992), *Handbook of psychiatric rehabilitation*, New York: Macmillan.

Link, B. G., & Phelan, J. (1995), Social conditions as fundamental causes of disease, *Journal of health and Social Behavior*, Spes. Iss, 80~94.

Loke, E. A. (1976), The nature and cause of job satisfaction, In Dunnett, M. D. (ed), *Handbook of Industrial and Organizational Psychology*, Chicago: Rand McNally.

Manderino, M. A., & Bzdek, V. M. (1987), Social skill building with chronic patients, *Journal of Psychosocial Nursing and Mental Health Services*, 25(9), 18~23.

Maslow, A. (1970), *Motivation and personality*, NY: Harper & Row.

Massel, H. K., Corrigan, P. W., Liberman, R. P., & Milan, M. A. (1991), Conversation skills training of thought-disordered schizophrenic patients through attention focusing, *Psychiatry Research*, 38(1), 51~61.

Menninger, K. (1966), *Man against himself*, New York: Harcourt, Brace, & World.

Mojtabai, P., Nicholson, R. A., & Carpenter, B. N. (1998), Role of psychosocial treatments in management of schizophrenia: A meta-analytic review of controlled outcome studies, *Schizophrenia Bulletin*, 24(4), 569~587.

Mueser, K. T., Bond, G. R., Drake, R. E., & Resnick, S. G. (1998), Models of community care for severe mental illness: a review of research on case management, *Schizophrenia Bulletin*, 24(1), 37~74.

Newman, B., & Newman, P. R. (1987), *Development Through Life: A Psychosocial Approach*, IL: Dorsey Press.

Penn, D., & Mueser, K. (1996), Research update on the psychosocial treatment of schizophrenia, *American Journal of Psychiatry*, 153, 607~617.

Perlin, M. L., Gould, K. K., & Dorfman, D. A. (1995), Therapeutic jurisprudence and the civil rights of institutionalized mentally disabled persons: Hopeless oxymoron or path to redemption?. *Psychology, Public Policy, and Law*, 1, 1, 80~119.

Piaget, J. (1965), *The Moral Judgement of the Child*, NY: Free Press.

Pilling, D. (1992), *Approach to Case Management for People Disabilities*, London: Jessica Kingsley publishers.

Rachlin, S., Pam, A., & Milton, J. (1975), Civil liberties versus involuntary hospitalization, *American journal of Psychiatry*, 132(2), 189~192.

Reamer, F. (1990), *Ethical Dilemmas in Social Service* (2nd ed.), New York: Columbia University Press.

Rich, A. R., & Bonner, R. L. (1987), Concurrent validity of a stress-vulnerability model of suicidal ideation and behavior: a follow-up study, *Suicide & Life-Threatening Behavior*, 17, 4, 265~270.

Roessler. R. T., & Rubin. S. E. (1998), *Case Management and Rehabilitation Counseling: Procedures and Techniques* (3rd ed.), Austin, TX: Pro-Ed.

Rogers, C. (1951), *Client-centered Therapy*, NY: Houghton Mifflin.

Rosenthal, R. J., & Lesieur, H. R. (1996), Pathological gambling and criminal behavior, *Explorations in criminal psychopathology: Clinical syndromes with forensic implications*, 149~169.

Roy, A. et al. (1991), Suicide in twins, *Archives of General Psychiatry*, 48, 29~32.

Saleebey, D. (2002), *The Strengths Perspective in Social Work Practice*, Boston: Allyn and Bacon.

Schechter, M. D., & Roberge, L. (1976), Sexual exploitation, *Child abuse and neglect: The family and the community*, 127~142.

Schotte, D. E., & Clum, G. A. (1987), Problem-solving skills in suicidal psychiatric patients, *Journal of consulting and clinical psychology*, 55(1), 49.

Schultheis, A. M. M., & Bond, G. R. (1993), Situational assessment ratings of work behaviors: Changes across time and between settings, *Psychosocial Rehabilitation Journal*, 17(2), 107.

Schulz, D., & Schulz, S. E. (1998), *Theories of personality* (6th ed.), CA: Brooks/Cole Publishing Company.

Sheafor, B. W., Horejsi, C. R., & Horejsi, G. A. (1988), *Techniques and guidelines for social work practice*, Boston: Allyn and Bacon.

Shneidman, E. S., Farberow, N. L., & Litman, R. E. (1983), *The psychology of suicide*, New York: J. Aronson.

Shorter, E. (1997), *A history of Psychiatry: From the Era of the Asylum to the Age of Prozac*, NY: John Wiley & Sons, Inc.

Siegall, M., & Gardner, S. (2000), Contextual factors of psychological empowerment, *Personal Review*, 29(6), 703~722.

Simon, B. L. (1994), *The Empowerment Tradition in American Social work*, New York: Columbia University Press.

Simon, G. E., & VonKorff, M. (1991), Somatization and psychiatric disorder, *Am J Psychiatry*, 148(1), 1494~1500.

Skinner, B. F. (1953), *Science and Human Behavior*, New York: Macmillan.

______ (1954), The science of learning and the art of teaching, *Harvard Educational Review*, 24(2), 86~97.

Skinner, B. F. (1957), *Verbal Learning*, New York: Appleton-Century-Crofts.

Solomon, B. (1976), *Black Empowerment*, New York: Columbia University Press.

Somers, K. (1999), Defining the bounding of empowerment, In B. Ginnodo (Ed.), *The Power of Empowerment: What the Expect Say and 16 Actionable Case Studies*, Arlington Heights, Ill: Pride Publications.

Talbott, J. A. (Ed.) (1978). *The chronic mental patient: Problems, solutions, and recommendations for a public policy.* Washington: American Psychiatric Association.

Thomas, K. W., & Velthouse, B. A. (1990), Cognitive elements of empowerment: Interpretive model of intrinsic task motivation, *A academy of Management Review*, 15(4), 666~681.

Turner, H. (1997), *Adult Psychopathology and Diagnosis*, New York: John Wiley & Sons Inc.

Van Praag, H. M. (1986), Biological suicide research: Outcome and limitations, *Biological Psychiatry*, 21(13), 1305~1323.

Vogt, J. F., & Murrell, K. L. (1990), *Empowerment in Organizations: How to Spark Exceptional Performance*, CA: University Associate, Inc.

Wakefield, J. C. (1992), The concept of mental disorder: On the boundary between biological facts and social values, *American Psychologist*, 47(3), 373~388.

Walker, O. C. Jr., Churchill, G. A. Jr., & Ford, N. M. (1977), Motivation and performance in industrial selling: Present knowledge and needed research, *Journal of marketing*, 14, 156~168.

World Health Organization (1968), Prevention of suicide, Public health paper, 35, Geneva.

Woy, J. R., & Dellario, D. J. (1985), Issues in the linkage and integration of treatment and rehabilitation services for chronically mentally ill persons, *Administration in Mental Health*, 42, 266~269.

Zastrow, C. H. (1995), *The Practice of Social Work* (5th ed.), CA: Brooks/Cole Publishing Co.

______ (1999), *The Practice of Social Work* (6th ed.), CA: Brooks/Cole

Publishing Co.
Zimmerman, M. (1990), Towered a theory of learned hopefulness: A structural model analysis of participation and empowerment, *Journal of Research of Personality*, 24(1), 71~86.
Zimmerman, M. A., & Rapport, J. (1988), Citizen participation, perceived control, and psychological empowerment, *American Journal of Community Psychology*, 6(5), 725~750.

국가인권위원회. http://www.humanrights.go.kr
법제처 국가법령정보센터. https://www.law.go.kr
보건복지부. http://www.mohw.go.kr
한국보건사회연구원. https://www.kihasa.re.kr
한국사회복귀시설협회. http://www.kpr.or.kr
한국정신보건사회복지사협회. http://www.kamhsw.or.kr
한국정신보건사회복지학회. https://www.kamhsw.org

부록

1. 우리나라 정신보건사업의 연혁
2. 정신장애인 보호와 정신보건의료 향상을 위한 UN 원칙
3. 정신보건 관련 자가측정 도구

부록 1 우리나라 정신보건사업의 연혁

우리나라 정신보건사업의 연혁은 2015년에 보건복지부에서 발표한 자료인 〈2015년 정신건강사업 안내〉를 기초로 작성했다.

〈부록 1-1〉 정신보건 사업의 연혁

(기간: 1984~2015)

연도	내용
1984	• 보건사회부 정신질환 종합대책 수립(무허가 시설 양성화 시작) • 정신질환 역학조사
1985	• 정신보건법안 국회 제출(정부안) • 정신요양시설 47개소 운영 지원
1986	• 제 12대 국회 회기 만료로 정신보건법안 자동 폐기 • 정신요양시설 52개소 운영 지원
1987	• OECF 차관으로 정신병원 건립 지원 • 정신요양시설 65개소 운영 지원
1988	• 정신질환자 치료 유병률 제 1차 조사 • 정신요양시설 71개소 운영 지원
1989	• 정신요양시설 73개소 운영 지원
1990	• 정신요양시설 74개소 운영 지원
1991	• 보건사회부 질병관리과로 정신보건 업무 이관
1992	• 정신보건법안 국회 제출(정부안)
1993	• 정신질환자 치료유병률 제 2차 조사
1994	• 지역사회 정신보건사업 연구용역
1995	• 〈정신보건법〉 제정(보건복지위원회 대안) • 정신건강의 날 행사 개최 시작 • 서울시 지역사회 정신보건사업 실시(강남구) • 정신요양시설 75개소 운영 지원
1996	• 경기도 지역사회 정신보건사업 실시(수원시, 양평군) • 정신요양시설 76개소 운영 지원
1997	• 〈정신보건법〉 시행 • 중앙 및 지방정신보건심의위원회 구성 • 보건국 정신보건과 신설 • 〈정신보건법〉 제 1차 개정(정신요양병원제도 폐지)

〈부록 1-1〉 계 속

연도	내용
1997	• 사회복귀시설 2개소 운영 지원 • 정신요양시설 78개소 운영 지원
1998	• 정신보건발전 5개년 계획 수립 • 모델형 정신보건센터 운영사업 4개소 시작(서울 성동, 서울 성북, 강원, 춘천, 울산 남구) • 사회복귀시설 10개소 설치 · 운영 • 정신요양시설 중 10개소 정신의료기관(9개소) 및 사회복귀시설(1개소)로 전환 • 정신요양시설 67개소 운영지원(1997년 말 1개소 폐쇄조치)
1999	• 모델형 정신보건센터 운영사업 14개소로 확대(서울 성동, 부산 금정, 대구 서구, 인천 중구, 광주 동구, 울산 남구, 경기 부천, 강원 춘천, 충북 청원, 충남 아산, 전북 군산, 전남 영광, 경북 포항, 경남 창원) • 지역사회 정신보건사업 기술지원단 운영 시작 • 사회복귀시설 19개소 운영 지원 • 정신요양시설 중 4개소 정신의료기관으로 전환 • 정신요양시설 63개소 운영 지원 • 정신요양시설 제 1차 평가 정신질환 예방 · 홍보사업 실시
2000	• 모델형 정신보건센터 운영사업 16개소로 확대 • 〈정신보건법〉 제 2차 개정(행정규제 정비) • 사회복귀시설 47개소 운영 지원 • 정신요양시설 중 8개소 정신의료기관으로 전환 • 정신요양시설 55개소 운영 지원 • 정신요양시설 제 2차 평가 알코올상담센터 시범사업 4개소 시작
2001	• 정신보건센터 총 64개소(모델형 16, 기본형 48)로 확대 • 정신질환실태 역학조사 • 사회복귀시설 64개소 운영 지원 • 사회복귀시설 제 1차 평가 • 알코올상담센터 시범사업 9개소로 확대
2002	• 정신보건센터 총 64개소(모델형 16, 기본형 48) 지원 • 아동청소년정신보건사업 16개소 시작 • 알코올상담센터 시범사업 14개소로 확대 • 사회복귀시설 86개소 운영 지원 • 정신요양시설 제 3차 평가
2003	• 정신보건센터 운영지원 총 69개소(모델형 16, 기본형 53)로 확대 • 아동청소년정신보건사업 16개소 증원 • 사회복귀시설 90개소 운영 지원 • 알코올상담센터 17개소 운영지원 및 본 사업으로 전환 • 정신요양시설 2교대제 도입 • 〈정신보건법〉 개정

〈부록 1-1〉 계 속

연도	내용
2004	• 〈정신보건법〉 시행령 및 시행규칙 개정 • 정신보건센터 운영지원 총 88개소(모델형 23, 기본형 65)로 확대 • 아동청소년정신보건사업 24개소로 확대 • 사회복귀시설 101개소 운영 지원 • 알코올상담센터 17개소 운영 지원
2005	• 정신보건센터 운영지원 총 97개소(모델형 32, 기본형 65)로 확대 • 지방비지원 정신보건센터 포함 총 126개소 운영 • 아동청소년 정신보건사업 31개소로 확대 • 정신요양시설 및 사회복귀시설 운영비 보조 지방이양 • 알코올상담센터 20개소 운영 지원 • 자살 등 위기 상담전화 운영
2006	• 〈정신보건법〉 및 시행령, 시행규칙 개정 • 정신보건센터 운영지원 총 105개소(모델형 40, 기본형 65)로 확대 • 아동청소년 정신보건사업 강화 • 음주폐해예방 및 알코올중독 치료 · 재활지원(알코올상담센터 26개소 운영) • 생명사랑 및 자살예방사업 추진 • 정신질환자 인식개선 및 권익증진 강화 • 지방 정신보건사업지원단 구성 · 운영 • 정신과전문의 등 정신보건지도자 교육 · 훈련 • 정신질환실태 역학조사
2007	• 〈정신보건법〉 및 시행령, 시행규칙 개정 • 정신보건센터 운영지원 총 165개소(모델형 100, 기본형 65)로 확대 • 아동청소년 정신보건사업 강화('07년 16세 청소년 정신건강검진사업 포함) • 국가 알코올종합대책 '파랑새 플랜 2010' 추진 • 음주폐해예방 및 알코올중독 상담 · 재활지원(알코올상담센터 30개소 운영) • 생명사랑 및 자살예방사업 추진 • 정신질환자 인식개선 및 권익증진 강화 • 중앙 및 지방 정신보건사업지원단 연계체계 강화 및 운영 활성화 • 5개 국립정신병원의 정신의료기관 및 정신보건 전문요원 수련기관 상시 지도체계 마련
2008	• 기본형과 모델형 정신보건센터를 표준형으로 통합하고 광역형을 신설(지방비 지원센터 포함 183개소 운영) • 아동 · 청소년 정신보건사업 및 검진사업 강화 (35개 정신보건센터에서 초 · 중 · 고 정신건강검진사업 실시) • 국가 알코올종합대책 '파랑새 플랜 2010' 추진 • 음주폐해예방 및 알코올중독 상담 · 재활지원(알코올상담센터 34개소 운영) • 생명사랑 및 자살예방사업 추진(자살예방종합대책 마련 · 발표) • 정신질환자 인식개선 및 권익증진 강화(〈정신보건법〉 개정, '08. 3. 21)

〈부록 1-1〉 계 속

연도	내용
2008	• 중앙 및 지방 정신보건사업지원단 연계체계 강화 및 운영 활성화 • 보건소 정신보건 전문요원 양성사업 종료
2009	• 〈정신보건법〉 시행령, 시행규칙 개정 시행('09.3.22.) • 정신보건시설 설치 · 운영자, 종사자 인권교육 실시 • 정신보건 전문요원의 수련과정 등에 관한 규정(고시) 개정 • 국가 알코올종합대책 '파랑새 플랜 2010' 추진(알코올상담센터 34개소 운영) • 〈국민건강증진법〉 개정법률안 국회제출(주류 판매금지 시설 등) • 정신건강증진센터 운영지원 총 156개소 (표준형 153개소, 광역형 3개소) • 생명사랑 및 자살예방사업 추진(자살예방종합대책 실행계획 수립 · 시행, 인터넷 자살 유해정보 차단 및 집단자살 예방대책 수립) • 인터넷중독 폐해예방 및 치료사업, 부내 업무이관
2010	• 〈정신보건법〉 전부개정 법률안 국회 제출('10.12.) • 정신건강증진센터 운영 지원(표준형 158개소, 광역형 5개소) • 생명사랑 및 자살예방사업 추진(자살예방종합대책 실행계획 수립 · 시행, 인터넷을 통한 자살유해정보 유통 및 동반자살 차단을 위한 관련 부처 간 협력 강화) • 국가 알코올종합대책 '파랑새 플랜 2010' 평가, 음주폐해예방 및 알코올중독 상담 · 재활지원(알코올상담센터 41개소 운영) • 마약류중독자 치료보호 가이드라인 제작 · 보급
2011	• 정신건강증진센터 운영지원(표준형 158개소, 광역형 6개소) • 알코올상담센터 43개소 운영지원 • 아동청소년 정신보건사업 지원(42개소) • 정신질환실태 역학조사 실시 • 자살예방 및 생명존중문화 조성을 위한 법률 제정('11.3.30) • 검찰의뢰 마약류중독자 치료보호 환자관리 가이드라인 마련 · 배포
2012	• 정신건강증진센터 운영지원(표준형 174개소, 광역형 9개소) • 지역사회 정신보건 시범사업 실시(광주광역시) • 아동청소년 정신보건사업 지원(42개소) • 정신건강증진 종합대책 발표(12. 6.)
2013	• 정신건강증진센터 운영지원(기초 189개소, 광역 11개소) • 지역사회 정신보건 시범사업 실시(광주광역시) • 아동청소년 정신보건사업 전담요원 배치(100명) • 자살예방 및 정신건강증진사업 전담요원 배치(200명) • 〈정신보건법〉 전부개정 법률안 국무회의 통과[13.12.31, 응급실 기반 자살시도자 관리사업(전국 25개소 응급의료기관)] • 지역사회기반 노인자살 예방사업(2개소) • 알코올상담센터 50개소 운영(14년 중독관리통합지원센터로 기능 개편)

〈부록 1-1〉 계 속

연도	내용
2014	• 정신건강증진센터 운영지원(기초 195개소, 광역형 13개소) • 사회복지전담공무원 정신건강증진사업 지원(15개 시) • 중독관리통합지원센터 50개소 운영 • 국가 정신건강증진 마스터플랜(2016~2020) 계획수립 연구 • 중앙심리부검센터 운영지원 • 복지부 평가지표 및 평가체계 개선안 마련
2015	• 정신건강증진센터 운영지원(기초 209개소, 광역형 15개소) • 사회복지전담공무원 정신건강증진사업 지원(15개 시도) • 중독관리통합지원센터 50개소 운영 • 국립정신건강센터 설립 및 국립정신병원 내 정신건강사업과 신설

부록 2 정신장애인 보호와 정신보건의료 향상을 위한 UN 원칙

Principles for the Persons with Mental Illness and Improvement of Mental Health Care(이른바 'MI원칙'). [1]

-1991년 12월 17일, UN 총회 결의문 46/119에 의해 채택됨

본 UN 원칙은 장애, 인종, 성별, 언어, 종교, 정치적 또는 기타 견해, 국가나 민족 혹은 사회적 출신, 법적 혹은 사회적 지위, 연령, 출생적 특성을 근거로 하는 어떤 차별도 없이 적용되어야 한다.

1) 정 의

본 UN 원칙에서 "대리인"(*counsel*)은 법적으로 혹은 기타 자격을 갖춘 대리인을 지칭한다.

"독립적 권한기관"(*independent authority*)은 국내법 규정에 의해 권한이 부여된 독립적 기관을 의미한다.

"정신보건의료"(*mental health care*)는 개인의 정신상태 분석 및 진단, 정신질환이나 정신장애로 추정되는 질환에 대한 치료, 의료 및 재활을 포함한다.

"정신보건시설"(*mental health facilities*)은 정신보건의료 제공을 주된

1) http://blog.naver.com/PostList.nhn?blogId=mhnhr&from=postList&categoryNo=18에서 인용

기능으로 하는 모든 시설 혹은 시설의 단위를 의미한다.

"정신보건 전문가"(*mental health practitioner*)는 의사, 심리치료사, 간호사, 사회복지사나 혹은 기타 정신보건에 유용한 특수한 기술을 가진 이로서 적합한 훈련을 거쳐 자격을 갖춘 종사자를 의미한다.

"환자"(*patient*)는 정신보건의료를 받는 사람으로서 정신보건시설에 수용된 모든 사람은 이에 포함된다.

"개인 대리인"(*personal representative*)은 법에 의해 어떠한 특정 측면에서 환자의 이익을 대변하는 사람 또는 환자를 대신해 특정 권리를 행사할 의무를 지니도록 지정된 사람을 의미하며 국내법에 의해 달리 지정되지 않은 경우 미성년자의 부모 혹은 법적 후견인도 이에 포함된다.

"심사기관"(*the review body*)은 정신보건시설에 비자발적으로 수용된 환자를 심사하기 위해 원칙 17조에 따라 설립된 단체를 의미한다.

2) 일반 제한사항

이 원칙에 규정된 권리의 행사는 해당인 또는 타인의 건강이나 안전을 도모하기 위해 또는 공공의 안전, 질서 및 보건 혹은 도덕, 타인의 기본권과 자유를 보호하기 위해 필요한 것으로서 법으로 규정된 사항에 의해서만 제한될 수 있다.

(1) 원칙 1: 근본적 자유와 기본권

1. 모든 사람은 의료보호 및 사회보호 제도 안에서 가장 적절한 정신보건의료를 제공받을 권리가 있다.

2. 모든 정신장애인 및 정신장애 치료를 받는 사람은 인간으로서 고

유의 존엄성을 토대로 한 인류애와 존경을 바탕으로 치료받아야 한다.

3. 모든 정신장애인 및 정신장애 치료를 받는 사람은 경제적, 성적 및 기타 유형의 착취, 신체적 또는 기타 학대, 치료를 저해하는 행위로부터 보호받을 권리가 있다.

4. 정신장애를 근거로 한 차별이 있어서는 안 된다. "차별"은 기본권의 동등한 향유를 저해하는 모든 분류, 배제 혹은 선호를 의미한다. 정신장애인의 권리를 보호하거나 이들의 치료를 위한 특별한 조치는 차별이라고 보지 않는다. 정신장애인 혹은 다른 개인의 인권을 보호하기 위해 필요한 것으로 이 원칙에 따라 행해진 분류, 배제 혹은 선호 등은 차별이라고 보지 않는다.

5. 모든 정신장애인은 "세계인권선언", "경제, 사회 및 문화적 권리에 관한 국제협약", "시민권 및 정치적 권리에 관한 국제협약"은 물론이고 기타 "장애인의 권리선언"이나 "억류나 구금의 상태에 있는 사람을 보호하기 위한 원칙문" 등 관련 협정에서 인정하는 사회, 정치, 경제, 문화적 권리를 행사할 권리를 가져야 한다.

6. 정신장애로 인한 법적 행위 무능력자 판정과 그에 따라 개인 대리인을 선임해야 한다는 판단은 국내법에 의해 설립된 독립적이고 공정한 심판기관에서 공정한 심리를 거친 후에 내려야만 한다. 법적 행위능력 여부를 판정받는 대상자에게는 대리인을 선임할 권리가 주어져야 한다. 만약 법적 행위능력 판정 대상자가 대리인을 스스로 구하지 않은 경우, 대리인 선임에 필요한 지불능력이 없다면 무료로 대리인이 지정되어야 한다.

이때 대리인은 동일 사건에서 정신보건시설 또는 그 직원을 대리할 수 없으며 또한 가족 간 이익의 충돌이 없다는 법원의 결정이 없는 이상은 해당 능력 판정 대상자의 가족원을 동시에 대리할 수 없다.

법적 행위능력과 개인 대리인 필요성에 대한 결정은 국내법에 지정된 바와 같이 합당한 기간을 두고 재심되어야 한다. 법적 행위능력 판정 대상이 되는 정신장애인과 그 정신장애인의 대리인 및 다른 이해관계인에게는 결정사항에 대해 상급법원에 항소할 수 있는 권리가 주어져야 한다.

7. 법원이나 기타 담당 심판기관이 정신장애인 본인이 자신의 일을 스스로 책임질 수 없다고 결정했을 때는 환자의 상황에 필요하고 적합한 범위 내에서 정신장애인의 이익보호를 보장하기 위한 조치가 취해져야 한다.

(2) 원칙 2: 미성년자의 보호

미성년자의 권리 보호를 위해서는 본 UN 원칙의 목적과 미성년자 보호와 관련된 국내법의 범주 안에서 특별한 보호가 주어져야 하며 필요한 경우 가족구성원 외의 개인 대리인을 선정하는 것도 이에 포함된다.

(3) 원칙 3: 지역사회 내에서의 삶

모든 정신장애인은 가능한 한 지역사회 내에서 생활하고 일할 권리를 가진다.

(4) 원칙 4: 정신장애 판정

1. 개인의 정신장애 판정은 국제적으로 공인된 의학적 기준에 따라야 한다.

2. 정신장애 판정은 절대로 정치적, 경제적 혹은 사회적 상황이나

문화, 인종 또는 종교적 소속, 정신건강상태와 직접적 관련이 없는 어떤 다른 이유 때문에 결정되어서는 안 된다.

3. 가족이나 직업적 갈등 또는 개인이 속한 사회에서 일반적으로 통용되는 도덕적, 사회적, 문화적 혹은 정치적 가치나 종교적 믿음과의 불일치 등은 절대로 정신장애를 판단하는 기준이 될 수 없다.

4. 과거 환자로서 치료받거나 입원한 기록 자체만으로는 현재 또는 미래의 정신장애를 판단하는 근거가 될 수 없다.

5. 어떠한 개인 혹은 권한기관에서도 정신장애 또는 정신장애의 결과와 직접적으로 관계된 목적을 제외하고는 개인을 정신장애인으로 규정하거나 지목할 수 없다.

(5) 원칙 5: 의학검사

국내법에 의해 인정된 절차에 따른 경우를 제외하고는 어떤 사람도 자신이 정신장애를 가졌는지를 판정하기 위한 의학검사를 강요받을 수 없다.

(6) 원칙 6: 비밀보장

정보의 비밀보장 권리는 본 UN 원칙이 적용되는 모든 사람에 대하여 존중되어야 한다.

(7) 원칙 7: 지역사회와 문화의 역할

1. 모든 정신장애인은 가능한 자신이 거주하는 지역사회에서 치료받고 보호받아야 할 권리가 있다.

2. 정신보건시설에서 치료가 이루어질 때 환자는 가능한 항시 자신

의 거주지 혹은 친척 또는 친구의 거주지 근방에서 치료받을 권리가 있으며 가능한 한 빨리 지역사회로 복귀할 권리가 있다.

3. 모든 환자는 자신의 문화적 배경에 맞는 치료받을 권리가 있다.

(8) 원칙 8: 의료기준

1. 모든 환자는 자신의 보건적 필요성에 적합한 보건 및 사회적 의료받을 권리가 있으며 기타 질환자와 같은 기준의 의료와 치료받을 권리가 있다.

2. 모든 환자는 적절치 못한 의료, 다른 환자나 직원, 기타 다른 사람으로부터의 학대, 정신장애인 보호와 정신보건의료 향상을 위한 UN의 원칙 131 또는 정신적 불안이나 신체적 불편을 야기하는 기타 행동 등 위해로부터 보호받아야 한다.

(9) 원칙 9: 치료

1. 모든 환자는 환자의 보건적 필요성과 다른 이들의 신체적 안전을 보호하기 위해 필요한 치료로서 가능한 한 제한적이지 않은 치료를 받을 권리를 가진다.

2. 모든 환자에 대한 치료 및 의료는 자격을 갖춘 전문가에 의하여 개별적으로 처방된 계획에 근거해야 하며, 환자와 함께 논의하고, 정기적으로 검토하며, 필요할 때는 수정을 거쳐 제공되어야 한다.

3. 정신보건의료는 UN 총회가 채택한 "수감자 및 억류자를 고문과 기타 잔인하거나 비인간적 대우 및 처벌로부터 보호하기 위한 보건 종사자, 특히 의사의 역할에 관한 의학윤리 원칙"과 같이 국제적으로 인증된 기준을 비롯하여 정신보건 종사자를 위한 윤리로서 적용할 수 있

는 기준에 따라 제공되어야 한다.

4. 환자의 치료는 반드시 개인적 자율성을 지켜주고 강화하는 방향으로 진행되어야 한다.

(10) 원칙 10: 약물치료

1. 약물치료는 환자의 보건적 필요성에 가장 잘 부합해야 하고 치료 및 진단적 목적으로만 이루어져야 하며 처벌이나 다른 이들의 편의를 위해서 시행되어서는 안 된다. 다음 원칙 11의 15절에 따라 정신보건 전문가는 그 효능이 이미 밝혀졌거나 증명된 약물치료만을 시행해야 한다.

2. 약물치료는 반드시 법적 허가를 받은 정신보건 전문가에 의해 처방되어야 하며 환자기록에 기록되어야 한다.

(11) 원칙 11: 치료의 동의

1. 환자의 고지된 동의 없이는 환자를 치료할 수 없다. 단, 이 원칙의 6, 7, 8, 13, 15절에 제시된 사항은 예외로 한다.

2. 고지된 동의란, 다음 사항에 대해 이해가능하며 적합한 정보를 환자가 이해할 수 있는 언어와 형식으로 환자에게 공개한 뒤 위협이나 부적절한 유도 없이 자유롭게 얻는 동의를 말한다.

ⓐ 진단 평가

ⓑ 제안된 치료의 목적과 방법, 예상되는 기간 및 이익

ⓒ 덜 침해적 치료법 등 대안적인 치료방식

ⓓ 제안된 치료법에 의해 생길 수 있는 고통이나 불편, 위험 및 부작용

3. 환자는 동의절차에 자신이 선택한 1인 혹은 다수의 제 3자의 동석을 요구할 수 있다.

4. 환자는 이 원칙의 6, 7, 8, 13, 15절 경우를 제외하고 치료를 거부하거나 중단할 권리를 가진다. 치료의 거부나 중단 때문에 발생한 결과는 반드시 환자에게 설명해야 한다.

5. 환자에게 고지된 동의권을 포기하도록 권하거나 유도해서는 안 된다. 환자가 동의권을 포기하려 할 경우에는 고지된 동의 없이는 치료를 할 수 없다는 사실을 환자에게 설명해야 한다.

6. 이 원칙의 7, 8, 12, 13, 14, 15절 경우를 제외하고는, 다음 조건이 만족될 경우 환자의 고지된 동의 없이 제안된 치료계획을 환자에게 실행할 수 있다.

ⓐ 해당 시기에 환자가 비자발적 환자로 수용되는 경우

ⓑ 이 원칙의 2절에 지정된 정보를 포함해 모든 관련 정보를 갖는 독립적 권한기관에서, 해당 시기에 환자가 제안된 치료안에 대한 고지된 동의를 하거나 보류할 능력이 없다고 판단하거나 혹은 환자 개인의 안전 또는 타인의 안전과 관련해 해당 환자의 동의 보류가 합당하지 않다 판단한 경우

ⓒ 독립적 권한기관에서 제안된 치료안이 환자의 보건적 필요성을 위한 최선이라고 판단하는 경우

7. 상기 6절은 환자를 위한 치료에 동의할 개인 대리인이 법에 의해 선임된 환자에게는 적용되지 않는다. 단, 12, 13, 14, 15절에서와 같이 이 원칙의 2절에 기술된 정보를 제공받은 개인 대리인이 환자를 대신해 동의를 한 경우에는 환자 자신의 고지된 동의 없이 환자에게 치료할 수 있다.

8. 이 원칙의 12, 13, 14, 15절 내용을 제외하고 법에 의해 자격을 갖춘 정신보건 전문가가 환자 및 다른 사람의 직접적이고 절박한 위해

를 막기 위해 위급하게 필요하다고 판단할 경우 환자의 고지된 동의 없이 치료를 행할 수 있다. 이러한 치료는 해당 목적에 반드시 필요한 기간을 초과해 연장되어서는 안 된다.

9. 환자의 고지된 동의 없이 치료가 승인되는 경우라 하더라도 치료의 성격과 가능한 대안에 관해 환자에게 알리고 치료안의 전개에 가능한 한 환자를 참여하게 하도록 최대한 노력해야 한다.

10. 모든 치료는 자발 혹은 비자발성 표시와 함께 환자의 의료기록에 즉시 기록되어야 한다.

11. 환자의 신체적 강박이나 비자발적 격리는 환자나 다른 사람의 직접적이고 절박한 위해를 막기 위한 유일한 수단인 경우에 한해 반드시 해당 정신보건시설에서 공식적으로 승인된 절차에 따라서 사용되어야 한다. 또한 이런 목적에 반드시 필요한 기간을 초과해 연장되어서는 안 된다. 모든 신체적 강박이나 비자발적 격리는 이유와 성격, 범위를 환자의 의료기록에 기록해야만 한다.

강박 및 격리된 환자는 인도적 환경에 처해져야 하며 자격을 갖춘 의료진이 정기적으로 면밀한 감독을 하고 보살펴야 한다. 관련된 개인 대리인이 있는 경우 환자의 신체적 강박이나 비자발적 격리를 반드시 즉시 통보해야 한다.

12. 불임시술은 정신장애 치료로 절대 행할 수 없다.

13. 위험성 있는 약물치료나 수술은 국내법에 의해 허가되는 경우에 한해, 환자의 건강을 위한 최선의 방법이라고 여겨지며 환자가 고지된 동의를 했을 때만 시술할 수 있다. 환자가 고지된 동의를 할 능력이 없는 경우에는 독립적 심사가 있은 후에만 시술을 허가할 수 있다.

14. 정신장애에 대한 정신과 수술 및 기타 번복할 수 없는 침해적 치

료는 정신보건시설에 비자발적으로 수용된 환자에게는 행할 수 없다. 또한 다른 환자에 대해서도 국내법에 의해 허용되는 범위에서, 이미 환자가 고지된 동의를 한 상태에서 외부의 독립적 기관이 고지된 동의가 있었음을 인정하고 해당 치료가 환자의 보건적 필요성에 가장 적합하다고 판단한 경우에만 행할 수 있다.

15. 임상시험 및 실험적 치료는 고지된 동의 없이 시술할 수 없다. 단, 이런 목적을 위해 설립된 독립적인 당해 심사기관의 승인이 있는 경우 고지된 동의를 할 수 없는 환자를 임상시험 또는 실험적 치료에 포함할 수 있다.

16. 이 원칙의 6, 7, 8, 13, 14, 15절에 해당하는 경우 환자나 그의 개인 대리인 또는 이해관계인에게는 환자에게 주어지는 치료에 대해 사법 및 기타 독립적인 권한기관에 이의를 제기할 수 있는 권리가 주어져야 한다.

(12) 원칙 12: 권리의 고지

1. 정신보건시설에 입원하는 환자에게는 입원 즉시 가능한 한 빨리, 본 UN 원칙과 국내법에 따른 자신의 모든 권리를 환자가 이해할 수 있는 언어와 형식으로 고지해야 하며 그 정보에는 이들 권리에 대한 설명과 권리 행사방법이 포함되어야 한다.

2. 이러한 정보를 환자가 이해할 수 없는 경우에는, 개인 대리인이 있는 경우 개인 대 개인과 환자의 이익을 가장 잘 대변할 수 있고 또 그렇게 하려는 사람(들)에게 환자의 권리를 알려야 한다.

3. 해당 행위능력이 있는 환자는 시설에 대해 자신의 이익을 대변할 사람과 자신을 대신해 정보를 고지 받을 사람을 지정할 권리를 가진다.

(13) 원칙 13: 정신보건시설 내에서의 권리와 조건

1. 정신보건시설 내의 환자는, 특히 다음 사항에 대하여 존중받을 권리를 지닌다.

ⓐ 언제나 법 앞에서 동등한 인간으로서의 인정

ⓑ 사생활

ⓒ 의사소통 및 통신의 자유. 이에는 시설 내 다른 사람들과의 소통의 자유, 검열 없이 사적 서신을 주고받을 자유, 사적으로 대리인이나 개인 대리인의 방문을 받을 자유, 합당한 시간이라면 언제나 기타 면회인을 만날 자유, 우편 및 전화 서비스와 신문, 라디오, TV를 이용할 자유

ⓓ 종교 및 사상의 자유

2. 정신보건시설 내의 환경 및 생활조건은 비슷한 연령의 일반인 생활과 최대한 유사해야 하며, 특히 다음을 포함해야 한다.

ⓐ 오락 및 여가활동을 위한 시설

ⓑ 교육시설

ⓒ 일상생활과 오락, 통신에 필요한 물건을 구입하거나 받을 수 있는 시설

ⓓ 환자가 자신의 사회적, 문화적 배경에 맞는 직업을 갖도록 도움을 주는 시설과 지역사회로의 복귀를 촉진할 수 있는 적절한 직업적 재활수단을 위한 시설 그리고 그러한 시설 사용에 대한 장려. 이런 방법은 환자가 지역사회에서 직업을 얻거나 유지하도록 도와주는 직업 안내, 직업훈련 및 배치 서비스를 포함해야 한다.

3. 어떠한 경우에도 환자에게 강압적 노동을 하게 해서는 안 된다. 시설운영의 요건에 부합하고 환자의 필요성에 부응하는 한계 내에서

환자가 자신이 원하는 작업의 유형을 선택할 수 있어야 한다.

4. 정신보건시설 환자의 노동이 착취당해서는 안 된다. 시설 환자는 자신이 하는 일에 대해 정상인이 국내법이나 관습에 따라 같은 일에 대해 받는 것과 같은 수준의 보수를 받을 권리를 가진다. 또한 환자가 한 일에 대해 정신보건시설에 보수가 지불된 경우에는 반드시 이 중 합당한 몫을 받을 권리가 있다.

(14) 원칙 14: 정신보건시설의 자원

1. 정신보건시설은, 특히 다음 사항을 포함해 다른 여타 보건 시설과 같은 수준의 자원을 갖추어야 한다.

ⓐ 의학 및 기타 적합한 전문적 자격을 갖춘 직원의 수가 충분해야 하며 모든 환자가 사생활을 보호받을 수 있을 만큼 충분한 공간과 적절하고 능동적 치료 프로그램

ⓑ 환자를 위한 진단과 치료 시설

ⓒ 적절한 전문적 의료

ⓓ 약물치료 제공 등 적합하고 규칙적이며 종합적 치료

2. 해당 기관에서는 모든 정신보건시설을 적당한 빈도로 검열해, 환자에 대한 조건과 치료 및 의료행위가 본 UN의 원칙에 부합하도록 해야 한다.

(15) 원칙 15: 입원 원칙

1. 정신보건시설 내 치료가 필요한 사람이 있을 경우, 비자발적 입원을 피하기 위해 모든 노력을 기울여야 한다.

2. 정신보건시설의 출입은 다른 질병을 위한 여타 시설에 대한 출입

과 같은 방식으로 관리되어야 한다.

3. 비자발적 입원이 아닌 환자의 경우, 다음 원칙 16에서 규정한 바와 같이 비자발적 환자로 구금되어야 할 기준에 속하지 않는 한 언제라도 정신보건시설을 퇴원할 수 있는 권리를 가지며 그러한 권리를 고지해 주어야 한다.

(16) 원칙 16: 비자발적 입원

1. 어떤 사람을 정신보건시설에 비자발적 환자로 입원하게 하거나 또는 자발적으로 정신보건시설에 입원한 사람을 비자발적 환자로 계속 입원하게 할 수 있는 경우는 다음에 한한다. 법에 의해 해당 목적에 대한 허가를 받은 자격 있는 정신보건 전문가가 위 원칙 4에 따라 해당 환자가 정신장애를 가졌다고 진단하고 다음과 같다고 판단할 경우,

ⓐ 정신장애 때문에 환자나 타인에게 직접적이고 절박한 위해 가능성이 매우 높다고 보거나

ⓑ 정신장애가 심각하고 판단력이 손상된 사람의 경우, 해당 환자를 입원 및 계속 입원하게 하지 못한다면 환자의 상태가 심각하게 악화될 것으로 예상되거나 또는 이 원칙에 따른 정신보건시설 입원으로만 가능한 적정 치료나 최소제한적인 대안 치료를 할 수 없게 될 것이라 판단할 경우. ⓑ항에 해당되는 경우에는 첫 번째 정신보건 전문가와 관계가 없는 다른 정신보건 전문가의 의견을 가능한 한 참조해야 한다. 이때 두 번째 정신보건 전문가가 동의하지 않는다면 비자발적 입원이나 계속 입원을 하게 해서는 안 된다.

2. 비자발적 입원이나 계속 입원은 우선 심사기관의 입원 혹은 계속 입원 심사 계류 중에 관찰과 예비적 치료를 위해 국내법에 정한대로 단

기간동안 실시되어야 한다. 입원의 근거를 즉시 환자에게 전해야 하며 또한 입원 사실과 자세한 근거를 즉시 심사기관과 환자의 개인 대리인이 있는 경우 대리인 그리고 환자가 반대하지 않는 경우 환자의 가족에게 알려야 한다.

3. 정신보건시설의 경우, 국내법에 의한 해당 권한기관이 지정한 시설만 비자발적 입원 환자를 수용할 수 있다.

(17) 원칙 17: 심사기관

1. 심사기관은 국내법에 의해 설립된 사법 및 기타 독립적인 공정한 기관으로서 그 직무가 국내법에 의해 정해진 절차에 따라 운영되어야 한다. 심사기관은 공식적 결정을 내리는 데 자격을 갖춘 독립적 정신보건 전문가 1인 이상의 조언을 참고해야 한다.

2. 위 원칙 16의 2절에 해당하는 비자발적 환자의 입원이나 계속 입원 결정에 대한 심사 정신장애인 보호와 정신보건의료 향상을 위한 기관의 최초 심사는 해당 결정이 내려진 직후 가능한 한 빨리 이루어져야 하며 국내법에 의해 규정된 대로 간단하고 신속한 절차에 따라 수행되어야 한다.

3. 심사기관은 국내법에 의해 규정된 대로 적당한 기간마다 비자발적 환자의 경우를 주기적으로 심사해야 한다.

4. 비자발적 환자는 국내법에 의해 규정된 대로 적당한 기간을 두고 심사기관에 퇴원이나 자발적 상태로의 전환 신청을 할 수 있다.

5. 개개의 심사에서 심사기관은 위 원칙 16의 1절에 제시된 비자발적 입원기준에 여전히 속하는지를 고려해야 하며 그렇지 않은 경우 환자는 비자발적 환자상태를 벗어나 퇴원할 수 있어야 한다.

6. 담당 정신보건 전문가는 언제라도 환자가 비자발적 환자로서의 계속 입원을 위한 요건에 더는 해당되지 않는다고 판단되는 경우 퇴원 지시를 내려야 한다.

7. 환자나 환자의 개인 대리인, 또는 기타 이해관계인에게는 정신보건시설 입원이나 계속입원 결정에 대해 상급법원에 항소할 권리가 주어져야 한다.

(18) 원칙 18: 절차상 보호조치

1. 환자에게는 이의제기 절차나 항소할 때 대변인은 물론이고 자신을 대리할 대리인을 선택하여 선임할 권리가 주어져야 한다. 환자 자신이 그러한 서비스를 확보하지 않았을 경우 환자가 지불여력이 안된다면 무료로 대리인을 확보할 수 있게 되어야 한다.

2. 또한 환자에게는 필요한 경우 통역 서비스를 받을 권리가 주어져야 한다. 통역 서비스가 필요하나 환자 스스로 이를 확보하지 않은 경우 환자에게 지불여력이 없다면 무료로 서비스가 주어져야 한다.

3. 환자와 환자의 대리인은 심리할 때에 독립적인 정신보건 보고서와 기타 다른 보고서, 관계있는 구두, 서면, 기타 증거 자료를 요청하고 제시할 수 있다.

4. 환자 기록 및 제출되는 기타 보고서와 자료는 환자에게 해당 자료가 공개될 경우 환자의 건강에 심각한 위해가 초래되거나 다른 이의 안전에 위험을 초래할 것으로 판정되는 특별한 경우를 제외하고 환자와 그 대리인에게 사본을 전달해야 한다.

환자에 전달하지 않은 기록은 국내법 규정이 있다면 그에 따라, 비밀리 전달이 가능한 경우 환자의 개인 대리인과 대리인에게 전달해야 한다. 기록 중 환자에게 알리지 않은 부분이 있는 경우에는 환자나 환자의 대리인에게 그 사실과 이유를 고지해야 하며 이는 법원의 심사를 거쳐야 한다.

5. 환자와 환자의 개인 대리인 및 대리인에게는 심리에 직접 출석하여 참여하고 발언할 수 있는 권리가 주어져야 한다.

6. 환자나 환자의 개인 대리인, 대리인이 심리에 특정인 출석을 요청할 경우에는 그 사람의 출석이 환자의 건강에 심각한 위해를 초래하거나 다른 이의 안전에 위험을 초래할 수 있다고 판정된 경우가 아닌 한 허용해야 한다.

7. 심리나 그 과정이 공개적으로 이루어져야 할지 내밀하게 이루어져야 할지와 공개적으로 보도되어도 좋을지에 대한 결정을 내릴 때는 반드시 환자 자신의 바람과 환자 및 다른 사람의 사생활 존중을 위한 필요성, 환자의 건강에 대한 심각한 위해를 막거나 다른 이들의 안전에 대한 위험을 피하기 위한 요건을 충분히 고려해야 한다.

8. 심리를 통한 결정과 그에 대한 이유는 서면으로 작성되어야 하며 사본을 환자와 환자의 개인 대리인 및 대리인에게 전해야 한다. 결정을 전체 혹은 부분적으로 공개 발표해야 할지에 대한 결정을 내릴 때는 환자 자신의 바람과 환자 및 다른 사람의 사생활 존중을 위한 필요성, 환자의 건강에 대한 심각한 위해를 막거나 다른 이들의 안전에 대한 위험을 피하기 위한 요건을 충분히 고려해야 한다.

(19) 원칙 19: 정보 열람

1. 환자(이 원칙에서는 과거 환자였던 사람도 포함하는 의미)는 정신보건시설에서 관리하는 자신의 보건 및 개인기록에서 자신에 관련된 정

보를 열람할 수 있어야 한다. 이 권리는 환자 자신의 건강에 대한 심각한 위해를 예방하고 다른 사람의 안전을 위험에 빠뜨리지 않기 위한 목적으로 제한을 받을 수도 있다. 이처럼 환자에게 제한된 정보가 있는 경우에는 국내법 규정이 있다면 그에 따라, 환자의 개인 대리인 및 대리인에게 비밀리에 전달이 가능하다면 그렇게 해야 한다. 환자에게 제한된 정보가 있는 경우에는 환자나 환자의 대리인에게 그 사실과 이유를 고지해야 하며 이는 법원의 심사를 거쳐야 한다.

2. 환자나 환자의 개인 대리인 및 대리인에 의한 서면 설명은 요청이 있을 경우 환자의 자료에 포함해야 한다.

(20) 원칙 20: 범죄 피의자

1. 이 원칙은 형사 범죄자로 징역 중이거나 또는 형사 절차나 수사 대상으로 유치 중인 사람으로서 정신장애를 가졌거나 그러한 질환이 의심되는 것으로 판단되는 사람에게 적용된다.

2. 이런 사람은 위 원칙 1에서 설명하는 바와 같이 최고의 정신보건 의료를 받아야 한다. 주어진 상황에서 꼭 필요한 경우 제한적 수정과 예외는 있을 수 있으나 가능한 본 UN 원칙을 최대한 적용해야 한다. 상기 제한적 수정과 예외 사항도 원칙 1의 5절에 명기된 협정에 따른 권리를 침해할 수는 없다.

3. 이러한 사람의 경우, 법원이나 기타 정당한 권한기관이 합당하고 독립적인 의학적 조언을 근거로 정신보건시설 입원을 명할 권한을 갖도록 국내법에 의해 규정할 수 있다.

4. 정신장애를 가진 것으로 판정된 수감자의 치료는 반드시 위 원칙 11에 따라야 한다.

(21) 원칙 21: 이의 제기

환자 및 과거 환자였던 사람에게는 국내법에 규정된 절차에 따라 이의를 제기할 수 있는 권리가 주어져야 한다.

(22) 원칙 22: 감시와 구제

정부는 본 UN 원칙의 준수를 촉구하기 위해 정신보건시설 조사, 불만사항의 접수 및 조사와 해결, 전문인의 위법 행위나 환자 권리 침해에 대한 징계 및 사법 절차 제도를 위한 적법한 절차와 기구를 마련해 시행토록 해야 한다.

(23) 원칙 23: 실행

1. 정부는 적절한 입법적, 사법적, 행정적, 교육적, 기타 조치를 통해 본 UN 원칙을 실행해야 하며 이를 주기적으로 심사해야 한다.

2. 정부는 적절하고 적극적 수단을 동원해 본 UN 원칙을 널리 알려야 한다.

(24) 원칙 24: 정신보건시설 관련 본 원칙의 적용범위

본 UN 원칙은 정신보건시설에 입원한 모든 이에게 적용된다.

(25) 원칙 25: 기존 권리의 구제

본 UN 원칙에서 인정하지 않거나 또는 더 좁은 범위로 인정한다는 이유로 적용 가능한 국제 및 국내법에서 인정하는 권리 등 기존의 환자 권리가 제한되거나 훼손되어서는 안 된다.

부 록 3 정신보건 관련 자가측정 도구

1) 부모 및 교사용 단축형 코너스 평가척도

코너스(Conners, 1969)가 93문항으로 제작한 것을 고이에트와 코너스, 그리고 울리히(Goyette, Conners & Ulrich)가 1978년 10문항으로 축약해 개정했고 이를 국내에서 오경자·이혜련(1989)이 번안한 것이다. 3~17세 연령범위의 유아·청소년이 보이는 여러 가지 행동문제를 평가하는 척도로 주의력결핍 과잉행동장애(ADHD) 연구에서 피험자를 정의하고 치료효과를 측정하는 도구로 많이 사용된다. 점수범위는 0~30점으로 16점 이상이면 ADHD로 간주된다.

〈부록 3-1〉 단축형 코너스 평가척도

관찰된 행동	정도			
	없음(0)	약간(1)	상당히(2)	아주 심함(3)
1. 차분하지 못하고 지나치게 활동적이다				
2. 쉽게 흥분하고 율동적이다				
3. 다른 아이에게 방해가 된다.				
4. 한 번 시작한 일을 끝내지 못한다(주의집중시간이 짧다).				
5. 늘 안절부절 한다.				
6. 주의력이 없고 쉽게 주의가 분산된다.				
7. 요구하면 금방 들어주어야 한다.				
8. 자주 또 쉽게 운다.				
9. 금방 기분이 확 변한다.				
10. 화를 터뜨리거나 감정이 격하기 쉽고 행동을 예측하기 어렵다.				

주: 주의력결핍 과잉행동장애의 분류기준은 부모평가 16점, 교사평가 17점.
출처: 오경자(1994: 47~52).

2) 아동용 우울 자가척도

코박스(Kovacs, 1983)의 소아우울척도로 벡(Beck, 1967)의 우울척도를 만 8세~13세 아동에게 적합하도록 변형한 것을 조수철·이영식(1990)이 번안한 것이다. 총 27문항으로 구성되었으며 자기평가방법으로 자신의 기분상태를 반영하도록 고안되었다. 각 문항마다 3개의 서술문이 있으며 정도에 따라 0~2점으로 평가되기 때문에 점수가 높을수록 우울정도가 심한 것으로 평가할 수 있다.

〈부록 3-2〉 아동용 우울 자가척도

다음에는 각 문항마다 여러 가지 느낌과 생각이 적힌 문장이 있습니다. 그중에서 지난 2주일 동안 나를 가장 잘 나타내주는 문장을 하나 골라 주십시오. 여기에는 정답이 없습니다. 단지 자신을 가장 정확하게 표현하는 문장을 하나 골라서 해당란에 V로 표시해 주십시오.	
1. □ 나는 가끔 슬프다. 1. □ 나는 자주 슬프다. 1. □ 나는 항상 슬프다.	6. □ 나는 가끔씩 나에게 나쁜 일이 일어나지 않을까 생각한다. 6. □ 나는 나에게 나쁜 일이 일어날까 걱정한다. 6. □ 나는 나에게 무서운 일이 일어나리라 확신한다.
2. □ 나에게 제대로 되는 일이란 없다. 2. □ 나는 일이 제대로 될지 확신할 수 있다. 2. □ 나에게 모든 일이 제대로 될 것이다.	7. □ 나는 나 자신을 미워한다. 7. □ 나는 나 자신을 좋아하지 않는다. 7. □ 나는 나 자신을 좋아한다.
3. □ 나는 대체로 무슨 일이든지 웬만큼 한다. 3. □ 나는 잘못하는 일이 많다. 3. □ 나는 모든 일을 잘못한다.	8. □ 잘못되는 일은 모두 내 탓이다. 8. □ 잘못되는 일 중 내 탓이 많다. 8. □ 잘못되는 일은 보통 내 탓이 아니다.
4. □ 나에게는 재미있는 일이 많다. 4. □ 나는 재미있는 일이 더러 있다. 4. □ 나는 어떤 일도 전혀 재미가 없다.	9. □ 나는 자살을 생각하지 않는다. 9. □ 나는 자살을 생각하지만 그렇게 하지는 않을 것이다. 9. □ 나는 자살을 하고 싶다.
5. □ 나는 언제나 못된 행동을 한다. 5. □ 나는 못된 행동을 할 때가 많다. 5. □ 나는 가끔 못된 행동을 한다.	10. □ 나는 매일 울고 싶은 기분이다. 10. □ 나는 울고 싶은 기분인 날도 많다. 10. □ 나는 때때로 울고 싶은 기분이 든다.

〈부록 3-2〉 계 속

11. □ 이 일 저 일로 늘 성가시다. 11. □ 이 일 저 일로 성가실 때가 많다. 11. □ 간혹 이 일 저 일로 성가실 때가 있다.	20. □ 나는 외롭다고 느끼지 않는다. 20. □ 나는 자주 외롭다고 느낀다. 20. □ 나는 항상 외롭다고 느낀다.
12. □ 나는 사람들과 함께 있는 것이 좋다. 12. □ 나는 사람들과 함께 있는 것이 싫을 때가 매우 많다. 12. □ 나는 사람들과 함께 있는 것을 전혀 원치 않는다.	21. □ 나는 학교생활이 재미있었던 적이 없다. 21. □ 나는 가끔씩 학교생활이 재미있다. 21. □ 나는 학교생활이 재미있을 때가 많다.
13. □ 나는 어떤 일에 대한 결정을 내릴 수가 없다. 13. □ 나는 어떤 일에 대한 결정을 내리기가 어렵다. 13. □ 나는 쉽게 결정을 내린다.	22. □ 나는 친구가 많다. 22. □ 나는 친구가 좀 있지만 더 있었으면 한다. 22. □ 나는 친구가 하나도 없다.
14. □ 나는 괜찮게 생겼다. 14. □ 나는 못생긴 구석이 약간 있다. 14. □ 나는 못생겼다.	23. □ 나의 학교성적은 괜찮다. 23. □ 나는 학교성적은 예전처럼 좋지는 않다. 23. □ 예전에 무척 잘하던 과목도 요즈음 성적이 뚝 떨어졌다.
15. □ 나는 학업을 해내려면 항상 노력해야 한다. 15. □ 나는 학업을 해내려면 많이 노력해야 한다. 15. □ 나는 별로 어렵지 않게 학업을 해낼 수 있다.	24. □ 나는 절대 다른 아이처럼 착해질 수가 없다. 24. □ 나는 마음만 먹으면 다른 아이처럼 착해질 수 있다. 24. □ 나는 다른 아이들처럼 착하다.
16. □ 나는 매일 밤 잠들기가 어렵다. 16. □ 나는 잠들기 어려운 밤이 많다. 16. □ 나는 잠을 잘 잔다.	25. □ 나를 진심으로 좋아하는 사람은 아무도 없다. 25. □ 나를 진심으로 좋아하는 사람이 있을지 확실하지 않다. 25. □ 분명히 진심으로 좋아하는 사람이 있다.
17. □ 나는 가끔 피곤하다. 17. □ 나는 자주 피곤하다. 17. □ 나는 언제나 피곤하다.	26. □ 나는 나에게 시킨 일을 대체로 한다. 26. □ 나는 나에게 시킨 일을 대체로 하지 않는다. 26. □ 나는 나에게 시킨 일을 절대로 하지 않는다.
18. □ 나는 밥맛이 없을 때가 대부분이다. 18. □ 나는 밥맛이 없을 때가 많다. 18. □ 나는 밥맛이 좋다.	27. □ 나는 사람들과 사이좋게 잘 지낸다. 27. □ 나는 사람들과 잘 싸운다. 27. □ 나는 사람들과 언제나 싸운다.
19. □ 나는 몸이 쓰시고 아픈 것에 대해 걱정하지 않는다. 19. □ 나는 몸이 쑤시고 아픈 것에 대해 걱정할 때가 많다. 19. □ 나는 몸이 쑤시고 아픈 것에 대해 항상 걱정한다.	

〈부록 3-3〉 아동용 우울 자가척도 측정방법

• 각 문항별 점수: 0점, 1점, 2점으로 계산 • 역점수 문항: 2, 5, 7, 8, 10, 11, 13, 15, 16, 18, 21, 24, 25	□ 0점~21점: 평균적인 우울상태
	□ 21~28점: 우울 경향이 어느 정도 있으며 위험군 상태
	□ 29~55점: 매우 우울한 상태로 고위험군 상태

주: 일반아동 평가점수: 14.7 표준편차: 7.3
출처: 조수철 · 이영식(1990).

3) 자녀의 인터넷 중독 자가진단

인터넷 중독여부를 측정하기 위한 도구로, 정보통신부에서 만든 인터넷 중독자가 진단 검사문항을 축약한 것이다. 각 문항의 점수를 합해 점수를 산출한다. 3집단으로 구분된 점수를 확인하여 중독에 빠졌는지에 대해 객관적으로 검증해 볼 수 있다.

0점: 전혀 아니다, 1점: 가끔 그렇다, 2점: 보통 그렇다
3점: 자주 그렇다, 4점: 대부분 그렇다, 5점: 항상 그렇다

〈부록 3-4〉 인터넷 중독 자가진단 검사문항

번호	문항	0	1	2	3	4	5
1	당신의 자녀는 인터넷 사용에 대해 정해 놓은 시간을 자주 어깁니까?						
2	당신의 자녀는 인터넷 사용으로 집안일(혹은 학업)을 소홀히 한 적이 있습니까?						
3	당신의 자녀는 가족과 함께 즐기기보다 컴퓨터 하는 것을 더 좋아합니까?						
4	당신의 자녀는 사이버공간에서 새로운 친구를 사귑니까?						
5	당신은 자녀의 인터넷 사용시간에 대해서 불평을 자주 토로합니까?						
6	자녀의 인터넷 사용 때문에 성적이나 학교생활에 문제가 있습니까?						
7	당신의 자녀는 친구와 밖에서 노는 것보다 인터넷 사용을 더 좋아합니까?						

〈부록 3-4〉 계 속

8	당신의 자녀는 해야 할 일을 미루고 먼저 인터넷에 접속부터 합니까?						
9	당신의 자녀는 인터넷을 시작한 이후로 다른 사람과의 관계가 감소했습니까?						
10	자녀에게 인터넷에서 뭘 했냐고 물어보면 숨기거나 얼버무립니까?						
11	당신의 자녀는 당신의 의사를 무시하고 몰래 컴퓨터 접속을 합니까?						
12	당신의 자녀는 자기 방에서 자주 혼자 컴퓨터를 합니까?						
13	당신의 자녀는 인터넷에서 알게 된 새로운 친구와 전화를 한 적이 있습니까?						
14	당신의 자녀는 컴퓨터를 사용하는 동안 방해를 받으면 소리를 지르고 화를 낸 적이 있습니까?						
15	당신의 자녀는 밤늦게까지 접속하느라 잠을 자지 못해 그전보다 피곤해하거나 지쳐 보입니까?						
16	당신의 자녀는 인터넷을 하지 않을 때에도 접속할 생각에 몰두하거나 인터넷을 사용하려고 자주 시도합니까?						
17	당신이 자녀의 인터넷 사용시간에 대해 간섭했을 때 자녀는 자주 짜증을 냅니까?						
18	자녀는 다른 취미활동이나 밖에 나가 노는 것보다 컴퓨터 하는 것을 더 좋아합니까?						
19	당신이 자녀의 컴퓨터 사용시간을 제한했을 때 자녀는 자주 화를 냅니까?						
20	자녀가 컴퓨터 접속을 하지 않을 때는 우울하고 침울하며 신경질적이 되었다가 다시 온라인 상태로 오면 이런 감정들이 사라진 것처럼 보인 적이 있습니까?						

〈부록 3-5〉 인터넷 중독 자가진단 결과

합계	자가진단
20점~39점	평균적 이용자로서, 인터넷 이용을 스스로 통제할 수 있다.
40점~69점	인터넷 과다 사용자로서, 인터넷 때문에 문제가 있었던 경우가 많다.
70점~100점	인터넷 중독자로 의심되며, 인터넷 때문에 생활에 중대한 문제가 발생하고 있음. 지금 당장 문제해결을 위한 행동을 취해야 함.

출처: 서울소아청소년정신보건센터 자료실, URL:www.educyber.co.kr, www.sayusayme.co.kr.

4) 직무스트레스 및 우울 자가 검사지

(1) 한국판 직무스트레스 자가 검사지

〈부록 3-6〉 직무스트레스 자가 검사지

설문내용	전혀 그렇지 않다	그렇지 않다	그렇다	매우 그렇다
1. 근무 장소가 깨끗하고 쾌적하다.	4	3	2	1
2. 내 일은 위험하며 사고를 당할 가능성이 있다.	1	2	3	4
3. 내 업무는 불편한 자세로 오랫동안 일을 해야 한다.	1	2	3	4
4. 나는 일이 많아 항상 시간에 쫓기며 일한다.	1	2	3	4
5. 현재 하던 일을 끝내기 전에 다른 일을 하도록 지시 받는다.	1	2	3	4
6. 업무량이 현저하게 증가하였다.	1	2	3	4
7. 나는 동료나 부하직원을 돌보고 책임져야 할 부담이 있다.	1	2	3	4
8. 내 업무는 장시간 동안 집중력이 요구된다.	1	2	3	4
9. 업무수행 중에 충분한 휴식(짬)이 주어진다.	4	3	2	1
10. 일이 많아서 직장과 가정에 다 잘하기가 힘들다.	1	2	3	4
11. 여러 가지 일을 동시에 해야 한다.	1	2	3	4
12. 내 업무는 창의력을 필요로 한다.	1	2	3	4
13. 업무 관련 사항(업무의 일정, 업무량, 회의시간 등)이 예고 없이 갑작스럽게 정해지거나 바뀐다.	1	2	3	4
14. 내 업무를 수행하기 위해서는 높은 수준의 기술이나 지식이 필요하다.	4	3	2	1
15. 작업시간, 업무수행 과정에서 어떤 사안에 대해 결정권한이 주어지며 영향력을 행사할 수 있다.	4	3	2	1
16. 나의 업무량과 작업 스케줄을 스스로 조절할 수 있다	4	3	2	1
17. 나의 상사는 업무를 완료하는 데 도움을 준다.	4	3	2	1
18. 나의 동료는 업무를 완료하는 데 도움을 준다.	4	3	2	1
19. 직장에서 내가 힘들 때 내가 힘들다는 것을 알고 이해해 주는 사람이 있다.	4	3	2	1
20. 직장생활의 고충을 함께 나눌 동료가 있다.	4	3	2	1

〈부록 3-6〉 계 속

설문내용	전혀 그렇지 않다	그렇지 않다	그렇다	매우 그렇다
21. 지금의 직장을 옮겨도 나에게 적합한 새로운 일을 쉽게 찾을 수 있다	4	3	2	1
22. 현재의 직장을 그만두어도 현재 수준만큼의 직업(직장)을 쉽게 구할 수 있다.	4	3	2	1
23. 직장사정이 불안해 미래가 불확실하다.	1	2	3	4
24. 나의 직업은 실직하거나 해고당할 염려가 없다.	4	3	2	1
25. 앞으로 2년 동안 현재의 내 직업을 잃을 가능성이 있다.	1	2	3	4
26. 나의 근무조건이나 상황에 바람직하지 못한 변화(예: 구조조정)가 있었거나 있을 것으로 예상된다.	1	2	3	4
27. 우리 회사는 근무평가나 승진, 부서배치 등 인사제도가 공정하고 합리적이다.	4	3	2	1
28. 업무수행에 필요한 인원, 공간, 시설, 장비, 훈련 등의 지원이 잘 이루어진다.	4	3	2	1
29. 우리 부서와 타 부서 간에는 마찰이 없고 업무협조가 잘 이루어진다.	4	3	2	1
30. 근로자, 간부, 경영주 모두가 직장을 위해 한마음으로 일을 한다.	4	3	2	1
31. 일에 대한 나의 생각을 반영할 수 있는 기회와 통로가 있다.	4	3	2	1
32. 나의 경력개발과 승진은 무난히 잘 될 것으로 예상한다.	4	3	2	1
33. 나의 현재 직위는 나의 교육 및 경력에 비추어 볼 때 적절하다.	4	3	2	1
34. 나의 직업은 내가 평소 기대했던 것에 미치지 못한다.	1	2	3	4
35. 나의 모든 노력과 업적을 고려할 때 내 봉급/수입은 적절하다.	4	3	2	1
36. 나의 모든 노력과 업적을 고려할 때, 나는 직장에서 제대로 존중과 신임을 받는다.	4	3	2	1
37. 나는 지금 하는 일에 흥미를 느낀다.	4	3	2	1
38. 내 사정이 앞으로 더 좋아질 것을 생각하면 힘든 줄 모르고 일하게 된다.	4	3	2	1

〈부록 3-6〉 계 속

설문내용	전혀 그렇지 않다	그렇지 않다	그렇다	매우 그렇다
39. 나의 능력을 개발하고 발휘할 수 있는 기회가 주어진다.	4	3	2	1
40. 회식자리가 불편하다.	1	2	3	4
41. 나는 기준이나 일관성이 없는 상태로 업무지시를 받는다.	1	2	3	4
42. 직장의 분위기가 권위적이고 수직적이다.	1	2	3	4
43. 남성, 여성이라는 성적인 차이 때문에 불이익을 받는다.	1	2	3	4

注: 총점이 남자는 50.8점, 여자는 51.2점 이상이면 전문가와 상담이 필요함. 총점 계산식: ×100/129, 43: 총 문항수, 129: 172-43

출처: 장세진 외 27인 공저(2005).

(2) 한국판 Beck 우울 자가 검사지

〈부록 3-7〉 Beck 우울 자가 검사지

이 질문지는 여러분이 일상생활에서 경험할 수 있는 내용으로 구성되었습니다. 각 문항은 모두 4개의 문장으로 되었는데 그중 요즈음(오늘을 포함해 지난 일주일 동안) 자신을 가장 잘 나타낸다고 생각되는 하나의 문장을 선택해 문장 앞에 있는 0, 1, 2, 3 중에 한 가지 번호에 표시해 주십시오. 하나도 빠뜨리지 말고 반드시 한 문장만을 선택하시되, 너무 오래 생각하지 마시고 솔직하게 응답하시기 바랍니다.

번호	내용
1	0 나는 슬프지 않다. 1 나는 슬프다. 2 나는 항상 슬프고 기운을 낼 수 없다. 3 나는 너무 슬프고 불행해서 도저히 견딜 수가 없다.
2	0 나는 앞날에 대해 별로 낙심하지 않는다. 1 나는 앞날에 대해서 용기가 나지 않는다. 2 나는 앞날에 대해 기대할 것이 아무것도 없다고 느낀다. 3 나는 앞날이 아주 절망적이고 나아질 가망이 없다고 느낀다.

〈부록 3-7〉 계 속

번호	내용
3	0 나는 실패자라고 느끼지 않는다. 1 나는 보통 사람들보다 더 많이 실패한 것 같다. 2 내가 살아온 과거를 뒤돌아보면, 실패투성이인 것 같다. 3 나는 인간으로서 완전한 실패자라고 느낀다.
4	0 나는 전과 같이 일상생활에 만족한다. 1 나의 생활은 예전처럼 즐겁지가 않다. 2 나는 요즈음 어떤 것에서도 만족을 얻지 못한다. 3 나는 모든 것이 다 싫증이 나고 불만스럽다.
5	0 나는 특별히 죄책감을 느끼지 않는다. 1 나는 죄책감을 느낄 때가 많다. 2 나는 죄책감을 느낄 때가 아주 많다. 3 나는 항상 죄책감에 시달린다.
6	0 나는 벌을 받는다고 느끼지 않는다. 1 나는 어쩌면 벌을 받을지도 모른다는 느낌이 든다. 2 나는 벌을 받을 것 같다. 3 나는 지금 벌을 받는다고 느낀다.
7	0 나는 자신에게 실망하지 않는다. 1 나는 자신에게 실망한다. 2 나는 자신에게 화가 난다. 3 나는 자신을 증오한다.
8	0 나는 내가 다른 사람보다 못한 것 같지는 않다. 1 나는 나의 약점이나 실수에 대해서 자신을 탓하는 편이다. 2 내가 한 일이 잘못되었을 때는 언제나 나를 탓한다. 3 일어나는 모든 나쁜 일들은 다 내 탓이다.
9	0 나는 자살 같은 것은 생각하지 않는다. 1 나는 자살할 생각을 가끔 하지만 실제로 하지는 않을 것이다. 2 자살하고 싶은 생각이 자주 든다. 3 나는 기회만 있으면 자살하겠다.
10	0 나는 평소보다 더 울지는 않는다. 1 나는 전보다 더 많이 운다. 2 나는 요즈음 항상 운다. 3 나는 전에는 울고 싶을 때 울 수 있었지만 요즈음은 울래야 울 기력조차 없다.
11	0 나는 요즈음 평소보다 더 짜증을 내는 편은 아니다. 1 나는 전보다 더 쉽게 짜증이 나고 귀찮아진다. 2 나는 요즈음 항상 짜증을 낸다. 3 전에는 짜증스럽던 일에 요즘은 너무 지쳐서 짜증조차 나지 않는다.

〈부록 3-7〉 계 속

번호	내용
12	0 나는 다른 사람에 대한 관심을 잃지 않는다. 1 나는 전보다 다른 사람에 대한 관심이 줄었다. 2 나는 다른 사람에 대한 관심이 거의 없어졌다. 3 나는 다른 사람에 대한 관심이 완전히 없어졌다.
13	0 나는 평소처럼 결정을 잘 내린다. 1 나는 결정을 미루는 때가 전보다 더 많다. 2 나는 전보다 결정내리는 데에 더 큰 어려움을 느낀다. 3 나는 더 이상 아무 결정도 내릴 수가 없다.
14	0 나는 전보다 내 모습이 더 나빠졌다고 느끼지 않는다. 1 나는 나이 들어 보이거나 매력 없어 보일까 봐 걱정한다. 2 나는 내 모습이 매력 없게 변해 버린 것 같은 느낌이 든다. 3 나는 내가 추하게 보인다고 믿는다.
15	0 나는 전처럼 일을 할 수 있다. 1 어떤 일을 시작하는 데에 전보다 더 많은 노력이 든다. 2 무슨 일이든 하려면 나 자신을 매우 심하게 채찍질해야만 한다. 3 나는 전혀 아무 일도 할 수가 없다.
16	0 나는 평소처럼 잠을 잘 수 있다. 1 나는 전에 만큼 잠을 자지는 못한다. 2 나는 전보다 한 두 시간 일찍 깨고 다시 잠들기 어렵다. 3 나는 평소보다 몇 시간이나 일찍 깨고, 한 번 깨면 다시 잠들 수 없다.
17	0 나는 평소보다 더 피곤하지는 않다. 1 나는 전보다 더 쉽게 피곤해진다. 2 나는 무엇을 해도 피곤해진다. 3 나는 너무나 피곤해서 아무 일도 할 수 없다.
18	0 내 식욕은 평소와 다름없다. 1 나는 요즘 전보다 식욕이 좋지 않다. 2 나는 요즘 식욕이 많이 떨어졌다. 3 요즘에는 전혀 식욕이 없다.
19	0 요즘 체중이 별로 줄지 않았다. 1 전보다 몸무게가 2㎏ 가량 줄었다. 2 전보다 몸무게가 5㎏ 가량 줄었다. 3 전보다 몸무게가 7㎏ 가량 줄었다.

〈부록 3-7〉 계 속

번호	내용
20	0 나는 건강에 대해 전보다 더 염려하지 않다. 1 나는 여러 가지 통증, 소화불량, 변비 등과 같은 신체적 문제로 걱정한다. 2 나는 건강이 염려되어 다른 일은 생각하기 힘들다. 3 나는 건강이 너무 염려되어 다른 일은 아무것도 생각할 수 없다.
21	0 나는 요즈음 성(性, *sex*)에 대한 관심에 별다른 변화가 없다. 1 나는 전보다 성에 대한 관심이 줄었다. 2 나는 전보다 성에 대한 관심이 상당히 줄었다. 3 나는 성에 대한 관심을 완전히 잃었다.

주: 채점 = 각 문항에 체크된 숫자를 모두 더한다./해석 = 총점이 16점 이상이면 전문가와 상담이 필요합니다.

ㄱ · ㄴ

ㄷ · ㄹ · ㅁ

ㅂ

ㅅ

ㅇ

ㅈ

ㅊ · ㅋ · ㅌ

ㅍ · ㅎ

기타